KB140194

해 양 인 문 학 총 서

X

해양인문학이란
무 엇 인 가

해 양 인 문 학 총 서

X

해양인문학이란 무 엇 인 가

부경대학교
인문역량강화(CORE)사업단

서문

해양인문학이란 무엇인가를 발간하면서

해양인문학으로 부산의 미래를 꿈꾼다!!!

라는 기치를 들고 부경대학교 대학 인문역량강화사업단이 출범한 지 3년째 접어들게 되었습니다. 대학 인문역량강화사업(이하 CORE 사업)은 대학 인문분야 교육프로그램을 지원하는 최초의 재정지원 사업으로, 기초학문인 인문학의 보호·육성과 사회수요에 부합하는 융복합 인재 양성을 목적으로 교육부와 한국연구재단에서 추진하는 사업입니다.

부경대학교 CORE 사업단의 목표는 "해양인문학기반 글로벌인재 양성"입니다.

해양수산 교육·연구의 메카인 부경대학교의 전통과 해양수도 부산의 지역 인프라를 바탕으로, 바다를 중심으로 하는 인간 삶의 총체적 연구인 "해양인문학"을 특성화하여 부산의 미래를 개척할 융합형 글로벌 인재를 양성할 계획입니다.

부경대학교 CORE 사업단은 해양인문학연구소와 글로벌지역학연구소를 주축으로 "해양인문학"의 기반위에 지역수요에 부합하는 개방형 융합 프로그램과 교육과정 개발, 환태평양 해양도시 교육 연구 네트워크 구축, 해양 도시 부산의 발전 전략 탐색 등을 위한 학술활동을 활발히 전개하면서 "해양인문학"의 학문후속세대를 양성할 것입니다.

부경대학교 CORE 사업단에서는 부산이 진정한 해양 교육 도시이자 해양인문학의 메카로 발돋움하게 하는 일환으로 해양인문학 자료실을 신설 운영하고, 해양 관련 자료를 지속적으로 축적하고 있는 국내 대학 유일의 해양박물관을 한층 높은 수준으로 발전시킬 계획입니다. 해양인문학 자료실은 해양관련 도서 및 자료를 구비하여 해양과 대륙 교류의 출발지이자 종착지인 해양수도 부산에서만 만날 수 있는 도서문화를 창출함으로써 부산의 교육 및 연구 문화 증진에 기여하고자 합니다. 해양박물관에서는 국내 유일의 해양수산 아카이브를 구축하고자 합니다.

부산시민과 함께 바다와 인문학을 이야기합니다.
해양인문학 관련 강연, 부산이 낳은 문화인 초청 강연, '바다와 부산' 등을 주제로 하여 다양한 주제의 해양인문학 특강도 진행하였습니다. 해양수산분야에 대한 이해를 증진시키기 위해 해양인문학 퀴즈 공모전 등 일반인들도 참여할 수 있는 프로그램도 개발하였습니다. 특히 <한국인에게 바다란 무엇인가>라는 해양수산관련 다양한 설문을 하여, 부경해양지수를 구축하려고 합니다. 이와 함께 <부산시민에게 바다란 무엇인가> 라는 부산시민 해양문화활동 실태조사를 하여 유의미한 자료를 축적해나갈 것입니다. 또한 부경대 사학과에서는 10여 년 전부터 해양사학 분야를 개척해왔고, 부산지역신문에 해양문화의 명장면이란 시리즈를 연재하면서 시민들에게 다가간다. 이처럼 부산 시민과 더불어 바다와 인문학을 이야기하고 해양수도 부산의 진정한 해양문화를 모색해 나가려고 노력하였습니다.

태평양, 부경인의 꿈의 터전이며 부산의 미래

해양수도 부산을 이끌어 갈 부경대의 인재들은 드넓은 태평양을 개척해온 유구한 대학 전통을 바탕으로 진취적인 기상을 길러 왔습니다. 이 전통을 이어받아 부경대가 보유하고 있는 첨단 탐사 실습선을 타고 해양문화를 체험하는 승선실습을 시행하였습니다. 작년에 이어 해양도시 인문지도를 완성하면서 오늘날 환태평양 시대를 열어가는 부산 시민의 꿈과 부산의 미래를 함께 펼쳐가자 합니다.

인문학이 인간에 대한 탐구이며, 인간으로서 근본적인 질문과 해답을 구하는 것이 중요한 과제라고 할 때, 해양인문학은 해양, 즉, 바다를 접하고 바다를 배경으로 하며, 바다라는 환경 속에서 살아가는 인간의 삶에 대한 탐구라고 할 수 있을 것입니다.

해양인문학은 Marine Humanities 라고 영어로 표현하는데, 존 길리스(John R. Gillis) 는 Blue Hunamities 라고 하면서, "푸른 인문학의 출현은 근대 서구문화와 바다의 긴밀한 관계에 대한 뒤늦은 인식"이라고 하였습니다. 그는 19세기 이전, 바다에 대한 태도는 미적(美的)이라기보다는 실용적이었고, 바다에 나가는 탐험가들조차도 바다보다는 육지에 주목했고, 바다를 단지 다음 육지에 도달하기 위한 빠른통로 정도로 보았으며, 바다에 관한 발견이라기보다 바다에 의한 발견이었다가, 바다 자체에 초점을 맞추고, 바다가 근대성을 꿈꾸는 장소로 변경되었다는 것입니다.

해양인문학의 영역으로는 해양사학, 해양고고학, 해양인류학, 해양민속학, 해양문학, 해양문화학, 해양영화 등으로 다양하게 분류할 수 있다. 각 영역별로 가능한 원고를 모아보았습니다. 이런 시도는 앞으로 해양인문학의 다양한 영역들의 지평을 넓혀갈 것이라 기대합니다.

2018년 6월
정해조
부경대학교 대학인문역량강화(CORE) 사업단장

목차

■■■ 제1부

해양인문학

해양 인문학의 모색과 해양문화콘텐츠의 방향

남송우(부경대 교수)

1. 문제제기

지구촌 전체가 당면한 생태파괴로 인한 고통을 인문학이 어떻게 치유할 수 있을까? 전통적인 인문학의 개념으로는 이 거대한 지구촌이 앓고 있는 병을 치유하기 힘들다. 그래서 본고에서는 새로운 인문학의 모색을 통해 지구촌이 당면한 현안을 치유해갈 수 있는 가능성을 탐색해보고자 한다.

인문학의 본질은 인간의 존재성에 대한 질문에서 출발한다. 그런데 인간이 어디로부터 와서 어디로 가느냐 하는 근원적 문제는 종교적 차원이 아니면, 쉽게 해답이 주어지지 않는다. 그 동안 인간 삶의 근원적 질문에 철학과 역사와 문학이 나름의 대응을 해왔지만, 영원한 이 숙제는 여전히 진행형의 상태로 남아 있다. 이러한 인류문화사적 특성은 시대마다 인간 삶의 지향점이 변해왔음을 반증하는 것이다. 인간의 존재성은 본질적인 측면에서 시대의 변화에 관계없이 지속되어온 측면을 무시할 수 없지만, 또한 변화해온 요소들을 발견할 수 있다는 말이다. 인문학의 역할이 그 시대마다 새롭게 정립되어야 하는 이유가 여기에 있다.

그런데 21세기에 접어들면서 세계의 환경은 급속하게 변했다. 가늠하기도 힘든 속도로 달려 나가고 있는 기술의 발전은 인간의 존재에 대한 질문을 새롭게 할 수밖에 없도록 만들었다. 특히 인류문명이 직면한 생태파괴와 지구온난화에 따른 위기 상황을 어떻게 극복할 것인가는 인류 모두가 함께 고민할 수밖에 없는 최대의 과제가 되었다. 인류가 당면한 이 위기의 현실을 초극할 수 있는 방안을 첨단의 과학기술로써 모색할 수도 있겠지만, 근원적인 치유책은 아니라는 점에서 새로운 인문학적 사유를 필요로 한다. 기술적 처방은 또 다른 기술을 필요로 하는 과제를 안고 있기 때문이다.

인간이 지금까지 해온 방식으로 계속 인류문명을 창조해간다면, 인류의 미래가 불투명하다는 것은 모두가 공감하는 바이다. 인류의 미래를 보장받기 위해서는 사유의 틀을 근본적으로 바꾸지 않으면 안 된다. 그러면 어떻게 바꾸어 갈 것인가? 인문과 과학의 경계를 허물어야 한다. 자연/사회라는 이원적 존재론에 머물 때 두 문화를 극복하려는 시도는 결코 성공할 수 없다. 두 문화의 진정한 극복을 위해서는 자연/사회의 이원적 존재론을 넘어서야 한다. 이 점을 명확히 인식하고 새로운 존재론의 모색에 나선 것이 행위자 네트워크이론(actor -network theory)이다. 이들이 제시한 탈이원론적 존재론에 대하여 최근 여러학자들은 관계적 존재론(relational ontology)[1]이란 명칭을 사용하고 있다. 그러면 관계론적 존재론이란 무엇인가?

관계적 존재론이란 모든 실재가 행위자들(인간과 비인간을 모두 포함한)사이의 관계적 실천들로부터 창발되는 것으로 보는 관점이다. 실재란 원래부터 세계에 존재하는 것이 아니라 관계들 속에서 창발된다는 것, 따라서 항상 복합적인 성격을 갖고 불확실성과 가변성을 지니는 다중체라는 것이다. 존재가 아니라 생성이란 것이다. 이것은 근대세계의 탄생과 더불어 나타났던 이원론적 존재론과는 전혀 다른 실재관이다. 이는 이원론적 존재론에 기반했던 두 문화의 극복 가능성을 열어줄 뿐 아니라, 근대주의가 초래한 생태위기를 새롭게 바라보고 대응할 수 있는 길을 제시하기도 한다[2]

그래서 본고에서는 지금까지 인간이 주로 삶과 사유의 대상으로 삼았던 땅과 하늘과의 관계성을 넘어 바다를 새롭게 관계론적 존재로 부각시킴으로써 21세기 인류가 당면한 생태파괴의 현안을 초극할 수 있는 길을 모색해보고자 한다. 이는 바로 지금까지 인문학이 관심해왔던 고착된 인문영역을 과감히 넘어 과학(해양학)을 통해 새로운 인문학을 창발하는 경계 허물기이다. 즉 지금까지 인간이 추구한 땅과 하늘 중심의 관계론적 존재론에서 벗어나 바다를 새롭게 인식하고, 이를 인간존재의 새로운 인식의 틀로 삼고자 함이다.

2. 육지중심의 사유에서 바다 중심의 사유로

지금까지 인류는 육지를 중심으로 인류문명을 건설해왔다. 그 결과로 육지의 자원은 갈수록 고갈되어 가고 있고, 생태계 파괴로 인한 인류의 삶의 공간에 대한 새로운 모색은 더욱 힘들어지고 있다.

---

1) 브루노 라투르외/홍성욱엮음(2010). 『인간사물동맹』도서출판 이음, 2010, pp.323.
2) 위의 책, pp.323— 324.

이 위기 상황을 어떻게 극복할 수 있을까? 지구의 70% 이상을 차지하고 있는 바다로 눈을 돌려야 한다고 이구동성으로 말하고 있다. 인류 사회의 발전을 위해 갈수록 해양에 희망을 걸 수밖에 없을 것이라고 말한다.3) 인류가 오늘날까지 발전하기까지 한순간도 해양을 벗어나 존재한 적이 없었다. 그러나 해양에 대한 인식은 무시되거나 경시되었다.

더욱이 비교적 일찍 공업화 사회에 진입한 일부 국가에서는 육상 자원을 이용하고 개발하는 것이 상대적으로 용이하였기 때문에 왕왕 인류의 생존과 발전을 위해 기대지 않으면 안 될 자연자원과 환경의 현실을 감안하지 않고 일방적으로 개발함으로써 지구의 생태계는 파괴되는 결과를 초래했다. 그리고 이들은 선진화된 기술을 바탕으로 다른 나라를 식민지화해서 약탈적 개발을 또다시 전개했다. 이러한 악순환이 지속되면서 지구촌은 더욱 어려운 상황에 직면하게 된 것이다. 그래서 오늘날 인류가 직면한 세계적 문제를 해결하려면 지구 표면적의 70% 이싱·을 차지하는 아직 개발되지 않은 마지막 영토인 해양에 희망을 걸고 있는 것이다.4)

그러나 막연하게 바다로 눈을 돌린다고 현재 지구촌이 당면한 현안을 당장 풀어갈 수 있는 것은 아니다. 육지로부터 비롯된 오염은 바다도 오염시켜 사해로 만들어가고 있는 것이 현실이기 때문이다.· 바다로 눈을 돌리되, 육지에서 이루어진 그 동안의 사유로 바다에 눈을 돌린다면, 인류의 미래는 더욱 암담할 수밖에 없다. 육지에서 이루어졌던 전쟁과 갈등의 인류 문명사가 되풀이 될 수밖에 없기 때문이다. 여기에 육지와는 다른 바다가 지닌 특성에서 연원하는 사유

---

3) 곡금량/김태만, 안승용, 최낙민역(2008), 『바다가 어떻게 문화가 되는가』, 산지니, PP.90.

4) 위의 책, p.91

를 통해 육지에서 이루어졌던 오류를 넘어설 수 있는 사유의 틀을
마련해야 한다.

3. 바다에서 건져 올리는 차유를 위한 인문적 사유

인간은 이제 하늘과 땅과의 관계론적 존재론을 모색할 것이 아니
라, 땅과 하늘과 바다를 새롭게 인식하면서, 땅이 지닌 경계와 분열
과 전쟁의 역사를 전환시킬 사유의 틀을 바다에서 건져 올려야 한
다. 바다의 원형적 이미지에서 우리는 생명과 평화, 공존과 열림, 순
환과 교류, 그리고 평등의 토대를 모색해 낼 수있기 때문이다. 바다
를 통해 생명, 평화, 공존, 열림, 순환, 교류, 평등 등을 모색할 수 있
다면, 이것이 바로 인류의 문명이 부산물로 남겨놓은 경쟁과 갈등과
전쟁, 경계와 불통의 문제를 치유할 수 있는 해양인문학이 될 수 있
을 것이다. 육지를 중심으로 계속되어 온 산업화와 기술의 발전이
인간 삶에 공헌한 바를 평하 하는 것은 아니지만, 지금 우리가 당면
해 있는 갈등구조를 초극하지 않으면, 미래를 전망하기 힘들다. 이
에는 근원적인 인식사유의 전복이 필요하다. 즉 지금까지 우리가 지
녔던 하늘·땅·사람중심의 세계인식 틀을 하늘·땅·바다·사람
중심으로 재편해야 한다는 것이다. 바다를 새롭게 인간과의 사이에
중요한 관계론적 존재론으로 설정해야 한다는 말이다.

이럴 때 바다는 새롭게 육지의 생태계를 회복할 수 있는 가능성을
제시할 수 있으리라 본다. 그러면 육지 중심으로 살아오면서 인류가
과제로 남겨놓은 현안을 초극할 수 있는 바다의 원형적 이미지를 어
떻게 추출해내어 해양인문학의 가능성을 모색할 수 있을까? 이는 달
리 말하면 육지와는 다른 바다를 중심으로 펼쳐지는 해양문화의 특

성을 통해 그 방향성을 찾을 수밖에 없다. 해양문화의 특성은 여러 갈래로 나누어 볼 수도 있지만,[5] 첫째는 생명의 본연성과 아름다움, 둘째는 공존성, 셋째는 교류성, 넷째는 개방성을 우선 들 수 있다. 그래서 본고에서는 우선 바다가 지닌 이 점들을 중심으로 해양인문학의 가능성을 모색해 보고자 한다.

1) 생명의 시원과 생명재생의 공간

과학자들의 공통적인 결론은 생명의 시원이 바다부터 비롯되었다는 점이다. 인류의 생명은 해양에서 오고, 해양이라는 자연천성의 광대한 장관, 변화무쌍함, 거대한 에너지, 자유분방함, 무궁한 신비감 등이 인류로 하여금 이 해양을 생명본능의 대상물이자 힘과 지혜의 상징이자 담지자로 여기게끔 만들었다.[6] 그런데 산업화, 도시화된 현대문명은 자신들의 배설물을 쏟아내며 생명의 근원이었던 바다를 재생 불능한 바다로 만들고 있다. 아직 심해까지는 미치지 않았지만, 연안의 바다는 오염으로 몸살을 앓고 있다. 바다가 육지에서 배출하는 다양한 오염물질들을 정화시키고 있지만, 바다가 지닌 재생력을 넘어서 있기에 문제가 된다. 그러므로 이제는 바다가 지닌 원초적 생명력을 회복할 수 있도록 해야 한다. 그래야 육지 중심의 사유로 인해 빚어진 생명파괴의 현실을 극복할 수 있는 대안적 사유가 가능하다. 즉 바다는 육지에서 삶을 주체하고 있는 인간의 아픔과 슬픔, 절망을 치유하는 생명재생의 공간으로 자리하고 있다. 그

---

5) 해양문화의 특성을 여러 논자들이 몇 가지의 개념으로 제시하고 있다. 개방성, 외향성, 모험성, 숭상성(崇尙性), 다원성, 개척성, 원창성(原創性), 진취성, 표류성, 섭해성(涉海性), 생명의 본연성과 아름다움 등이다. 곡금량/김태만, 안승용, 최낙민역, 위의 책, PP.51-60.

6) 위의 책. pp.58.

러므로 바다와 육지를 두고 본다면, 바다는 육지보다 더욱 큰 인류 생명의 본연성과 장엄성을 지니고 있는 것이다. 이러한 바다가 지닌 원형적이고 상징적인 이미지들은 육지 중심의 사유가 파생한 비생명적 현상들을 극복할 수 있는 대안으로 자리한다.

2) 월경하는 공존공영의 공간

바다를 통한 인류와 물자 이동의 가장 큰 특징은 월경성(越境性)이다. 바다는 원래 경계가 존재하지 않았다. 근대국가가 성립되면서 육지의 땅에 국경을 정하듯이 바다에도 인위적으로 선을 긋기 시작한 것이다. 바다에 선을 그으면서 눈에 보이지 않는 경계선의 설정 범위와 방법 그리고 논리가 문제시되었다. 이러한 바다의 경계론에는 크게 두 가지 상반된 사상이 관여하고 있다. 하나는 바다는 누구의 것도 아니다 라는 사상이며, 또 다른 하나는 바다는 우리의 것이라는 사상이다. 전자는 바다는 광대하기 때문에 누구의 것도 아니라는 공유론을 의미하며, 후자는 소유권, 이용권, 점유권을 주장하는 입장이다.[7]

땅은 개인 혹은 국가 단위의 소유의 대상으로 인식하였고, 바다는 이런 소유개념이 땅에 비해 현저히 약화되어 있었다는 것이다. 그러나 현대로 올수록 바다에 대한 소유와 분할에 논쟁은 상당했다.

그러나 이렇게 바다가 각국의 위치에 따라 해면의 소유나 영유를 하고 있기는 하나 육지와 비교하면 바다는 많은 공간을 공존의 영역인 공해로 남겨두고 있다. 오늘날에는 영해범위의 확대, 배타적 경제수역제도 및 군도수역제도(群島水域制度)의 등장으로 공해의 범위

---

7) 오모토 케이이치외/김정환역, 『바다의 아시아1』, 다리미디어, 2003, pp.52.

가 점차 축소되어 가는 양상을 보이고 있지만, 그래도 육지와는 다르게 지구촌 전체가 공용할 수 있는 공해가 있다는 것은 바다가 지닌 육지와는 다른 태생적 조건이며, 중요한 원형적 이미지이다.

3) 해수의 순환과 교류의 공간

지구에는 대기의 순환이 있고, 바다에는 해수의순환이 있다. 세계 각지의 기후는 이 두 가지 순환계의 상호작용에 지배받고 있다. 기본적으로 대기의 순환은 태양 복사 에너지의 편재(偏在)로 인해 발생한다. 적도 부근에서 뜨거워진 대기는 상승하고, 극부분에서 차가워진 대기는 하강하여 양 지역 사이에 대기의 대순환이 일어난다. 대기 순환은 태양 복사열의 지역차로 인해 일어나지만, 해류는 바람에 의해 발생한다. 저위도에서 서쪽으로 부는 무역풍과 중위도에서 동쪽으로 부는 편서풍으로 인해, 북반구에서는 시계방향, 남반구에서는 시계반대방향으로 해류의 큰 흐름이 생긴다. 해류는 대기의 순환 시스템과 연동할 뿐만 아니라 각지의 해양환경도 결정짓는다. 이 바다의 순환 시스템이 각지의 해양 환경을 지배하고 있는데, 태평양으로 보면, 아시아 최대의 해류는 태평양 서안으로 북상하는 쿠로시오 해류이다.

오대양에서 생성되어 흐르고 있는 여러 가지 다양한 해류의 흐름은 해안의 생태계를 다양하게 형성할 뿐만 아니라, 서로 교류하며 순환하는 특징을 가진다. 바다의 해류는 끊임없이 순환하며 교류하면서 바다의 다양한 생물들을 살아가게 하는 환경과 조건을 형성해준다. 이러한 바다 해류가 지닌 순환과 교류의 특성은 땅을 경계 지워 국경을 만들고 갈등해온 인류의 갈등을 소통으로 넘어설 수 있는 사유의 터를 마련해 준다. 바다가 지닌 교류의 원형적 이미지는 땅 중심의 사유가 지닌 불통의 이미지를 초극할 근거를 제공하고 있는 것이다.

4) 열림을 통한 개방성과 다양성의 공간

바다는 6대주의 육지와 크고 작은 섬들과 연결되어 있고, 인류의 대다수 민족, 국가, 지역은 바다에 면해 있다. 바다는 인류를 향해 남김없이 개방되어있다. 육지의 도로나 철로는 인공으로 부설되었지만바다의 도로와 철로는 자연이 만들어준 것이다. 이런 천연적 개방성이야말로 그 누구도 가로막거나 끊어 없애버릴 수 없는 것이다. 인류는 이러한 바다의 개방성을 이용해왔다.[8]

바다라는 공간은 광역 지역을 구성하는 다문화, 다민족, 다권력의 상호관계를 형성시켰으며, 대량의 물자나 인원 수송이 가능하게 되었다. 또한 해양자원은배후지나 내륙과 교역이 이루어지면서 연안에 인구가 집중되고 도시가 형성되는 데 큰 영향을 주었다.[9] 이러 한 도시를 가능하게 한 것이 해역이다. 해역세계는 연해(浴海), 환해(環海), 연해(連海)의 세가지 요소가 복합적으로 구성되어 있다. 이렇게 연해(治海), 환해(環海), 연해(連海)에 의해 성립된 해역세계는 육지와는 달리 다원성, 다양성, 포괄성을 지닌 개방적이고 다문화적인 세계라고 할 수 있다[10]이러한 다양하고 개방적인 항구도시를 가능하게 한 근원적 토대는 바다가 지닌 열린 공간에서 비롯된다.

---

8) 곡금량/김태만, 안승용, 최낙민역, 앞의 책, pp.57.

9) 오모토 케이이치외/김정환역, 앞의 책, pp.136.

10) 위의 책, pp.140.

4. 해양인문학에 바탕한 해양문화콘텐츠

　인간의 기술적 진보에 의해 고통 받고 신음하고 있는 지구가 이제
는 더 이상 견디지 못하고 그 한계를 드러내기 시작했다. 이 위기를
초극할 길을 어디서 찾을 것인가? 육지 중심의 사유로 형성된 그 동
안의 패러다임을 바다 중심으로 전환한다면, 그 가능성은 없을까?
바다가 원형적으로 지니고 있는 생명의 본연성과 아름다움, 공존성,
교류성, 개방성에서 그 단초를 찾을 수도 있지 않을까? 이것이 해양
인문학이 추구해야 할 몫이고, 해양인문학이 이시대의 생태적위기를
근원적으로 치유할 수 있는 인문학으로서의 가능성을 엿보게 하는
장면이다. 그러므로 이러한 해양성의 원형적 이미지를 구체화할 해
양문화콘텐츠를 개발하고, 확산시켜나가야 할 필요성이 있다. 그 몇
가지 방향은 첫째, 바다를 새롭게 사유할 수 있는 도서관을 만드는
일이다. 폐선을 활용하여 BookShip을 만들어 일상 속에서 활용하는
방안이다. 둘째는 해안선 연안에 폐가들을 활용한 레지던스 공간이
나 다양한 문화공간을 구축하는 일이다. 셋째는 바다위에 무대를 설
치하여 공연장으로 활용하는 방안이며, 네 번째는 수중 영화촬영을
위한 스튜디어 마련 등이다. 이러한 시설만으로 해양인문학을 구체
화해가기는 힘들지만 이러한 작은 문화콘텐츠의 개발을 통해 바다
에 대한 인식을 조금씩 바꾸어 나간다면, 21세기 해양인문학의 토대
를 마련할 수 있을 것이다.

감수: 강윤구(yoonkoo. kang@Samsung.com)

해문(海文)과 인문(人文)의 관계*

정문수(한국해양대학교 국제해양문제연구소장)

Ⅰ. 바다와 인간의 관계

포유류인 인간은 주로 육지를 근거지로 생활하여 왔기 때문에 바다가 인간의 삶에 미친 영향에 대해 오래 동안 그다지 관심을 갖지 않고 살아왔다. 그러나 최근의 천문·우주학, 지구학, 지질학, 해양학, 기후학, 생물학 등의 연구 성과를 바탕으로 인문학자들은 바다와 인간의 관계에 대해 주목하기 시작했다. 말하자면 오늘날 여러 학문 분야의 성과들은 바다의 무늬(海文)와 인간의 무늬(人文)가 서로 영향을 주고받으면서 전개되어 왔다는 것을 보여준다.

바다의 물리적 운동이 인류의 사회경제와 문화에 지대한 영향력을 행사해 왔던 것은 태곳적부터이다. 반면 인류가 바다의 물리적 운동을 과학적으로 이해하고 심지어 바다에 영향을 주기 시작한 것은 비교적 최근의 일이다. 이처럼 바다와 인간의 관계는 인류 활동 시작 때부터 오늘날에 이르기까지 역동적으로 전개되어 왔다. 먼저 그 과정을 간략히 개관하면 다음과 같다.

1. 생명의 근원

미국의 해양학자 레이첼 카슨(Rachel Carson)이 '어머니 바다'로 표현했듯이, 지구상의 모든 생명체는 바다로부터 시작되었다.11) 바

---

* 이 글은 정문수·류교열·박민수·현재열, 「해항도시의 문화교섭 연구 방법론」 (선인, 2014) Ⅰ장과

다는 지구에 존재하는 생명의 근원이다. 우주의 역사가 시작된 것은 137억 년 전이고, 태양계의 행성인 지구가 탄생한 것은 약 46억 년 전이다. 지구 최초의 원핵생물은 약 35억 년 전 해저의 열수공에서 출현하였다. 초창기 지구의 대기는 지금과 달리 오존층이 없었기 때문에 태양으로부터 나오는 생명에 유해한 자외선을 막을 수 있는 방법이 없었다. 이때 유일하게 자외선을 피할 수 있는 곳이 바다 속이었기 때문이다.[12] 원핵생물은 약 25억 년 전에 진핵생물로 진화하였다. 이로부터 약 15억년이 흐른 후 다세포 유기체가 나타나며, 생물이 바다에서 육지로 이동할 수 있었던 것은 약 4억 7500만 년 전이었다.

생명체가 바다에서 육지로 이동하는 과정은 양서류-파충류-포유류의 출현과 맥을 같이 한다. 육지에서 생존한 최초의 동물은 폐어(부레가 폐로 변형되어 공기 호흡을 하는 물고기)와 같았을 것이다. 폐어는 생식하기 위해 물로 되돌아와야 했다. 그러나 양서류는 곧바로 진화했다. 이어서 악어 혹은 공룡과 같은 파충류가 출현했다. 파충류는 물에서 멀리 떨어져 있더라도 생존할 수 있도록 크고 튼튼한 알을 낳았다. 그 이후 2억 5000만 년 전쯤, 최초의 포유류가 지구상에 나타나는데, 새와 비슷하게 닮은 일종의 파충류에서 진화했다. 포유류는 온혈이었고 털로 덮혀있으며 알을 낳지 않는다.

포유류 중에서 호모 사피엔스가 출현한 것은 20-10만 년 전쯤이었고 현생인류의 조상이 아프리카대륙에서 각 대륙으로 이동하기

Ⅳ장, 나오는 말의 내용을 『해양인문학』의 취지에 맞게 재작성 하였음.
11) 레이첼 카슨, 이충호 옮김, 『우리를 둘러싼 바다』 (양철북, 2003), 22~42쪽 참조.
12) 실제로 35억 년 전 바다에 생명체가 살고 있었다는 확실한 증거가 있다. 오스트레일리아 서부 지역 샤크 만(Shark Bay)에서 발견된 '스트로마톨라이트(stromatolite)'다. 이것은 나무의 나이테를 연상케 하는 줄무늬가 있는 검붉은 암석으로, 세포 속에 따로 핵이 없는 원핵생물인 녹조류들이 무리지어 살면서 만든 형태이다. 이 녹조류들은 엽록소를 가지고 있어서 광합성을 할 수 있었다.

시작한 것이 7만 년 전이었다. 인류가 농경사회로 접어든 것은 1만 년 전부터이다. 이렇듯 바다는 인류를 포함한 지구상에 존재하는 모든 생명체의 어머니다. 그러므로 바다가 없었더라면 인류는 존재할 수 없었다.

2. 지구를 둘러싼 바다와 해양지각

지구 표면의 70% 이상은 바다로 둘러싸여 있다. 더 자세히 들여다보면 바다는 오대양(태평양, 대서양, 인도양, 북극해, 남극해)과 작은 바다들에 의해 서로 연결되어 있다. 그렇다면 바다는 어떻게 만들어졌는가? 지구의 크고 작은 바다들의 기원에 관해서는 두 가지 견해가 있다. 하나는 바다에 공급되는 물이 지구 내부에서 나오며, 화산 활동을 통해 바다가 만들어졌다는 견해다. 또 하나는 이런 '내부론'을 보완하면서 나온 '외부론'이다. 여기에 따르면, 바다는 미행성체가 원시 지구에 충돌할 때 방출된 휘발 성분(수증기, 이산화탄소 등)으로 만들어졌다.

그런데 해수면 아래는 대륙과 아주 흡사하게 끊임없이 진화하는 지형이다. 바다의 운동은 일반적으로 판구조론(plate tectonics)에 의해 설명된다. 이 활동과정은 지구의 지각 분열과 운동에서 비롯된다. 약 2억 5000만 년 전 모든 대륙은 판게아(Pangaea)로 알려진 거대한 하나의 덩어리로 합쳐져 있었다. 이러한 초대륙(supercontinent) 주위의 물이 뒤에 태평양으로 알려지게 되는 바다를 만들었다. 약 2억 년 전 무렵 판게아가 따로 쪼개져서 새로운 두 개의 대륙이 나타나는데, 북반구의 것을 로라시아(Laurasia)라 하고 남반구의 것을 곤드와나(Gondwana)라고 한다. 이 두 개의 대륙들이 다음 5000만년 동안에 걸쳐 계속 분리되면서, 공룡시대 즉 쥐라기 말기 동안에는 중앙 대서양이 형성되기 시작했다. 남대서양은, 남아메리카 대륙과 아프리카 대륙이 다시 떨어져 벌어지면서 약 1억 3500만 년 전 무렵에 형성되었다. 북대서양과 남대서양은 1억 년 전 직후에 연결되었다. 마지막으로 형성된 큰 바다는 인도양으로, 약 6000만 년 전 무렵에 등장하였다. 홍해는 아라비아 반도가 아프리카 대륙으로부터 떨어져 나가면서 약 2000만 년 전에 형성되었다.

이처럼 지구상의 대륙들이 서로 모이고 분리되면서 끊임없이 그 모습과 위치를 바꾸어왔던 이유는 두 가지 유형의 지각 분열과 운동으로 인해 판 위에 놓인 대륙이 이동하기 때문이다. 두 가지 유형의 지각 중 하나는 우리가 걸어 다니는 땅인 대륙지각이고 나머지 하나는 해저의 해양지각이다. 일반적으로 화강암으로 구성된 대륙지각보다 현무암으로 구성된 해양지각이 무겁다. 두 유형이 부딪힐 경우 보다 무거운 해양 지각이 대륙 지각 밑으로 들어간다. 그러면 해양지각이 대륙지각을 으스러뜨린다. 엄청난 마찰과 높은 열이 발생하면서, 대륙지각의 일부가 녹아버리고 사슬형태의 산맥을 쳐올리게 된다. 또한 대륙지각의 부분들이 충돌할 때도 산맥들이 만들어진다. 그러나 대륙지각의 양쪽 부분이 동일한 밀도를 가지고 있을 때에는 서로 밑으로 들어가지 않는다. 대신에 지각들은 부서지면서 거대한 산맥을 형성한다. 이와는 달리 가끔 두 개의 지각이 서로를 지나 다른 방향으로 움직이기도 한다. 마찰이 두 개의 지각을 끌어당기지만, 압력이 증가하다가 두 개의 지각이 갑자기 어긋난다. 이러한 어긋나는 현상이 지진을 만들어낸다.

이상이 판구조론의 기본적인 아이디어다. 판구조론은 산맥의 형성 경위와 대륙의 이동에 대한 이유뿐만 아니라 왜 태평양의 주위를 돌며 화산과 지진의 둥근 고리가 있는지를 설명해 준다. 판구조론은 지구가 부서진 달걀깝질처럼 왜 일련의 판으로 부셔져 있는지, 그리고 이 판의 변두리에서 화산과 지진과 같은 격렬한 활동이 왜 일어나는지에 대한 이유를 해명해 준다. 지구표면의 70%가 바다로 둘러싸여 있다는 것을 감안하면 인류가 경험하는 대륙지각의 분열과 운동은 수면 밑의 해양지각의 분열과 운동에 크게 영향을 받고 있다는 것이 판구조론의 핵심이다.

3. 온도조절 장치

바다는 주위의 지표면에서 열을 흡수하고 그곳으로 서서히 열을 넘겨주는 거대한 온도조절 장치 역할을 한다. 이런 역할은 지구 전체 기후에 중요한 영향을 미쳐 연안 지역과 인접 영역에 보다 시원한 여름과 보다 온난한 겨울을 제공한다. 바다, 대륙, 그리고 지구 기후 사이의 상호작용은 해류의 확립에 상당한 영향을 주며, 해류는 다시 지구 전체에 걸쳐 인간 활동에 영향을 미쳐왔다.

인도양과 태평양 사이에서 전진과 후퇴의 기압 "대진동"인 남방진동은 지상에서 가장 거대한 날씨 결정자이다. 흔히 엘니뇨라고 불리는 태평양의 반류는 아프리카와 북아메리카의 가뭄과 홍수의 원인이 된다. 북 대서양 진동은 멀리 떨어진 대륙 러시아 중심부에서의 혹독한 겨울 날씨에 영향을 준다.

바닷물의 흐름은 네 개의 주요 요소들에 의해 영향을 받는다. 첫번째는 바닷물의 상층부를 밀고 가는 바람이다. 두 번째는 햇빛이다. 햇빛은 적도 주위의 바닷물을 뜨겁게 하고 지구의 양극으로 순환시킨다. 세 번째는 바닷물의 염분 함량 차이다. 염분의 차이는 바닷물의 농도 차이를 가져온다. 통상 소금은 바닷물의 3퍼센트 미만이지만 염분 함량이 이보다 조금이라도 더 올라가면 바닷물의 농도에 영향을 주며, 바닷물의 농도는 다시 바닷물의 순환에 영향을 준다. 이런 현상은 태양과 강수량과 관계있다. 지구의 열대지대에서는 강우량이 많으며 이로 인해 바닷물의 농도가 떨어진다. 반면 아열대지대들에서는 열대지대보다 강우량이 적으며 햇살로 인해 수분의 증발이 일어나 농도가 증가한다. 일반적으로 말하면, 농도가 높으면 높을수록 바닷물의 순환을 방해하며 낮으면 낮을수록 순환을 돕는다. 마지막 요소는 소위 코리올리의 힘(Coriolis force, 전향력)이다. 이 힘은 지구 자전이 가진 일탈적인 영향력을 설명한다. 코리올리의 힘은 해류의 방향과 속도에 영향을 준다.

4. 바닷길 – 사람, 상품, 문화와 종의 교환

지도에서 대륙은 생기에 찬 공간으로 그려지는 반면에 바다는 그저 텅 빈 공간으로 제시된다. 말하자면 산이나 협곡과 같은 대륙에 점점이 박힌 지리적 특징들이 바다에는 묘사되지 않는다. 이러한 지도는 바다를 왜곡시킨다. 크고 작은 바다는 지구상에서 가장 높은 산과 가장 깊은 해구들을 포함하고 있기 때문이다.

바다 역시 대륙과 마찬가지로 역동적인 공간이다. 과학자들과 최근에는 인문학자들도 해류가 강과 흡사하다고 주장한다. 증기와 철도의 도입 이전에 대륙을 가로지르는 강이 탐험과 교류의 대동맥으로 기능했듯이, 해류 역시 끊임없는 풍향의 도움을 받아 범선시대 동안 주된 연결로들을 제공해 왔다. 뿐만 아니라 해류와 바람은 인간의 노동과 경제적 주기에서 주요한 역할을 해왔다. 인류는 어느 시점에서부터 강과 바다, 대양을 통한 교역이 육상 교역보다 훨씬 더 경제적이라는 것을 인식했다.

배는 말·낙타와 같은 짐 운반용 동물보다 더 많은 화물을 옮길 수 있었다. 그리고 속도도 더 빨랐다. 불행하게도 난파가 빈번하게 일어났지만 배의 빠른 속도와 적재능력이 잠재적 위험을 상쇄하였다. 수백 년이 걸렸겠지만, 인류가 인도양의 계절풍, 대서양의 무역풍, 그리고 노호하는 40도대(roaring forties)의 바람과 해류에 대해 완전히 파악하면, 바다는 자주 이용하는 고속도로로 바뀌었다. 바다의 움직임을 통달하는 것은 선체 구조, 돛 형태, 항해용 계기와 관련된 기술 진보에 중요한 자극을 제공했다.

원거리 교역은 세계의 바다 연안을 따라 살고 있는 사회들에 엄청난 문화적 영향을 주었을 뿐만 아니라 지구적 규모의 종의 교환을 초래했다. 원거리 교역은 8-9세기 아프로-유라시아(Afro-Eurasia) 권역에서 활성화되기 시작하여, 15세기 구대륙과 아메리카대륙 사이의 교역으로 확장되었다. 이러한 바닷길은 16세기 아카풀코와 마닐라 사이의 태평양으로 연결되고, 17세기 노호하는 40도대를 넘어 오스트랄라시아가 연결됨으로써 전 지구적 네트워크가 된다.

인간이 바다를 가로질러 항해하면서, 사람, 물자, 사상, 종교, 정보, 식물상과 동물군, 병균 등도 쌍방향으로 교환되었다. 지구적 규모의 바닷길 네트워크의 기폭제가 되었던 구대륙과 아메리카대륙 사이의 바닷길의 활성화는 이른바 "콜럼버스의 교환(Columbian Exchange)"을 촉진시켰다. 구대륙에서 아메리카대륙으로는 감귤, 사과, 바나나, 망고, 양파, 커피, 밀, 쌀, 말, 돼지, 닭, 양, 염소, 벌, 흑인노예와 이주민, 기독교, 천연두와 황열 등이 유입되었다. 아메리카대륙에서 구대륙으로는 옥수수, 토마토, 감자, 바닐라, 고무, 카카오, 담배, 칠면

조, 알파카(alpaca), 라마(llama), 핀타(pinta, 열대성 백반피부염), 비성병 매독 등이 유입되었다. 해상교역로를 따라 이루어진 종교적 세계관들과 사상의 교류는 세계사에 엄청난 영향을 미쳤다. 의도한 것은 아니지만 병균, 즉 질병의 경우도 마찬가지로 중요하였다. 세계 전역에 걸쳐 수입된 질병은 그에 대한 면역력이 없었던 토착민을 절멸시키기도 했다.

5. 하나로 연결된 바다 – 지구화

1800년대 이후에는 세계 바다의 통합만이 아니라 대양 항해와 대양 사이의 연결을 촉진하게 될 새로운 기술의 발전도 일어났다. 항해 기술의 진보는 대서양과 인도양, 태평양 간에 연계를 심화시켰다. 특히 증기엔진은 바다의 물리적 상태에 따라 이루어지던 노동과 교역의 계절적 주기를 점차 소멸시켰으며, 바다를 가로지르는 데 드는 시간을 크게 줄였다. 또한 통신기술(해저케이블과 전신)의 발달과 수에즈 운하와 파나마 운하 건설은 세계의 바다들 간의 네트워크를 강화시켰다. 이러한 과학기술에 힘입어 유럽의 열강들이 팽창할 수 있었고, 얼마 안 가 다른 세력의 함대들도 해양력의 증가를 확고히 하려는 시도 속에서 유럽의 열강 함대들과 합류하였다. 그 결과 대양을 횡단하는 제국들이 나타났고 전 지구에 걸쳐 인간의 이주를 증가시킨 복잡한 바다의 모습이 창출되었다.

증기선의 등장은 철제 선체의 도입과 더불어 일련의 과학적인 혁신이 뒤따라서 가능하였다. 예를 들면 증기선의 발전에는 풀턴 (Robert Fulton)의 외륜선 도입 이후, 풍력과 증기를 동시에 활용하는 혼합선(hybrid ships)을 거쳐, 스크류 프로펠러(screw propeller)와

복식기관(compound engine)의 도입 등이 연속적으로 일어났다. 이로 인해 부정기선에서 정기선으로의 발전, 배송예정표의 도입과 표준시 책정의 길을 열었다.

여러 세기 동안 바다는 사람과 상품의 수송로였다. 제트기가 등장할 때까지, 원양여객선은 주된 여객 운송 수단이었다. 대체로 1800년대는 자발적이든 강제적이든 대서양을 가로질러 아프리카와 유럽에서 아메리카 대륙으로, 그리고 태평양을 통해 아시아에서 아메리카 대륙과 오세아니아로 가는 대규모 이주가 있었다. 말하자면 지구적 규모의 사람의 이동은 바닷길을 통해 진행되었다. 1960년대 이래 사람의 이동은 제트 비행기로 대체되지만 말이다.

1960년대 이후 사람의 이동은 항공 운송으로 옮아갔지만, 대용량 화물은 여전히 해운의 몫이다. 20세기 마지막 25년 동안 해상 운송의 특징은 이른바 '컨테이너화(containerization)'로 압축할 수 있다. 컨테이너화는 여행 가방에 바퀴를 다는 것과 같이 컨테이너로 알려진 금속상자 속에 포장화물을 넣는 것에 불과한 단순한 과정으로 시작되었다. 그러나 하나 혹은 두 개의 기본 크기로 구성된 표준화된 단위들로 조화를 이루게 되면, 이 컨테이너들은 이전에 비해 훨씬 저렴한 항만 비용과 빠른 속도로 처리될 수 있었다. 적재는 단순화되었다. 이어서 컨테이너는 최소한의 교환과 작업, 혹은 인터모달리티(inter-modality)라고 불리는 과정을 통해 육지와 바다를 이동할 수 있게 된다. 컨테이너와 인터모달리티는 이전에 비해 빠르고, 훨씬 규칙적이며, 저렴한 비용으로 많은 양의 화물을 이동할 수 있게 만들었다. 전산화, 항공 여행, 고삐 풀린 거대한 자본의 흐름이 오늘날 지구적 연결성을 가능하게 만들었다면, 컨테이너는 완제품 혹은 반가공품 및 미완제품의 물류에서 지구적 연결성을 실현시킴으로써 지구화를 가속할 수 있었다.

　이렇게 시작된 컨테이너화는 항만과 선박이 컨테이너만을 위한 운반 기구와 수송에 적합하도록 디자인되도록 만들었다. 왜냐하면 컨테이너들은 운송 체인의 모든 국면들이 체계적으로 컨테이너를 취급할 수 있도록 설계되었을 때만이 진가가 나타났기 때문이다. 전 세계를 돌아다니는 수 백 만개의 컨테이너 위치의 추적, 그리고 그것들의 분배와 회수를 위한 계획을 위한 수단이 IT기술로 가능하게 되었다. 인터모달리티를 달성하기 위해서, 수송의 세 가지 다른 유형들(선박, 철도, 트럭) 사이에 표준화가 진행되어야 했다. 무엇보다도 컨테이너화는 이른바 "글로벌 소싱"을 가능하게 만들었다. 왜냐하면 도난의 위험, 적하역 시간. 그리고 기타 간접비용을 줄였던 컨테이너화는 그만큼 해운 운임비를 낮출 수 있었기 때문이다. 이제 운임 비용은 소싱(해외 구매)과 판매에 관한 경제적인 결정에 거의 고려하지 않아도 될 정도로 저렴한 수준으로 떨어졌다. 글로벌 구매의 대표적인 인용 사례는 바비 인형(Barbie doll)이다. 바비 인형의 머리카락은 일본에서, 플라스틱은 대만에서, 옷은 중국에서, 금형은 미국 또는 유럽에서 만들어지며, 인도네시아와 말레이시아 및 중국에서 조립된다. 조립된 완제품들은 바다를 통해 홍콩으로 운송되었으며, 이곳에서 취합된 인형들은 최종적으로 미국으로 다시 운송되었다. 컨테이너화는 지구화의 결과이면서 동시에 지구화를 촉진시키는 역할을 했다.

6. 바다 공간을 둘러싼 담론

　수천 년 동안 사람들은 바다에서 활동하였지만, 바다에 대한 전면적인 독점권을 천명한 경우는 거의 없었다. "해양은 자연법에 의해 만인이 공유하는 것이며, 공기와 마찬가지로 해양의 사용은 만인에게 자유롭게 개방되어있다"는 공해의 개념을 처음으로 뒤흔든 것은 1494년과 1529년에 스페인과 포르투갈이 체결한 토르데시야스조약과 사라고사조약이다. 구대륙과 아메리카대륙 사이의 바닷길 개척에 앞장섰던 스페인과 포르투갈이 세계의 바다를 양분하고 바다에 대한 독점권을 선언하였던 것이다. 한편 스페인과 포르투갈의 해양지배에 도전하였던 네덜란드와 영국은 해양질서의 재편을 위해 공해의 자유를 주장하였다. 네덜란드의 후고 그로티우스(Hugo Grotius)는 몰루카 제도에서의 포르투갈의 바다 공간의 지배권을 부정하기 위해 바다 공간은 만인에게 자유로워야 한다는 이른바 '자유해'를 주장했다. 1세기 뒤 같은 나라의 코르넬리스 폰 바인케르스훅Cornelis van Bijnkershoek)은 공해(公海)가 자유의 영역이어야 한다는 데는 동의했지만 한 나라의 바다 공간에 대한 권리, 즉 영해(領海)를 주장했다. 그는 영해의 기준으로 연안 방어 대포의 사정거리인 3해리를 제시했다. 18세기에는 "바다의 자유가 교역의 자유다"는 슬로건 하에서 자유항행의 담론이 지배하였지만, 19세기가 되면 유럽의 국민국가들이 해양을 둘러싼 경쟁을 벌이면서 바다라는 공간은 국민국가의 주권이 투사되는 정치공간으로 변한다. 바다 공간에 대한 재판권(imperium)의 개념이 지배권(dominion)의 개념으로 대체되는 것도 이 시기이다. 대체로 20세기 중반까지 바다 공간을 둘러싼 담론은 교역을 위한 항해권과 연안 수역에서의 어업권과 관련된 사안을 두고 전개되었다.

그런데 1950년대 이래 바다는 대륙들 사이에 원료와 상품을 정기적으로 나르는 단순한 수송로가 아니다. 어업권 이외에 바다에 내재하는 부의 원천에 눈을 돌리게 된 것이다. 따라서 바다 공간을 둘러싼 담론은 20세기에 바다의 광물자원을 발견하면서 한층 더 복잡하게 제기되었다. 이미 오래 전부터 인류는 바닷물 속의 광물자원에 대해 관심을 가져왔다. 그러나 본격적인 개발은 해분(海盆; ocean basins)에서의 석유매장층의 발견 때문이었다. 해저자원을 둘러싼 자국의 권리를 인식한 트루먼 대통령은 1945년 9월 미국이 자신의 주변 대륙붕에 속한 자원을 이용할 배타적 권리를 가진다고 선언했다. 이 선언에 이어 곧 멕시코와 중앙 및 남 아메리카 국가들의 배타적 권리 선언이 뒤따랐다. 이 문제를 해결하기 위해 국제적인 논의가 필요하다는 것이 명백해졌다. 결국 1950년대에 새로 구성된 유엔은 해양법을 보다 면밀하게 조사하였다.

문제를 더욱 복잡하게 만든 것은 대양저(大洋低; ocean's floor)에서의 망간 단괴(團塊)의 위치였다. 대잠수함 전투방식의 개발과 맞물려 해저에 대한 연구가 늘어나면서, 과학자들이 대양저에 이러한 단괴들이 산재해 있음을 발견했다. 그 단괴들을 분석해보니, 다량의 망간만이 아니라 구리, 철, 니켈 같은 다른 광물들이 함유되어 있었다. 더욱이 과학자들은 이런 광물자원이 대륙에 비해 대양저에 집중되어 있다는 것을 알았다.

해저자원개발의 가능성이 현실화되자 조심스런 대화가 곧 공개회의들로 이어졌다. 이런 회의 중 가장 중요한 것은 유엔해양법조약(United Nations Convention of Law of the Sea, 1982년)이었다. 대부분의 나라들이 비준한 이 조약은 영해의 폭을 최대 12해리로 확대하였으며, 200해리 배타적경제수역제도를 신설하였다. 물론 심해저 부존광물자원을 인류의 공동유산으로 정의하고, 해양오염 방지를 위한 국가의 권리와 의무를 명문화하며, 연안국의 관할수역에서 해양과학조사시의 허가 등을 규정하였지만, 이 조약으로 인해 세계 바다의 3분의 1이 이제 국민국가의 통제 하에 들어갔다. 이처럼 바다 공간을 둘러싼 담론은, 바다가 상품 수송로의 기능에 국한된 20세기 중반까지는 영해가 3해리로 국한되는 등 항해의 자유를 지지하였다. 반면, 해저자원개발이 현안으로 떠오른 20세기 중반 이후 바다를 둘러싼 담론은 영해의 12해리 확장과 배타적 경제수역 200해리 신설 등 공해의 감소를 지지하는 경향을 보인다.

7. 바다와 인간의 관계 역전 - 환경에 대한 관심

동물성 자원이든 광물자원이든 해양 자원의 입지와 이용은 환경에 대한 관심을 촉발시켰다. 일부 과학자들과 최근에는 일부 역사가들도 인간과 바다 사이의 관계가 역전되었다는 것을 알고 있다. 1900년 무렵까지도 인간이 크고 작은 바다를 여전히 생명과 재산에 대한 주요한 위협으로 여기고 있었다면, 지난 한 세기 동안이 지나면서 인간은 바다에 대한 주된 위협 중 하나로 등장했다.

어업은 관계 변화를 알려주는 최초의 산업 중 하나였다. 1800년대에 포경업이 수많은 고래들을 멸종 직전 상태로 몰아넣었지만, 그보다 작은 다양한 바다 생물이 유사한 충격을 겪게 되는 것은 다음 세기에 이르러서였다. 1950년경 어업은 강력한 저인망 어선을 도입했는데, 그것은 물고기를 잡는 데만이 아니라 물고기 떼의 위치를 파악하는 데도 첨단 기술을 사용했다. 이런 발전은 어획량을 증가시키는 동시에 지구 전체의 어류의 비축량을 급감시키기 시작했다. 이와 같은 어업 남획이 가져온 결과는 생태계의 먹이사슬에 장기적인 손실을 증가시켜 앞으로 여러 세대 동안 지구 전역의 사람들에게 영향을 줄 수도 있다.

 세계의 바다에 크게 영향을 끼치는 또 다른 요소는 해양오염과 부영양화이다. 화학 오염물질, 플라스틱, 오수, 농업 침출수 등이 세계의 바다에 악영향을 미칠 수 있다. 경미한 경우에, 그런 오염물질들이 먹이사슬로 들어가 결국 어류의 소비를 통해 인간의 몸으로 돌아오게 된다. 일단 먹으면, 오염물질들은 암과 유산의 원인이 될 수 있다. 최악의 경우는 어류 전체가 하나씩 사멸하고, 그리하여 지구 전역에 걸쳐 기근이 광범위하게 퍼지는 상황이다. 또한 바다의 오염은 연안 지역을 따라 장기적인 조류 대증식에 기여하기도 한다. 주기적인 조류 대증식은 드문 일이 아니었지만, 북해와 같은 일부 해역에서는 수면의 약 5 퍼센트를 조류가 뒤덮고 있으며, 이는 생태계의 변화를 분명하게 보여준다. 위험 물질의 운송이 환경 악화를 부채질하고 있다. 유조선과 석유시추선들은 주된 위험의 또 다른 원천이다. 해상 유출과 사고로 석유가 끔찍한 "유막과 기름으로 범벅이 된 바닷새"와 함께 수백 또는 심지어 수천 평방마일의 바다와 해변을 뒤덮어 동물을 질식사시키고 어업과 양식에 치명적인 영향을 준다.

 바다에 대한, 그리고 따라서 인간 생명에 대한 가장 최근의 위협은 소위 온실효과이다. 간단히 말해, 온실효과는 지구 대기권 내의 기온 상승을 가져오며, 이는 극지방의 빙원을 느리지만 서서히 녹이게 되고 결국 바다 수위의 상승으로 이어진다. 이러한 기온 상승이 실제로 인간이 야기한 것인지에 대해서는 상당한 논란이 있지만, 많은 과학자들은 이제 지구 대기권 내 이산화탄소의 축적이 산업혁명 이래 화석연료 사용의 증가와 그에 수반하여 세계의 마지막 열대다우림 보호구역에 악영향을 미치는 산림벌채 활동과 연관이 있다는 데 동의하고 있다. 대기권의 이산화탄소 함량이 증가하면서 그것이 태양열을 더 많이 잡아두게 되고 결국 빙원을 녹이는 것이다.

인류 역사 초기에는 바다에서 살아가고 모험하였던 사람들을 위협하였던 것은 바다였지만 오늘날 해양생태계를 위협하고 치유하는 대책을 모색하는 행위자는 인간이다. 인류로 인한 지구온난화와 생태계 침범을 특징으로 하는 현재의 지질학적인 시기, 즉 인류세 (Anthropocene)는 바다와 인간의 관계 역전을 경고하고 있다. 인간과 바다 사이의 관계는 최근 극적인 변화를 겪어왔다. 이제 인간은 바다 세계에 대해 경외감을 갖지 않으며, 인간은 바다에 대한 주된 위협으로 빠르게 등장하고 있다. 그러나 장기적인 척도에서 보면 위기에 처한 것은 바다가 아니라 인간이다.

II. 학제적 연구 전통의 복원

이상에서 간략히 살펴보았듯이 바다와 인간의 관계를 다루는 인문학은 바다와 관련된 여러 학문의 성과와 상호 소통하는 작업 즉 학제적 연구가 필요하다. 그런데 근대 이전의 인문학은 학제적 연구를 당연시하였다. 서양에서는 과학혁명을 계기로 자연과학, 사회과학, 인문학의 분화와 더불어 학문(science)의 의미가 학문일반에서 자연과학을 지칭하는 것으로 세분화되었다. 또한 학문의 방법론도 자연과학의 방법론을 전범으로 삼게 된다. 이리하여 자연과학은 학문의 전범이 되고 사회과학과 인문학은 자연과학과의 학문 방법론을 모방하거나 자연과학과는 구별되는 학문 방법론을 도입하려는 경향으로 나아갔다. 그 결과 오늘날의 학문은 크게 보면 자연과학, 사회과학, 인문학의 경계가 분명하게 되고, 각 학문영역의 세부 학문들 간의 분화가 심화된다. 이리하여 오늘날 학문의 혁신은 학문들 간의 소통을 주장하는 학제적(inter-discipline), 범학적(trans-discipline) 연구와 밀접한 연관을 갖는다.

동양에서는 상대적으로 과학혁명의 성과와 전개에 따른 자연과학, 사회과학, 인문학의 세분화와 그에 따른 학문 방법론의 발전보다는 수기와 치인이라는 목표에 따라 불기(不器)의 전통이 강하였다. 이런 전통은 서학의 접촉과 내재적인 학문론의 성숙에 따라 기(器)의 학문을 수렴하려는 경향이 뚜렷하였다. 말하자면 상대적으로 통합적 학문전통이 강하였다. 그러나 19세기 이래 서구의 서세동점(西勢東漸)에 따라 서양의 학문론이 근대 이후의 대세가 되고 대학의 학제도 서양의 대학을 모델로 보편화된다. 따라서 동양에서도 서양의 학문론이 안고 있는 과제 즉, 학문들 간의 소통이 현재 현안이 되고 있는 것은 마찬가지다.

그런데 오래된 미래처럼 과학혁명 이전 동양과 서양의 학문론은 자연세계와 인간세계 연구의 상호관련성을 중시하고 있었다. 특히 동양의 학문론이 그러했다. 예컨대『대학』의 3강 8조는 인간세계의 학문 방법론을 천명하고 있는 것처럼 보이지만 자연세계와의 연관성을 강조하고 있다.

> 대학의 길은 명덕을 밝힘에 있고 백성을 새롭게 함에 있으며, 지선에 머무름에 있다.
> (大學之道 在明明德 在新民 在止於至善)

> 옛날에 명덕을 천하에 밝히려는 자는 먼저 그 나라를 다스려야 하며, 나라를 다스리려 하는 자는 먼저 그 집안을 가지런히 하여야 하며, 자신의 집안을 가지런히 하려는 자는 먼저 그 몸

을 닦으며, 그 몸을 닦고자 하는 자는 그 마음을 바르게 하고, 마음을 바르게 하려는 자는 그 뜻을 성실히 하며, 뜻을 성실히 하려는 자는 먼저 그 앎을 지극히 하니, 앎을 지극히 함이란 사물의 이치를 궁구함에 있다.

(古之欲明明德於天下者 先治其國 欲治其國者 先齊其家 欲齊其家者 先修其身 欲修其身者 先正其心 欲正其心者 先誠其意 欲誠其意者 先致其知 致知在格物)

『대학』의 8강(格物 致知 誠意 正心 修身 齊家 治國 平天下)에서, 인간세계의 원리는 사물의 이치를 규명하는 일부터 시작해야 하는데, 여기서 격물치지는 자연세계에 대한 법칙을 이해하는 것으로 보인다.

또 다른 사례는 『주역』이다. 『주역』의 "**천문**을 살펴 변화를 알아내고 **인문**을 살펴 천하의 교화를 이룬다"(觀乎天文 以察時變 觀乎人文 以化成天下, 賁卦·象傳)는 말이나, "위를 올려다보고 **천문**을 살피고, 아래를 내려다보고 **지리**를 알아낸다"(仰以觀於天文 俯以察於地理, 繫辭上)와 "**천도**가 있고 **지도**가 있고 **인도**가 있다"(有天道焉 有人道焉 有地道焉, 繫辭 下)는 구절은 자연세계와 인간세계의 법칙의 상호 연관성을 함축하고 있다. 구체적으로는 천지인의 3재 사상과 천도·지도·인도의 상호관련성을 천명하고 있는 것이다.

조선시대의 정도전은 천지인의 상호관련성을 더욱 명확하게 요약하였다. 그는 "일월성신의 **천의 문**이고, 산천초목은 **지의 문**이며, 시서예악은 **인의 문**인데 천은 기로, 지는 형으로, 인은 도로 말미암는다"(日月星辰 天之文也 山川草木 地之文也 詩書禮樂 人之文也 然天以氣 地以形 人則以道)고 설명한다. 그는 더 나아가 "문은 도를 싣는 그릇이니, **인문**이라 하는 것은 그 도를 얻어 시서예악의 가르침을 천하에 밝혀, 삼광의 운행을 따르고 만물의 마땅함을 다스리면, 문이 성함에 이르러서 극에 달한다"(文者載道之器 言人文也 得其道 詩書禮樂之敎 明於天下 順三光之行 理萬物之宜 文之盛至此極矣, 三峰集, 陶隱文集序)고 인문에 방점을 찍고 있다. 인문의 원리가 천문과 지문의 원리와 합치된다는 설명은 다름 아닌 학문의 학제성과 학문의 학제적 방법론을 말하는 것이다.

학제적 연구 자체는 새로운 것이 아니라 근대 과학혁명 이전의 학문적 전통을 복원하는 단순한 작업일 수도 있다. 그러나 동양의 학문적 전통에서는 해도(海道)나 해문(海文)의 원리를 간과하고 있다. 필자는 천지(天地)의 원리뿐만 아니라 바다(海)의 원리를 더해 천지해인의 원리와 학문적 성과가 상호 작용하여 전개되는 것이 바다와 인간의 관계를 연구하는 학문의 지향점이 되어야 한다고 본다. 이런 맥락에서 바다와 인간의 상호관계를 다루는 한국해양대학교 국제해양문제연구소의 「해항도시 문화교섭 연구」나 부경대 코어사업단의 「해양인문학」이 해도와 바다의 무늬와 관련된 학문적 성과와 상호소통해야 한다. 물론 이러한 연구는 근대 이전의 학제적 연구 전통의 복원을 지향하면서 동시에 그것을 넘어서는 작업이다. 동양의 학문론에서 천지인의 관계를 중시하면서도 해도와 인도나 해문과 인문의 관련성에 대해 그다지 주목해오지 않았던 사실을 감안하면, 「해항도시 문화교섭 연구」나 「해양인문학」은 학문 간의 칸막이를 허무는 작업 이상의 의미를 지니기 때문이다.

III. '바다' 인문학

바다와 인간의 관계를 다루는 학문은 바다의 물리적 운동이 인류의 사회경제에 미친 영향과 인류가 바다의 물리적 운동을 이해하고 심지어 바다에 영향을 주는 상호 관계를 연구하는 것이다. 또 바다와 인간의 관계를 다루는 학문 방법론은 학문 간의 상호소통을 단절시켰던 근대 프로젝트의 폐단을 어느 정도 극복하는 학제적 연구를 지향하며 특히 전통적 학문 방법론에서 주목하지 않았던 바다와 관련된 학문적 성과를 인문과 결합한다는 점에서 참신하다.

근대의 바다와 관련된 담론(대표적으로는 바다를 지배하는 자, 세계를 지배한다)은 근대 프로젝트인 진보와 진화에 기여하였고, 세계의 중심과 주변의 양극구조, 가치의 일원화·균질화, 지배와 종속에 기여하였다. 반면 이 글에서 주목하는 21세기 바다와 관련된 담론은 탈근대적인 전망, 즉 진보와 진화론에 대한 반성, 관용과 공존, 보편 다양성의 전망을 제시한다.

중국의 고대사상가인 노자는 최고의 선은 물(上善若水)이라고 했다. 왜냐하면 "물은 선하여 만물을 이롭게 하면서도 다투지 않고, 모든 사람들이 싫어하는 곳에 처하므로 도에 가깝기" 때문이다. 그런데 세상에서 가장 낮은 물이 '바다'이다. 바다는 가장 낮은 물이지만 가장 큰 물이다.[13] 왜냐하면 모든 물은 바다로 귀속되기 때문이다. 통감절요에서도 유사한 문구를 찾아낼 수 있다. 진(秦)나라의 경계인이었던 이사(李斯)는 진시황에게 인재 등용의 관용을 건의하면서 "강과 바다는 작은 냇물을 받아들였기에 능히 그 깊이에 도달하였다"(河海不擇細流 故能就其深)고 하였다. 그런가하면 중국의 후세 지식인들은 "바다는 모든 물을 다 받아들이기에 그 너그러움이 거대하다"(海納百川 有容乃大)라는 통감절요의 문구를 전유한다.

---

13) 양방웅, 『초간 노자』 (예경, 2003), 95쪽.

그리스 신화에서 유래한 오션(ocean)이나 해양이라는 용어에서도 중국의 사례와 비슷한 의미를 찾을 수 있다. 영어의 해양에 해당하는 오션은 그리스 신화 오케아누스(Oceanus)에서 유래한다. 그는 우라노스와 가이아 사이에 태어난 아들로 그의 여동생 테티스와 결혼하여 3,000개에 이르는 강을 생산한다. 바다는 모든 강들의 근원인 것이다. 그리스인들은 모든 강은 바다로 흘러가고 바다는 대지를 둘러싼 가장 큰 강으로 인식했다.[14] 그러나 우리말의 바다는 훨씬 간명하며 함축적이다. 모든 물을 다 '받아들이기' 때문에 이름이 바다인 것이다.[15] 필자는 노자의 가르침에서 한 걸음 더 나아가 '바다는 최고의 선'이라는 '상선약해(上善若海)'의 철학과 비전을 제시하는 것도 가능하리라 본다. 그렇다면 21세기의 바다는 만물의 근원이자 공생과 소통의 새로운 질서의 비전을 담고 있는 최고의 선이다. 21세기 바다와 관련된 담론은 상선약해로 대변되는 최고의 선을 추구해야 한다. 이런 비전에 서면, 진보·진화론을 대체하면서 인간과 인간, 사회와 사회, 인간과 자연의 관계를 하나의 체제라는 인식 속에서 관계론적이고 유기적으로 성찰할 수 있다.

바다와 관련된 많은 학문적 요소들은 그 자체 세계와 인간에 대한 새로운 이해의 분석틀을 제공할 수 있다. 필자는 방법론적 해항도시를 통해 이런 점을 아주 일부나마 확인할 수 있다.[16] 이것은 그 자체가 앞으로의 연구방향이 어디에 초점을 두어야 할지를 제시하고 있는 것이라고 생각한다. 그런 점에서 바다와 인간의 관계를 다루는

---

14) N.G.L. Hammond and H. H. Scullard (eds.), *The Oxford Classical Dictionary* (Oxford: Oxford University Pree, 1970), p.744.

15) 신영복, 『강의』 (돌베개, 2008), 289쪽.

16) 정문수, 류교열, 박민수, 현재열, 『해항도시 문화교섭연구 방법론』 (선인, 2014), 58-59쪽, 229쪽 참조

학문은 전통적으로 인문학의 경계에 포함된다고 여겨지는 많은 요소들만이 아니라 우주학, 생명과학, 지구학, 지질학, 기후학, 해양학, 생태학 등 바다의 운동과 관련된 자연과학과의 성과를 인문학적 개념 및 범주로 재인식하고 재구성하는 작업을 통해 인간 이해와 세계 분석의 틀은 더욱 깊어질 것이라 생각한다. 이것을 추구하는 작업은 어쩌면 바다와의 관계를 다루는 새로운 인문학의 제안이라는 점에서 참신하다.

맹자는 진심장구상(盡心章句上) 제24장에서 바다를 관찰하는 법에 대해 다음과 같이 말한다.

> 바다에서 물을 본 사람은 아무리 많은 물도 보잘 것 없는 것으로 보이기 때문에 제대로 물을 설명하기 어렵다. (작은 물은 큰물에 비하면 물이 아니기 때문이다.) … 물을 관찰하는 데 방법이 있으니 반드시 그 물결을 봐야 한다. (물의 양과 깊이에 따라서 물결이 달라지기 때문이다.) 해와 달에는 밝음이 있으니 빛을 받아들이는 곳에는 반드시 비춘다. 흐르는 물은 웅덩이를 채우지 않으면 다음으로 흘러가지 못한다.
> 觀於海者難爲水 … 必觀其瀾 日月有明 容光必照焉 流水之爲物也不
> 盈科 不行[17]

그런데 맹자의 바다를 관찰하는 법은 중력이나 광학의 원리로 설명해도 서로 통한다. 뉴턴의 만유인력의 법칙에 의하면, 바닷물의 수면이 주기적으로 높아졌다 낮아지는 조석현상은, 달이 자기보다 무거운 지구를 끌어당기지는 못하지만 바닷물은 끌어당길 수 있기 때문으로 설명된다. 달에서 가까운 쪽과 먼 쪽의 바닷물을 서로 다른 정도로 끌어당기기 때문에 파도가 출렁거린다. 한편 인간의 맨

---

17) 이기동 주석, 『맹자강설』(성균관대 출판부, 2010), 646~648쪽.

눈으로 지각되는 파장 범위를 가진 빛, 가시광선은 빨강, 주황, 노랑, 초록, 파란, 남, 보라색이다. 가장 크고 낮은 물인 바다가 푸른색으로 보이는 이유는 무엇일까? 파장이 긴 붉은색이나 노란색은 보통 수심 5m이내에서 흡수되고, 파장이 짧은 푸른색은 더 깊이 진행하여 일부는 물 입자들과 부딪혀 산란한다. 그래서 큰물인 바닷물은 더욱 파랗게 보이고, 얕은 물인 개울물은 그다지 파랗게 보이지 않는 것이다.

이렇듯 바다와 인간의 관계를 연구하는 학문은 21세기가 요구하는 가치인 관용과 보편다양성을 지향하면서 또한 자연과학과 인문학의 경계를 넘는 시도이자 모든 학문의 성과를 다 받아들인다는 의미의 '바다' 인문학이라는 명칭을 쓸 수 있음직하다. 그것은 결정론적 기계론적 세계관이라기보다는 우연과 확률이 지배하는 불확실성을 강조하는 세계관이며, 모든 생명체가 그러하듯 질서정연하게 규칙적인 운동을 수행하는 정적인 체제가 아니라 불규칙하지만 유연하고 역동적인 체제로 급변하는 환경에 적응하는 카오스적인 상태를 뜻한다.

■■■ 제2부

해양문학

한·중 해양문학론 논의의 현황과 방향성 모색

남송우(부경대 교수)

1. 글문을 열면서

'해양[1] 문학' 이 말은 현재 시점에서 그렇게 생소하게 들리지는

---

[1] '해양(海洋)이란 말의 근원이 어디로부터 시작되었을까는 논란의 여지가 있긴 하나 조세현의 『천하의 바다에서 국가의 바다로-해양의 시각으로 본 근대 중국의 형성』을 참고하면, 그 어원을 어느 정도 이해할 수 있다. '해'라는 글자가 언제 나타났는지 그 역사적 근거를 찾기는 쉽지 않다. 하지만 주나라 때나 춘추전국시대 문헌에 이미 '해'라는 글자는 자주 보인다. 『설문해자』에는 "해는 천지(天池)이다.많은 하천이 모이는 곳이다"라고 기록되어 있다. 이처럼 '해'는 사전적인 의미에서는 모든 강이 모이는 곳으로, 고대 중국인들은 바다를 물의 연장선상에서 파악해 수천 갈래의 물을 받아들이고 천지만 물을 포용하는 대상으로 여겼다. 지리적인 측면에서 '해'란 지역을 나누는 대상이었지만, 물이라는 개념에 중점을 두어 바다를 육지의 끝자락으로 여겼다. 이런 사고방식은 중국의 옛 문헌에서 쉽게 찾아볼 수 있는데, 그들은 '해'를 지역적 경계로 보았다. 널리 알려진 바와 같이 고대 중국인들은 육지의 사방을 바다가 에워싸고 있다고 여겼다. 방위와 합쳐진 바다는 사해(四海)라는 개념을 창출하였다. 중국인들은 넓은 장소를 부를 때 물이 있든 없든 '해'라는 글자를 쓰는 데 주저하지 않았다. .... '양'이란 글자는 '해'가 처음부터 바다의 의미였던 것과는 달리 강 이름의 하나에 불과하였다. 본래 넓고 많은 것을 묘사하는 한자(예를 들어, 양양洋洋)였다가 시간이 흘러 한없이 펼쳐진 물을 가리키는 해역이란 의미로 확대되었다. 바다라는 뜻으로 쓰기 시작한 것은 당나라 때부터이다. '양'이란 글자는 "오늘날 해海의 중심을 양洋이라 하는데, 역시 수水가 많은 곳을 이른다"라는 옛 기록에서 알 수 있듯이 '해'의 중심을 가리킨다. 그래서 흔히 해는 육지를 낀 바다, 양은 해보다 너른 바다를 가리킨다고 알고 있는 것이다. 하지만 이런 구분은 원양遠洋을 통해 무역을 하던 송나라 이

않는다. 그러나 아직 해양문 학이 일반문학 전 영역에서 차지하는 위상은 그렇게 높지 않다. 이는 아직 해양문학이란 문학의 주변부에 자리하고 있음을 반증함이다. 그런데 21세기에 접어들어 해양에 대한 관심과 그역할이 새롭게 인식되면서, 해양문학도 하나의 새로운 관심사로 부상하기 시작했다. 해양에 대한 관심은 두 가지 측면에서 일기 시작했다고 볼 수 있다.

그 하나는 지구촌이 생태학적으로 변화를 겪으면서, 나타난 현상이다. 지구촌 육대주 위에서 일방적으로 벌어진 자연 파괴로 인한 심대한 오염은 땅에만 영향을 미친 것이 아니라, 결국 바다에까지 영향을 미쳤다. 대기오염으로 인한 지구 온난화는 바다에까지 큰 영향을 주어 지구촌의 70% 이상을 차지하는 바다의 변화가 지구촌 전체의 변화를 주도하는 양상으로 나타나고 있다. 다양한 자연재해의 경험과 돌발적인 이상기후변화가 이를 말해주고 있다. 북극의 빙하가 점점 녹아내리면서 태평양의 섬들이 서서히 바다 속으로 사라지고 있는 현상은 이를 극명하게 드러내는 한 장면이다[2]

후에야 생겼으며, 엄격 하게 구분되어 쓰인 것은 아니다. 조세현의 『천하의 바다에서 국가의 바다로-해양의 시각으로 본 근대 중국의 형성』', 2016, pp32-33 참조.

해양문학'이란 말 대신에 '바다문학'을 더 선호하는 논자도 있다. 그러나 두 개념상에서 큰 차이가 있는 것은 아니기에 본고에서는 통상적으로 사용해온 '해양문학'이란 개념을 주로 사용하고자 한다. 그러나 본고의 서술에 있어서는'해양 '과바다 '를 혼용해서 사용하고자 한다. 문맥상 해양보다 바다가 더 적절한 경우가 있기 때문이다.

2) 빈국인 섬나라들이 배출하는 온실가스 배출량은 전 세계 배출량의 0.1%에도 못 미치지만 이들은 기후변화의 피해를 가장 먼저, 가장 심하게 입는 최전선에 있다. 지구온난화로 해수면이 올라가면서 남태평양 작은 섬나라는 점점 바닷물에 잠식되고 있다. 열대성 폭풍인 사이클론이나 허리케인이 자주 일어나고 해수면 상승과 결합되면 큰 홍수피해를 부른다. 영국 해들리센터에서 기후변화를 연구하는 리처드 베트 교수는 "해수면이 올라가면서 섬나라들은 폭우나 태풍에 더 취약해졌다"고 지적했다. 엘니뇨(해수온난화)는 가뭄을 낳아 먹을 물이 귀해지고 코코넛 등 농업에도 타격을 준다. 바닷물의 침입 으로 지표수가 염수로 오염되는 것도 물 부족의 원인이다. 투발루는 해수면이 올라가 섬 9개 중 2개가 물에 잠겼다. 앞으로 해수면이 1.8m 더 올라가면 투발루는 지구상에서 완전히 사라진다. 투발루 사람들 상당수는 '기후변화 난민'이 돼 호주 등지로 떠났다. 마셜제도는 지난 4일 엘니뇨로 가뭄이 심해지자 비상사태를 선포했다. 벼랑 끝에 몰린 이들 섬나라는 국제무대에서 적극적이고

또 다른 하나는 지금까지 인류가 지향하는 더 나은 삶을 위한 개발의 대상이 육지를 넘어 이제는 바다로 향하고 있다는 점이다. 땅에만 집중했던 자원 개발이나 삶의 복리추진, 그리고 군사전략적 차원에서 이제는 바다가 새로운 요충지로 부상하면서, 소위 세계는 신해양시대를 지향하고 있다. 각국이 섬을 두고 영유권에 대한 갈등을 벌이고 있는 양상의 저변에는 이러한 해양영토권에서 비롯되는 새로운 자원개발에 대한 욕망과 전략적 책략이 개재되어 있는 것이다. 남중국해에서는 중국의 일방적 행보가 베트남과 필리핀 등 주변국을 자극하고 있고, 동중 국해는 일본과 중국의 주도권 쟁탈전이 계속되고 있으며, 독도가 한일 간의 지루한 분쟁의 소용돌이 속에서 벗어나지 못하고 있는 이유가 여기에 있다.

이렇게 바다가 지구촌에서 새로운 관심영역으로 떠오르고 있는 상황에서 해양문학의 방향성은 어떻게 설정되어야 할 것인가? 이것이 본고에서 고민해야 할 중심주제이다. 이를 위해 본고에서는 지금까지 논의되어온 한중간의 해양문학에 대한 담론들을 점검해보고, 이를 바탕으로 21세기 지구촌 상황에서 해양문학이 지향해야할 새로운 방향성을 모색해 보려고 한다. 그방향성은 단순히 해양체험이란 문학적 소재주의를 넘어, 해양인문학적 차원 더 나아가 해양문

공격적인 기후 변화 외교에 나서고 있다. 섬나라들이 결성한 퍼시픽아일랜드포럼은 2013년 9월 기후변화 행동을 촉구하는 '마주로 선언'을 채택해 유엔에 제출했다. 투발루, 마셜제도, 키리바시, 몰디브, 토켈라우 5개 섬나라는 '기후변화에 대응하는 산호초국가 연합'을 결성해 지난해 프랑스 파리 기후변화 총회에서 해수면상승에 대응하는 기반시설 건설과 재생에너지 육성, 경제 재건과 문화 보존 등을 내용으로 하는 '남태평양판 마셜플랜'을 발표했다. 파리기후변화 협약은 지구평균온도 상승폭을 산업화 이전 대비 2℃이하로 제한하는 것으로 결론났지만 이들 섬국가들은 0.5℃차이가 생존과 멸망을 결정한다며 1.5℃이하를 강력히 주장했다. 22일 미국 럿트거스대 연구팀은 20세기 들어 해수면 상승 속도가 가파 르게 빨라졌다는 연구결과를 내놨다. 산업화 전까지는 해수면 상승 속도가 100년에 3~4㎝정도였는데 1900년대에만 해수면이 14㎝ 올라갔다. 1993년부터는 100년당 30㎝씩 높아지고 있다. 2100년이 되면 지금보다 28~181㎝가 올라갈 것으로 예측됐다. 경향신문, 「태풍 오고, 섬 가라앉고... '기후변화 최전선' 태평양 섬들의 비극」 2016, 2, 23.

화라는 더 넓은 스펙트럼 속에서 가능한 지점을 찾아보고자 한다.

2. 한국의 해양문학 담론

넓은 의미에서 해양문학으로 통칭되는 해양문학 작품은 우리의 문학에서도 예거될 수 있는 작품들이 많다. 대표적으로 고전에서 「표해록」이나 「별주부전」 등이 그것이며, 현대문학에서도 이상춘의 「서해풍파」를 시작으로, 김성식의 「청진항」, 천금성의 「영해발 부근」 등의 작품이 논의 대상이 된다. 그런데 사실 해양문학에 대한 본격적인 논의는 훨씬 뒤에 이루어졌다. 해양문학의 개념과 범위에 대한 논의가 시작된 것은 최강현의 「한국해양문학 연구」(『성곡논 총』, 성곡학술재단, 1981)에서 비롯되었다. 그 이후에 윤치부의 「해양문학 연구」(건국대대학원, 1992)가 나왔고, 이어 최영호의 「한국문학 속에서 해양문학이 갖는 위상」(지평의 문학, 1993 년 하반기호)이 발표되었다. 그리고 1994년 조규익?최영호가 『해양문학을 찾아서(집문당)』를 펴내면서 해양문학론 논의의 토대가 마련되었다.

여기에서 조규익의 「고전문학과 바다」, 최강현의 「한국해양문학 연구 -주로 "표해가"를 중심 으로」, 강전섭의 「이방익의 "표해가"에 대하여」, 윤귀섭의 「가사문학에 나타난 해양과 도서」 등의 논의가 있지만, 본격적인 해양문학론의 전개는 최영호의 「한국문학 속에서 해양문학이 갖는 위상」 이다. 해양소설을 중심으로 전개한 이 해양문학론은 이후에 구모룡의 『해양문학이란 무엇인가』(전망, 2004)에 의해 논쟁의 대상이 되었기 때문이다. 최영호는 해양문학론을 제기하면서, 해양소설의 양상에 대해 다음과 같이 제시하고 있다.

① 바다를 작품의 주제, 소재, 배경으로 하나 체험의 관점이 아닌

관조적 관점으로 그린 작품들, ② 가난한 어촌의 모습을 그린 작품들, ③ 어민들의 삶을 보다 구체적이며 근원적으로 형상화한 작품들, ④ 어민들의 고된 생활과 일품을 덜어주고, 풍어제로 만선을 기원하며, 바다를 공공의 한풀이 장소로 책임지고 있는 특별한 존재, 즉 당골을 주인공으로 등장시켜 그 독특한 삶을 그린 작품들, ⑤ 어민과 선주 간에 놓인 인권, 노동문제에 집중한 작품들, ⑥ 바다를 민족적인 문제와 결부시킨 작품들, ⑦ 근해선이나 원양선의 선원생활 자체를 실감나게 소개한 작품들, ⑧ 섬을 작품의 주요 매개로 삼은 작품들,[3] 이러한 해양소설에 대한 범주와 내용의 제시는 상당히 폭넓은 개념임을 알 수 있다.

그래서 이에 대해 구모룡은 "이러한 유형들은 해양문학이라는 넓은 범주에 의한 것인 만큼 장르로서의 해양소설을 염두에 둘 때, 이들이 모두 포괄될 수 없다고 문제를 제기한다. 그는 바다가 관조의 대상이 된다거나 어민들의 현실과 일상적인 삶 등을 표현한 것은 특별히 장르 로서 해양소설을 염두에 둘 필요가 없는 작품이라고 규정하고, "이들을 모두 해양소설의 범주에 넣는다는 것은 장르를 단순한 소재주의와 혼동하게 되는 결과를 낳게 될 것이며, 그렇기 때문에 해양소설의 경우에 있어서도 해양시와 마찬가지로 수부들의 해양체험이 소설화된 것에 한정할 필요가 있다"는 점을 분명히 했다. 이런 차원에서 구모룡은 김성식의 해양시와 천금성의 해양소설을 해양문학의 대표적인 예시로 제시한다. 이러한 주장의 근거는 해양문학을 구성 하는 필수적인 구조요건으로 바다-배-항해를 들고 있고, 이 중심 모티브의 주체가 되는 선원 들의 존재를 간과하고 바다와

---

3) 최영호, 「한국문학 속에서 해양문학이 갖는 위상」, ≪지평의 문학≫1993년 하반기호, p.26.

연안역의 삶을 그리고 있는 문학을 해양문학의 주류로 설정하는 것은 논의의 단초에 한계가 있다[4] 고 본다.

이러한 문제제기에 대해 최영호는 그의 학위논문인 「한국해양소설 연구」(고려대학교 대학원, 1998)에서 반론을 제시했다. 핵심은 "해양문학은 바다만을 강조하거나 추구하는 문학에 제한 되어서는 안 된다. 바다만을 강조하여 작품의 가치를 평가하는 것은 답답한 체험주의에 머물 위험이 크다. 바다에서의 실제적인 체험뿐 아니라 비록 간접체험이라 하더라도 그것이 문학에 절실히 녹은 것이라면, 그 또한 해양문학의 범주에 응당 포함시켜야 한다. 해양문학 담당층이 꼭 바다에 살아야만 하는 것은 아니다. 각자의 삶이 해양체험과 직접적으로 관련되어 있어야 한다는 시각으로 작품 속의 바다를 평가하는 태도로는 작품 자체의 다양성은 물론 문학으로 찾는 바다의 얼굴을 올바로 찾을 수 없다. 나아가 바다로 인해 각 존재들의 동질성이 어떻게 형성되고 그것이 우리 삶을 어떻게 튼실하게 하는지를 이해할 수 없게 한다. 해양문학은 그 특수성, 차별성을 강조하기 위해 제시되는 것이 아니라 보편적인 문학의 영역을 확장시키는, 다시 말해 차이로 존재하는 보편적인 문학이라는 관점에서 시작되어야 한다[5] 고 밝혔다. 이런 반론에 대해 구모룡은 다시 문제제기를 했다.

해양문학을 보편주의적인 관점에서 보려는 최영호의 "관점의 한계는 본질주의 혹은 보편주의의 오류에서 유발된다. 문학성이라는 본질에 환원되는 보편문학으로서의 해양문학이라는 설정은 해양문학이 지닌 특수한 국면을 보지 못한다. 그리고 해양문학의 특수성을

---

4) 구모룡, 『해양문학이란 무엇인가』, 전망, 2004, p.19, pp.24-25, pp.44-45 참조. 이 책의 내용 중 제1장인 <해양문학의 개념과 범주>는 「해양문학론 서설 ?해양문학의 범위와 장르, 그리고 주요 모티브」란 논제로 『교양논총』2집(한국해양대 교양과정부)에 1994년에 처음 발표되었다.

5) 최영호, 「한국해양소설연구」, 고려대 대학원 박사학위논문, 1999, p.31.

강조한다하여 이것이 보편적인 문학영역을 확장시키지 못한다고 보는 것은 잘못이다. 오히려 더 많은 특수 성을 만들어내는 일은 문학과 문화를 풍부하게 확장하는 방법이 된다"는 입장에 서 있다. 이러한 반론에 대해 최영호는 「한국해양문학의 현단계」(≪오늘의 문예비평≫, 2004)에서 결국 "궁 극적으로 보아 바다로 인해 각 존재들의 동질성이 어떻게 형성되고 그것이 우리 삶을 어떻게 튼실하게 하는지, 그 차별성과 특수성을 넘어 차이로 존재하는 보편적인 문학이란 관점에서 해양문학의 개념정의가 이루어져야 한다는 필자의 주장과 구모룡의 주장은 결국 같은 차원의 논의였다[6] 고 밝힘으로써 논쟁은 마감되고 말았다.

그러나 그 이후에 이들의 논의에 대해 신정호는 「한중 해양문학 연구 서설-해양인식의 기원과 해양문학의 범주」(중국인문학회 학술대회 발표논문집, 2009)에서 두 사람의 논의를 다시 점검 하고 있다. 신정호는 이 글에서 얼핏 보아 두 주장은 모두 일리가 있는듯하지만, 모두 다 해양문학의 실체를 벗어난 한계가 있다고 주장한다. 최영호의 입장에 대해서는 "해양문학이라는 용어는 문학이론에 입각한 과학적, 역사적 개념이 아니라 관습적 용어이다. 따라서 우리는 해양문학에 대해 보다 엄밀한 장르적 이해가 필요한데, 장르의 기준이 되는 가장 우세한 자질은 주제적인 것이고, 해양문학의 경우 가장 중요한 미학적 준거는 체험의 문학화라는 점을 놓쳐 서는 안 된다. 이 지점에서 해양체험이야말로 해양문학의 지배적인 배경과 주제가 됨은 재론의 여지가 없다고 하겠다. 그렇다면 앞에서 소개한 바 있는, 최영호가 정리한 해양소설 양상 가운데 바다와 해양에 대

---

6) 최영호, 「한국해양문학의 현단계」, ≪오늘의 문예비평≫,2004, p.67.

한 체험이 결여되고 오로지 바다와 섬을 이미지화하여 육지에서 그것을 상대화하여 동경하는 작품은 해양문학이 될 수 없는 것이다. 이 점은 최영호뿐만 아니라 대부분의 해양문학 연구자들이 공통적으로 저지르고 있는 오류이다"[7] 라고 하여 최영호의 너무 폭넓게 잡은 해양문학론을 비판하고 있다. 그래서 이런 오류를 바로 잡기 위해서는 모호한 관습적 개념으로 해양문학 개념을 무작정 확장할 것이 아니라, 오히려 해양시, 해양소설, 해양 연극 등과 같이 구체적인 장르종으로 해양문학을 수렴하고 관련 연구를 진행해야 한다고 주문하고 있다.

이렇게 최영호가 제시한 해양문학에 대한 범주에 대해 비판적인 입장을 내보일 뿐만 아니라, 구모룡의 주장에 대해서도 비판적인 입장을 보이고 있다. 구모룡은 "바다가 구성요소가 되는 텍스트 모두를 해양문학 범주에 포함하거나 바다의 상징성을 장르적 요건으로 받아들이는 예가 많았다. 전자는 해양문학을 지나치게 넓게 보았고, 후자는 텍스트 생산의 사회 역사적 문맥을 고려하지 않았다 라고 진단하고 해양문학은 순전히 근대적 문학양식이라는 것이 나의 관점이라고 밝히고 있는데 이는 논란의 소지가 많다는 것이다. 표해록과 같은 근대이전의 텍스트를 어떻게 할 것이냐 하는 문제와 함께 바다가 텍스트가 되는 많은 자료들이 배제될 수있기 때문에 문제가 된다는 입장이다.

구모룡의 지적처럼 '해양'이 근대적인 국민/국가의 표상시스템에 투영되어 새로이 발견된 풍경이라는 점은 충분히 수긍이 가는 바이지만, 근대문학의 개념틀로 이른 바 전근대의 해양문학 작품을 일률

---

7) 신정호, 「한중 해양문학연구 서설」, 중국인문학회 학술대회 발표논문집, 2009, p.361.

적으로 재단하는 것도 문제라는 것이다. 가령 일보 양보하여 그의 주장이 타당 하다손 치더라도, 그의 논리를 뒷받침하는 텍스트 생산의 사회 역사적 문맥과 표상체계를 두루 고려할 때, 아무리 늦어도 임진왜란과 병자호란 이후 조선의 조정 주변에서 제출되는 새로운 해양국토의식과 그 후 같은 논리 하에서 비교적 착실히 정리되는 표해록류 기록들에 나타 나는 민족주의적 국토의식은, 마냥 근대적이 아니라고 무시할 수 있는 부분이 아니라는 입장 이다. 도한 전근대적인 바다와 근대적인 해양은 그 심상지리에서 다르다는 주장을 그대로 받아들인다손 치더라도 근대적 표상체계에 의해 발견되는 것이 어디 해양뿐이겠느냐고 반문한 다. 동래, 제물포, 군산, 목포 등과 같은 개항장을 드나들던 근대적 항해는 차지하고라도 간척과 교량 준설로 근대적 시공간에 놓인 섬과 포구들, 척식회사와 조합의 타율적 근대적 관리체제 하에 놓인 섬과 해안주민들의 생사장(生死場)으로서 바다의 체험은 도저히 근대적인 것이 아닐 수 없고 그 자체로서 근대적 표상체계를 이루었던 것이었다고 주장한다. 그래서 구모룡이 주장하는 전근대적인 바다와 근대적인 해양은 그 심상지리가 다르다는 진술은 마땅히 근대 적인 바다와 근대적인 해양은 그 심상지리가 같다 라고 고쳐 읽어도 무방할 것이다라고 제안 하고 있다.

이런 맥락에서 구모룡이 제안한 바다-배-항해는 근대적 문학으로서 해양문학에 있어서 여전히 중요한 모티브의 한 축이지만, 가장 중요하다거나 전부는 결코 아니라는 입장에 서 있다. 그래서 신정호는 해양문학에 대한 더욱 과학적인 이해를 도모하기 위해 장르론적 입장에서 문학 일반을 장르류로 나누고 다시 해양시, 해양소설 등 장르종으로 나누는 경우에 있어서도 다도해 유역의 해양문학의 주요한 모티브는 오히려 바다-섬-어로임을 분명히 하고, 배는 섬을 잇거나 어로의 한 도구라는 점에서, 어로는 근해형 항해라는 점에서 종속되는 모티브라고 고쳐 말 할 수 있는 것이라고 제안하고[8] 있다.

이러한 신정호의 주장은 「한중 해양문학 비교연구 서설- 시론적 접근」(도서문화 40, 2012)에 서는 중국의 해양문학론과 한국의 해양문학론을 비교검토한 후에, "한국의 해양문학 연구자들 사이에 이미 해양체험, 해양문화, 섬과 포구의 어로와 어민생활 등 해양문화와 밀접한 문학작 품을 해양문학으로 간주하는 합의에 이르렀다[9]"고 나름의 정리를 하고 있다. 이런 신정호의 입장에 동조하면서 같은 맥락에서 구모룡의 해양문학론을 비판적으로 바라보고 있는 자가 김선태이다. 그는 「목포해양문학의 흐름과 과제」(『도서문화』40, 2012)에서 최영호의 견해는 구모 룡의 지적대로 그 범위가 다소 포괄적이고 소재주의적이긴 하나, 해양의 개념에 대양, 연안바 다, 섬, 어촌, 해양풍속 등 바다와 관련한 모든 요소를 포함하고 있다는 점에서 의미가 있으 며, 필자의 견해와도 상당 부분 일치한다고 밝히면서, 구모룡의 견해는 관습적인 용어라는 사실에 급급한 나머지 해양문학의 개념과 범주를 지나치게 협소하게 보고 있다는 점에서 위험성을 안고 있다고 본다. 해양의 범주를 연안이나 대륙적 시선을 배제한 태평양, 대서양 등 대양의 개념으로 이해하고 있으며, 해양문학작품의 내용 또한 수부들의 직접적인 해양체험만으로그 내용을 한정하는 것은 수부 출신이 아닌 사람은 해양문학작품을 쓸 수 없다는 말과 다를바 없다는 점에서 많은 모순을 내포하고 있다는 것이다. 그렇다면 '선원문학', 대양문학 ', '원 양문학' 이면 되지 굳이 '해양문학'이라고 부를 이유나 근거가 없다[10]는 입장이다.

---

8) 신정호, 위의 논문, pp.361-363 참조 9) 신정호,

9) 신정도, 「한중 해양문학 비교연구 서설- 시론적 접근」, 『도서문화』40, 2012, p.300

이런 해양문학에 대한 논점의 차이는 결국 부산항을 입지로 삼고 살아가면서, 대양의 체험을 근거로 작품을 남긴 작가들의 작품을 대하면서 자연스럽게 귀납된 좁은 의미의 해양문학에 대한 범주와 목포라는 도서문화와 밀접하게 연관된 지역에서의 연안의 해양체험과 관련된 작가 들의 작품을 논하면서 범주화된 넓은 의미의 해양문학에 대한 입장 차이로 우선은 정리해 볼수 있을 것 같다. 문제는 신해양시대를 맞으면서 해양문학은 이제 단순한 체험의 범주나 소재를 넘어서는 새로운 영역을 개척해내어야 한다는 문학적 과제에 직면해 있다는 점이다. 이것은 바로 바다가 지닌 원형적 이미지를 구체화하는 길이다. 이를 위해서는 지금까지의 육지 중심의 사고를 바꾸어, 지구촌 환경의 70%를 차지하고 있는 바다를 중심으로 사고하는 세계인 식의 패러다임을 바꾸는 작업부터 선행되어야 한다. 작가들의 의식이 발을 딛고 서 있는 육지의 삶에 고착되어 있던 사고에서 바다가 우리의 삶의 조건을 주도하는 세기에 살고 있음을 새롭게 인식하는 데서부터 출발해야 한다.

3. 중국의 해양문학 담론

중국에서는 해양문학의 정의 문제에 대하여 한국만큼 치열한 학문적 논쟁이 없었다. 그렇다고 문학연구자들이 해양문학에 대한 담론을 생성하지 않은 것은 아니다. 중국대륙과 대만에서 제기된 해양문학 담론들은 다음과 같은 논의들이 있다.

중국어권에서 시, 소설, 산문 등에서 해양문학 선집을 편찬한[11]

---

10) 김선태, 「목포 해양문학의 흐름과 과제」, 『도서문화』40, 2012, p.265.

11) 林耀德 編選, 『海事』, 『海是地球的第一個名字』, 『藍種림』.

대만의 임요덕(林耀德)이 해양문학에 대한 간략한 정의를 내보이고 있다. 그는 시선집 『海是地球的第一個名字(바다는 지구의 첫 번째 이름)』의 서문에서 해양문학에 대한 견해를 표출하고 있다.

관점을 종합해본다면, 현대시에서 해양제재를 다루는 방법을 가지고 대략적인 분류를 해볼수 있다.

(1) 경험적 해양 현상으로부터 시작하든지, 다만 사실을 묘사하든지 혹은 사실로부터 허에 들어가 인생처 지의 감회를 추리 연역하고 심지어 더 나아가 사람과 해양, 우주의 여러 관계를 탐색한 작품

(2) 경험을 초월한 해양상징으로부터 시작하든지, 허구에서 사실로 들어가든지 우언의 유형으로 특정 현실에서의 주제를 다룬다. 혹은 허구에서 허구로 들어가는데 추상화, 기호화한 해양을 빌려 어떠한 인생 관, 우주관을 암시한 작품

(3) 바다를 이성 사유의 객관적 문제로 본 작품

(4) 바다를 단순한 도구로 간주하고 시인 서술 혹은 서정의 배치를 이룬 작품

엄격하게 말하면 네 번째 유형의 작품은 물론 해양시의 범위 밖으로 배제해야 한다. 그러나 중국의 현대 시인이 해양 제재를 처리하는 상황을 충분하게 파악하였기 때문에 어떠한 책략과 태도를 취하든 문제로 삼지 않는다. 무릇 역사의미와 대표성을 가진 작품이기만 하면 모두 용납하였고 이 책 속에 모아 두었다.[12]

---

12) 임요덕, 『海是地球的第一個名字』,1987, pp14- 16. 재인용 신정호 「한중 해양문학 비교 연구 서설- 시론적 접근」, 『도서문화』 40, 2012, p.294.

위의 해양문학에 대한 견해를 참조한다면, 임요덕은 해양의식의 여부에 따라 해양문학 작품을 넓게 바라보고 있음을 알 수 있다. 즉 작품 속에서 작가의 취지가 어떠하든 작품에서 바다와 관련된 제재를 언급하기만 하면, 모두 해양문학이라는 범주에 속할 수 있다는 입장이며, 이런 차원에서 해양문학 선집이 편찬되었음을 알 수 있다.

이와 유사한 견해는 주학서(朱學恕) 등이 편집 출간한 중국해양문학대계의 일종인 『20세기 해양 시 작품 감상분석 선집』에도 보인다.

> 무엇이 해양시인가? 이 명사는 정의를 내리기가 매우 어렵다. 만약에 해양을 주제로 삼아 정면으로 바다를 쓴 시여야만이 해양 시라고 인정한다면, 이 선집에 있는 많은 시는 모두 불합격이다. 많은 시가 쓰고 있는 것은 사실 인간이며 해양을 그 배경으로 삼는다. 혹은 인정?인사를 주제로 삼고 해양을 lecla으로 삼으며 비유로 삼는다. 혹은 거짓과 진실 사이를 드나들어 언덕 위의 사람이 바다 사람을 그리워하거나 혹은 바다 사람이 언덕 위의 사람을 그리워하는 것을 쓴다. 혹은 해양과 육지 사이의 특수한 공간인 해안에 대해서 쓴다.13)

여기서도 해양시의 개념을 상당히 폭넓게 잡고 있다. 해양을 배경으로, 혹은 안받침으로 그리고 육지에서 바다 사람을 혹은 바다에서 육지의 사람을 그리워하는 것, 또한 해안에 대한것 까지도 해양시 선집에 포함되어 있음을 밝히고 있다. 그런데 중국어권 해양문학 창작자들 이나 연구자들이 모두 이렇게 폭넓게 해양문학 개념을 잡고 있는 것은 아니다. 중국어권 해양 문학의 대표 작가인 요홍기(廖鴻基)는 창작의 제재로 해양문학의 범주를 좁게 설정한 후, 대만에 현

---

13) 주학여,왕후강, 『20세기해양시정품상석선집』, 대북, 시을출판사, 2002, pp.51-52, 재인용, 신정호, 위의 논문, p.295.

존하는 해양문화를 아홉 가지로 개괄하고 있다.

(1)전통 해양 신앙, 축제 의례 그리고 기념일 경축, (2)어업문화, (3) 항로 이민문화, (4)선박 문화, (5)해안문화, (6)항구문화, (7)해군 문화, (8)해양생물문화, (9)해양정신문화가 그것이다. 이렇게 요홍기 는 창작제재를 해양문학의 조건으로 간주하고 있다. 이러한 범주는 작가의 내면적 서정이나 바다에 대한 동경이나 상상적 해양은 배제 시키고[14] 있는 입장이다. 중국 대륙의 해양문학 연구계에서도 이러 한 체험 위주의 해양문학 정의가 나타나고 있다. 중국의 대표적인 해양문학 연구자 가운데 한 사람인 陳慶元은 다음과 같이 해양문학 을 정리하고 있다.

무엇이 중국 해양 문학 작품이고, 중국 해양문학 연구에서 양대 문제가 무엇인지에 대해 간략하게 이야기해보도록 하겠다.

내가 생각하기에 중국 고대 해양 문학 작품이 묘사하고 있는 것에 는 최소한 다음과 같은 몇가지의 방면이 있다.

(1) 대 자연의 해양 경치, 바닷가와 섬의 자연 경치

(2) 변해(邊海) 사람들과 섬 사람들의 생존을 의지하는 해양 환경

(3) 해양의 신화 전설과 해양의 민간 신앙

(4) 해상 노동과 해상 상품 교역, 대외 무역 활동

(5) 역내(域內)에서의 해상 교통과 바닷길의 이민 활동

(6) 역외(역외)에서의 항해 외교?종교 이외의 문화교류 및 해외로 의 이민 활동

(7) 해상을 거치는 각종 종교 활동

---

14) 신정호, 앞의 논문, p.296.

(8) 해상 전쟁, 역내(域內)의 전쟁, 외부에서 온 세력의 해상 침입
　　과 침략에 반대하는 전쟁

(9) 해상과 변해(邊海)에서 발생한 각종 이야기

(10) 감정 토로 대상으로서의 해양15)

위의 내용에서 확인되는 바와 같이 중국대륙에서의 해양문학 연구는 해양활동, 해상활동, 바다생활로 점점 그 윤곽이 명확해지고 있는 상황으로 볼 수 있다. 이와 같은 중국의 체험 위주, 제재위주, 생활 위주의 해양문학 개념 정의는 근래의 한국의 해양문학 개념 정의와 유사한 양상을 보이는 것으로 볼 수 있다.16)

4. 해양문학의 방향성 모색

한국과 중국에서의 해양문학에 대한 논점의 공분모는 결국 해양을 삶의 근거지로 삼고 살아 가면서, 대양의 체험을 근거로 작품을 남긴 작가들의 작품을 대하면서 자연스럽게 귀납된 좁은 의미의 해양문학에 대한 범주와 연안의 삶을 살면서 체득된 도서문화와 밀접하게 연관된 지역에서의 연안의 해양체험과 관련된 작가들의 작품을 논하면서 범주화된 넓은 의미의 해양 문학에 대한 입장 차이로 우선은 정리해 볼 수 있을 것 같다. 문제는 신해양시대를 맞으면서 해양문학은 이제 단순한 체험의 범주나 소재를 넘어서는 새로운 영역을 개척해내야 한다는 문학적 과제에 직면해 있다는 점이다. 이것

---

15) 陳慶元,「序一」,『天問?警世·中國古代海洋文學』(趙君堯 著), 北京, 海洋出版社, 2009, pp.2-3. 재인용 신정호, 앞의 논문, p.297.

16) 신정호, 앞의 논문, p.297.

은 바로 바다가 지닌 원형적 이미지를 구체화하는 길이다. 이를 위해서는 지금까지의 육지 중심의 사고를 바꾸어, 지구촌 환경의 70%를 차지하고 있는 바다를 중심으로 사고하는 세계인식의 패러다임을 바꾸는 작업부터 선행되어야 한다. 작가들의 의식이 발을 딛고 서 있는 육지의 삶에 고착되어 있던 사고에서 바다가 우리의 삶의 조건을 주도하는 세기에 살고 있음을 새롭게 인식하는 데서부터 출발해야 한다.

1) 지속 가능한 지구촌의 미래를 담보할 바다의 원형을 구체화하는 작품을 위해

인간이 지금까지 해온 방식으로 계속 인류문명을 창조해간다면, 인류의 미래가 불투명하다는 것은 모두가 공감하는 바이다. 인류의 미래를 보장받기 위해서는 사유의 틀을 근본적으로 바꾸지 않으면 안 된다. 그러면 어떻게 바꾸어 갈 것인가? 인문과 과학의 경계를 허물어야 한다. 자연/사회라는 이원적 존재론에 머물 때 두 문화를 극복하려는 시도는 결코 성공할 수 없다. 두 문화의 진정한 극복을 위해서는 자연/사회의 이원적 존재론을 넘어서야 한다. 이 점을 명확히 인식하고 새로운 존재론의 모색에 나선 것이 행위자 네트워크이론(actor -network theory)이다. 이들이 제시한 탈이원론적 존재론에 대하여 최근 여러 학자들은 관계적 존재론 (relational ontology)[17]이란 명칭을 사용하고 있다. 그러면 관계론적 존재론이란 무엇인가?

관계론적 존재론이란 모든 실재가 행위자들(인간과 비인간을 모두 포함한) 사이의 관계적 실천들로부터 창발되는 것으로 보는 관점

---

17) 브루노 라투르외, 홍성욱 엮음, 『인간?사물?동맹』, 도서출판 이음, 2010, 323쪽에서 재인용.

이다. 실재란 원래부터 세계에 존재하는 것이 아니라 관계들 속에서 창발된다는 것, 따라서 항상 복합적인 성격을 갖고 불확실성과 가변성을 지니는 다중체라는 것이다. 존재가 아니라 생성이란 것이다. 이것은 근대세계의 탄생과 더불어 나타났던 이원론적 존재론과는 전혀 다른 실재관이다. 이는 이원론적 존재론에 기반했던 두 문화의 극복 가능성을 열어줄 뿐 아니라, 근대주의가 초래한 생태위기를 새롭게 바라보고 대응할 수 있는 길을 제시하기도 한다.[18]

그래서 본고에서는 지금까지 인간이 주로 삶과 사유의 대상으로 삼았던 땅과 하늘과의 관계

성을 넘어 바다를 새롭게 관계론적 존재로 부각시킴으로써 21세기 인류가 당면한 생태파괴의 현안을 초극할 수 있는 문학의 길을 찾아 나설 수 있다는 가능성을 말한다. 이는 바로 지금까지 문학이 관심해왔던 고착된 인문영역을 과감히 넘어 과학(해양학)을 통해 새로운 문학을 창발하는 경계 허물기를 통한 새로운 해양문학의 개척이 요청된다는 것이다. 즉 지금까지 인간이 추구한 땅과 하늘 중심의 관계론적 존재론에서 벗어나 바다를 새롭게 인식하고, 이를 인간 존재의 새로운 인식틀로 삼는 사유가 작가에게 필요하다. 그 사유는 우선 다음 몇 가지로 제시될 수 있다.

(1) 육지 중심의 사유에서 바다 중심의 사유로

지금까지 인류는 육지를 중심으로 인류문명을 건설해왔다. 그러므로 작가들의 관심도 육지에서 펼쳐지는 인간의 삶에 주로 관심해왔다. 그 결과로 작가들이 창조한 대부분의 작품 세계는 거의 인간

---

18) 위의 책, 323~324쪽.

이 발 딛고 살아가고 있는 땅 위에서의 모습들에 기초해 있었다. 인류의 삶이 육지 중심으로 펼쳐져온 자연스런 결과이다. 이제 육지의 자원은 갈수록 고갈되어가고 있고, 생태계 파괴로 인한 인류의 삶의 공간에 대한 새로운 모색은 더욱 힘들어지고 있다. 이런 위기 상황을 맞은 육지 중심의 삶에 대한 묵시록적인 차원의 문학적 도전도 필요하지만, 이 위기 상황을 극복할 수 있는 길을 찾아 떠나는 긴 항해를 시작해야 할 시점이기도 하다. 이 길고 긴항해의 도정은 어디인가? 지구의 70% 이상을 차지하고 있는 바다로 눈을 돌려야 한다고 이구 동성으로 말하고 있다. 인류 사회의 발전을 위해 갈수록 해양에 희망을 걸 수밖에 없을 것이 라고 말한다.[19] 19) 인류가 오늘날까지 발전하기까지 한순간도 해양을 벗어나 존재한 적이 없었 다. 그러나 해양에 대한 인식은 무시되거나 경시되었다.

더욱이 비교적 일찍 공업화 사회에 진입한 일부 국가에서는 육상 자원을 이용하고 개발하는 것이 상대적으로 용이하였기 때문에 왕왕 인류의 생존과 발전을 위해 기대지 않으면 안 될 자연자원과 환경의 현실을 감안하지 않고 일방적으로 개발함으로써 지구의 생태계는 파괴되는 결과를 초래했다. 그리고 이들은 선진화된 기술을 바탕으로 다른 나라를 식민지화해서 약탈적 개발을 또다시 전개했다. 이러한 악순환이 지속되면서 지구촌은 더욱 어려운 상황에 직면하게된 것이다. 그래서 오늘날 인류가 직면한 지구촌의 문제를 해결하려면 지구 표면적의 70% 이상을 차지하는 아직은 개발여지를 많이 남겨둔 마지막 영토인 해양에 희망을 걸고 있는 것이 다.[20]

그러나 막연하게 바다로 눈을 돌린다고 현재 지구촌이 당면한 현

---

19) 곡금량, 김태만·안승용·최낙민 옮김. 『바다가 어떻게 문화가 되는가』, 산지니, 2008, 90쪽.
20) 위의 책, p.91.

안을 당장 풀어갈 수 있는 것은 아니다. 육지로부터 비롯된 오염은 바다도 오염시켜 사해로 만들어가고 있는 것이 현실이며, 자국중심의 팽창 논리는 이제 육지에서 바다로 향해 영해와 도서분쟁이 현실화되고 있기 때문이다. 바다로 눈을 돌리되, 육지에서 이루어진 그동안의 사유로 바다에 눈을 돌린다면, 인류의 미래는 더욱 암담할 수밖에 없다. 육지에서 이루어졌던 전쟁과 갈등의 인류 문명 사가 되풀이 될 수밖에 없기 때문이다. 여기에 육지와는 다른 바다가 지닌 특성에서 연원하는 사유를 통해 육지에서 이루어졌던 오류를 넘어설 수 있는 사유의 틀을 마련해야 한다. 그것이 육지 중심의 사유에서 바다 중심의 사유로 생각을 근본적으로 바꾸는 일이다. 현실을 넘어 새로운 세계를 창출하는 작가에게는 이것이 가능하다.

(2) 바다에서 건져올리는 치유를 위한 인문적 사유

인간은 이제 하늘과 땅과의 관계론적 존재론을 모색할 것이 아니라, 땅과 하늘과 바다를 새롭게 인식하면서, 땅이 지닌 경계와 분열과 전쟁의 역사를 전환시킬 사유의 틀을 바다에서 건져올려야 한다. 바다의 원형적 이미지에서 우리는 생명과 평화, 공존과 열림, 순환과 교류, 그리고 평등의 토대를 모색해 낼 수 있기 때문이다. 바다를 통해 생명, 평화, 공존, 열림, 순환, 교류, 평등 등을 모색할 수 있다면, 이것이 바로 인류의 문명이 부산물로 남겨놓은 경쟁과 갈등과 전쟁, 경계와 불통의 문제를 치유할 수 있는 새로운 해양문학을 상정할 수 있을 것이다.

육지를 중심으로 계속되어 온 산업화와 기술의 발전이 인간 삶에 공헌한 바를 폄하하는 것은 아니지만, 지금 우리가 당면해 있는 갈등

구조를 초극하지 않으면, 미래를 온전히 전망하기 힘들기 때문이다. 이에는 근원적인 인식사유의 전복이 필요하다. 즉 지금까지 우리가 지녔던 하늘·땅·사람 중심의 세계인식 틀을 하늘·땅·바다·사람 중심으로 재편해야 한다. 바다를 새롭게 인간과의 사이에 중요한 관계론적 존재론으로 설정해야 한다는 말이다.

이럴 때 바다는 새롭게 육지의 생태계를 회복할 수 있는 가능성을 제시할 수 있다. 그러면 육지 중심으로 살아오면서 인류가 과제로 남겨놓은 현안을 초극할 수 있는 바다의 원형적 이미지를 어떻게 추출해내어 해양문학이 지향해야 할 방향성으로 그 가능성을 모색할 수 있을 까? 이는 달리 말하면 육지와는 다른 바다를 중심으로 펼쳐지는 해양문화의 특성을 통해 그방향성을 찾을 수밖에 없다. 해양문화의 특성은 여러 갈래로 나누어 볼 수도 있지만,[21] 첫째는 생명의 본연성과 아름다움, 둘째는 공존성, 셋째는 교류성, 넷째는 개방성을 우선 들 수 있다. 그래서 본고에서는 우선 바다가 지닌 이 원형적 이미지들을 중심으로 해양문학이 추구해야 할 방향성을 모색해 보고자 한다.

㉮ 생명의 시원과 생명재생의 공간

과학자들의 공통적인 결론은 생명의 시원이 바다로부터 비롯되었다는 점이다. 인류의 생명은 해양에서 오고, 해양이라는 자연천성의 광대한 장관, 변화무쌍함, 거대한 에너지, 자유분방함, 무궁한 신비감 등이 인류로 하여금 이 해양을 생명본능의 대상물이자 힘과 지혜

---

21) 해양문화의 특성을 여러 논자들이 몇 가지의 개념으로 제시하고 있다. 개방성, 외향성, 모험성, 숭상 성(崇尚性), 다원성, 개척성, 원창성(原創性), 진취성, 표류성, 섭해성(涉海性), 생명의 본연성과 아름다움 등이다. 곡금량, 김태만·안승웅·최낙민 옮김. 앞의 책, 51~60쪽 참조.

의 상징이자 담지자로 여기게끔 만들었다[22]. 그런데 산업화, 도시화된 현대문명은 자신들의 배설물을 쏟아 내며 생명의 근원이었던 바다를 재생 불가능한 바다로 만들고 있다. 아직 심해까지는 미치지 않았지만, 연안의 바다는 오염으로 몸살을 앓고 있다. 바다가 육지에서 배출하는 다양한 오염 물질들을 정화시키고 있지만, 바다가 지닌 재생력을 넘어서 있기에 문제가 된다. 그러므로 이제는 바다가 지닌 원초적 생명력을 회복할 수 있도록 해야 한다. 그래야 육지 중심의 사유로 인해 빚어진 생명파괴의 현실을 극복할 수 있는 대안적 사유가 가능하다. 즉 바다는 육지에서 삶을 주체하고 있는 인간의 아픔과 슬픔, 절망을 치유하는 생명재생의 공간으로 자리하고 있다. 그러므로 바다와 육지를 두고 본다면, 바다는 육지보다 더욱 큰 인류생명의 본연성과 장엄성을 지니고 있다고 볼 수 있다. 이러한 바다가 지닌 원형적이고 상징적인 이미지들은 육지 중심의 사유가 파생한 비생명적 현상들을 극복할 수 있는 대안으로 자리한다. 이 대안을 구체 적으로 하나의 세계로 창조해 나가는 작업을 작가들이 계속해 나간다면, 해양문학은 새로운 차원으로 나아갈 수 있으리라 본다.

㉯ 월경하는 공존공영의 공간

바다를 통한 인류와 물자 이동의 가장 큰 특징은 월경성(越境性)이다. 바다는 원래 경계가 존재하지 않았다. 근대국가가 성립되면서 육지의 땅에 국경을 정하듯이 바다에도 인위적으로 선을 긋기 시작한 것이다. 바다에 선을 그으면서 눈에 보이지 않는 경계선의 설정 범위와 방법 그리고 논리가 문제시되었다. 이러한 바다의 경계론에

---

22) 위의 책, 58쪽.

는 크게 두 가지 상반된 사상이 관여 하고 있다. 하나는 바다는 누구의 것도 아니다 라는 사상이며, 또 다른 하나는 바다는 우리의 것이라는 사상이다. 전자는 바다는 광대하기 때문에 누구의 것도 아니라는 공유론을 의미하 며, 후자는 소유권, 이용권, 점유권을 주장하는 입장이다.[23]

땅은 개인 혹은 국가 단위의 소유의 대상으로 인식하였고, 바다는 이런 소유개념이 땅에 비해 현저히 약화되어 있었다는 것이다. 그러나 현대로 올수록 바다에 대한 소유와 분할에 대한 논쟁은 상당했다.

그러나 이렇게 바다가 각국의 위치에 따라 해면의 소유나 영유를 하고 있기는 하나 육지와 비교하면 바다는 많은 공간을 공존의 영역인 공해로 남겨두고 있다. 오늘날에는 영해범위의 확대, 배타적 경제수역제도 및 군도수역제도(群島水域制度)의 등장으로 공해의 범위가 점차 축소되어 가는 양상을 보이고 있지만, 그래도 육지와는 다르게 지구촌 전체가 공용할 수 있는 공해가 있다는 것은 바다가 지닌 육지와는 다른 태생적 조건이며, 중요한 원형적 이미지이다.

바다가 지닌 이 공용의 원형적 이미지를 육지를 중심으로 살면서 상실한 공동체성을 회복할수 있는 계기로 삼는 이야기를 풀어낼 수 있다면, 해양문학의 정체성을 또 다른 차원에서 열어갈 수 있을 것이다.

ⓓ 해수의 순환과 교류의 공간

지구에는 대기의 순환이 있고, 바다에는 해수의 순환이 있다. 세계 각지의 기후는 이 두 가지 순환계의 상호작용에 지배받고 있다.

---

23) 오모토 케이이치외/김정환역, 『바다의 아시아』1, 2003, p.52.

기본적으로 대기의 순환은 태양 복사 에너지의 편재 (偏在)로 인해 발생한다. 적도 부근에서 뜨거워진 대기는 상승하고, 극 부분에서 차가워진 대기는 하강하여 양 지역 사이에 대기의 대순환이 일어난다. 대기 순환은 태양 복사열의 지역차로 인해 일어나지만, 해류는 바람에 의해 발생한다. 저위도에서 서쪽으로 부는 무역풍과 중위 도에서 동쪽으로 부는 편서풍으로 인해, 북반구에서는 시계방향, 남반구에서는 시계 반대방향 으로 해류의 큰 흐름이 생긴다. 해류는 대기의 순환 시스템과 연동할 뿐만 아니라 각지의 해양환경도 결정짓는다. 이 바다의 순환 시스템이 각지의 해양 환경을 지배하고 있는데, 태평양 으로 보면, 아시아 최대의 해류는 태평양 서안으로 북상하는 쿠로시오 해류이다.

오대양에서 생성되어 흐르고 있는 여러가지 다양한 해류의 흐름은 해안의 생태계를 다양하게 형성할 뿐만 아니라, 서로 교류하며 순환하는 특징을 가진다. 바다의 해류는 끊임없이 순환하며 교류하면서 바다의 다양한 생물들을 살아가게 하는 환경과 조건을 형성해 준다. 이러한 바다 해류가 지닌 순환과 교류의 특성은 땅을 경계지워 국경을 만들고 갈등해온 인류의 갈등을 소통으로 넘어설 수 있는 사유의 터를 마련해 준다. 바다가 지닌 교류의 원형적 이미지는 땅중심의 사유가 지닌 불통의 이미지를 초극할 근거를 제공하고 있는 것이다. 이런 바다의 원형적 이미지를 작가의 상상력으로 새롭게 상징화 할 수 있다면, 해양문학은 지금과 같이 소재에 묶이는 협소한 차원의 수준을 넘어설 수 있을 것이다.

㉣ 열림을 통한 개방성과 다양성의 공간
바다는 6대주의 육지와 크고 작은 섬들과 연결되어 있고, 인류의

대다수 민족, 국가, 지역은 바다에 면해 있다. 바다는 인류를 향해 남김없이 개방되어 있다. 육지의 도로나 철로는 인공으로 부설되었지만 바다의 길은 자연이 만들어준 것이다. 이런 천연적 개방성이야말로 그누구도 가로막거나 끊어 없애버릴 수 없는 것이다. 인류는 이러한 바다의 개방성을 이용해 인류문명을 전개해왔다.[24]

바다라는 공간은 광역 지역을 구성하는 다문화, 다민족, 다권력의 상호관계를 형성시켰으며, 대량의 물자나 인원 수송이 가능하게 만들었다. 또한 해양자원은 배후지나 내륙과 교역이 이루어지면서 연안에 인구가 집중되고 도시가 형성되는 데 큰 영향을 주었다.[25] 이러한 도시를 가능하게 한 것이 해역이다. 해역세계는 연해(沿海), 환해(環海), 연해(連海)의 세 가지 요소가 복합적으로 구성되어 있다. 이렇게 연해(沿海), 환해(環海), 연해(連海)에 의해 성립된 해역세계는 육지와는 달리 다원성, 다양성, 포괄성을 지닌 개방적이고 다문화적인 세계라고 할 수있다.[26] 이러한 다양하고 개방적인 항구도시를 가능하게 한 근원적 토대는 바다가 지닌 열린 공간에서 비롯된다. 바다가 지닌 이런 열림이란 원형적 이미지는 끊임없이 세계를 열어가야 하는 작가들에게는 무한한 상상력을 제공하는 터전이 된다는 점에서 해양문학의 가능성은 무한히 열려있다고 할 수 있다.

5. 글문을 닫으며

인간의 기술적 진보에 의해 고통받고 신음하고 있는 지구가 이제

---

24) 곡금량, 김태만·안승용·최낙민 옮김. 앞의 책, 57쪽.

25) 오모토 케이이치외/김정환 역, 앞의 책, p.136 26) 위의 책, 140쪽.

26) 위의 책. 140쪽.

는 더 이상 견디지 못하고그 한계를 드러내기 시작했다. 이 위기를 초극할 길을 어디서 찾을 것인가? 육지 중심의 사유로 형성된 그 동안의 패러다임을 바다 중심으로 전환한다면, 그 가능성은 없을까? 바다가 원형적으로 지니고 있는 생명의 본연성과 아름다움, 공존성, 교류성, 개방성에서 그 단초를 찾을 수도 있지 않을까? 이것이 해양문학이 추구해야 할 몫이고, 해양문학이 이 시대의 생태적 위기를 근원적으로 치유할 수 있는 인문학으로서의 가능성을 엿보게 하는 장면이다. 그러므로 이러한 해양성의 원형적 이미지를 구체화할 해양문학 작품을 창작할 수 있는 역량있는 작가를 키우고, 해양문화콘텐츠를 개발하고, 확산시켜나가야 할 필요성이 있다. 이것이 해양을 발판으로 삼아 세계로 나아가고 있는 한국과 중국이 동북아지역문학의 정체성이란 측면에서 고민하고 현실화시켜 나가야 할 현실적 과제 중의 하나라고 생각한다.

The present condition of
Korean—Chinese ocean literature and
its search of future direction

The thesis is about the review of theory of ocean literature of Korea and China to search for its future direction.

For the result, the common issues to be discussed in ocean literature in two nations was found that ocean experience was the foundation of ocean literature.

There was a bit of difference of range of ocean literature according to the definition of ocean experience. However, the common ground for ocean literature were around experience, material, life.

The future direction of ocean literature should consider not only the ocean experience but more about the original image of ocean as the spiritualized literature.

It is because the earth which suffers for the development of human nature started to reveal its limit not to bear the suffering any more. If the way to solve the ecological crisis facing the earth could not be found, it would be impossible to see the future of human being. Where can it be found to solve the problem by the roots? Would it be possible if land-centered paradigm of present to be changed with ocean-centered? Could not it be available to find the way in ocean which has the beauty of life, coexistence, exchange, and openness? This would be the part of ocean literature, and the foundation for the healing of ecological crisis using ocean literature.

Therefore, the writer to give a shape to prototypical image of ocean in the ocean literature should raised and ocean culture contents to be developed and spread.

This can be the future direction for ocean literature of Korean and China, both of which is developing based on the ocean. That is, it is one of the realistic tasks of ocean literature which should be considered and realized as the identity of literature of northeast asia region.

해양문학의 이해

부호의 용례

- 책명: 『　』
- 작품과 논문명: 「　」
- 일반 자료: - -
- 인용(문, 절, 단어): ""
- 강조부분과 외래어: ' '
- 필자 주註내지 부가 해설 부분: ─
- 한글 전용을 원칙으로 하되, 의미를 명확히 할 필요가 있는 경우
  에는 한자 나 영자를 나란히 써두어 독자의 이해를 돕고자 했다.

Ⅰ. 해양문학의 이해

-출항전야 出航前夜-

21세기 들어 지구촌 곳곳에서 "인류의 미래는 바다에 달려있다."
고 말하기를 서슴지 않는다. 아마도 인류에게 마지막 남은 자원의
개발에 대한 기대와 해수海水가 지구 기후에 미칠 영향에 따른 환경
보존의 우려가 교차하기 때문일 것이다. 지금부터라도 해양과학 분
야가 해결해 가야할 당면한 가시적인 지구촌의 과제보다 더 절실한
과제도 있다. 인류에게 바다가 존재하는 불가시적인 의미를 알아보
려는 태도 즉, 해양인문학이다. 또한, 해양인문학의 여러 분야 중 실
제와 더불어 상상까지도 동원할 수 있는 해양문학의 역활도 상당할
것이다. 여기서의 상상이란 문학적인 상상27)을 말한다. 그러나 해양
문학은 동시대에 같은 뜻을 가진 작가들에 의해 하나의 독립된 사조
思潮를 이룰 만큼 동감대를 형성하지 못한 까닭에 특수문학의 한 분
야에 속한다.

바다는 한 없이 넓고 깊지만 우리의 인식은 아직도 좁고 얕은 현
실과 무관하지 않다. 인식결핍으로 인해 일반인들은 물론 문인들 사
이에서도 '해양문학이 무엇일까' 라는 의문이 제기되는 이유가 여기
에 있다. 그 의문을 어느 정도라도 해소하는 도우미역할을 하고자
해양문학의 바다로 출항한다. 항로에는 대학에서 해양문학 강좌의
교재로 나 자신이 개발한 시론試論 집 『海洋文學의 길』에서 상당부분
원용援用하였음을 밝혀둔다.

---

27) G. 바슐라르의 시론試論집 『물과 꿈』에서 말하는 물질적인 상상력에 비추어 사실과는 다르더라도
'그럴법한' 또는 '있음직한' 상상을 문학적인 상상으로 지칭한다.

1. 해양문학의 정의와 영역

해양문학의 정의를 한마디로 하자면 '인간과 바다의 이야기를 인간이 하는 것' 으로 단언할 수 있다. 그러나 해양문학에 관심 있는 이들의 의견을 종합해 볼 때, 해양문학(Sea 또는 Marine Literature)을 '바다 자체를 주제로 삼거나 바다를 배경으로 한 인간의 삶과 정서, 사상을 체험28)과 상상을 통하여 문자로 묘사하는 정신적 노력의 산물' 처럼 사전적 개념으로 규정짓는 것이 타당할 것이다. 또한 여기서 배경이라 함은 바다 주변의 모든 것들 즉 섬, 등대, 부두, 배, 다양한 해양생물 등 관조의 대상과 항해, 어로작업, 해양레포츠 같은 행위의 대상 모두 포함된다. 그러나 해양문학의 기원이나 유래 등을 체계적으로 정리하기는 쉽지 않다. 단지 고대 그리스의『오디세이아』를 필두로 현대에 이르기까지 대개 바다체험을 문학의 한 장르로 구성한 작품들을 해양문학의 범주로 보는 것이 일반적인 견해이다.

또한 영역 면에서 문학이 광의의 문학과 협의의 문학에 그 영역을 두고 있듯이 해양문학도 두 시각이 대두된다. 광의의 해양문학은 육지에서 관조하는 바다와 바다에서의 직접체험이나 감흥에 의한 시와 소설은 물론이고 해양 설화(신화, 전설, 민담), 해양가요(가사, 무가, 어로요)까지도 포함시키고 있다. 이에 반해 협의의 해양문학은 바다에서의 직접체험에 의한 시, 소설, 희곡, 수필(에세이), 수기와 전기, 기행문 등으로 한정한다. 이는 협의의 문학을 순문학으로 인식하는 것과 같은 맥락에 속한다고 볼 수 있다. 그러나 광의든 협의든 공통된 견해는 직접체험을 중시한다는 점이다. 문학의 어떤 장르

---

28) 여기서 체험이란 직·간접체험과 둘을 합한 복합체험까지 포함된다.

거나 직접체험이 작품구성에 중요한 요소 중 하나가 되듯이 해양문학은 소재와 배경의 특수성으로 더욱 그러하다. 이런 관점에서 체험의 한계를 설정할 필요가 있다.

2. 해양체험의 구현具現

멜빌은 1여 년 간의 포경선 생활에서 『모비 딕』을, 콘래드는 20여 년 동안의 승선경력을 토대로 『로드 짐』을 위시하여 여러 편의 해양소설을 발표한 것으로 알려져 있다. 이들과 같이 대표적인 해양시인 중 한 사람으로 지목 받는 존 메이스필드의 해양시편들도 10여 년 동안의 선원 경력에 의할 것이다. 우리의 경우 원양상선 선장 출신 김성식은 30여 년 간의 승선 경력에서 해양시를, 원양어선 선장 천금성의 해양소설들도 10여 년간 원양에서 한 직접체험이 작품 구성에 모태로 작용했다. 이들이 한국현대해양문학의 대표적인 작가로 일컬어지는 것은 그들의 직접체험을 소재로 했기 때문이란 점은 두말할 나위도 없다.

이들의 뒤를 이어 원양어선 선장 장세진은 1998년도 제2회 해양문학대상을, 원양선 기관장 김종찬은 40여 년간의 승선생활을 토대로 여러 편의 소설을 선보이고 제8회 한국해양문학대상을 수상했다. 원양수산회사 출신 김부상은 제1회 부일문학상을, 원양어선 선장 이윤길은 시 『진화하지 못한 물고기 한마리』로 제11회 대상을, 제13회에서는 소설 『쇄빙항해』가 우수상을 수상해 두 장르에 걸쳐 2관왕이 되었다. 제16회에서는 원양선 통신장 출신 조천복이 장편소설 『해교』로 우수상을 수상하기도 했고 원양어선 선장이었던 하동현의 중편소설 「무중항해」가 2016년 부일해양문학상에서 우수상을 수상하게 된다.

이들의 학력29)과 경력에서 보다시피 모두 직접체험이 작품구성에 바탕이 되었음을 알 수 있다. 그러나 해양문학이 뱃사람과 남성들만의 전유물은 아니다.

소설『투명고래』로 제6회 대상을 수상한 이충호는 고교교사 시절에 여러차례 포경선을 실사하고 편승도 했다. 이러한 간접체험을 바탕으로 바다의 진정성眞正性을 부각시킨 장편소설『투명고래』로 제6회 한국해양문학대상을 수상하고, 제15회에는 예비군 중대장인 이성배가 주변의 여러 해양인들과 교우하며 청취한 정보들을 묶어『바다에는 메아리가 없다.』로 우수상을 수상한다.

―이들 외에도 내력을 알 수없어 일일이 거론하지 못하는 수상자들도 많다.―

여류문인의 경우 제4회에는 송유미 시인이『야간항해』로 대상을, 제13회에는 김길녀 시인이『바다에게 의탁하다』로 우수상을, 1987년 시조로 등단한 박정선이 이후 장르를 바꾸어 중편『참수리 357호』로 해양문화재단이 주관하는 제2회 해양문학대상30)을 수상한데 이어 14회에 소설『남태평양은 길이 없다』가 우수상을 수상하고 17회에는 소설『동해아리랑』으로 대상을 받아 3관왕에 이른다. 또한 2017년도 부일 해양문학상에서 단편소설「일각고래의 뿔」로 우수상을 수상한 유연희는 해양체험을 위해 2차에 걸쳐 한국해양대 실습선을 한 달씩 두 달 동안이나 편승하기도 했다. 박정선은 해군 제

---

29) 장세진, 하동현은 부경대의 전신인 수산대 어로학과, 김종찬은 기관과, 김부상은 수산경영학과를, 이윤길은 주문진 수산고를 나와 강원도립대 해양산업학과를 졸업하였다.

30) 대상 시상금이 1천만 원 이상 되는 해양문학상은 부산문협이 주관하는 한국해양문학상과 부산일보와 한국해양대학이 공동으로 주최하는 부일해양문학상, 해양재단이 주관하는 상 등 이 3대 해양문학상이었다. 이중에서도 긴 연혁으로 수상자가 가장 많은 '한국해양문학상의 명칭을 약칭으로 하였고, 그 외 군소 수상내력은 제외하였다.

3함대 정훈교육연사로 해군함정에 승선한 적 있고, 김길녀는 수상 후 더 나은 체험을 위해 '제1회 바다 해설사'를 자원, 해양시집 『푸른징조』를 마치 체험 쌓기 결과물처럼 출간했다.

또 다른 예로 대표적인 해양소설 중 하나인 『노인과 바다』에서 노인 어부 '산티아고'가 잡은 거대한 청새치는 멕시코만의 어느 어부의 이야기라고 한다. 그러나 헤밍웨이 자신도 멕시코 만에서 배낚시를 자주 다녔으므로 자신의 직접체험이 바탕이 된 작품[31]이란 단정을 내리기에 어렵지 않다. 직·간접체험이 한데 어우러진 이런 체험을 복합체험으로 칭한다면 해양문학 작품 구성에 중요한 체험 중 하나가 된다.

해양이란 특수성을 감안할 때, 복합체험 또한 작품 구성상 내용의 다양화와 사실적인 묘사로 생생한 현장감을 더할 수 있을 것이란 생각에서다. 이러한 체험의 구분에서 어느 체험이 해양문학 활동에 가장 적합한지를 단언할 수는 없다. 작가가 자신의 체험을 얼마나 문학적으로 승화시키느냐에 따라 평가받게 될 것이기 때문이다.

3. 해양문학의 역할과 소산所産

해양문학 작품들의 공통점은 대체적으로 바다에 대한 긍정적인 시각과 인식을 바탕으로 하고 있다는 점이다. 이런 관점은 대부분의 경우 바다에 대한 긍정적 사고가 작품 속에 깃든데 기인한다. 인류의 마지막 남은 생명줄 인 바다를 인식하고 경외심과 함께 애착을 갖도록 하는 데는 과학적 지식이나 정책도 중요하다. 그러나 문학을

---

31) 미국배우 '스펜서 트레시'가 주연한 『노인과 바다』 D.V.D 영화 도입부에 '헤밍웨이'가 자기키만 한 청새치를 거꾸로 매달아 놓고 웃고 있는 기록물이 뜬다.

통한 해양친화사상 드높이기가 무엇보다 절실하다고 보는 것은 해양친화사상은 강요나 권유에 의한 것이 아니라 자생적이어야 하고 그 역할에는 해양문학이 적임이란 생각에 의해서다.

이런 관점은 다니엘 디포의『로빈슨 크루소』가 소설로서는 구성도 엉성하고 줄거리도 단조롭지만 영국 청소년들로 하여금 바다를 동경토록 원인을 제공했다. 영국 청소년만이 아니다. 오래 전 중앙의 모 일간지에 이런 기사가 실린 적 있다.

"서울의 초등학생 몇 명이 서해의 무인도에 가서 로빈슨 크루소처럼 살다가 돌아오겠다는 쪽지를 남기고 가출했다. 그 소년들 부모의 요청으로 서해안 어느 포구에서 발견된 소년들을 경찰이 귀가 시켰다." 이와 같이 세계 각 국어로 번역되어 갯가가 아닌 산골 청소년은 물론 성인들까지도 탐독하게 된 것은 바다에서 인간의 원초적인 삶이 사실적으로 부각되었기 때문일 것이다. 청소년이 10여년 후면 청년이 되고 또 10여년이 지나면 정책을 입안하고 실행할 수 있는 장년이 된다. 청소년 시절 뇌리에 동경으로 입력된 바다는 당연히 긍정적으로 나타 날 수밖에 없다. 국토는 작아도 대영제국(G.B.: Great Britain)이란 명칭은 바다에 대한 영국 청소년의 동경심부터란 점에서 비록 아동문학이긴 하나 해양문학의 위대한 소산이다. ─ G.B. 보다 더 큰 국명을 가진 나라가 있다. 바로 대한민국大韓民國이다. 큰大 자에 크다는 의미를 지닌 한나라 한韓 자를 표방했지만, 허리 짤린 한반도에서 국토를 크게 넓힐 곳은 바다 밖에 없다. 해외로 나가는 선박들은 선미에 자국 국기를 달고 다녀야 하고 국제협약에 의해 세계 어디를 가나 자국의 관할권에 속한다. 소위 떠돌아다니는 국토인 셈이니 바로 영토 확장이 된다. 그런데도 불구하고 바다에 대한 우리의 인식은 어떠한가를 심각히 곰씹어 보아야 한다.─ "바다가 없이는 인류도 없다." 는 모토아래 전 세계가 해양개척과 아울러 해양자원과 해양환경보전에 지대한 관심과 노력을 보이는 것이 작금의 지구촌 현실이다.

7대양[32])으로 구분되는 바다도 실은 하나이듯이 바다에 대한 애정과 긍정적인 인식에는 너와 나가 다름 아니다. 이것이 해양문학이 해온 역할이고 해나가야만 할 길이다.

4. 한국해양문학의 오늘과 내일

일반인들은 물론 문인사회에서도 해양문학이란 용어 자체가 생소하던 시절인 1969년 천금성이 단편소설 「영해발부근」으로 한국일보 신춘문예에 당선되고 2년 후인 1971년에 김성식이 해양시 「청진항」으로 조선일보 신춘문예에 당선된다.

이 시기를 구모룡[33])은 『해양문학은 무엇인가』에서 "근대적 표상형식의 하나인 해양문학은 1970년대 김성식과 천금성에 의해 명실상부한 장르로 정착하고 이들의 해양문학은 한국 근대 해양문학의 시금석으로 자리 잡게 된다." 라고 규정짓고 있다. 그후 1994년에 최영호[34])는 숭실대 조규익 교수와 더불어 학자들의 논문 모음집 『해양문학을 찾아서』를 펴 낸다. 다음해 1995년에는 해양소설과 수기, 논픽션을 모아 『한국해양문학선집 1~8』전 8권을 출간한데 이어, 1996년에는 시인 김명수와 같이 해양시 선집인 『내 마음의 바다 1,2』권을 펴내 한국해양문학 창달暢達에 의미 있는 작업을 했다. 그로부터 3

---

32) 광활한 태평양과 대서양을 남·북으로 나눔에 따라 한국해양대학에서는 인도양과 남·북극해를 더해 5대양을 7대양으로 구분하고 있다.

33) 구모룡: 평론가, 한국해양대학교 동아시아학과 교수

34) 해군사관학교 인문학과 교수 역임.

년후 1999년에 한국해양대에서 국내 최초로 해양문학강좌35)를 정규과목으로 개설하고 지금까지 이어 오고 있다. 2001년 5월에는 해양문학에 뜻있는 문인 70여명이 전남 광주에 모여 '한국해양문학가협회'를 창설하고 천금성 해양소설가를 회장으로, 동원산업의 참치선 선단장이었던 차용우36)를 상임부회장으로 선출하게 된다.

협회창설 2년후 인 2003년 9월, 국내 유일한 해양문학 전문지『해양과 문학』을 338쪽 짜리 (발행인 겸 편집인 黃乙文, 편집주간 옥태권) 창간호를 반 년간을 표방하며 출범시키고 2006년 6월에 해수부로부터 그간의 업적을 인정 받아 사단법인 설립허가를 받는다. 이러한 5가지의 괄목해야할 연유로 1970년도 초반기부터 2000년도 초반기 까지 약 30여년 한 세대기간을 '한국해양문학의 태동기胎動期'로 간주하고자 한다.

이어 2010년에 서울소재 '해양문화재단'에서 두 번째 해양문학 전문지『문학바다』를(발행인 최낙정, 주간 백시종) 380여쪽 반년간으로 창간했다.

아이가 태어나 성장하는 것은 자연의 이치듯이 소위 해양문학의 성장기에 들어 선 것이다. 편집위원도 부산측에서 정일근, 최영호, 김태만, 유연희 와 서울측 정해종, 김애양, 김인호 등 쟁쟁한 멤버들로 구성했으나, '해양문화재단' 이 문화는 배제한 '해양재단' 으로 이관되는 통에 제 5호 출간을 끝으로 출판 2년반 만에 절판하게 된다. 성장기에서 번영기로 발전하지 못하고 도로 태동기로 돌아간 셈이다.

한편『海洋과 文學』호는 10호까지는 한해대를 위시한 여러 스폰서

---

35) 국·내외에서 특강이 아닌 정규과목으로 해양문학강좌를 개설한 대학은 한국해양대학교 해사대학 이 유일할 것이다.

36) 2017년 7월, 사)한국해양문학가협회 제8대회장으로 선임되었다.

들과 특히 C& 그룹(회장 임병석) 의 후원으로 순항하고 있었다. 그러나 C&그룹의 몰락으로 출판비를 감당하지 못해 2회에 걸친 결호와 합본을 거듭하다가 2014년 제 17호 (회장 남청도, 주간 문성수)에 와서 비록 반년간이 아닌 년 간으로나마 명맥을 유지하게 된다. 이것이 한국해양문학의 오늘이다.

한국해양문학의 내일

우선 앞에서 말한 대로『海洋과 文學』지의 업적을 감안한 부산문화재단에서 2017년부터 반년간지로 발간할 출판비를 지원토록 결정했다. 문학 활동에 개인이건 단체건 간에 가장 중요한 지원을 받게 된 것은 괄목할만한 일이지만, 앞으로 최소한 '계간지' 정도로는 발전되어야 할 것이다.

둘째로는 현재 국내에서 제정된 각종 문학상은 각 신문사의 신춘문예공모를 위시하여 저명 문인상등 상당수인데 비해 해양문학상은 부산시가 주최하고 부산문인협회가 주관하는 '한국해양문학상'과 부산일보와 한국해양대학이 공동으로 주최하는 해양문학상이 대상 시상금이 천만원이 넘는 대표적인 상으로 알려져 있다. 해양수도海洋首都를 지향하는 부산시로서는 당연히 취해야 할 제도라 할 수 있으나 지역을 떠나 전국적으로 볼 때 규모면에서 너무도 미흡하다.

한국해양문학의 미래를 위해 시상금의 액수를 여타 문학상을 능가하지는 못하더라도 같은 수준으로 상향조정해야 한다.

'후한 원고료가 옥고를 낳는다.' 는 평범한 진리와 상통한다.

셋째로 현재 '응모제' 와 병행하여 노벨상 같은 '추천심의제' 도 제정해야 할 것이다. 이를 위해서는 '노벨' 처럼 뜻 있는 독지가 나 관련기관의 의지가 무엇보다 중요하다. 현재 시행되고 있는 각 해양문학상의 공통점은 응모자격을 신춘문예처럼 신인에 국한시키지 않고 기성작가에게도 문호를 열어 놓고 있다는 점을 들 수 있다. 그만큼 아직도 해양문학 인구가 많지 않다는 점도 인정되지만, 무엇보다 신인으로만 제한한다면 작품의 질이 떨어질 수 있다는 우려 때문이다. 그러나 응모할 군번이 아닌 대가들도 많다. 만약 이제도의 시행으로 그들의 시선을 바다로도 돌릴수 있다면, 비단 해양문학 뿐 만 아니라 해양 전반에 걸쳐 풍요를 가져올 수 있는 계기가 될 수도 있다.

끝으로 신인의 발굴에 힘써야 한다. 현재 한국문인협회를 필두로 각 문학단체들 마다 신인상을 제정, 공모하고 있다.

해양문학 신인상 제정은 해수부에 건의 해 두고 있으나, 여의치 않으면 사단법인체인 한국해양문학가협회가 담당하면 될 것이다. 이 4가지 요구가 충족될 때, 한국해양문학은 성장기를 지나 번영기로 접어들 수 있을 것으로 본다.

1996년 일본에서 발간된 『世界 の 海洋文學』에 의하면 영국에는 해양문학가로 등록된 작가가 2만 명이 넘는다고 한다.

그에 비해 2017년 현재 한국해양문학가협회 정회원 60여명, 그 외 회원은 아니라도 해양문학으로 잘 알려졌거나 알려지지 않은 작가들 모두 합해도 추산컨대 200명을 넘기기 힘든 것이 우리네 실정이다. 과연 영국이 해양문학의 종주국으로 자처할 만도 하다. 앞에서 말 한대로 한국해양대학교에서는 1999년 해양문학 강좌를 개설한 이래 지금까지 2천여 명의 수강생을 배출 했다. 한 학기 동안 문예창작과처럼 문학의 꽃인 장르별 창작까지는 이루지 못하고 해양 수필 습작 정도로만 끝나지만, 입문과정은 거친다. 그들 모두가 해양문학에 매진할 수는 없더라도 졸업생 상당수가 해양문학 습작에

노력하는 예비해양문인의 길을 가고 있다. 이런 점이 해양문학상에 대한 관심이 점증漸增 하는 연유 중에 하나가 될 수 있고 바다의 중요성에 대한 세인世人들의 인식도 높아졌다는 증거도 된다. 모든 행동에는 동기動機가 있게 마련이고 성취동기는 의욕과 실행 의지를 요구한다. 아무튼 해양문학상 제도가 앞으로 훌륭한 해양문학가의 탄생과 아울러 해양문학의 저변확대에 크게 기여할 것은 자명한 일이다. 한국해양문학의 내일은 밝다.

II 해양문학 산책

모든 문학작품은 장르에 따라 형식과 내용면에서 공통되는 요소와 상이성이 공존한다. 그러나 해양문학의 경우 여타 문학과는 대별되는 독특한 상이점이 작품구성의 중요한 요인이 된다. 바로 바다가 지닌 생生과 멸滅[37] 이란 극단적으로 대립되는 특성 때문이다.

따라서 해양문학만의 특수성은 어느 장르를 막론하고 바다가 주제 또는 구성요소로 부각되어야만 할 당위성을 지닌다. 여기서 인류에 대한 바다의 존재 의미와 인간과의 상관관계 등이 구체적으로, 때로는 상징적으로 표출되는 바다의 다양한 양태가 해양문학속에서 어떻게 용해되어 있는지 살펴 볼 필요가 있다.

접근 방법은 아직도 해양문인이나 문학자체에 대한 인식도가 아직도 얕다는 점을 감안하여 작가와 작품의 소개에 주안점을 두었다. 또한 단독이 아니라 해양인문학의 다른 분야와 같이 등재될 것이므로 해양문학 개요槪要서로 구성하되 제 2부는 부담 없이 읽도록 '해

---

37) 흔히들 바다를 생生·사死 양면성을 지녔다고 말한다. 그러나 낭만과 동경의 대상인 바다를 극단적 용어인 사로 표현하는 것은 합당치 않다는 생각에 미래진행형인 멸을 사용키로 했다.

양문학 산책'으로 명제命題했다. 산책로散策路 몇 곳에는 『海洋文學의 길』에서 뽑아 온 몇몇 작품도 바닥 돌로 깔아 두었다. 반석磐石은 어디에 가도 반석이 되고, 기존의 도로 곁에 신작로新作路를 내자면 꼭히 요긴한 자재가 필요한 것과 같은 맥락이다.

1. 삶의 기원

해양문학의 궁극적인 목표를 "인류에 대한 바다의 존재의미를 문학으로 알아보려는 태도"로 규정짓는다면 단연코 '삶'이 될 것이다. 바다와 인간의 삶이 해양문학을 이루는 중요한 요소가 되고 가장 많은 작품의 소재로 등장하는 것은 당연한 이치란 점을 뽈 포르(Paul Fort:1872-1960 프랑스 극작가, 시인)가 보여준다.

> 조가비처럼
> 반짝이는 바다에서
> 낚시질 하고파.
>
> 바다는 푸르고,
> 회색이며,
> 쪽빛에다,
> 은銀과 레이스[38] 같네.
>
> 「바다」

시는 언어의 함축이라지만 이 짧은 손바닥 시, 장편掌篇 속에 삶과 바다의 역사와 양태가 모두 함축되어 있음을 볼 수 있다. 삶은 인간이 엮어내는 행위요, 이야기이다. 그 태초의 삶이 바닷가에서 이

---

38) lace; 속옷 가장자리의 물결모양 장식.

루어졌다. 수많은 바다생물 중에 제일 먼저 원시인들의 양식이 되던 생물이 패류貝類이므로 '조가비'에서 조개 잡는 행위를 연상하게 된다. – 지금으로부터 약 만 오천에서 2만 년 전의 인류를 원시인으로 부른다고 한다. 인류도 원래는 원숭이처럼 4발로 다니다가 맹수가 덮치면 급히 물속으로 달아났다. 호흡기 코와 입만 수면 위에 나오도록 서서 견디기를 한것이 직립하게 된 동기라고 어느 인류학가가 피력했다. 이 과정에서 그 당시는 바닷속에 지천으로 깔렸을 조개류가 원시인들에게 감지되고 심각한 단백질 결핍증으로 생식기능을 거의 상실한 원시인들에게는 중요한 단백질의 공급원이 되었을 것이다. 지금도 한반도는 물론 세계도처에 남아 있는 패총이 이를 입증해 준다.– 그 다음 단계로 낚시질하고픈 욕망은 조개 잡는 행위보다 더 진전된 신석기 시대에 이루어 진 천렵 행위이다. 시인은 이 원초적인 두 행위에서 인류 삶의 꼭짓점에 조개의 존재를 부각시켰다. 2연에서 푸른 바다는 바다의 일반적인 이미지에서 광활함과 무궁무진한 자원의 보고를 연상케 하고, 회색 바다는 빛이 없는 날 색조 변화에 따른 바다가 지닌 가변성의 상징이 된다. 쪽빛바다는 청정함과 동시에 깊이를 나타내고 있다. 시인이 조가비로 비유한 바다를 끝행에 와서는 은으로 표현했다. 은과 레이스는 외형적으로는 약동하는 바다 물결의 상징이다. 그러나 내면적으로 물결이 그리는 '오르막과 내리막.' 은 고진감래苦盡甘來 하고 흥진비래興盡悲來 하는 인생의 의미도 된다.

아무런 미사여구도 없이 겨우 7행의 평범한 용어를 시어로 구사한데도 불구하고 시인이 이 시의 제목을 광활 무비한 '바다'로 제명한 것은 해양인문학에서 주목하는 바다의 문,사,철(文,史,哲)이 모두 함축되어 있기 때문으로 볼 수도 있다.

윤동주는 북간도에서 인류와 조개의 조우를 정겨운 이미지로 던져 준다.

　　　　아롱아롱 조개껍데기
　　　　울 언니 바닷가에서
　　　　주워온 조개껍데기

　　　　여긴여긴 북쪽 나라요
　　　　조개는 귀여운 선물
　　　　장난감 조개껍데기

　　　　데굴데굴 굴리며 놀다
　　　　짝 잃은 조개껍데기
　　　　한 짝을 그리워하네

　　　　아롱아롱 조개껍데기
　　　　나처럼 그리워하네
　　　　물 소리 바닷물 소리.

　　　　　　　　　　　　　　　　　　「조개껍질」

　　1945년 2월, '바다를 굽어보아 한 점 부끄럼 없는 별'이 되었을 윤
동주가 조개가 인류의 삶에 기원이란 점을 인식했느냐에 대한 증좌
는 없다. 창조론에 의하지 않는다면, 지구상의 모든 생명체는 바다
로부터 였다. 바다는 인류의 모태요 고향이었다.
　　조개껍데기에 담긴 태초를 향한 잠재 된 향수鄕愁가 은밀히 전해
온다.

2. 삶의 현장

a) 연안에서

한국해양문학선집 중 넌 픽션 편에서 이순이[39]의 「떠도는 배들」에서는 삶을 위한 바다가 인상 깊게 부각되어 있다. 이 수기는 여류 작가 특유라 할 섬세한 묘사로 전남에서 충남 마량포까지 8일간의 새우잡이 전 과정을 생생히 그렸다.

> 우리는 지금 어처구니없는 모험을 시작한 것이다. 우리와 같이 동행하는 광열씨네 배는 우리 배보다 훨씬 튼튼한 6톤짜리로 장정 셋을 태운 원양어선의 면모를 그런 대로 갖춘 배였다. 그에 비하면 우리 배는 5톤에, 낡고 선원도 남편과 나 단 둘이었다. 더욱 기막힌 것은 남편이나 나나 배를 탄지 한 달도 채 못됐다는 것이다. 광열씨가 충청도에 갔다 와서 남편에게 충청도 보리새우 황금어장에 대해 얼마나 허풍을 떨었는지 남편은 나 하나 달랑 데리고 광열씨를 따라 나선 것이다. 배를 운영하던 삼촌이 직장을 얻어 떠나간 뒤 남편과 내가 인근 바다에서 서너 번 고대구리 어장질에 나서 보았지만 별 소득이 없자 경제적인 압박과 무료함에 지쳐 있던 남편에게 광열씨의 제의는 희망적인 것이었다. (...) 남편을 따라 다시 노인 집으로 가 아들에게 오징어를 보여 주니 아들은 오징어가 잘다며 트집을 놓았다. 가격을 홀치기 위한 수작이었다. 남편도 만만찮게 대답했다. 한참동안 가격을 놓고 흥정을 하더니 한 마리 당 6백 50원에 팔면 팔고 말면 말라고 으름장을 놓는 바람에 하는 수 없이 그 가격에 팔기로 했다. 요즘 오징어 가격은 1천 5백 원이었다. 반 가격도 쳐주지 않았다. 그것도 사지 않을 것을 사정 보아 적선한다는 양 사는 것이었다. 우리에게 자존심 따위는 없어져 버렸다. 오징어 60마리에 돈 4만원을 받았다. 그래도 돈이 생기니 마음이 든든하여지고 생기도 났다.

---

39) 이순이: 1961년 전남 함평 출생, 1978년 신광중학교 졸업.

이 수기에서 만큼 삶의 현실이 생생하게 묘사된 경우도 찾아보기 힘들다. 우리의 연안 풍습에서 어선에 여자를 태우는 것은 금기사항이었다. 그 금기사항이 깨진 것은 무엇보다 생계유지가 최우선이었기 때문일 테지만, 이제는 부부 둘이서 어로 작업하는 소형어선은 우리 연안에서 흔히 볼 수 있는 정경이 되었다.

이 수기는 고기떼를 따라 이리저리 떠도는 어부들의 애환과 실상에서 삶에 대한 애착을 재확인할 수 있게 해 준다.

이와 같이 대부분의 경우 한 작품 속에서 삶의 바다로 묘사된 부분들에 문학성이 결여된 것으로 보이는 것은 사실의 서사로 인해 1차원의 세계를 벗어나기 힘들기 때문일 것이다.

— 해양문학상 응모대상에서 수기는 문학성이 결여된다는 이유로 배제되어 있었다. 그러나 지금은 3대 해양문학상 모두 장르별 구별 없이 공모하므로 모든 해양인들에게는 문호가 활짝 열려있는 셈이다. 넌 픽션인 수기는 직접체험이 아니면 쓸 수 없기 때문이다. 또한 위의 수기는 학벌에 관계없이 접근할 수 있다는 본보기도 된다. —

또 다른 연안에서의 삶을 김보한40)의 시조집 『고향』에서도 볼 수 있다.

어부와 단짝 아내
그물 뜯어 수선하고

정갈히 몸을 사려
다투어 물일 가서

---

40) 김보한: 시·시조시인, 1955~경남 통영출생, 시집:『아름다운 섬』, 『섬과 섬사이』, 『어부와 아내』, 외 여럿.

비바람 솟구칠 때도
그들 아랑곳없었다.

『바다에서』

앞에서 본 폴 포르의 장편掌篇시 제목은 '바다' 였기에 바다 자체
나, 내력, 존재의미 등을 함축했다. 그러나 '에서' 라는 조사를 달게
되면 바다에서의 일이나 행위를 나타내게 된다. 시인은 이 짧은 3연
6행 시조에다 앞의 수기 내용을 거의 다 담고 있다.

1연은 앞 수기처럼 부부가 같이 바다에서 삶을 찾는다는 점이 다
를 바 없다. 2연은 신성한 바다에 나가기 전에는 몸과 마음가짐을
정갈히 해야 한다는 남해안에서 전래되어 오는 풍습을 일깨우고, 3
연은 비록 풍랑이 치더라도 어로 작업은 멈추지 않는 어민의 굳은
의지를 담았다. 그러나 연안에서의 삶을 떠나 대양으로 나가게 되면
삶은 또 다른 양상으로 나타난다.

b) 시어詩魚를 잡는 어부

- 제11회 한국해양문학상 대상을 수상하며-

북태평양 귀퉁이 푸른 담벼락에는
시어詩魚를 잡고 싶은 늙은 어부가 있었다.
시어란 그리 만만치 않은 황금고기
주위는 비린 물고기뿐이었다.
정수리는 시어詩語의 몸부림으로
바다에서 평형을 잡지 못했다.
때때로 생존의 투망질 놓아버린 채
바다제비 눈으로 시어詩御보려 했지만
소금으로 촘촘히 백태 박은 헛손질의 힘에

팔팔한 시어詩馭 비늘도 건지지 못했다.
그래, 망양望洋이란 자기명상에다
투명그물과 눈알도 예비품으로 바꾸자
30년동안 교환이 시작되었다.
철썩거리는 첨벙거리는 소리들
몇 개, 죽음의 덫을 벗겨내고
몇 끼, 배고픔을 견디며
한恨 과 열熱 뱃전에 바르다 잠이 들었다.
교환의 기적은 세파世波에서부터 먼저 왔다.
잠에서 깨어 주위를 돌아보는 순간
어부는 배꼽 밑의 백경을 찾아내었다.
한국해양문학상의 대상도 낚았고
자기얼굴에 붙은 코딱지도 본다
포획은 시작되었다
시어詩魚를 낚은 그 찬란한 기적 속에서

－뱃사람들이 문학수업에 매진하기는 시공時空의 제약으로 거의 불가능하다. 대형 상선에 비해 규모나 장비 등 모든 사정이 열악한 원양어선의 경우는 더욱 그러하다.

뱃사람들의 작품에는 그들의 직접체험의 산물로 진정성과 현장감은 두드러지나 대체적으로 문학성이 결여 된다는 평을 받는 이유도 여기에 있다.

2017년 들어 제21회째를 맞는 한국해양문학상에서 대상을 수상한 원양 선·기관장 출신 수상자는 단 세 명뿐이지만, 그나마도 대견스런 일이고 시로 수상한 이는 이윤길[41] 뿐이다. －

시집 첫머리 서시序詩에서 시인은 그간의 시작과정을 토로하고 있다. 원양 꽁치잡이선 305 창진호를 몰며 어로작업 중에도 시상詩想

---

41) 이윤길: 원양어선 선장 역임, 시집 『진화하지 못한 물고기 한 마리』 『대왕고래를만나다』 『파도공화국』 『바다, 짐승이 우글우글하다』소설: 『쇄빙 항해』.

떠올리려 애쓰다가 배의 균형도 잃고 투망 기회도 노치게 된다. 이 과정을 시어詩語의 동음이의어同音異議語 로 시어詩魚를 시어詩御(모시려 했으나), 시어詩馭(날뛰는 말이라) 못부린다는 고충을 자작어自作語들로 한껏 시적인 분위기를 돋운다. 험난한 뱃길에서 결코 쉽지 않은 일이지만, 오로지 하늘과 바다 사이의 공간에서 실존하려는 인간의 욕구가 시로 표출되는 순간을 느낄 수 있다. 이와 같이 바다에 나간 어민과 뱃사람들은 주로 생계를 위한 삶을 추구하지만, 해군이나 해경의 경우에는 전혀 다른 양상인 처절한 삶이되기도 한다.

c) 참수리 357호

아래의 인용은 2002년 6월 29일 서해상에서 벌어진 남북 간의 제2차 교전을 야기한 북한 경비정 684호의 기습공격 순간이다.

> 측면차단기동! 을 뇌이며 운영하 정장이 바작 긴장했다. 그대 북의 684호도 배를 돌려 측면을 드러냈고 참수리 357호와 나란히 되는 순간이었다. 이럴 때 만약 어느 한쪽에서 무모한 판단으로 또는 간교하게 공격을 가한다면 상상할 수 없는 사태가 벌어질 무시무시한 측면 차단기동이 시작된 상황이었다. (...)피차 간에 절대 공격하지 않는다는 믿음을 전제로 한 것이었기에 서로가 가능한 것이었다. (...)바로 그때, 참수리 357호 대원들은 북의 경비정에서 포탑을 돌려 조준하고 있는 북한군을 목격하며 어? 하는 순간 적의 소련제 구형 T-34mm 포가 불을 뿜었다. 참수리 좌현을 때리고 계속해서 포탄 기관총 소총 등 전 화력이 참수리 357호를 향해 집중포화를 퍼부었다.(...) 갑판 좌현과 우현에서 소총병들이 대응사격을 퍼붓기 시작하고 황창규 중사가 급히 40mm 포를 수동으로 전환하여 미친 듯이 적을 향해 응사하기 시작했다.

해양소설의 특징 중 하나는 팩션(fact+fiction) 소설이 많다는 점인데 이 소설에서 진정성과 박진감이 뛰어나는 것은 픽션은 없고 팩트뿐이기 때문이다. 바다에 나갔을 때, 기상조건에 따른 바다의 상태에 따라 긴장도는 달라진다. 그러나 해군이나 해경의 경우는 항시 긴장의 연속일 수밖에 없다. 더욱이 전투상황이라면 최악의 경우다. 전투는 육상이 아닌 해상에서 벌어졌다.

소위 해양전기海洋戰記 문학이다. - 2008년 해양문화재단이 주관하는 제2회 해양문학상 최종심에서 해양문학이 아니라 전쟁문학이 아니냐는 지적도 있었다. 그러나 작가 박정선[42])이 참수리357호 전승무원의 실명을 표기하는 등 작품 구성도 좋았지만, 무엇보다 참수리호 대원들의 애국충정을 기리고 바다지킴이 해경과 더불어 그들의 삶 자체가 해양문학으로 발전할 수 있다는 점에서 대상작 선정에 동의했다.- 또한 간접체험에 의한다하더라도 철저한 실사만 따른다면 직접체험 못지않은 우수작을 탄생시킬 수 있다는 사례도 된다.

아무튼 특수한 임무수행이 아니라 태고太古에 바다를 떠나 육지에 적응한 인류에게는 바다에 나갈 적에 남다른 모험심과 굳건한 의지력이 필요하다. 신성하고도 두려운 바다에 나간다는 자체가 모험이기 때문이다.

3. 모험과 의지의 실현

눈보라가 브리지 창을 치며 사선으로 질주한다. 파고는 보이지 않아 방향과 높이를 알 수 없고 배를 치는 힘이 40노트쯤의 바람이다.

---

42) 박정선: 시인, 소설가, 저서; 소설;『표류』,『동해아리랑』, 시집;『독도는 말한다』외 여럿, 에세이집;『고독은 열정을 연출한다』,평론집;『사유의 언덕에는 꽃이 핀다』.

진동주기가 빨라지고 배가 떨리자 내 얼굴이 하얘지는 것이 느껴진다. 심장도 조여든다. 파도를 넘을 때마다 공회전하는 기관과 진동이 기기고장이라도 일으킬 것 같다. 조타수를 따라 브리지로 올라왔다. 1항사는 해도대 위에 기상도를 얹어놓고 눈을 박고 있다. 선수와 중갑판이 파상으로 굴곡하며 휘어져 1미터씩 움직인다. 배는 유령선 같은 침묵에 싸여 서경 150도 무저갱(無底坑)의 바다에 들어섰다. 이쯤일거야. 그 옛날 바다사람들이 한없이 항해해 나가면 지구 밖으로 뚝 떨어지는 지옥의 바다라고 믿었던 무저갱. 조타수가 타를 잡고 중얼거린다. 목소리도 바닥에 닿지 못한 듯 가라앉는다. 한없이 떨어지는 감옥이라니. 입이 말라온다. 수평선에 갇혀 있다고 생각했던 유람선상이, 출항 전의 부두가 아득하게 느껴진다.

무저갱. 옛사람들이 바다 끝에 가면 한없이 떨어지는 무서운 폭포가 있다고 믿던 곳을 소재로 한 소설을 유연희[43]가 발표하고, 김상훈 기자가 2011년 3월 15일자 부산일보에 서평을 썼다.

> "무저갱(無底坑) 서경 150도로 지상의 어떤 전파도 닿지 않는 무청역(武聽域)대의 공간. 배가 조난을 당하거나 선상반란이 일어나도 구조 요청을 할 수 없는 곳. 지구 밖으로 떨어져 내려가는 듯한 끝모를 심연 속에서 바닥없는 두려움이 엄습하는 곳.이곳을 지나가는 낡은 잡화선 '선 플라워호' 통신장의 흔들리는 눈에는 공포와 좌절이 광기처럼 흐른다."개 죽음하기 싫어. 파도 밭에서 죽지 않을 거라고! "통신장의 아우성이 해명(海鳴)처럼 웅웅거린다. 무한절망의 상징인 이곳에서 선원들은 생존을 위한 처절한 사투를 벌여야 한다. 인간과 바다의 대결에서 인간

---

43) 유연희: 소설집 『무저갱』, 『날짜변경선』 부산소설문학상, 김만중문학상, 산악문학상, 2017 부일해양문학 우수상 수상.

은 한없이 무기력하기만 하다. (...) 여성작가로는 드물게 해양소
설을 시도하고 있다는 점이 이채롭다."

언제부터인지 인간은 끊임없이 바다로 나갔다. 망망대해에 나가보
면 눈에 보이는 것은 오로지 하늘과 바다가 둘이서 만나고(meeting)
있는 수평선뿐이다. 지구가 둥글다는 사실을 모르던 시절의 선원들은
수평선이 지구의 끝이고 바다의 끝이라 생각했다. 이처럼 공포의 대
상인 무저갱을 선원들은 야금야금 다가가 드디어 끝없는 벼랑이 아
니란 걸 알게 되었다는 문학적인 상상이 가능한 곳이다. 선원들의 모
험심 발로가 이룬 성과다. 기자의 눈살 미는 맵다. 동·서를 막론하
고 본격적인 해양소설의 특징 중 하나가 여주인공이 없다는 점이다.
그런데 그 험난한 항로를 여류소설가가 소설로 접어들었다. 이 또한
선원들 못지않은 모험이고 써보겠다는 의지의 표출이다.
　선원들의 의지는 꼬르비에르(1845~1875, 프랑스 시인)의 다음
시에서도 나타난다.

　　　소년 수부야. 네 아버지도 선원이냐?
　　　어부였어요. 오래 전에 실종되었죠.
　　　아버진 어머니와 바다에서 밤새우시다,
　　　부서지는 파도 속에 잠드셨어요.

　　　어머니가 아버지를 모셔둔 묘지의
　　　무덤 속엔 －아무 것도 없어요－
　　　이젠 육지에서 내가 가장家長이지요,
　　　아이들 양육을 위해.

　　　어린 두 동생 하지만, 해변에는,
　　　난파에서 돌아오는 건 아무 것도 없는가요?

아버지의 파이프 담배 걸이와 나막신밖에…

일요일마다 우는 어머니,
안락한 삶을 위해
나는 자라서 마드로스가 될 거야!

「소년 수부水夫」

꼬르비에르가 상징파 시인에 속한다지만 이 시에는 상징적인 면
보다 한편의 멜로드라마를 연출한다. 어부였던 아버지를 바다에 잃
고도 바다를 원망하거나 배척하지 않고 "어른이 되고 나면 마드로스
가 되겠다."는 어린 선원, 즉 예비선원의 강인한 의지가 부각되어 있
다. 그러나 우리의 선원에 대한 인식이 다른 나라에 비해 사뭇 다른
점이 현실은 물론이고 문학에서도 드러난다.

4. 선원의 인식

레베르테(Arturo Pérez-Reverte, 1951 ~ 스페인 소설가)의 『항해지
도[44]La carta esférica』에서는 선원에 대한 인식이 우리와는 확연히
다르다.

그들에게 바다는 하나의 해결책이었고, 그들은 떠날 시각이
언제인지 항상 알고 있었다. 코이 역시 천성적으로 그리고 본능
적으로 그런 부류의 인간이었다. 언젠가 베라쿠루스의 술집에서
어떤 여자가 ─ 그런류의 질문을 하는 사람은 항상 여자들이었
다. ─ 그에게 왜 변호사나 치과의사가 되지 않고 선원이 되었
는지 물은 적이 있었다. 잠시 후 그는 어깨를 한 번 들썩이고

---

44) 바다에는 땅이 없으므로 '항해지도'란 명칭은 '항해도' 의 오류이다.

나서 한참 있다가 이제는 여자가 대답을 기대하고 있지 않을 때 말했다. "바다는 깨끗하죠." 그것은 사실이었다.

위의 인용에서 '그들은 선원'을 지칭 한다. 이 대목에서 주목할 점은 여자의 질문이다. 주인공인 '코이'는 그가 당직을 서고 있던 새벽 4시 20분에 인도양에서 좌초된 4만 톤급 컨테이너 선 '이슬라 네그라' 호의 일등항해사였으나, 사고 후 2년간 자격을 정지당한 인물이다. 그런 그에게 왜 변호사나 치과의사가 되지 않고 선원이 되었는지를 물었다는 것은 그 사회의 통념에서 동급으로 본다는 간접적인 증거가 된다. 영국에서 상선사관을 별칭으로 Intenational Gentelman (국제신사)로 부른다고 한다. 그러나 우리의 경우는 어떠한가! 선원들은 남이 하는 게 아니라 자신들이 '우리 뱃x들' 이라고 자조自嘲한다. 자신의 직업에 자긍심을 갖지 못하면 발전이 없고 뱃님인 선원들이 자기비하自己卑下 하면 '해양강국' 도 없다. 선원들은 물론 범국민적인 인식의 전환이 절실한 실정이다. 이를 위해 해양문학은 물론 해양관련 모든 사업체나 부서들이 풀어 가야 할 과제다. 정책적 배려는 두말할 나위도 없다. 선원의 의식구조가 얼마나 중요한지를 알려주는 두 사건이 있다.

5. 뱃사람의 기백氣魄

a) 오기傲氣와 호기豪氣의 조우

1969년 한국일보는 신춘문예 당선작으로 인도양 태풍인 '싸이클론'을 맞아 침몰한 원양어선 선원의 표류과정을 그린 천금성[45]의 단

---

45) 천금성: 해양소설가, 1941~2016, 부산 출생, 서울농대 임학과 졸업, FAO 특설 한국원양어업훈련

편소설 「영해발부근零海拔附近」을 선정했다.

그 후 40여년이 흐른 2010년 1월에 작가의 30편에 달하는 소설집의 최종편으로 출간한 해양소설 『불타는 오대양』에 마치 회상이라도 하듯이 그 당시를 떠 올리고 있다

그 동안 나는 지난 번 10호 좌초 현장에서 초고를 잡은 채 지금 껏 묵혀두고 있던 노트를 꺼집어내 찬찬히 원고지에 옮기기 시작했다. 낮이면 갑판에 엎드린 채 썼고, 밤이면 해도실의 흐릿한 불빛에 의지했다. (...) 나는 그 원고를 어느 중앙지 신춘문예에 응모할 생각이었으나 주소를 확인할 길이 없어서 그저 수신인으로

"대한민국 서울 한국일보사 앞" 이라고 영문(英文)으로 적은 다음 항공우편으로 발송할 수밖에 없었다. 나는 물론 자신이 있었다. 그것은 원고를 넣은 봉투 속에 '당선소감' 과 함께 수상 대리인까지 지명한 메모를 첨부한 것으로 증명된다. (사진은 해기사 수험표에 붙어 있던 것을 떼어냈다.) 당시 내가 쓴 당선소감은 대략 다음과 같았다.- 먼저 선에 올려주신 심사위원 여러 선생님들께 감사의 뜻을 전합니다. 저는 지금 원양어선 갑판에서 이 글을 쓰고 있습니다만,이 처럼 험난한 파도 속에서도 틈틈이 습작을 할 수있다는 게 얼마나 고마운지 모르겠습니다. 돌아가는 날까지 열심히 고기나 잡겠습니다.... (....)

그리고 연초를 훨씬 넘긴 1월9일의 일이었다. (...) 마침 통신장이 수신기로부터 흘러나오는 모스 부호를 받아 적고 있는 것을 보고 무슨 내용인가 어깨 너머로 훔쳐보았더니- 신춘문예 당선을 축하함.- (...) 다음날 본사에서도 축하전문이 날아옴으로써 당선은 기정사실이 되었다.(...)조업을 마치고 부산으로 귀국한 것은 1970년 4월 말이었다. (...)영도 조선소에 닻을 내린 날, 일단의 간부들을 대동한 이학수 사장이 배로 올라와 2항사인 나부터 찾았다. "자네가 회사의 명예를 드높였네." 나의 신춘문예

소 항해학과 수료, 한국소설문학상 수상, 창작집 『허무의 바다』외 30권.

당선을 두고 하는 말이었다. 그러더니 선주는 수행한 윤 상무에게 당장 선장으로 발령을 내리라고 지시했다. 그렇게 하여 나는 2년 전 부산항을 떠날 때의 두 가지 다짐 -작가에로의 데뷔와 선장이 되겠다는 두 가지 다짐을 한꺼번에 이루어냄으로서 "평생 황금과는 인연이 없는 해양작가"의 길로 들어서게 되었다.

『불타는 오대양』제호 위에 - 해양작가 千金成의 체험적 항해기-라고 부제를 단 만큼 자서전에 속하므로 전편을 일인칭으로 서사하고 있다. 작가의 이러한 기행奇行은 주변인들(해양문학계)에게는 잘 알려진 일화다. 소위 오기를 부린 것이다.

그러나 아무나 할 수 없는 이 오기에서 뱃사람들이 왜 강인한지를 엿 볼 수도 있다. 나이는 한 살 아래였어도 천금성과 절친했던 선장 시인 김성식46)은 오기를 호기로 승화시킨다.

b) 해양시성海洋詩星47) 김성식

배를 타다 싫증나면
까짓것
淸津港導船士청진항도선사가 되는 거야

새벽 별이 지워지기 전
율리시즈의 항로를 접고서
에게 海해를 넘어온 항해사
태풍 속을 헤쳐 온 키잡이
카리브를 빠져온 세일러를 붙들고

---

46) 김성식: 1942~2002, 함경남도 이원출생, 한국해양대학교 항해학과 16기 졸업, 승선 33년 동안 수백편의 해양시를 남김.
47) 2002년 봄, 시인이 타계한 얼마 후 월간 『해기(海技)』지 추모특집 기고문에 처음으로 사용하였다.

주모가 따라주는 텁텁한 막걸리
한 사발을 건네면서
여기 청진항이 어떠냐고
은근히 묻노라면

내 지나온 뱃길을 더듬는 맛
또한
희한하겠지

까짓것
배를 타다 싫증나면
청진항 파이롯 되는 거야

「淸津港청진항」(발췌)

이 시는 1971년 조선일보 신춘문예 시부詩部 당선된 시인의 대표 시이다. 승선 경력 33년간의 선상체험을 바탕으로 시작詩作에 몰두 해온 세계 해양문학사상 유일한 선장시인으로 알려져 있는 만큼 그 의 시는 직접체험에 의한 시, 바다에 뛰어든 시이다.

선원들은 육지보다 바다에 나가있는 기간이 훨씬 길다. 따라서 대 부분의 시상詩想 도 항해 중인 선상에서 떠 올리게 되기에 시풍詩風 은 율동적인 바다의 물결에 선원의 기질을 실어 경쾌히 흐른다. - 시 인이 선장일 적에 2항사를 지낸이가 배 모는 것 보다시 쓰는데 더 골몰하는 것 같더라고 일러 준 적 있다. -

또한, 도선사Pilot는 자격요건이 6천 톤 이상의 배를 선장으로 5년 간은 타야만 응시할 수 있는 선박직 최고의 자리를 "까짓것"으로 호기를 부렸다. - 이 기발 난 시어에 대해 2001년 늦가을, 투병생활 로 홀쭉 야윈 두 뺨에 마치 개구쟁이 같은 미소를 지으며 "그 당시 (신춘문예 당선) 서울 문단에서 난리가 났었다"고 회상했다.- 이런 호기는 시인의 호방한 기질에 기인한다 하더라도, 항상 역경을 헤쳐 나가는 뱃사람 특유의 낭만적인 호기이다.

— 시인이 타계한 후, 한국해기사협회(회장: 박찬조)와 한국해양문학가협회(회장:황을문)가 주축이 되어 '선장시인 김성식 추모사업회'가 결성되었다. 우선 4권의 시집을 한데 묶어 623쪽 분량으로 『해양시인 김성식 시전집』을 펴내고 '청진항 도선사'를 원용한 '천상항天上港 도선별이 되어' 란 제하題下로 발간사에 이렇게 써 두었다. "항해자는 별을 보고 항해한다. 밤하늘의 별들이 모든 배와 선원들을 안식처로 인도하기 때문이다. 누구보다 별을 사랑했고 청진항 도선사가 되기를 갈망했기에, 님은 7대양의 모든 배들을 안전하게 항구로 인도하는 천상天上港의 도선별이 되어 있으리라..."

이후 추모회는 국내에 수많은 시비詩碑가 세워져 있지만, 해양시비로는 최초가 될 시인의 시「겨울바다」가 새겨진 시비를 모교인 한국해양대학교 교정에 건립했다.

2016년 파란 많던 일생을 살다간 파랑巴浪(천금성의 호)과 해영海影(김성식의 호) 두 선장이 천상항에서 '오기와 호기' 덕분에 나란히 신춘문예에 당선된 것을 자축하며, 두 기를 한데 모아 수많은 배와 선원들을 안전한 곳으로 인도하고 있을 것이다. —

6 항구의 의미

모든 뱃사람에게 있어서 천상항이던 실제의 항이던 간에 항구만큼 소중하고도 안락한 곳은 없다. 김미진48)은 프랑스 시인 35 인의 해

---

48) 프랑스 툴루즈 II 대학 문학박사. 저서 『바다로 가는 서른다섯 가지 방법』, 『프랑스 문학으로 다시 쓰는 바다 발견의 역사』현재; 알리앙스 프랑세즈, 부산대학교 강사.

양시 한 편씩을 우리말로 옮기고 해제解題를 달아 '바다로 가는 서른 다섯 가지 방법'을 소개했다. 그 중 17번째에 앙리 케펠렉(1910~1992)의 초 단편 시 한 편이 들어있다.

마치 빨래들처럼 걸려있는
어둠 속 배들의 불빛...
잠이 깬 등대가 눈꺼풀을 반쯤 열고
잠든 배들을 잠시 응시한다.

「항구」

이 시의 해제解題에서
"20세기 최고의 프랑스 해양소설가라 할 수 있는 그는 15편에 이르는 소설 대부분에서 고향 브르타뉴의 바다와 브르타뉴 사람들을 이야기 한다. 첫 시집 『가장자리에서』에 수록된 위의 시는 고향에서 먼 스웨덴의 한 대학에서 교편을 잡고 있을 때 쓴 것이다. 아무리 멀리 있어도, 아무리 세월이 지나도 또렷하게 생각나는 고향바다의 모습 덕분일까? 그가 그려내고 있는 밤바다 풍경에는 군더더기가 하나도 없다. 단 네 행의 시로 그는 우리에게 고향부두의 풍경을 보게 한다. 바로 좋은 시가 가지는 마술 같은 힘이다."

라고 동감이 가는 칭송을 하고 있다. 여기에 사족蛇足을 조금 달아 보면, 항구의 선박 계류장에 계류되어 있는 배들의 모습은 보는 이에 따라 느낌이 다를 수 있다. 주로 소형 화물선이나 어선의 경우 갑판위에서 조업하기 위해 이물에서 고물쪽으로 전선을 치고 전등을 촘촘히 달아 둔다. 배들마다 일정한 간격을 두고 전등을 걸어 둔 모습의 묘사로 보이지만 '빨래들 처럼'은 좀 특이하다. 또한 항구의 등대는 위치 알림이 역할을 하므로 광도가 밝지 않고 몇 초 간격으로 점멸한다.

그래서 '잠이 깬 등대가 눈꺼풀 반쯤 열고 배를 잠시 응시' 하는 것이다. 이처럼 항구의 밤 정경에 대한 동경을 떠나 항구의 존재 의미를 부각시킨 시도 있다. 누구나 만나면 헤어져야만 하는 것이 인생의 가장 슬픈 숙명이지만, 항구는 그 '숙명의 반대현상'이 연출되는 곳이기도 하다. 이와 같이 항구가 떠나기 위한 곳만이 아니라 돌아오기 위한 곳이란 관념을 고은(1935, 전북 옥구 출생)은 넌 저시 알려주고 있다.

7. 동경憧憬에서 낭만으로

해양문학 작품은 물론이고, 비록 해양문학의 범주에 속하지 않는 작품이라 할지라도 바다에 대한 동경과 낭만을 나타낸 작품들이 가장 많다고 단언해도 과언은 아닐 것이다. 그 이유는 문학이라는 하나의 제약을 떠나 바다를 그리는 인간본연의 자발적인 심리상태가 문학이라는 양식을 빌어 그 속에 용해될 수 있기 때문이다. 거의 비슷한 뉘앙스를 풍기는 동경과 낭만에서 '바다를 늘 마음에 두고 그리워하는 태도를 동경으로 본다면, 다음 단계로 이상적인 바다를 정서적으로 즐기는 태도를 낭만' 으로 볼 수 있다. 영국이 (a poet of the sea) 라고 자랑한다는 해양시인 존 메이스필드의 대표적인 시 전편을 보자.

해수海愁

나는 바다로 다시 가련다, 저 호젓한 바다와 하늘을 찾아서
내 바라는 것은 높직한 돛배하나, 길 가려 줄 별 하나,
그리고 파도를 차는 키와 바람소리 펄럭이는 흰 돛,

바다 위의 뽀얀 안개 먼동 트는 새벽뿐일세.

나는 바다로 다시 가련다, 달리는 바닷물이 부르는 소리
거역 못할 거센 부름, 맑은 목소리 좇아서;
내 바라는 것은 흰 구름 흐르고 바람 이는 날,
흩날리는 물보라, 흩어지는 물거품,
그리고 갈매기 떼 우짖는 소리뿐일세.

나는 바다로 다시 가련다,정처없이 떠도는 집시의 삶을 찾아서,
갈매기 날고 고래 물 뿜는 곳, 매서운 칼바람 휘몰아치는 곳
으로;
내 바라는 것은 껄껄대는 방랑자 친구들의 허풍 섞인 신나는
이야기와,
그리고 지루한 당직(堂直) 끝에 늘어져 한숨 자며 꿈꾸는 달
콤한 꿈이로세.

이재우[49]는 영한대역시집 『영미 바다의 명시』를 펴내면서 -J.메이
스필드 서거 50주년을 맞이하여-라고 책 서문에 써두었다. 이 시의
원제는 Sea-Fever 이고 Fever는 '열병'을 의미한다. 메이스필드는 바
다에 대한 동경이 넘쳐 열병에 걸리고 저자는 시와 시인에게 취취(醉)해
향수鄕愁에서 수자를 원용, 제목을 해수海愁로 옮긴 것으로 본다.

어느 한 작품, 즉 장르의 구분 없이 바다에 대한 묘사 속에서 그
작품의 전체적인 내용이 비록 긍정적이라 하더라도 바다에 대해 부
정적인 용어들이 허다하게 사용됨으로써 작품에 박진감을 더해준다.
하지만 언어의 미학인 시에서는 부정적인 시어詩語보다 긍정적인 시
어가 훨씬 더 많이 등장하는 것은 바다의 궁극적인 이미지는 낭만이
기 때문일 것이다. 노산 이은상(1903~1982, 경남 마산출생, 시조시

---

49) 이재우: 목포해양대 명예교수, 국제 PEN 한국본부회원,
   사)한국해양문학가협회 고문. 저서: 『바다와 사람』, 『바다 와 문학』, 『바다와 배 그리고 사람』외 여럿.

인)은 부산의 대표적 상징인 오륙도를 은밀한 낭만으로 노래한다.

오륙도 다섯 섬이 다시 보면 여섯 섬이
흐리면 한 두 섬이 맑으신 날 오륙도라
흐릴락 마를락 하매 몇 섬 인줄 몰라라

취하야 바라보면 열섬이 스무 섬이
안개나 자욱하면 아득한 빈 바다라
오늘은 비속에 보매 더더구나 몰라라

그 옛날 어니분도 저 섬을 헤다 못해
헤던 손 나리고서 오륙도라 이르던가
돌아가 나도 그대로 어렴풋이 전하리라

「五六島」

해양수도를 자칭하는 부산의 상징인 오륙도의 내력은 밀물 때는 6개, 썰물 때는 5개로 보이기에 붙여진 이름으로 타지 사람들에게는 신비로운 섬이다. 그 신비감을 시인은 흐린 날엔 하나나 둘로, 안개 끼면 사라졌다가 취기醉氣어리면 열 개, 스무 개로도 보이는 아련한 낭만 속에 담았다. 가히 주선酒仙의 경지다.

－ 동서고금을 막론하고 문인과 알콜은 불가분의 관계다. 주로 시인은 술이요 소설가는 담배를 선호한다지만, 그 한계가 노산선생이 지적하는 대로 어렴풋하다. 둘 다를 선호하는 문인들이 많기 때문이다. 대체로 시인은 시상詩想 이 떠오르지 않을 때 알코올에 젖고, 소설가는 글머리가 터지지 않을 때 담배를 찾는다고 한다. "미라보 다리 아래 센 강은 흐르고" 로 우리에게 잘 알려진 프랑스시인 '아폴리네르'는 자기 시집의 제목 자체를 아예 '알코올Alcools' 로 제명했다.

또한, 얼마 전에 지나간 정권이 국민의 건강을 위한다는 미명하에 담뱃값 대폭 인상을 발표했을 때, 서울에서 소설가 100여명이 "창작의 벗 담뱃값 인상을 결사決死 반대한다!" 는 성명을 중앙일간지에 낸 적 있다는 사실이 이러한 문단의 통념을 증명해 준다. 아직도 문학의 꽃이라 할 '창작'의 벗은 요지부동이지만, 비록 결사라고 천명했어도 이일로 돌아간 소설가는 없어 다행이다. 이웃나라 일본에는 노벨문학상 수상자가 금년도 수상자 '가즈오 이시구로' 가 가세하는 통에 이젠 3인이나 되었다.

그러나 우리에게는 작가와 작품 수에 비해 단 한명도 없다는 아쉬운 현실과 연관이 없기를 바란다.ㅡ

8. 노怒한 바다 위의 사람들

자연적인 현상으로 바다는 생과 멸, 긍정과 부정의 뚜렷한 양면성을 지니고 문학에서도 다르지 않다. 따라서 인간 삶의 의미와 그 이상을 추구하려는 순수한 태도가 문학이란 형태로 나타난 것이라면, 어떤 장르의 문학 속에서도 바다는 삶에 부정적인 멸의 바다보다 긍정적인 생의 바다가 차지하는 비중이 단연 클 수밖에 없다.

그러나 자연계의 생존은 물론이고 문학에서도 멸의 바다를 완전히 배제할 수 없는 것은 작품 구성상의 요건이나, 스토리 전개상의 필요성을 떠나 멸의 바다는 그 나름대로 존재의 의미를 지니고 있기 때문이다. 여기서 멸의 바다는 주로 인간에게 공포의 대상이 되고 파멸도 야기할 수 있는 노한 바다를 지칭하지만, 범위를 넓힌다면 오염된 바다 등 실제이거나 관념에 의한 것이거나 간에 인간의 실생활과 정서에 부합되지 않는 바다 모두를 포함시킬 수 있을 것이다.

혹한이 몰아치는 북대서양에서 선주의 과욕으로 무리한 항해를
감행하다 결국 기관실과 화물창의 침수로 민들레로 비유된 26명의
선원이 퇴선하기 까지를 그린 『대서양의 민들레』서두를 보자.

마스트에 닿을 듯 낮게 내려앉은 하늘은 틈서리 한 군데 없
다. 온통 잿빛으로 도배한 천정이다. 시퍼렇게 날선 바람은 포
탄 날아가는 소리를 내며 무섭게 질주한다. 와르르 일어서는 물
마루는 절벽같이 아찔하게 뱃머리를 가로막는다. 질풍에 휘말린
물마루가 부서지면서 비산하는 물방울들이 강물을 이루며 날려
간다.

뿌옇게 흩날리는 물보라의 대열과 끝없이 몰려오는 새하얀 파
도의 등성이. 바다는 강풍이 휘몰아치는 설봉보다 어지럽다. 현
창은 때리는 바람은 살을 저미듯 맵차다. 데릭포스트[50]에 부딪
친 물보라는 순식간에 번질번질 얼어붙어 촛농같이 타 내린다.

24년 동안이나 해풍에 녹슬고 파도에 찌그러진 아틀랜틱 덴
덜라이언Atlantic Dandelion 호는 늙은 육신을 주체하지 못하고
표류하는 유령선처럼 휘청거리고 있다. 움푹움푹한 현창은 모두
흰자위만 드러내고 브리지의 프론트그라스에도 성에와 염분이
층을 이루어 우유빛 커텐을 쳤다. 밤낮없이 돌아가는 뷰크리너
(선회창旋回窓) 만 동그랗게 눈을 뜨고 선수루를 지키고 있다.

저자 김종찬[51]에 대해 천금성은 2011년 4월에 출판된 이 책의 서
평을 이렇게 썼다.

"그에게서는 언제나 고소하고 싱그러운 바다냄새가 난다. 환
갑을 넘긴 지금도 마찬가지다. 그는 영원한 해기사다. 따라서
이 작품집은 꼭 40년에 걸친 그의 항해일지가 된다. 그는 오로

---

50) Derick post: 선박기중기의 지주.

51) 김종찬: 부경대 기관학과 졸업. 해군중위로 전역. 원양어선 부터 각종 화물선의 기관장역임. 제8회
한국해양문학상 수상.저서: 『피닉스호의 최후』, 『팽이밥』, 『대서양의 민들레』.

지 소재를 찾아 바다를 뒤졌다. (...) 책갈피마다 묻어나는 여러 등급의 노도광풍과 그 싸움에서 이겨낸 뱃사람들의 숨소리가 듣고 싶다면 이 소설집이 안성맞춤이다. 40년간의 항해가 이 속에 모두 담겨 있어서다."

— 작가의 가장 두드러진 항로는 먼저 해군함정서부터 원양 어선인 북태평양트롤선을 위시하여 벌크선, 잡화선, 원목선, 자동차운반선, 공모선, 뉴펀들랜드 트롤선, 컨테이너선 등의 기관장을 역임했다. 이처럼 기능이 다른 여러 배를 타는 경우는 없다. 배가 다르듯 체험도 다를 것 같아 체험을 위해 의도적으로 골라 승선했다고 했다. 1부에서 언급한대로 직접체험의 실행이다.

다음으로는 승선기간이다. 해양소설을 가장 다작한 천금성과 영국이 자랑하는 시인 죤 메이스필드 가 10여년, 죠셉 콘래드가 영국 상선 선장까지 20여년이나 되어도 30년이 넘는 선장시인 김성식을 우리는 자랑해 왔다. 그런데 장르를 넘어 40년이 넘는 현역작가는 현재까지도 없고 앞으로도 드물 것이다.

승선경력에 따라 작품의 우수성이 평가 받는 것은 아니지만,

그의 작품에서는 진정성과 현장감이 뛰어난다. 직접체험의 산물이다. 게다가 인간미가 곁들어 있다. 문학은 인간이 하는 가장 숭고한 행위 중에 하나이다. —

항해자에게 폭풍의 위험성은 언제나 상존한다. 이러한 위험에 대비할 태세를 조금도 소홀히 할 수 없는 것은, 바다에서의 방심은 바로 파멸을 의미하기 때문이다. 따라서 문학 작품 속에 나타나는 멸의 바다는 단순히 줄거리 전개만을 위한 것이 아니라, 대자연 앞에선 우리 인간들에게 '바다에 대한 경외심敬畏心 고취'라는 중대한 경고의 의미를 지닌다고 보아야 한다.

- 중국사기史記에서 "자모慈母 밑에 패자敗子난다"고 했다.

위의 격언은 '항상 평온한 바다는 무기력한 자식을 만든다.'로 대체할 수 있다. 또한 바다가 언제나 평온하기만 한다면, 동경과 낭만의 대상으로서 존재의 가치는 있을지 몰라도 바다를 대하는 인간은 나약해질 수밖에 없다. 영국 속담에 "폭풍이 강인하고 유능한 선원을 만든다." 고 하듯이 '거친 바다를 깊이 관조함으로써 인생이란 황천 항해를 순항順航할 능력과 의지를 기를 수도 있을 것이다.' 이것이 멸의 바다, 노한 바다가 존재하는 상징적인 의미이기도 하다.ㅡ 노한바다의 존재 의미를 인식하지 못하거나 망각한 경우에 닥쳐올 수 있는 극한상황이 다음 시에 전개되어 있다.

탁자는 바로 옆에, 램프는 저 멀리
성난 폭풍 속에서 다시 모일 수 없네,
수평선까지 해안은 황량하기만 한데,
한 남자가 바다에서 손을 들고, 외친다. "살려줘요!"
메아리가 답하기를, "거기서 무슨 소리를 하고 있는 거요?"

「파선破船」

단 5행에 불과한 이 짧은 시에서는 어떠한 은유나 상징도 찾아볼 수 없고, 단지 조난자의 절박한 외침만 귓전에 울릴 뿐이다.

그러나 메아리의 대답은 냉혹함의 극치에 속한다. 쉬뻬르비엘(J.Supervielle; 1884~1960, 프랑스 시인)은 위의 시에서 조난자의 절망적인 상황 묘사를 통해 더욱 긍정적인 뱃사람의 정신 자세를 확고히 하고자 하는 효과를 노리고 있다. 순수한 정신의 경지에서 모든 사물의 궁극적인 미를 추구하는 것이 시인들이 지향하는 태도이기 때문이다.

9. 4대 해양명작을 보는 네 가지 시선

지구촌에 널리 알려진 해양문학작품 중 꼭히 4대 명작으로 지정한 경우는 알려지지 않았다. 그러나 작품의 비중과 인지도 등을 감안, 자의自意 에 의해 4 작품을 명작으로 지정하고 작품마다의 특성을 살펴보고자 한다.

a) 오딧세이아 (Odysseia)

기원 전 900년 경에 호메로스(영, 호머)에 의해 쓰여 진 것으로 추정되는 이 대서사시는 서양문학의 귀감이 될 뿐만 아니라 서양인들의 정신세계에도 큰 영향을 미친 불후의 명작이다.

이미 다 이루어 졌을 작품의 진수眞髓에 대한 접근은 그리스나 영미문학의 몫으로 돌리고 해양문학에서는 바다의 입장에 서서 살펴볼 필요가 있다. '트로이 목마' 계략으로 전쟁을 승리로 이끈 '오딧세우스Odysseus' (영, 율리시즈 Ulysses) 는 인간승리에 도취한 나머지 신의 존재를 무시하고 '포세이돈Poseidon'(로마, Naptune) 의 신전과 석상을 파괴한다. 소위 해신海神을 모독한 것이다. 이런 괘심 죄로 20여 년간 귀향하지 못하고 지중해에서 갖은 고초를 격게 된다. 원인을 제공한 오딧세우스와 응징에 나선 포세이돈 덕분에'세계 해양문학의 원조' 가 된 이 작품은 '절대 바다를 모독해서는 안된다!'는 교훈을 남겼다. 포세이돈이 바로 바다이기 때문이다. 그러나 오딧세우스의 2,800 여년 후배 '에이헙Ahab' 선장이 이 준엄한 교훈을 무시하고 '모비 딕'에게 몹쓸 짓을 자행한다.

b) 모비 딕

'모비 딕'은 거대한 하얀고래 백경白鯨의 별명이다. 그러나 지구 상에 하얀고래는 '돌핀' 종류에는 있어도 혹등고래 류에는 존재하지 않는다고 한다. 그런데도 '멜빌'이 등장시킨 백경이 무엇의 상징[52]인 지가 후세 사람들의 논란대상이 되고 있다.

우선 신(神:The God)이란 주장과 정반대 개념인 악(惡:Devil) 으로 보는 시각에 '프로이드가' 말하는 '초자아(Super-ego) 와 바다를 의미 하는 대자연(The Nature)이란 주장이 대두된다.

― 멜빌이 『모비 딕』을 처음 발표했을 때, 세인들의 관심을 끌지 못하자 화가 치밀어 자기 책을 집어 던졌다는 일화가 전해 온다. 그 후 멜빌 탄생 100주년 기념일에 미국의 저명한 비평가 두 사람이 대 단한 작품이라고 호평한데 힘입어 지금 같은 명성을 얻게 되었다고 한다. 만약 발간 때부터 호평을 받았다면 틀림없이 모비 딕이 무엇 의 상징이라고 자랑스레 피력했을 것이다.― 그러나 이 사지선다형 중에 정답은 알려지지 않았지만 나름대로 추정은 가능하다. 작가들 이 대게의 경우 작중인물, 특히 주인공은 캐릭터에 맞도록 작명하는 경향이 짙다. ―뒤에서 볼 『해저 2만리』의 '네모' 함장은 잠수함 운용 뿐만 아니라, 문화와 예술 등 다방면에 달인達人의 면모를 보인다. 라틴어 Nemo 는 영어로는 Nobody 이다―.

그런데 에이헵Ahab은 구약성서에서 폭군왕이다. 멜빌이 왜 존경 받는 선장을 폭군왕명으로 작명했는지가 의문의 열쇠가 된다. 에이 헵은 줄기차게 모비 딕에게 폭군 짓도 모자라 정복하고 파멸시키려

---

52) Sullivan,J.W.N 「The Symbolism of the whale in Melville's Moby Dick」Britannnica Instant Research Service.

들다가 결국 자신은 물론 부하 선원 모두를 파멸로 몰아간다. 여기에 착안하면 '모비 딕'은 인간에게 결코 정복될 수 없는 '바다'의 상징으로 보는 것이 타당하다고 본다.

모비 딕이 바닷속으로 유유히 살아진 1세기 이후의 멕시코만에 한 노인 어부가 외 돛에 쪽배타고 등장한다.

c) 노인과 바다

'헤밍웨이'가 이전에도 좋은 작품을 많이 썼지만, 노벨문학상은 이 작품의 도움, 즉 3일동안 고요했던 바다 덕분에 수상했다. 앞서 본 '오딧세우스'는 바다 앞에서 시쳇말로 까불다가 혼이 났고, 에이헵은 정복하려다 파멸의 길로 간다. 그러나 노인 어부 '산티아고'는 3일 동안 거대한 청새치와의 사투[53]에서 '해양친화'의 길을 택한다.

그러나 여기서는 뼈만 남긴 청새치가 무엇의 상징이냐는 문제가 대두된다. 영문학에서 보는 '허무의 상징'에 동감하면서 '과욕하지 말라'는 교훈도 곁들이고자 한다. ─어부가 고기를 많이 잡는 것은 당연한 이치다. 하지만 생존을 넘어 과욕을 하게 되면 허무만 남는 예를 우리 연안의 어족자원 고갈과 세월호 사태, 굴지의 한진해운 몰락에서 보고 있다.─

만약 '산티아고' 노인이 청새치를 상어에게 뜯어 먹히지 않고 고스란히 시장에 내다 팔았다면 아마도 노벨상 수상 대상작이 되지 못했을 것이다. 한 어부의 일상적 이야기에 불과하고 해양친화사상과 바다에서 과욕하지 말라는 교훈이 희석되기 때문이다.

---

53) 아무리 청새치가 거대하고 노인의 외 돛 쪽배가 작아도 3일 동안이나 끌고 다니지 못한다. 아마 모비 딕이었다 하더라도 불가능 하다. 진정성을 중시하는 해양문학의 입장에서 볼 때, 헤밍웨이가 실증법을 위반한 것이다. 그래도 해양소설로서는 최초로 노벨상을 탔다. 이런 사실(fact)를 몰랐을 수도 있고, 모른 척 해 주었을 수도 있다. 어느 경우든 문학에서나 가능한 일이다.

d) 해저 2만리

앞서 본 세 작품의 공통점은 바다를 모독하지 말고, 정복하려 들지 말며, 과욕을 부리지 말아라 는 금지 사항이 주안점 이었다. 그러나 비평가들에 의해 '과학공상소설'로 분류된 이 소설은 바다에 대한 금지 사항은 아예 없고 '해저海底로'를 권유하는 점이 사뭇 다르다. 이 과정에서 작가 '쥘 베른' 자신도 예견치 못했을 공헌을 잠수함 '노틸러스Nautilus(앵무조개)'가 하게 된다.

— 세계 제 2차 대전이 발발하자 미국에서 유럽으로 전쟁물자를 수송하는 보급선을 'U 보트' 로 명명된 독일 잠수함들이 어뢰로 격침시킨다. 연합군은 잠수함 잡는 '구축함'을 급히 건조하고 해전에 투입했으나 고전을 면치는 못했다.

그러나 물밑에 숨어 있는 잠수함에도 '아킬레스' 근은 있었다. 해저에 주유소를 만들 수는 없으므로 디젤엔진연료와 압축공기보급차 수면 위로 부상하면 연합군 정찰기들이 탐지, 즉시 연합군 전투기들의 공격을 받곤 했다. 2차 대전이 끝난 후 과학자들이 연료보급 없이 몇 달 동안이나 바다 밑을 돌아다닐 수 있는 잠수함 '노틸러스'에 착안,[54] 원자력 잠수함을 건조하게 된다. 미·소 냉전 시절 미국이 소련보다 먼저 원자력 잠수함을 건조하고 세계만방에 자랑한 제1호를 '노틸러스' 라고 명명했다는 사실이 이를 증명해 준다. 현재 인류가 제작한 무기 중에 가장 가공할 무기가 원자력 잠수함이라 한다. 전쟁을 수행 하는 것이 아니라 억제하는 역할을 한다면 인류에 대한 공헌이 됨과 동시에 해양문학의 위대한 소산所産이기도 하다.

---

54) 과학자들이 노틸러스에서 아이디어를 얻었다는 기록을 본 적 없어 2차대전의 일화와 나 자신의 문학적인 상상에 따른다.

앞에서 말한 대로 '네모Nemo' 함장은 모든 분야의 달인이었다. 모든 인간은 자유롭기를 원하기에 진정한 자유는 노틸러스 처럼 해저도시55)로 육지가 아닌 바다 속에서 찾으라고 권유한다. 소위'입산수도入山修道 '가 아니라'입해수도入海修道 '를 권하는 것이다. 불문학에서는 그 당시 민중을 억압하는 왕정王政 에 대한 반발로 육지를 배격하는 것으로 보지만, 해양문학의 입장에서는'바다가 영원한 안식처'란 주장으로 본다. 또한 현실성이 희박한 권유이긴 하나 원폭의 위기감이 고조되는 현재의 정세를 감안할 때, 또 어떤 아이디어를 우리에게 제공할 지도 모를 일이다.

끝으로 앞에서 살펴 본 작품 넷에는 여주인공이 없다는 것을 공통점으로 들 수 있다. 바로 해양소설의 가장 두드러진 특징이다. 대게의 경우 전기傳記소설이나 넌 픽션물을 제외하고는 여주인공이 없는 소설은 없다. 여성이 없으면 작품자체가 성립되지 못할 뿐더러 사랑도 이별도 눈물도 없기 때문이다. 인간사에 일어날 수 있는 심리적 갈등 같은 일이 전개되지 않으니 해양소설이 단조로울 수밖에 없는 것이다. 게다가 19세기 경에는 청소년들이 마땅히 읽을 꺼리가 없었고 야한 장면도 없는데 부모들이 자식들의 탐독을 말릴 필요도 없었을 것은 자명하다. 이런 연유로 이 작품을 아동문학으로 보는 시각에는 동의하기 힘들다.

이 네 작품 속에 깃든 작가들의 사상이 간단명료한 것도 이런 관점과 무관하지 않을 것으로 본다.

---

55) 서양문학에서 아직 착공도 못한 해저도시를 우리 고전문학에서는 준공한지 오래다. 삼국유사 중 수로水路부인은 일곱가지 보석으로 지어 진 용궁에서 맛있고 신선한 음식을 대접받았고 심청이는 인당소에 발부터 다이빙한 후에 용왕의 부인이 되었다.

항해를 마치며

한 없이 넓고 깊은 바다를 시공時空의 제한이란 핑계로 마치면서 주마간산走馬看山이 아닌 주마간해走馬看海가 된 점이 자못 아쉽다. 남과 북이 언젠가는 뚫리겠지만, 그 언제가 가 언제일지 알 수 없다. 따라서 한반도는 해양과 더불어 대륙으로도 무한히 진출할 수 있는 반도가 아니라, 하나의 섬나라에 지나지 않는다.

해외교역 물동량의 99%가 바다를 통해서 이루어지는 것은 그럴 수밖에 없기 때문이고, 그래도 세계에서 수출 10위권 내에 들어있다. 한마디로 바다 덕분에 살고 있는 것이다. 그럼에도 불구하고 바다에 대한 우리의 인식은 아직도 좁고, 얕다.

해양문학의 궁극적인 목표는 인류를 위한 바다의 존재 의미를 문학을 통해 알림으로서 바다에 대한 긍정적인 인식 심기에 있다. 소위 '해양친화사상' 드높이기이다. 앞에서 주장한 해양문학상제도 확충이나 시상금 상향 조정 건의는 응모자들을 '시상금 사냥꾼'으로 몰아가자는 것이 아니라, 해양문학을 창달暢達을 통해 실제와 정신적인 삶에 더 나은 풍요를 바라는 마음의 침로針路다. 아무튼 바다를 옳게 이해하고 존중하는 마음이 이 땅과 바다에 충만하길 바란다.

2017년 初秋에, 해운대 바닷가에서 -海朗 바람.

참고문헌

국내서(논문 및 역서)

김성식 『해양시인 김성식 시전집』 고요아침, 2007
김보한 『고향』 詩界, 2010
천금성 『불타는 오대양』 현대해양, 2010
윤동주 『하늘과 바람과 별과 詩』 미래사 1994
이재우 『영미 바다의 명시』 문경출판사, 2017
김종찬 『대서양의 민들레』전망,2011
유연희 『무저갱』북인,2011
김미진 『바다로 가는 서른다섯가지 방법』 전망, 2005
이윤길 『진화하지 못한 물고기 한마리』세종출판사, 2007
페레스 레베르테, 조구호 역 『항해지도』 시공사, 2003
김명수·최영호 『내 마음의 바다 1, 2』 엔터 1996
최영호 엮음 『한국해양문학선집 7, 8』 한국경제신문사 1995
黃乙文 『海洋文學의 길』전망, 2007
쥘 베른, 이인철 역 『해저2만리』 문학과 지성사, 2002
호메로스, 김병익 역 『오딧세이아』 삼성출판사, 1976
G. 바슐라르, 이가림 역 『물과 꿈』 문예출판사, 1985
최완복 『프랑스 詩選』 을유문화사, 1992
헤밍웨이, 윤종혁 역 『노인과 바다』 삼성출판사, 1975
허만 멜빌, 오국근 역 『백 경』 삼성출판사, 1974
사)한국해양문학가협회 『海洋과 文學 1~20』 전망, 2003~2017
해양문화재단 『진주를 품은 파도』(재)해양문화재단), 2008

외국서

小島敦夫 編著 『世界 の 海洋文學』 1996
Marchand, Pierre 「La mer en Poésie」 Gallimard, 1985
Brosse, Monique 「nouvelles recherches sur Jules Verne et voyage」 libraire Minard,1978
Comper, Daniel, 「Un voyage de Jules Verne」 Archive, 1977
Sullivan, J. W. N 「The Symbolism of the whale in Melville's Moby Dick」 Britannica
                 Instant Research Service

黃乙文 ⸻⸻⸻⸻⸻⸻⸻⸻⸻⸻⸻⸻⸻⸻⸻⸻⸻⸻⸻⸻⸻⸻⸻

사)한국해양문학가협회 2, 3, 7 대 회장 역임
현재: 한국해양대학교 명예교수
저서: 시론집 『海洋文學의 길』, 소설 『동상과 우상』,
문집 『끝없는 항해』편저 『아치섬의 바다이야기 I,II』

이어도 분쟁, 설화를 통해 재해석하다

홍명진(동화작가)

서론: 이어도는 어떠한 곳인가?

1. 이어도를 발견하다

풍랑을 만나 섬을 보았다는 사람이 있다. 배를 타고 나가 되돌아오지 못하는 아버지가 계시는 환상의 섬, 물질(제주의 해녀들이 바다 속에 들어가서 해산물을 따는 일)이나 밭일 같이 힘겨운 노동을 하면서도 민요(노동요)를 부르며 현실의 고난과 절망을 극복했다고 제주도민들은 말한다.

이어도는 제주도 서남쪽 항로, 제주에서 강남으로 가는 중간쯤에 위치해 있다. 진상품이나 상품을 싣고 중국으로 가다 소용돌이치는 물결에 파선되고 몰사하는 일은 거듭되었다. 남편을 잃은 수많은 제주여인의 원한과 애통의 상징으로 남아있는 이어도는 삶에 필요한 온갖 물건이 준비되어 있는 저승나라가 되어 그 즐거움과 환락의 낙토에 한번 들어간 남편은 영영 돌아오지 않는 섬으로 남아있다.

1901년 망망대해에서 영국 군함 쇼코트라(Socotra)호의 접촉사고가 발생했다. 지금까지 우리만 알고 있는 바다 속 암초가 세상에 드러나는 순간이다. 세계는 그것을 발견한 선박이름을 따서 소코트라(Socotra)암초라 명명하였다. 지금까지 관심이 없던 이어도가 세상의 이목에 집중되자 중국과 일본은 자국의 배타적 경제수역에 들어있다며 이어도를 탐내게 되었다.

장소의 정체성은 한 국가의 영토적 정체성을 반영한다. 그들은 자신들의 이름을 붙여 이어도가 자국의 관할권에 있음을 주장하기에 이어도가 어떤 곳이기에 그러는지 이어도의 정체성을 명칭과 전설, 설화로 알아보려 한다.

제주도민의 이상국(理想國)인 이어도가 우리 국민들에게 존재를 알리게 된 계기는 1947년 10월 22일자 『동아일보』 보도라 하겠다. 당시 기사에는 이어도를 "波浪嶼"(파랑서)라 지칭했고 일본이 이어도 주변 해역을 자신들의 어업구역에 포함시키려는 의도를 침략적 야욕이라고 비판했다. 이후 우국노인회(憂國老人會)는 1948년 8월 5일 맥아더에게 독섬(독도), 울릉도, 대마도, 파랑도가 한국령이므로 한국 영토로 귀속되어야 한다는 청원서를 보내기도 했다. 1951년 9월 20일 이어도의 실체를 확인하기 위해 문교부가 국방부의 협력을 얻어 부산에서 한국산악회(1945년 조선산악회로 창립, 48년 한국산악회로 개명)와 '파랑학술조사대'를 만들어 군함을 타고 탐사에 나섰으나 섬을 발견하지 못하고 돌아왔다. 두 번째 탐사는 1973년 6월 교통부의 측량선 제3수로호로 출발했으나 기후 악화로 꿈을 이루지 못했고, 세 번째로 1984년 3월과 5월, 두 차례에 걸쳐 KBS의 지원을 받고 제주대학교 해양과학교수팀과 탐사를 하였는데 1차에서는 기상악화로 위치만을 확인하고 2차 조사에서 드디어 학술조사를 마칠 수가 있었다.

2. 지리적 위치

이어도가 위치하고 있는 곳
은 중국에서는 태평양으로 나가
는 바다의 중간으로 한·중·
일 3국에서 해양 경쟁을 치열
하게 벌이는 곳이다. 북위 32
도 07분 22.63초 동경 125도
10분 56.81초로 한국에서는 마
라도(馬羅島)로부터 서남쪽 80

해리(149km), 중국은 동단 퉁타오 (童島)로부터 247Km 떨어져 있다
고 하나 퉁타오(童島)는 무도인도라서 사람이 기거하는 '서산다오'
(余山島)를 기준으로 삼으면 155해리(287km), 일본의 도리시마(鳥島)
로 부터는 149해리 (276km) 떨어져있다.

3. 이어도의 크기

이어도는 섬이 아닌 수중암초로 해수면 4.6m 아래에 위치했기에
파고가 10m 이상이 되어야 그 모습을 드러낸다. 굴곡이 매우 심하
고 복잡한 해저지형 분포를 보이는 이어도는 정상 암체의 중심으로
부터 남북 약 1.8km(중국 측 자료 : 1.6km) 동서 약 1.4km(중국 측
자료 : 1.1km)의 타원형 분포(중국 측 자료 : 비대칭 말안장 형태)를
보이며 2.0km² (중국 측 자료 1.7km²)의 면적을 갖는다.

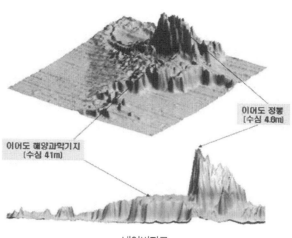

-네이버자료-

본론

1. 이어도를 탐내는 이유는 무엇일까?

1) 국제해양법상의 이어도

해양법협약에서 "모든 국가는 이 협약에 따라 결정된 기선으로부터 12해리를 초과하지 않는 범위에서 영해를 설정할 권리를 갖는다."라고 규정하고 있다(제3조)

영해에 대한 규범이 정해지지 않은 1950년대 초반까지도 영해의 범위는 100해리설, 해상 2일 항로설, 60해리설, 3, 6, 8, 10, 12해리설 등과 육안으로 볼 수 있는 한도까지라는 설, 해안 포대에서 포탄이 도달하는 지점까지라는 설 등 많은 주장이 있었다. 1930년 헤이 그 국제법전편찬회의에서 「영해의 법적 지위에 관한 조약안」이 작성 되었지만 영해의 범위에 대한 각국의 의견을 조율하지는 못했다.

1958년 제네바(Geneva)에서 개최된 제 1차 국제연합 해양법회의는 국제법의 점진적 발전과 법전화에 기여했는데 영해협약을 비롯하여 4개의 협약을 채택하였으나 영해범위에 대해서는 결정을 보지 못하였다. 2년 후 제 2차 국제연합 해양법회의가 제네바에서 다시 개최되었지만 영해범위에 대한 합의는 이루지 못하였다. 결국 제 3차 국제연합 해양법회의에서 최종적으로 영해의 범위가 결정되었는데 최대 12해리로 결정되었다.

대한민국 최남단 마라도에서 80해리 떨어진 이어도는 우리의 영해에 들어오지 못한다. 그러나 해양법협약에 새롭게 도입한 배타적 경제수역(exclusive economic zone)이라는 혁신적인 제도에는 이어도가 포함되어 있다. 이는 영해와 접속하는 일정 범위(200해리)의 수역에서 수중, 해저 및 지하에 있는 모든 천연자원의 탐사·개발·보존·오염방지 및 과학적 조사 등에 관하여 연안국이 배타적으로 권리를 행사하는 관할수역을 말하는 것이다. 수역을 공해에 관한 규정의 적용 범위로부터 제외시키고(제86조) 독특한 법적 지위를 갖고 있는 배타적 경제수역은 전통적인 공해 또는 영해의 개념에 속하지 않는다.

배타적 경제수역의 범위는 영해로부터 200해리를 초과하지 못한다(해양법협약 제 57조) 인접국 또는 대항국 간에 배타적 경제수역의 경계를 확정함에 있어서는 첫째, 형평한 해결을 달성하기 위하여 국제사법재판소규정 제 38조에 언급된 국제법을 기초로 하여 합의에 의하여 정하여야 한다(제74조 1항 대륙붕) 둘째, 합리적 기간 내에 합의에 이르지 못할 경우, 관계당사국은 해양법협약 제15부에 규정된 절차에 따라 이를 관계기관에 부탁하여야 한다(동조 2항) 셋째, 관계당사국은 합의에 도달할 때까지 상호 이해 및 협력의 정신으로써 잠정약정을 체결하도록 노력하여야 한다(동조 3항)고 한다.

대륙붕(continental shelf)이란 지질학상의 용어다. 1958년 대륙붕협약에서 대륙붕이란 "해안에 인접하되 영해 밖으로 수심 200m에 이르거나 또는 이를 초과하더라도 해저지역의 천연자원 개발이 가능한 수심까지의 해저지역 해상 및 그 지하로 규정하였다(제1조)

대륙붕협약에서는 당사자 간의 합의를 우선적으로 규정하고 있으나'특별 상황 '(special circumstances)에 의하여 다른 경계선이 정당화되지 않는 경우에는 등거리선이나 중간선의 방식으로 경계를 확정하도록 하고 있다(제6조 1, 2항) 이는 대륙붕의 법적 개념을'영토의 자연적 연장(natural prolongation of land territory)이라 이해하며 강조되었다.

이어도는 과거 통항의 장애물이었던 하찮은 바위덩이가 아니다. 해상교통의 요충지로 연간 25만 척의 선박을 안전하게 오갈 수 있게도 할 수 있다. 또한 제주도민의 이상향만이 아닌 한·중·일 3국에 의해 만들어지는 삼각형(배타적 경계수역) 안에서 경제적, 과학적, 군사적으로도 중요한 위치에 자리 잡고 있기에 이어도는 잠재적으로 한·중 간 해양 관할권 분쟁을 갖고 있다고 할 수 있다. 더구나 중국은 근래 잠수함과 군함, 항공기와 관공선(官公船)의 출현 횟수가 점차 많아지고 있고 중국이 이곳에 관심을 갖기 시작하며 '방공식별구역'(Air Defense Identification Zone : ADIZ 자국 영공의 방위를 위해 영공 바깥쪽 공해 상공에 설정되는 가상의 공중구역)을 선포해 우발적인 충돌사태가 발생할 개연성은 점차 커지고 있는 현실이다.

2) 이어도의 해양환경

이어도 주변 수역은 남하하는 황해의 한류와 중국대륙의 연안수 그리고 북상하는 쿠로시오 해류가 만나는 지점으로 갈치·오징어를 비롯한 다양한 어종이 풍부하게 서식한다. 이처럼 동중국해의 대형 어장을 비롯하여 해양자원으로는 철·망간 등과 해양바이오자원, 조력과 파력을 동시에 이용하는 해양에너지자원과 해양심층수, 해수를 이용한 탈염 식수등 해양수자원 그리고 레저·크루즈·스포츠 등 해양공간자원 등을 들 수 있고 미국윌슨국제연구센터(Woodrow Wilson International Center for Scholars)에 따르면 석유는 최대 1,000억 배럴까지 매장되어 있는 것으로 추정된다고 보고하고 있다. 또한 해양수송로(Sea Lanes of Communication : SLOC)를 둘러싼 경쟁은 해양갈등을 조성하기에 충분한데 국익을 보호하기 위해서 만반의 준비를 하여야 할 듯하다.

3) 종합해양과학기지란!

우리나라는 1970년 국제사회에 공식적으로 이어도 영유권을 선포하면서 한국의 해양영토로 편입했으나 일본이 공유 대륙붕으로 주장하면서 단독개발은 불가능하게 되었다. 우리나라는 그해에 「해양광물자원개발법」을 공표하고 한반도주변을 7개 해저광구로 설정하여 석유, 가스등 광물자원에 대한 탐사를 추진해왔으나 지하자원에 대한 공식적인 통계는 아직 나와 있지 않다.

삼면이 바다로 둘러싸여 있는 우리나라는 이어도, 가거초, 소청초 등 총 세 군데에 종합해양과학기지를 운영하고 있다. 그 중 제일 먼저 이어도에 고정식 해양구조물을 1995년에 착수한 이래 212억 원을 투입하여 8년만인 2003년에 완공하였다. 위치는 수심 4.6m 아래 정봉이 아닌 남쪽으로 700여 미터 떨어져 있고 수심은 깊지만 가장 편편한 암반이 있는 곳에 수중 41m 수상 36m 4층 구조물로, 연면적은 약 1,345m이고 총중량은 3,400톤에 달한다. 이곳에서는 해양의 온도, 염분, 해류, 조석, 파고, 풍향, 풍속등을 자동으로 관측하고, 무궁화 위성을 이용해 정보를 제공하고 있으며 헬기 이착륙 시설과 사람이 장시간 체류할 수 있는 여건을 만들어 놓고 있다. 또한 이어도 종합해양과학기지에서는 태풍의 경로를 파악하여 우리나라에 상륙하기 8시간 전에 기상청에 알려줌으로 태풍대비를 할 수 있게 기여하고 있다.

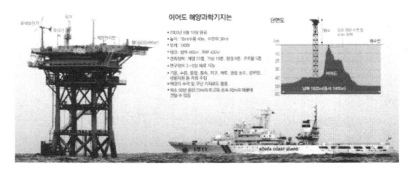

-네이버자료-

2. 각국에서 바라 본 이어도

1) 한국

(1) 이어도 명칭의 유래

지명의 유래

제주도민에게는 육지에서 찾아보기 힘든 꿈의 섬이다. 누구에 의해 이름이 정해졌는지 또 언제부터 그렇게 불렸는지도 모르는 이어도!

이어도는 설화, 민요, 전설, 신화 등으로 제주도에 전해지며 그 명칭이 하나가 아닌 것을 국립지리원의 발표에서 찾아볼 수 있는데 공식적으로 명명한 소코트라(Socotra) 암초 이외에 이어도, 이여도(離汝島), 이허도(離虛島), 여도 등이 있다.

조선시대 고종, 홍문관 교리 및 충청어사·경상순무사를 역임했던 석촌(石村) 이용호 (李容鎬) (1842~1905)가 제주에 유배를 왔다가 쓴 『청용만고(聽春漫稿)』는 '방아 찧는 소리처럼 생각 내키는 대로 얽은 시문'을 뜻하는데 제주도에는 원나라에 말(馬)을 바치는 역사가 있다고 소개했다. 원나라로 가기 위해 바다를 건널 때는 살아남는 사람이 거의 없다는 내용을 이야기하는 대목에서 이여도는 '너를 떠나보내는 섬'으로 뱃사람과 가족 간이 결별의 의미를 담고 있으며 이를 현존하는 가장 오래된 직접적인 기록으로 보고 있다.

1923년 『개벽』에 강봉옥이 "이허도(離虛島)는 제주도 사람의 전설에 잇는 섬(島)입니다."라고 했으며, 제주 민속박물관 진성기 관장이 채록하기를 이어도는 사람들에게 맷돌노래와 함께 자세히 알려져 있다. 조천면 조천리에 '장귀동산 일뢰한집' 박수인 정주병씨의 고동지와 여돗할망의 본풀이에도 '여도'가 등장한다고 전한다.(제주에서는 육지 가까운 곳에 있는 암초를 '여'라고 부른다고 한다.)

지명위원회에서 이어도가 섬이 아닌 '여'로 등장한 것은 1900년 영국 상선 소코트라 (Socotra)호가 암초에 걸려 좌초한 해상사고 이후 선박의 이름을 따서 '소코트라(Socotra) 암초라 한 것이 시초가 되었다. 이어도가 환상의 섬이 아니고 암초라는 것이 국제사회에 알려지면서 대한민국 지명위원회에서는 이어도를 파랑도(波浪島)라 명명하고 한국정부와 함께 민간단체에서도 협업하여 탐사를 하고 있다. 결국 이어도와 파랑도 그리고 소코트라암초는 같은 것으로 볼 수 있겠다.

우리나라에서 이어도는 문헌화 이전 즉 고대사회에 만들어진 구전문학에도 작품이 전해진다. 송상일은 고래(古來)의 전설이라는 것은 후대에 갈수록 허구성이 높아지고 세련되며 정연한 스토리 체계를 갖추는 경향이 있다고 말하는데 이를 바꿔 말하면, 전설의 기원을 더듬어 올라가 전설의 원형에 가까워지면 그 스토리체계는 오히려 빈약하고 조야한 형태가 되는 경향이 농후해진다는 것이다. 이러한 전설의 속성을 염두에 둘 때 이어도의 기원 또는 원형이 바다 속 암초라고 해도 놀랄만한 일은 아니라는 것이다. 이어도에 대한 전설에는 이어도의 모양새에 대해서는 거의 말하지 않고 있다. 그는 이어도의 특징을 통해 이어도를 '여'(嶼)의 모양새에 빗대어 설명한다.

> '여'는 숨음과 드러남, 존재와 무의 역설적인, 그러나 실재하는 섬이다.

이에 인터넷 과학신문 『사이언스타임즈』의 이성규 편집위원은 이어도 유래를 다음과 같이 설명한다.

> 하지만 사실 알고 보면 이어도란 이름 자체에 이미 물속의 암초라는 명확한 의미가 숨어있다. 이어도는 우리말인 '여섬'에서 비롯되었는데, '여'가 길게 발음되고 섬은 한자어 '도'로 바뀌면서 이어도가 된 것이다.
> 여섬의 '여'는 순수한 우리말로서 '물속에 숨어 있는 바위'를 일컫는다. 여에는 '속 여'와 '잠길 여'가 있는데, 속 여란 썰물 때에도 드러나지 않는 여를 의미하고 잠길 여는 썰물 때 드러나는 여를 의미한다. 따라서 이어도는 '속 여'였던 것이다. 그렇게 찾아도 찾을 수 없고 찾아가면 돌아올 수 없었던 이어도가 물속의 암초였음을 우리 선조들은 이미 알고 있었던 셈이다.

(2) 제주에서 바라 본 이어도의 허구론과 실재론

이어도의 실재 여부는 치열한 논쟁거리다. 상상속의 이어도를 주장하는 허구론과 실재 있다고 주장하는 실재론으로 구별할 수 있는

데, 허구론을 주장하는 사람들의 주장은 "저승과 대등한 사후의 나라로 동해의 이상향으로 간다는 신앙" 속에 전해 내려오는 섬으로, '제주 사람의 가슴 속에 존재'할 뿐 "아직까지 그 실체가 확인이 되지 않은 전설 속의 섬"으로 본다. 동인문학상을 수상하고 『서편제』의 원작자인 소설가 이청준은 1974년에 소설 『이어도』를 발표했는데,

> 긴긴 세월 동안 섬은 늘 거기에 있어왔다.
> 그러나 섬을 본 사람은 아무도 없다.
> 섬을 본 사람은 모두 섬으로 가 버렸기 때문이다.
> 아무도 다시 섬을 떠나 돌아온 사람이 없기 때문이다.

라고 했듯이 "섬을 본 사람은 모두 섬으로 가 버렸"다는 모순어법이나 저승에서 가 볼 수 있는 유토피아로 보고 있다.

이청준은 이어도와 파랑도 두 개의 명칭을 다 쓰는데 이어도는, 오랜 세월 제주도 사람들의 입에서 입으로 전해 내려온 전설의 섬으로 아무도 본 사람은 없었지만, 제주도 사람들의 상상의 눈에서는 언제나 선명한 모습을 드러내고 있는 수수께끼의 섬으로 보고 있다. 파랑도는 제주 어부들 사이에 소문으로 전해져 온 또 하나의 섬으로 "망망대해 어느 물길 한 굽이에 잿빛 파도를 깨고 솟아오른 파랑도의 모습을 보았다"고 어부들이 말한다는 것이다. 특히 파랑도에 대한 "소문의 근원이 따져지기 시작"하면서 "사람들은 그것이 혹시 썰물 때만 잠깐 모습을 드러냈다가 밀물 때가 되면 다시 수면 아래로 가라앉는 거대한 산호초 더미"라는 구체적 언급까지 하고 있다. 이청준은 이어도와 파랑도를 비교적 상세하게 설명하면서, "이어도의 전설은 아마 파랑도의 실재에서 비롯된 제주도 사람들의 구전에 의한 또 다른 전설의 하나일 것"이라고 추측했다.

또 다른 허구론자인 김영돈은 이어도 설화의 동기에 착목한다.

실증적으로는 무슨 상관도 있을 수 없지만, 이 둘(이어도와 파랑
도-인용자) 사이에 연관이 있는 듯 여겨짐은 앞에서 보았듯이 둘 사
이의 속성이 일부 비슷한 점 때문일 것이다. 또한 소위 '파랑도'주변
의 거친 파도로 도민들이 탄 배가 번번이 부서지고 목숨을 잃었다는
설화를 전승하는 가운데 그런 사실을 환기하게 되고, 제주도민의 민
간심의(民間心意)에 짙게 물들이게 함으로써 이여도 설화를 낳게 되
는 중요한 동기가 되었을 법하다고 하였는데 곧, 설화 속에서 죽은
자들이 가서 사는 이어도를 찾으려는 것이 아니기 때문이다. 전설
속의 섬 그 자체가 아니라 그런 전설을 낳게 한 '동기'를 부여했던
섬을 찾으려는 것이다.

이어도를 관념의 섬으로 여긴 적이 있는 송상일은, '이어도'는 상
상의 섬이 맞다. 그러나 '이어도'가 상상의 섬일 '뿐'이라고 한다면
그 말은 틀렸다. 상상력도 허공에는 집을 못 짓는다. 상상력도 발동
하려면 모종의 물질적 근거가 있어야 한다.

이는 상상의 동기가 되는 물질적 실체를 찾는 것이 이어도의 실재
를 밝히는 중요한 논거가 될 것이다. 이어도가 상상의 섬이라고 하
더라도 상상력을 발동시켰던 물질적 근거가 현실 세계 속에 존재할
것이다. 그것이 존재한다면 이어도는 비로소 실재한다고 할 수 있는
데,실재론을 주장한 제주대의 송성대는 이어도는 중국과 제주를 잇는
이른바 '이어도 항로' 상에 존재한다면서 이어도해양과학기지가 서
있는 '소코트라암초'가 망망대해의 랜드 마크로서 이어도 항로에서의

항해를 가늠하는 중요한 역할을 했다며 실재론을 강하게 주장했다.

　제주 해민들이 이름 지어 부르는 수많은 '여'가 있지만 이어도처럼 민요와 설화에서 구체적으로 위치를 지시한 예는 없기 때문에 이어도가 단순히 상상의 섬, 환상의 섬만은 아니라는 것이다. 이것은 이어도의 실재 주장이 '존재 강요'의 오류가 아니라는 것이다. 다시 강조하지만 종교든 신화든 대상없는 기원은 있을 수 없다.

　"이어도의 전설이 아마 파랑도의 실재에서 비롯됐을 가능성도 배제하지 않고 있다는 것이다. 아울러 이어도가 "아직까지 그 실체가 확인되지 않아 전설 속의 섬으로만 남게 되었다"고 언급한다. 여기서는 '아직까지'라는 뜻이기 때문에 그 실체가 확인될 수 있음을 암시하고 있다고 볼 수 있다.

(3) 설화적 접근을 통한 재해석

　이어도에 관한 자료는 거의 간접자료다. 고대 동중국해상의 항로 개척사 등에 관한 기록에 이어도 주변 상황이 기록되어 있다. 『조선왕조실록』, 『고려사』, 『탐라순력도』, 『일본서기』, 『원사』 등에 제주인들이 이어도 해역에서 해양활동을 한 기록된 것은 적지않았다. 예를 들면 『삼국지 위서동이전 한조』(三國志 魏書 東夷傳 韓條)에는, 마한 서쪽 바다에 섬이 있는데 주호국이라고 한다……배를 타고 다니면서 한나라에서 장사를 한다.

　제주인들이 동중국해의 이어도 해역을 넘나들며 해양활동을 활발히 했음과 항해술이 뛰어났다는 것을 알 수 있다. 또한 『원사』의 고려전(高麗傳) 과 탐라전(眈羅傳)에는, 원 6년 7월 …… 누군가 말하기를 탐라의 바닷길로 가면 남송과 일본에 쉽게 갈 수 있다고 하였다.

『원고려기사』(元高麗記事)의 탐라(眈羅)9년 3월에는, 남국에서 일본을 경유하여 온 탐라사람 세 명은 일본 태제부 등지에 배를 하선할 곳을 도본으로 그려왔다고 하며 이어도에 관한 간접적이지만 이어도의 위치를 잘 알고 있다는 것으로 보여지고 있다.

한편 1800년데 초기까지 제작된 국내의 제주도 지도와 문헌의 일부에 이어도의 다른 이름이라고 주장하는 여인국(女人國), 여도(女島), 제여도(滌女島), 유여도(遊女島) 등이 나타난다. 그 고지도들은 1700년대 초기 『제주지도』(濟州地圖), 『해동지도』(海東地圖), 『탐라지도』(眈羅地圖)등이 있다. 하지만 이어도에 관한 고문헌의 직접 사료가 없는 이유는 탐라, 조선시대 두 차례에 걸쳐 제주 섬의 문서기록소가 불에 타 없어졌기 때문이다.

구전으로 내려오는 자료를 채록하는 일은 역시 쉽지가 않으나 이어도연구회는 2011년 『제주도 전승 구비문학으로 본 이어도』라는 연구보고서를 통해 구전자료들을 체계화 한 적이 있다.

수집대상은 설화, 소리(민요), 신화, 속담 등으로 이어도를 직접 언급한 것은 '직접자료'로 이어도를 인지할만한 정황 증거로 삼을 자료는 '간접자료'로 분류하였다.

직접자료로 설화를 찾아보면 신화와 설화의 경계가 매우 모호하지만 일반인에 의해 구술되어 채록한 경우로 이어도에 대해 직접적인 언급이 있는 것만으로 한정하였다. 소리의 경우도 이어도 혹은 이여도 등의 명칭은 소리의 후렴구가 대부분이었으나 사설 가운데 매우 명료한 의미를 지니고 드러난 경우도 없지는 않았다. 단지 후렴구뿐 만이 아니라 본문에서도 이를 적시하거나 은유적인 표현을 한 것들을 중심으로 분류, 정리했다.

이어도에 대해 직접 기록한 중요한 역사적 기록으로『청용만고』(聽春漫稿)는 이용호(李容鎬 1842~1905)가 5년간 제주 유배생활 중 수집한 제주 관련 정보와 생활상, 한시(漢詩) 그리고 신변잡기들로 엮어진 문집이다. 이 책이 빛을 보게 된 것은 석촌 이용호의 증손 이태영이『청용만고』(聽春漫稿) 집필 100년을 기념해 1996년에 국역판으로 출판하게 되면서였다. 이용호는 흥선대원군 섭정 기간 때 발탁되어 정무에 임하다 갑오개혁 이후 명성황후의 집권으로 흥선대원군이 실각하면서 몰락의 길을 걷는데 이때 운양 김윤식 등과 함께 유배형을 받는다.

이용호는 고종 34년(1897년) 9년의 유배형을 받고 제주에 와서 1901년 이재수의 난으로 전남 완도군 신지도로 이배되기 전까지 학동들에게 경학을 가르치며 유배지의 다양한 풍물과 심정 및 다양한 경험담을 담은 저서를 남기게 된다.

이어도는 이여도(離汝島)로 표기되어 이 책의 서문에 해당되는 자서(自序)부분에 나온다. 1897년 음력 3월 5일 낯선 유배지인 제주에 온 지 며칠, 이웃집의 아낙들이 '방애'(방아의 제주방언형)를 찧으면서 여럿이 불러대는 방애노래가 상당히 이질적으로 들려 여러 사람에게 물었는데 객관을 지키던 관원이 답하길, "가족들이 원나라의 지배를 받던 시절, 공마진상을 나가는 아비를 배웅하면서 불렀던 노래였다."라는 답을 듣고는 그의 생각으로 "그 이여도가 어디인지 지금은 알 수 없으나 섬 토박이들이 이 일화를 전하면서 오래된 풍속으로 자리 잡았을 것"이라고 전했으며, "제주섬은 그 옛날 오랑캐 원(元) 나라에 목축한 마소를 바치는 영토였습니다. 그래서 그 역사(役事)를 위해 배를 만들어 대해를 횡단하는데, 아득히 넓은 바다를 건너다 종종 상어와 악어에게 잡아먹히어 돌아오는 사람이 열에 서넛밖에 되질 않았습니다. 그러니 집을 나설 때면 가족들은 '이여도(離汝島)로 떠나보낸다는 전송(餞送)의 노래를 부르곤 했습니다."

원나라로 말을 보내던 시절과 연루되어 있으니 적어도 1200년대 이전의 이어도 전설이라는 것을 추론할 수 있다.

구분	제목(수)	출 처	계
설화	이여도(離汝島)	- 이용호『청용만고(聽春漫稿)』(1890년대 추정)	7
	이여도(離虛島)	- 강봉옥, "濟州島의 民謠 五十首", 『開闢』(1923)	
	이허도	- 다카하시 토로우 "民謠에나타난濟州女性:이허도(離虛島) 전설『朝鮮』(1933)	
	이어도	- 진성기, 『신화와 전설』(1959)	
	이여도	- 현용준·김영돈, 『한국구비문학大系:북제주군편』(1980)	
	이여도	- 현용준·김영돈, 『한국구비문학大系:서귀포시남제주편』(1983)	
	이어도	- 고은, 『제주도:그 정체상의 발견』(1976)	
소리 (민요)	· 맷돌 가는 소리(42수) · 방아 찧는 소리(25수) · 해녀 노 젓는 소리(49수) · 망건 맺는 소리(9수) · 양태 짜는 소리(7수) · 탕건 잣는 소리(1수)	- 홍정표, 『제주도민요해설』(1963) - 김영돈, 『제주도민요연구(상)』(1965) - 현용준·김영돈, 『한국구비문학대계9-1:북제주군편』(1980) - 현용준·김영돈, 『한국구비문학대계9-2:제주시편』(1981) - 현용준·김영돈, 『한국구비문학대계9-3:서귀포시남제주군편』(1983) - MBC, 『한국민요대전:제주도 민요해설집』(1992) - 양영자, "제주민요 시집살이노래에 드러난 갈등양상과 현실인식," 『민요론집』제2호(1993년)	133
계			140

* 이어도 직접자료 목록(출처-이어도연구회)

설화적 기록으로는 일제 강점기 일본의 민족지학자(民族誌學者)인 다카하시 도오루는 1930년대 초에 제주에 직접 방문하여 자료조사를 실시하였다. 그는 이미 10여년 전 김모라는 제주도 사람이 민요 400여수를 채집해 중추원으로 보냈고 그것들의 일부가 『개벽』에 소개되었음을 알고 망설였으나 1933년 『조선(朝鮮)』1월호에 "民謠(민요)에 나타난 제주여성』을 발표했다. 다카하시 도오루는 제주 어느 노래에는 노래의 첫 부분과 끝부분에 '이여도야 이어도야(또는 이허도)라는 후렴이 붙어있다며 어떤 이는 離虛島라고 쓴다고 설명했다. 이는 제주와 중국의 중간쯤에 있어 가는 배이건 오는 배이건 최소한 이어도까지만 오면 재난을 면할 수 있었을 것이라고 했다. 그가 1912년 서귀포시에 있는 대정에서 채록한 설화다.

고려 충렬왕 3년 제주는 원나라의 지배를 받아 목관(牧官)이 내려와 통치하기 시작했는데 이 때부터 원나라 말기까지 제주는 해마다 원나라로 토산품을 보내지 않으면 안 되었다. 이 공물선(貢物船)은 북쪽 산동(山東)으로 가기 위해 섬의 서북쪽 모슬포에서 출항했다, 언제부터인지 모르지만 대정에 강(姜)씨라고 하는 선박 운송업자가 있어 이 공물선의 선주가 되었다.

그때마다 수척의 큰 배에다 공물을 가득 실어 황해를 가로질러 출항했다. 그런데 이들의 공물선은 끝내 돌아 온 적이 없었다. 그 무렵 항로 중간에 '이여도(離虛島)라고 하는 섬이 있다는 꿈같은 이야기가 섬사람들 사이에서 회자되었다.

구분	제목	출처	계
신화	고양부 탐라국사 세 시인과 벽랑국 세공주 개로욱서도 금백조와 아들들 보름웃도 남선비 동서해용왕(구 삼승할망) 동해용왕따님 삼승할망(용왕따님) 물의 신 궤네깃도 백중이 성주안산국 윤동지와 영등 용왕국 진궁아기 자청비 칠성	- 고대경, 『신(神)들의 고향(故鄕)』(1997)	17
소리	오돌또기(13수) 갈치낚는 소리(3수) 서우젯 소리(5수) 테우젓는 소리(1수) 염불소리(1수) 성주내는 소리(1수) 이어도놀래(5수)	- 홍정표, 『제주도민요해설』(1963) - 김영돈 『제주도민요연구(상)』(1965) - 현용준·김영돈, 『한국구비문학대계 9-3: 서귀포시 남제주군편』(1983) - MBC, 『한국민요대전: 제주민요해설집』(1992) - 한기흥, "조천민요의 특이성" 『민요론집』 제3호(1994)	29
속담	조류, 날씨, 해녀, 어업관련	- 고재환, 『제주속담사전』(2002)	45
계			91

* 이어도 간접자료 목록(출처-이어도연구회)

어느 해 강 씨는 자신이 스스로 공물선을 타고 그 섬을 향해 출발하였다. 그러나 그도 역시 끝내 돌아오지 않았다. 강 씨에게는 나이든 아내가 있었다. 그녀는 그리움을 달랠 길 없어 "아 이여도야 이여도야"로 시작하고 끝나는 노래를 만들어 불렀다. 하다못해 내 남편이 이여도까지 만이라도 도착했으면 하는 의미였다. 그 곡조는 매우 서글프고 애처로웠다. 비슷한 처지의 다른 부인네들도 그 노래를 듣고 모두 공감했기에 이 노래는 전도(全島)로 퍼지게 되었다.

두 번째로는 진성기가 조천리에서 채록한 고동지 설화다. 이 자료는 1958년 조천리 박수 정주병의 구술을 채록한 것이다.

옛날 조천리에는 고동지라는 사나이가 살고 있었는데, 어느 해에는 중국으로 국마진상을 가게 되었다. 그날따라 바람 한 점 없이 바다는 잔잔하여 고동지는 동료배들과 함께 말을 잔뜩 싣고 순풍에 돛을 달고 배는 조천포구수진개를 떠나게 되었다. 그런데 배가 수평선에 이르렀을 때 갑자기 폭풍이 불어 닥쳐 배가 나무조각처럼 흔들리며 표류하기 시작하였다. 몇날 며칠을 표류했던지 마침내 배는 한 섬에 표착하게 되었는데, 이 때 고동지는 동료들을 모두 잃고 자기만이 살아남았다는 것을 알게 되었으며, 표류하여 도착한 땅이 '이어도'라는 것도 알 수 있었다. '이어도'에는 큰 태풍 때 고기잡이 간 어부들이 수중 고혼이 되는 바람에 이른바 과부들만의 섬이었다.

과부들은 고동지가 표착하자 그에 대한 환영이 대단하였다. 과부들은 고동지에게 이 집에서도 묵도록 했고 저 집에서도 묵도록 했다. 고동지는 날이면 날마다, 밤이면 밤마다 이 여자에게서 저 여자에게로 전전하면서 애정을 나누었다. 그러던 어느 하루는 비가 와서 처마에서는 낙숫물이 뚝뚝 떨어지고 있었다. 아내를 만나고 싶은 생각이 불길같이 일어났다. 그 날 밤은 달이 반달이었으나 달이 유난히 밝았다. 고동지는 바닷가를 배회하면서 멀리 수평선 너머로 바라보며 아내의 이름을 열백 번도더 불러 보았다. 달 밝은 밤이면 더욱 고향이 그리워졌고, 고향이 그리워지면 바닷가를 찾는 고동지였다. 바다는 부드러운 가락으로 노래를 불렀다. 고동지도 파도의 가락에 따라 스스로를 달래며 구슬프게 노래를 불렀다.

이어도 (ㅎ)라 이어도(ㅎ)라
이어 이어 이어도(ㅎ)라
이어 말(ㅎ)만 나 눈물 난다
이어 말랑 말앙근 가라
강남을 갈거면 해남을 보라

이어도가 반이엥 해라

이 노래는 강남으로 가는 절반쯤 길에 '이어도'가 있으니, 나를 불러 달라는 애절한 내용의 노래였다. 이후 고동지는 뜻밖의 중국 상선을 만나 귀향하게 되었는데 한 여인이 고동지를 따라 제주로 들어왔다. 고향에서는 죽은 줄만 알았던 고동지가 살아 돌아오자 잔치가 벌어졌고 이들은 모두가 한 가족이 되어 단란한 가정을 이루었다. 그 때 고동지와 함께 왔던 여인을 마을사람들은 '여돗할망'(이어도의 할머니라는 뜻)으로 불렀는데. 세상을 떠난 후에는 마을 당신(堂神)으로 모시게 되었으니 지금 조천리 '장귀 동산당'이 바로 그 여돗할망을 모신 당이다.

세 번째로 김영돈·현용준이 1979년 동김녕리 김순여의 구술을 채록한 설화다.

> 옛날 어느 마을에 한 남편이 아내를 버려두고 무인도인 '이여도'로 가서 첩을 정하여 행복하게 살고 있었다. 남편을 잃어버린 아내는 늙은 시아버지를 모시고 살아가고 있었는데, 어느 날 시아버지에게 부탁을 하였다.
> "아버님, 배 한 척만 지어 주십서."
> "뭘 하겐?"
> "남편을 찾아 보쿠다."
> 시아버지는 며느리의 소원을 들어 선흘고지(조천읍 선흘리)로 가서 나무를 베어다가 배를 지어주었다.
> 어느 화창한 날을 택하여 며느리는 시아버지와 함께 남편이 살고 있는 이여도를 향하여 배를 띄웠다. 이여도로 가는 길은 멀고도 험난했다. 며느리가 노를 저으며 어서 "이여도"에 가자고, '이여도 사나 이여도 사나' 소리(노래)를 불렀다. 드디어 힘

겹게 이여도에 이르렀다, 남편은 새 아내와 함께 행복하게 잘 살고 있었다. 남편은 아버지와 본처가 귀향할 것을 설득하자 하는 수 없이 가족 모두가 고향으로 돌아가서 살기로 결정을 내렸다. 온 가족이 한 배에 타고 고향으로 향하고 있었는데 갑자기 풍파가 몰아치니 다 몰사 당하고 말았다. 그 후 그 고향 사람들은 풍파를 만나 몰사한 그 가족들을 불쌍하게 여겨 당제(堂祭)를 지내듯 늘 제사를 올렸다.

제주도민의 민요가락에 나타난 이어도는 어떤 것이 있을까?

제주 민요는 일찍이 제주도 생활상을 들여다보는 민속학의 도구로 인식되었다.

다카하시 도오루를 필두로, 1939년 잡지 『삼천리』(三千里) 8월호에 실린 김안서(金岸曙)의 "제 고장서 듣는 민요 정조(民謠 情調):김응인의 제주도의 멜로디," 시인이며 학자인 임화(林和)가 편저하고 이재욱이 해제한 민요를 묶어 1939년 학예사(學藝社)에서 펴낸 『조선 민요선(朝鮮民謠選)』등이 이어도와 관련 된 제주 소리를 다룬 저술들이다.

제주소리에서 제주도 주민들의 정체성, 그 중에서도 이어도와의 관계를 규명하려는 또 다른 연구들로는 『제주도의 민요』, 『우리고장 전래민요』, 『국문학론종(최동원 선생 회갑기념)』, 『제주도언어민속 논총』 등이 있다.

이어도를 대표하는, "강남(江南)을 가건 해남(海南)을 보라 이여도가 반이엔 해라"며 (강남 가는 해남 길로 보면 이어도가 절반이더라) 민요 가락을 부르고 있는데 이 노래에 나오는 '강남 바당'은 제주와 중국 사이, 구체적으로 제주-저우산 반도 사이 뱃길로 지금의 이어도해양과학기지가 있는 곳이다.

채록당시 이어도가 이상향이라는 것을 명확히 알고 있는 것은 아니었고 일부는 이어도에 대해서 구체적으로 인식하지 못하는 사람도 있었으나 해녀들은 비교적 이어도에 대하여 자세히 알고 있었으며 이어도에 대해 모르는 사람일지라도 이어도라는 말 자체를 매우 친숙하였다고 언급했다.

향토지 전문출판인으로 유명한 디딤돌출판사 박서동 사장은 1878년생인 할머니 이병화씨가 생전에 바다로 가서 돌아오지 않는 할아버지가 이어도에 살고 있을 것이라며 자주 한탄하는 것을 들으며 자랐다고 회고했다. 월정리 출신 외할머니도 "이어도 허라"라는 타령을 하면서 맷돌을 가는 외할머니에게 '이어도'가 무엇이냐고 물었을 때 "배타고 나간 네 외할아버지가 이어도에 살고 있을 거다"라는 이야기를 들었다고 회고했다.

또한 이어도를 봤다는 뱃사람들의 증언도 조금씩의 변형은 있지만 많이 존재한다. 공통적으로,

어부가 배를 타고 나가 폭우가 쏟아지는 바다에서 방향을 잃었는데 처음 보는 섬에 도착했다. 크기는 초등학교 운동장만하고 자갈과 바위 밖에 없는 작은 섬이었다. 섬 가운데 사당(또는 초가집)같은 것이 있어서 가 보았더니 밥상만이 있었다. 그 위에는 김이 모락모락 피어오르는 쌀밥(또는 보리밥)이 있으나 사람이 숨을 만한 곳도 없

는데 사람은 보이지 않아 섬뜩해져서 비바람을 무릅쓰고 섬을 떠났다고 한다. 여기에서의 공통점은 비바람이 치는 날씨라는 것이다.

이어도가 가장 많이 등장하는 제주소리는 노동요다. 물질하러 깊은 바다까지 힘겹게 노를 저어야 하는 해녀들의 노래에 나오는 이어도는 힘을 돋우기 위한 후렴의 역할이 많았는데 구슬픈 가락이지만 힘든 삶을 극복하려는 강한 의지를 담고 있다.

> 이엿사나 이여도사나 이엿사나 이여도사나
> 우리 배는 잘도 간다
> 솔솔 가는 건 소나무 배야 잘잘 가는 건 잡나무 배여
> 어서 가자 어서 어서 목적지에 들여 나가자
> 우리 인생 한번 죽어지면 다시 환생 못하느니
> 원의 아들 원자랑 마라 신의 아들 신자랑 마라
> 한 베개에 한잠을 자난 원도 신도 저은 데 없다
> 원수님은 외나무다리 길어 어이 외길인고!
> 원수님아 길 막지 마라 사랑 원수 난 아니노라

이는 '이어도 타령'(작자 미상)으로 바다에서 일하는 해녀들의 노동요다. 이어도타령의 사설은 직설적이고 역동적으로 4·5조 형식과 반복법은 드센 억양과 생동감을 불러일으킨다. "이엿사나 이여도사나"는 노를 저을 때 나오는 여음이다. 해녀노래뿐만이 아니라 타작노래, 꼴 베는 노래 등 거의 모든 제주 노동요의 후렴에 이어도가 들어있다. 맷돌노래, 방아노래에는 이어도가 후렴이 아닌 가사로 등장한다. 이처럼 이어도는 제주소리 속에서 제주 사람들에게 이상향이자 생활의 터전으로 항상 함께 해 왔던 것이다.

전해 내려오는 민요와 전설을 스스로 개작해 제주사람의 삶을 이어도와 결부시켜 작품화 한 최초의 소설은 1944년 해방 직전에 제주농업학교 교사로 재직하던 이시형이 일본어로 발표한 『이어도』라는 작품이다.

1960년 ≪자유문학≫에 발표된 정한숙의 소설 『IYEU島』는 같은 마을에 사는 세 명의 친구가 어릴 적 부모 몰래 배를 타고 나갔다가 이틀 만에 구사일생으로 돌아오는 경험담이 이들의 성장에 영향을 미치는 것으로 풀어낸 창작 소설이다. 이 소설의 공간적 배경은 해안가 '디딤바위'다. 이를 통해 작가는 이어도는 먼 곳에 있는 것이 아니라 디딤바위가 서 있는 바로 '이 곳'이라고 말하고 있다.

1974년 ≪문학과 지성≫ 가을호에 처음 발표된 이청준의 소설 『이어도』는 대한민국 정부 수로국에서 파랑도의 위치파악에 나섰다가 실패한 사건을 소재로 삼고 있다. 탐사에 동행한 제주출신 ≪남양일보≫의 천남석 기자가 바다에 실종되면서 이야기가 전개되고 결국 이어도로 갔다고 믿었던 천 기자가 파도에 쓸려 제주의 어느 해안에 다다른 것으로 끝을 맺고 있는데 이청준은 제주 사람들이 이상향을 추구하는 자체가 허구에 대한 동경에 불과하다며 현실 세계의 생활 근거지는 그것대로 소중하다는 것을 말하고 있다.

시인 고은(高銀)은 1970년대에 제주도에서 생활하면서 체험한 것들을 종합하여 『제주도』를 발표했다.

이어도

고은

아무도 이어도에 간 일이 없다
그러나 누구인가 갔다 한다
가서는 영영 돌아오지 않았다 한다
이어도 어디있나
물결 靑銅 골짜기
동남방으로 동남방으로
눈썹 불태우는 수평선뿐이다
이어도 어디 있나
濟州 漁夫 핏속에 사무친 섬
아무리 노 저어도
돛 올려 내달아도
濟州의 꿈 어디 있나
이어도 어디 있나
성산 해돋이 장님의 섬
파도야 파도야 너뿐이다
파도 온누리에 북을 울려라
흰구름 일어나거라
세찬 호니보름 오거라
여기 어디냐
여기 어디냐
올 대로 와 버린 바다 돌이킬 수 없다
두고 온 딸의 울음소리
파도 속에 박혀 있다
濟州 漁夫 몇천년 동안 이어도 어디 있나
그러나 저기 있다
저기 있다가 사라졌다
이어도 어디 있나
아무도 간 일이 없다
그러나 누군가가 갔다

가서 돌아오지 않을 뿐
저기 있다
저기 있다
아니다. 파도뿐이다. 숨 막히는 파도뿐이다.

이어도는 대중문화 속으로 성큼 들어왔다

1992년 가수 한영애의 3집 앨범에 수록된 '이어도'는 제주도민이 구사하는 소리의 뉘앙스와 맥을 같이한다 하겠다.

떠나가면 돌아오지 않는
섬으로 부는 바람은 배를 띄운다
이어도 하라 이어도 하라
이어 하면 눈물 난다
내 님은, 내 님은 남기고 떠난 내 님은 보이지 않네
이어도 하라 이어도 하라
이어 하면 눈물이 난다

이 외 정태춘 박은옥의 떠나가는 배-이어도는 제주 출신의 시인 양중해의 시로 한국전쟁으로 제주 섬에 피난 왔던 이들이 전쟁이 끝나가 고향을 찾아 떠나가는 아쉬움을 표현하기 위해 씌여졌는데 마치 이어도로 떠나가는 이들에 대한 아쉬움을 표현하고 있는 것으로 되어 있다.

떠나가는 배-이어도

저기 떠나 가는 배 거친 바다 외로이
겨울 비에 젖은 돛에 가득 찬바람을 안고서
언제 다시 오마는 허튼맹세도 없이

봄 날 꿈같이 따사로운 저 평화의 땅을 찾아
가는 배여 가는 배여 그 곳이 어드메뇨
강남길로 해남길로 바람에 돛을 맡겨
물결 너머로 어둠 속으로 저기 멀리 떠나가는 배
너를 두고 간다는 아픈 다짐도 없이
남기고 가져갈 것 없는 저 무욕의 땅을 찾아
가는 배여 가는 배여 언제 우리 다시 만날까
꾸밈없이 꾸밈없이 홀로 떠나가는 배
바람소리 파도소리 어둠에 젖어서 밀려올 뿐
바람소리 파도소리 어둠에 젖어서 밀려올 뿐

이 외에도 수없이 많은 작품이 전해왔고 현대에 이르러 시와 소설, 드라마와 대중가요, 영화등으로 한국인들의 의식에 깊은 영향을 미치고 있다. 그것은 이어도가 제주 사람의 삶이었기에 전승되고 있는 것이 아닐까나. 제주도민들은 이어도가 제주도의 부속 섬으로 인식하고 있기에 '이어도의 날'조례를 만들고자 수년 전부터 준비를 하고 있으나 제주 당국은 "조례의 취지와 내용에는 공감하지만 중국의 방공식별구역 조정 이후 진정 국면에 접어든 상황에서 이어도 조례가 새로운 갈등을 촉발할 경우 제주도에 대한 부정적 인식이나 평가가 있을 수 있다."며 최대 무역 상대자인 중국의 심기를 건드려서는 안 된다는 판단에 2013년도에도 허락받지 못했고 "향후 좀 더 국내외적으로 여건이 성숙된 후 이어도 조례를 제청하는 것이 우리의 道의 실익이 부합된다."며 2016년도 역시 당국의 허락을 받아내지 못하고 있다.

2) 중국

(1) 쑤엔자오라 불리는 이어도

중국은 고대부터 상업보다 농업을 우선시하는 중농경상(重農輕商)과 해양보다는 육지에 관심을 갖는 중륙경해(重陸輕海)로 해양진출에 대한 필요성이 크지 않았던 나라라는 것이 일반적이 평가이다. 그러기에 1901년 영국 군함 소코트라(Socotra)호가 수중 암초에 부딪치는 사건이 있을 때만 해도 이어도에 대한 관심은 부족했으리라 본다.

(2) 역사 속의 쑤엔자오를 찾아서

한국에서 이어도에 종합해양과학기지가 세워지고 한국이 배타적 경제수역을 선포하는 과정에서 중국은 예부터 이어도를 강소성(江蘇省) 외해(外海)의 암석, 해초(海礁)라는 의미에서 (蘇岩礁)쑤엔자오라고 명명했다고 하지만 이어도에 대한 최초의 인지는 1963년 약진호(躍進號) 침몰사건 이후겠다. 그러나 그에 대한 지속적인 관심은 없었던 것으로 보이나 중국 이름의 蘇岩(礁)은 Scotra의 음역인 '소격특랍(蘇格特拉)의 첫글자인 소(蘇)와 Rock(拉)의 의역인 岩의 결합에 불과하다고 한다. 중국은 아주주간(亞洲週刊)등의 매체를 시작으로 중국의 첫 해군이라고 할 수 있는 북양수사(北洋水師)의 해도에 이어도가 명확하게 표기되어있다고 하지만 그 해도를 아직까지 공개하지 않고 있다.

중국의 해군해양측회부대가 국무원의 지시와 해군의 명령에 의거하여 1992년 5월 15일 동해 쑤엔쟈오의 측량 임무를 완성, 중국 해양 측량과 해도 제작의 커다란 공백을 메워 동해 국가의 향양자원 개발과 이용에 가학적 근거를 제공했다는 기록으로 보아 중국의 쑤

옌자요라는 이름은 1992년에 붙여졌을 가능성이 큰 것으로 보인다.

2000년대에 들어 중국은 중화민족의 위대한 부흥을 내세우며 민족과 중화민족을 공개적으로 내세우며 이어도를 관할했다는 주장하며 과학기지 건설을 중국의 영토침략으로 보고 있다. 다음은 최우수 홍가로 선정된 홍가의 주요내용이다.

> 수엔쟈오(이어도)가 뻗어나간 화하(중화문명)
>
> …
>
> 댜오위다오(센카쿠 열도)에 동백이 가득 피었네
> 송이송이 아름다운 꽃들이 서사(서사군도)에 피고
>
> …
>
> 세차게 굽이쳐 흐르는 강물이 사해와 섞이는 것을 누가 막겠는가
> 멀긴 멀어도 까마득하진 않구나
> 중국해의 맥은 서로 연결되어 있으니

3) 일본

(1) 다카하시 도오루의 연구를 통해 본 이어도

다키하시 도오루는 일본의 민족지학자(民族志學者)다. 그가 자료조사를 실시할 때는 일제 강점기였기에 그에 대한 연구는 한국편인 p.136에 수록되었기에 생략한다.

(2) 파랑도

영국해군의 소코트라(Socotra)호가 이어도에서 접촉사고가 나 소

코트라(Socotra)암초가 된 이후 일본은 암초 위에서 하얀 물결을 일으키는 현상을 '波浪ス(하로우수)'라 명하였다. 이는 파랑을 일으키는 처소라는 뜻이다.

조선시대 최부의 『표해록』(漂海錄, 1448)과 이형상의 『남환박물』(南宦博物, 1704년) 등에 나오는 제주 서남쪽의'백해(白海)라는 지명은 바로 이 '하로우수'와 비슷한 뜻이다.

'하로우수'에 대한 정보를 알고 있었던 최남선은 1951년 처음으로 이어도에 '파랑도(波浪島)라는 이름을 붙였다.

결론: 설화를 통한 재해석으로 해양주권을 찾자

1. 이 분쟁은 계속 되어야 하는가?

이어도 분쟁은 영유권문제가 아닌 관할권 문제이다. 영유권이란 영토와 영해에서 국가가 행사하는 유일하고 독자적인 통치권한이고 관할권은 일반적으로 국가의 주권이나 관청의 권한이 미치는 범위를 뜻한다. 이어도는 배타적 경제수역이므로 영해에 비하면 제한적인 권한만을 행사할 수 있다. 이어도와 독도는 대한민국이 반드시 지켜야 될 해양영토이지만 그 둘은 성격이 다르다. 독도는 바다 위로 솟아난 땅이어서 영토로서 인정을 받지만 이어도는 수심4.6m에 있는 수중암초이기 때문에 영토는 아니다. 다만 이어도는 배타적 경제수역이 중첩되어 생긴 문제이기에 양국간 협의를 통해서 이를 잠재워야만 한다.

2. 국민적 이해관계를 높여야만 되는 이유

우리는 해양에 대한 인식이 그리 높지 않은 수준이었다. 특히 역사적으로 은둔의 조선을 펼쳐 온 정책 때문에 바다를 멀리하는 경향이 짙었다. 국가를 구성하는 세 가지 요소 중에는 국민, 영토, 주권이 있는데 영토는 주권이 미치는 육지와 섬을 말하고, 영해는 주권이 미치는 바다, 영토와 영해의 수직 상공을 영공이라 한다. 해양영토 역시 다르지 않다. 해양주권은 국민의 인식에서 출발한다. 각종 분쟁들은 경제 및 군사안보적 국익을 놓고 벌이는 해양주권과 해양국익을 둘러싼 쟁탈전이다. 그러기에 국민들에게 이 문제를 이해시키고 인식시키는 것이 중요한 과제로 볼 수 있는데,

해양면적은 지구 표면적의 약 71%에 해당된다. 해양은 무한한 가치를 가지고 있다. 해양은 생명의 근원이다. 지구 산소의 75%를 공급하고 이산화탄소의 50%를 흡수한다. 해양은 지구 기후를 조절하고 물을 순환시켜 생명체가 유지할 수 있게 해준다. 곧 생명의 근원이라고 할 수 있겠고 자원의 보고다. 막대한 광물자원과 무한대의 에너지자원을 보유하고 있다. 해양의 95%는 아직 미개발 상태이며 금속 매장량이 육지가 110년 어치에 불과한 반면 해양은 1만년 어치를 간직하고 있고, 앞으로 인류가 5,000년 동안 사용할 수 있는 에너지원을 가지고 있다. 또한 해양은 무역과 운송의 통로이다. 국제 교역의 78%가 바다를 통해 이루어지고 있으며 우리나라의 경우 99.8%가 해양을 통해 이루어진다. 해양은 다목적 공간이다. 세계 인구의 50%는 해안선으로부터 내륙으로 50km 이내의 공간에 거주하고 있다. 해양은 여가와 관광산업, 수상, 레저 공간과 크루즈 산업으로 바다 자체가 천혜의 관광 자원이 될 수 있다. 우리나라는 삼면이 바다

로 둘러싸여 있기에 해양의 권익을 얼마나 확보하고 있는가와 해양 주권을 확보, 강화할 것인가가 우리의 국익을 지키는 중요한 과제가 될 것이다.

3. 이어도를 통해 우리의 영토 확장은 가능한가!

설화는 과거 현실을 기반으로 한다. 각국의 설화를 통해 이어도를 보니 이어도가 대한민국, 제주에 부속되어 있다는 것은 자명한 사실이다. 과거는 현재를 연결하는 끈이다. 과거가 없이 현재는 있을 수 없기에 수중의 암초라고 해도 이어도는 우리 것이 되어야만 한다. 우리는 영토 지킬 의무를 갖고 있다. 영토의 경계는 명확하여 영토를 넓히는 일은 매우 어렵다. 그러나 해양영토는 조금 다르다. 해양영토는 영해의 범위만이 아니라 배타적 경제수역과 대륙붕까지 미친다. 종종 대항국간의 거리가 200해리가 되지 않아 경계확정에 어려움이 생긴다면 반드시 당사국 간의 외교적 협상을 거쳐야 한다. 소코트라(Socotra)암초라고 불리는 이어도도 아직도 외교적 협상을 마무리 못 한 상태로 있으니 외교협상의 여부에 따라 해양영토의 확장도 가능한 상황인데 우리는 주변 국가의 눈치를 보기에 급급하고 있다. 우리가 힘이 있다면 주변의 눈치를 볼 것인가. 우리는 우리의 영토를 지키는 육군, 영공을 지키는 공군과 영해를 지키는 해군에게 충분한 지원을 하고 있을까. 대한민국이라는 한 나라의 국력은 경제력과 국민의 의식수준 그리고 나라를 지키는 국방력으로도 알 수 있다. 우리국민은 이어도에 대해 얼마나 많은 인지를 하고 있으며 국방의 힘은 어느 정도인지 자문해본다. 이어도를 지키려면 해군력을 키워야한다. 국가의 힘이 막강해진다면 외교력도 강해져 막대한 자원의 보고를 우리의 것으로 만들 수 있지 않을까싶다.

　더 이상 주변국의 눈치 보지 않는 힘 있는 나라가 되어야만 자국민과 함께 영토, 영해, 영공을 지킬 수 있다. 설화는 근거가 있는 이야기이기에 이어도는 조상 때부터 줄곧 우리의 것이었다. 현시대를 살아가는 우리가 조상께 물려받은 것 중의 하나이기도 한 것들과 함께 강력한 주권까지도 후손에게 물려주었으면 하는 바람으로 글을 마친다.

참고문헌

강문규(2006) 『제주문화의 수수께끼』 제주: 도서출판 각

강석규(2010) "이어도 어장의 경제성 평가" 『이어도연구』 창간호(이어도연구회)

고충석(2016) 『이어도 깊이읽기』 파주: 인간사랑

김부찬(2015) 『국제해양법과 이어도문제』 온누리디앤피

나종훈(2013) "3번이나 고배 마신 '이어도 날'"12월 15일

이어도연구회(2011) 『이어도바로알기』서울: 도서출판 선인

이어도 연구회 『이어도, 그것이 알고 싶다』 인간사랑

장영주(2012) 『아기 상군 해녀』 책과 나무

양금희(2012) "양금희가 만난 진성기관장" 『제주신문』 6월 29일

주강현(2004) "바다에 살어리랏다-주강현의 관해기(32) 신화와 과학이 만나는
이어도 『서울신 문』 10월 25일자

진성기(1991) 『제주도 무가본풀이사전』서울 민속원

진성기(1992) 『제주도 전설』 재주 백록

서울산악회(1997) 『한국산악회 50년사』

현용준(2009) 『제주도 사람들의 삶』 서울 민속원

해양아동문화의 관점에서 바라본 제주 표류문학 재조명

장영주(한국해양아동문화연구소장)

1.

최근 들어 우리사회에서 해양아동문화란 용어가 사용되고 있는데, 아직은 낯설어한다. 즉 해양아동문학을 확대하여 아동문학, 미술, 사진, 컴퓨터, 애니메이션, 여행, 낭송, 구연, 연구 등 아동들을 위한 모든 문화 활동을 해양아동문화라는 개념으로 이해하면 된다.

해양아동문학은 아동들의 눈높이에 맞춰 재구성한 것이고, 덧붙여 구연동화, 동화구연, 콘텐츠, 음악, 여행, 음식 등 문화적인 요소를 반영하여 생성된 것을 해양아동문화라고 정의해 보았다. 분야에 따라 생소한 용어가 등장하면 어색해하고, 그에 대한 정의를 만들어야 하고, 사회적 합의를 이루는 과정이 필요한데, 해양아동문화 역시 이런 과정이 필요하다고 본다.

필자는 오랜 고민 끝에 해양문학과 대비되는 해양아동문학(김관식, 한국해양아동문학의 방향, 한글문학에서는 정확한 개념은 정립되어 있지 않으나 최남선의 '해에게서 소년에게'가 해양아동문학의 시초로 보기도 함)의 범위를 설정하여 논의했으며, 아동문학의 범위를 넓혀 아동문화란 개념을 적용해 보았다.

또한 해양아동문화의 관점에서 장한철의 『표해록』을 중심으로 아동(청소년)들의 눈높이에 맞춰 재창작한 『읽기 쉽게 쓴 장한철 표해록』을 발간하였다,

따라서 이 글에서는 제주도 해양문학의 현주소를 해부하여 제주

해양문학관 설립에 따른 제언을 되짚어 보고, 『읽기 쉽게 쓴 장한철 표해록』해석, 제주의 3대 표류문학(하멜 표류기, 최 부 표해록, 장한철 표해록)의 관계성을 다루고자 한다.

2.

한국해양아동문화연구소는 우리나라 최초 온라인 문화단체로, 2015년 12월 23일(창립일) 법인으로 보는 단체승인 통보서를 받아 2015년 12월 29일 법인으로 보는 단체의 국세청 의무이행자로 지정, 2016년 1월 18일 고유번호증(비영리 법인)을 받아 설립하였다.

한국해양아동문화연구소는 아동문학, 미술, 사진, 컴퓨터, 애니메이션, 여행, 낭송, 구연, 연구 등의 발전에 기여함을 목적으로 전국적인 회원을 가진 정식 정부에 등록된 비영리문화단체이다. 또한 이 연구소는 한국해양아동문화선집 발간, 한국해양아동문화 연구 등의 사업을 하며 바다, 강, 습지, 폭포, 수원지, 홍수, 항구, 바닷길, 표류, 표착 등에 관심을 가진 자로 구성되어 있다.

이 연구소의 창립 동기를 보면 2013년 8월 5일부터 8월 8일(3박 4일)까지 경상북도 울릉군청의 후원으로 실시한 '제43회 한국아동문학회 여름세미나 및 독도문학기행'에서 '어린이와 해양문학' 여름세미나 시 주제발표(우리나라의 해양문학과 해양아동문학에 대한 탐색, 김철수 발표)를 시발점으로 '우리나라 최남단 제주도 어린이(동화섬 동화구연대회 입상자, 이사장 장영주)와 함께하는 독도 맨발로 걷기' 행사는 '한국해양아동문학연구소' 창립 촉매제 역할을 하였다. 이후 한국해양아동문화에 대한 전국의 관심이 집중되어 뜻을 같이

하는 국내의 많은 회원들을 참여시켜 '한국해양아동문화연구소'를 창립하게 되었다.

이 연구소는 긍정적인 마인드(웬만한 일에 불평불만 하는 사람은 제외)를 가진 젊고 싱싱한(나이는 숫자에 불과하다), 비회비(프로그램에 참여시 희망자에 한해 참가비는 받을 수 있다), 비모임(모든 걸 온라인으로 공개), 비경조사 규정(좋은 일은 사진, 축하말로 밴드 게시), 입회 자유, 탈퇴 자유, 기관지는 무료 전자출판, 대표지(제주도), 사무실(서울)을 두고 있다. 또한 권역별 모임은 희망자에 한해 수시로 개최하고 있으며, 창립 기념행사 또한 권역별로 돌아가며 유치하고(모든 행사 경비는 후원을 받아 진행한다) 소년해양(신인)문학상 제도를 운영하고 있다.

현재 소장(대표) 장영주, 수석회장(중부권 회장) 김철수, 남부권 회장 양봉선, 수도권 회장 이복자, 제주권 회장 양순진 등으로 구성되어 있다. 그 외에도 교육학전공 박사, 아동문학전공 박사, 해양문학전공 박사, 해양관광전공 박사, 유아교육전공 박사, 스토리텔링전공 박사, 스토리텔링콘텐츠 박사, 해녀 전문가, 통일 전문가와 한국아동문학회 전회장, 한국도로교통방송 전국장, 색동어머니회 전회장, 전자출판 대한민국최고기록 보유자, 한국아동문학회 고문, 출판사 대표, 학원장, 언론인, 가수, 산악인, 서예가, 작곡가 등 다양한 분야의 전문가 130여명 회원이 전국에서 활동하고 있다.

3.

제주해양문학관 건립이 필요하다. 제주에도 문학관을 건립해야 한다는 취지에 동감하여 밑그림을 그려 놓고 있다. 그러나 제주는 해양 문학을 떠나 제주문학이 존재하기엔 스케줄이 뒤바뀌는 형편이다. 그 래서 제주도에는 해양문학관을 건립하여 해양문학의 발생지다운 면 모를 갖추어야 한다고 제안했고 강력하게 주장하고 있으나 지역에서 는 편향된 문화정책으로 해양문학이란 말조차 꺼내기 힘든 형편이다.

공식적으로는 제주문학관 건립 준비를 하고 있다. 그러나 제주문 학관 건립도 순조로운 것만은 아니다. 제주의 소리에 나온 제주문학 관 사업 지지부진 이유 알고 보니 (출처: 제주의 소리 2017년 10월 17일 화요일 11:17) 제주도가 '제주문학관' 건립을 추진하면서 법률 적으로 활용할 수 없는 옛 시청사 주차장을 사업 부지로 선정했다는 지적이다.

어떻든 표류문학의 대표격인 『표해록』의 저자인 장한철의 고향 애월읍 애월리의 생가를 복원하고 이를 표류나 해양과 관련된 문학 관 조성 범위를 좀 더 확장할 필요가 있다. 제주의 해양문화사를 종 합적으로 보여줄 수 있는 '제주표류박물관'으로 확대해야 하는 주장 이 제기되는 것과도 무관하지 않을 것이다.

지나간 이야기지만 제주국립박물관장이 당시 바다에 떠다니다 제 주 해변에 떠오르는 부산물을 박물관에 시대별·나라별로 구분하여 전시하는 방안을 연구하다가 허무맹랑한 계획이라는 핀잔을 들어 그 만 둔 예를 보더라도 해양에 대한 인식의 변화가 필요하다고 본다.

또한 최부의 『표해록』에 대한 전시회는 막대한 예산을 들여 국립 제주박물관에서 전시회를 가졌으나 제주 무형문화재 27호인 장한철 『표해록』의 가치를 인정하는 분위기가 부족한 편이다. 그 결과 제주 특별자치도 탐라교육원에서도 장한철 『표해록』은 교육적 활용도가 낮다는 이유에서 콘텐츠 제작 및 활용에도 관심을 두지 않는 등 지역의 중요한 문화자원을 인지하지 못하고 있다.

　제주바다는 주변 해역을 지나는 선박들에게 끊임없는 공포와 시련을 안겨주는 곳이다. 그러나 이런 불굴의 의지를 극복하면 제주의 해양문화를 어느 지역보다 특색 있고, 다양한 성격을 갖게 할 요인이 다분한데도 해양문화가 그리 발전되지 못하고 있음은 자각해야 할 것이다.

　따라서 필자는 오래전(2010년) 제주해양문학관 조성 정책 제안에 제주해양문학관은 한담(애월)에 건립하여야 한다고 제안하였다. 당시 이 사업의 목적을 보면 <제주는 사면이 바다이다. 예로부터 4면이 바다(섬)인 나라는 해양에 눈을 떴다. 대영제국이 그렇고 일본 또한 경제 강국의 면모도 해양에서 찾을 수 있다. 이런 측면에서 제주가 나아갈 길은 해양에 있음은 당연한 이치이다. 이에 해양문화의 근원을 찾아 뿌리 내리고 이를 관광 자원화하여 제주 도민의 윤택한 삶과 정신적 문화를 발전시키는 것이 우리시대의 사명이라 본다. 따라서 경제적·정신적 최고의 가치실현을 위한 행복 축구의 근원으로 『표해록』에 나타난 제주 도민의 해양정신을 이어 받은 저자(장한철, 애월읍 한담리 출신)의 출생지에 해양문학관을 설립하여 이를 핵으로 삼고 서쪽 하멜 표류지(사계)까지 해양문화벨트를 조성한 후 관광과 연계해야 한다.>고 하였다.

　제주섬은 바다를 떠나 그 존재 가치를 인정받을 수 없다. 그러기에 제주의 문화(예술, 생활)는 바다와 밀접하게 관련되어 있다. 제주의 민요, 설화(영등할망 등), 돌담(환해장성 등), 언어, 속담, 해녀, 민속, 문화재 등을 통해서 해양문화의 요소들을 발견할 수 있다.

제주섬은 해양을 관리하지 않으면 삶 자체가 무의미해 진다. 인간의 삶의 가치는 문화예술에서 태동하며 이는 문화란 종착역에서 재조명하는 작업이다. 무릇 문학관은 유명 작가의 고향에 짓는다는 정설이 있다. 이런 관점에서 접근한다면 제주해양문학관은 장한철의 고향 한담(애월리)에 조성되어야 한다는 당위성이 있다.

4.

아동(청소년)이 읽기 쉽게 쓴 표해록, 성인용과 무엇이 다른가?
이 연구에서는 정병욱(최초 번역서)의『표해록』과 장영주(아동용 번역서)의『읽기 쉽게 쓴 표해록』을 중심으로 핵심적인 부분만 비교하는 것으로 대신하고, 좀 더 진전된 내용은 차후 발표 기회를 마련하고자 한다.

먼저 정병욱이 쓴 장한철『표해록』번역본 서문을 보면 이 표해록은 문학작품(모험담과 연애담을 함께 지닌 전형적인 중세 문학작품으로서 가치를 인정할)의 가치와 역사문헌(해양지리지와 설화의 가치)의 가치가 있는 것으로 보았다.

> "이제 우리는 국문학사상에 하나의 새로운 별을 얻었다. 우리는 우리의 문학에 해양문학이라는 새로운 장르의 목록이 하나 더 늘었고 또는 우리의 문학사상에 전형적인 중세기 산문문학을 대표하는 로맨스가 있었다는 증거를 제시할 수 있게 되었다. 설상가상으로 다가온 재난을 겨우 모면하면서 기지와 재략과 인내로 그것을 극복하고 끝내는 그 재난을 이겨내는 주인공의 영웅적인 행동과 아름다운 여성과의 풍류기담은 진실로 한

국적인 로맨스의 백미됨에 부끄럼이 없을 것으로 생각한다."

이와 대비하여 장영주의 『읽기 쉽게 쓴 장한철의 표해록』 프롤로그를 보면 1770년 10월 장한철이 향시(조선시대에 각 도에서 유생들이 보는 시험)에 수석 합격하자 마을 사람들이 모두 한양(서울)에 가서 회시를 치르도록 권했다. 또 관에서는 여비를 지원해 주었다. 장한철은 그 전에 향시에 여러 번 합격했지만 한양은 1,000리(1리는 약 0.393킬로미터) 길이라 아주 멀고, 집안 형편도 어려웠으므로 과거시험을 보러 갈 엄두를 못 내고 있었다. 이에 장한철은 김서일과 같이 향시에 응시한 인연이 있어서

> "우리 멀리 떨어진 한양에 가서 구경도 하고 회시에 응시도 하면 어떻겠는가? 여러 사람들이 도와주어서 여행 경비가 부족하지 않을 터니 그대는 몇 개월 동안 단지 몸만 따라오면 되는 일이니 이런 좋은 기회를 놓치지 말고 나와 함께 떠나도록 하게나."
> 장한철의 권유에 김서일은 "북쪽에서 불어오는 바람이 점잖고 나를 좋아하는 이와 손잡고 한양으로 가는 길이 어찌 반갑지 않겠는가?"라고 응답하니 그때가 경인년(1770) 섣달이었다.

"장한철의 『표해록』은 폭풍을 만나 조난되었을 때 원본은 바닷물에 젖어 쓸모없게 되었으나, 다행히도 흔적을 더듬어 상세하게 사실적인 문체로 필사하였다. 장한철의 『표해록』에는 극한 상황에서 나타나는 인간의 다양한 감정들이 고스란히 담겨 있다. 이 책은 자신들의 희한한 경험과 고난을 빠짐없이 기록하였기에 해류, 풍습, 설화 등을 알 수 있는 귀중한 해양문학의 필사본으로 남아있다. 이 필사본을 근거로 하여 많은 연구가 이루어지고 있고, 번역본이 출간되면서 해양문학의 백미로 자리매김되어야 할 것으로 생각한다."

제주도는 사면이 바다여서 오랫동안 해상교류 활동을 통해 해상 왕국을 꿈꿔 왔으나 이를 역사적으로 확인할 수 있는 방법이 그리 많지 않다. 그런 점에서 장한철의 『표해록』은 단순히 표류로 끝날 뻔한 개인사를 여러 연구가들의 노력으로 상세히 기록함으로써 18세기 해양문명을 추적할 수 있는 지침서가 되었으며, 과거 제주도의 해양문화를 맛볼 수 있는 계기가 되었다.

현재 국립제주박물관(장한철 필사본)과 국립중앙도서관(심성재 필사본)에 소장된 필사본 2권이 전해온다.

다음은 정병욱 번역본 『표해록』과 장영주의 『읽기 쉽게 풀어쓴 표해록』 일부분을 비교하여 제시하면 다음과 같다.

1) 정병욱에서 1770년 12월 25일 출범

<수평선 너머로 아침 해가 빙긋이 솟아오르자 남풍이 잠깐 간들거린다. 본선 사공(이창성), 선부(유창도, 김순기, 김차걸, 고득성, 정보래, 유일춘, 이성빈, 김수기, 이복일), 상인(강방유, 김방완, 양윤화, 이도원, 박항원, 김복삼, 이득춘, 고복태, 양윤득, 이우성, 이춘삼, 이대방, 김필만, 김순태, 장원기), 육상(백사렴, 김칠백), 그리고 나 김서일 까지 스물아홉 사람이 한 배에 같이 탔다.>

<배를 매어 두었던 줄을 풀고 항구를 벗어나 바람 따라 북으로 치달으니, 그 속도가 나는 듯이 빠르다. 보이는 것이라곤 푸른 바다와 하늘 뿐, 배는 둥둥 반공에 떠 있고 멀리 아물거리는 한라산의 모습은 가없고 푸르고 넓은 바닷곳으로 차츰 사라져 간다. 돌연 날씨가 흐려지더니 비라도 한바탕 쏟아지는지 비 올 기색이 하늘을 덮었는데 배는 앞으로 나아가질 못하고 물결 따라 흐를 뿐 하늘은 높고 바다는 넓어 망망하여 끝이 없다. 멀리

점점이 보이는 섬들, 어떻게 보면 붓끝 같고 다시 보면 아물거리는 돛대처럼 보이는 것이 화탈섬들이 분명하다. 그래서 손으로 그 섬을 가리키면서 저 화탈섬엔 사람들이 사나, 살지 않아? 제주에서 여기까진 몇 리나 되나? 그리고 화탈섬에서 육지까진 또 몇리나 되는고?>(이하 줄임)

2) 장영주에서 1770년 12월 25일 바람이 조금 불었다

<나는 조천관(조선시대 관리들이 육지를 드나들 때 머물었던 곳으로 조천포구와 가까운 곳에 있음)에서 한양에 같이 갈 일행들과 함께 출항할 시간을 맞춰 놓았다. 눈을 떴다. 새벽이 된 듯이 하늘이 불그스름하게 보인다. 연북정이 보인다. 문화재청 홈페이지에 의하면 연북정의 창건 연대는 미상이며, 1590년(선조 23년)에 절제사 이 옥이 성을 동북쪽으로 쌓고 그 위에 정자를 세워 '쌍벽정'이라 불렀다. 1599년(선조 32년)에 목사 성윤문이 보수한 후 탐라로 유배 온 사람들이 한양에서 들려오는 기쁜 소식을 기다리면서 북쪽에 계시는 임금을 사모한다는 충정의 뜻에서 '연북정'으로 고쳤다. 제주도 유형문화재 제3호(1971년 8월)로 지정되었다. 현재 보수 공사한 연북정은 『탐라순력도』에 나오는 그림과 구조에 차이가 있다.>

<연북정을 보니 전설이 생각난다. 원래 연북정 터에 조천석(재앙을 막아 달라는 소원을 담은 돌)이 있었다 한다. 정자를 지은 후 얼마 안 되어 어떤 지관이 만세동산에 올라가 연북정을 가리키며 "이상하다. 저 정자 자리에 바위가 하나 있을 텐데."라며 조천석에 대한 말을 했다 한다. 이 조천석은 칠성의 마지막 별이 떨어져 굳어 돌이 되었다고 전해온다. 다른 이야기로는 진나라 '서 복'이 영주산을 찾아 처음 탐라에 도착한 곳이 조천포구이다. '서 복'이 떠날 때 해가 승천하는 것을 보고 큰 바위 위에 조천석이라고 새겨 놓았다고 한다.>

<배에 탈 사람들은 사공(뱃사람 중 우두머리) 이창성, 선부

(뱃사람) 유창도, 김순기, 김차걸, 고득성, 정보성, 유일춘, 이성빈, 김수기, 이복일, 상인(장사하는 제주도 사람) 강재유, 김재완, 양윤하, 이도원, 박항원, 김복삼, 이득춘, 고복태, 양윤득, 이우성, 이춘삼, 이대재, 김필재, 김순태, 장원기, 육상(장사하는 다른 지방사람) 백사렴, 김칠백, 향시 친구이며 회시를 같이 볼 김서일, 나 장한철 이렇게 모두 스물아홉 사람이다.>

<우리 일행은 배를 탔다. 배는 바람을 타고 북쪽으로 나는 듯이 나아갔다. 바닷물을 보니 하늘과 한 가지 색깔로 검푸르고, 배는 하늘에 떠 있는 듯했다. 돛이 높게 오르니 배가 북쪽 바다를 향해 미끄러지듯 나아가며 한라산이 점점 아득한 곳으로 사라져갔다.>

<겨울 찬바람이 잠깐 멎더니, 검은 구름이 하늘에 걸려 비가 내릴 기색이 역력했다. 바람이 멈추니 배가 앞으로 나아가지 못하고, 파도 따라 머뭇거렸다. 우리 일행들은 조천포구에서 한참을 떠나 온 지라 바다는 끝도 없이 망망해 보였다. 하늘도 괜스레 높게 보였다. 멀리 보이는 몇몇 섬이 붓끝처럼 보이기도 하고, 돛배처럼 보이기도 했다. 잠시 지나니 작은 관탈섬과 큰 관탈섬이 보였다. 내가 멀리 보이는 작은 섬을 손가락으로 가리키면서 물었다. "작은 관탈섬에는 사람이 살고 있소?" 사공 이창성은 아무 대답이 없다. "탐라와 거리는 몇 리나 되오?" "관탈섬에서 북쪽 육지까지는 몇 리나 되오?">(이하 줄임)

3) 정병욱에서 1월 11일(핵심 부분만 발췌)

<정재운이란 사람이 술을 가지고 위로하러 왔다. 호산도에 있을 때 표해일기를 초해서 이 짐 속에 넣어 두었는데 그것을 꺼내 보니 떨어져 달아나고 젖어 뭉개지고 해서 대부분 그 내용을 알아 볼 수 없다. 손님께서 꿈속에 그녀를 만났다는 이야기를 매월이가 전하였더니 그 말을 듣고는 마치 마음 속 애정을 느끼는 것 같아서…곧 허락하는 것과 같다. 산골짜기 밝은 달이

창을 비추고 있어 방안이 환하다. 그녀는 이불을 덮고 누워 있다가 안는다. 혹은 수줍어하며 교태를 보이기도 하고, 혹은 짐짓 노한 체하며 욕설을 한다. 다정스런 마음이 끓어올라 견딜 수 없다. 오늘 밤 잠자리의 즐거움도 하늘이 전생에 맞다 이룬 연분을 풀어 준 것이고 오늘 밤 다정하게 만날 기회를 마련해 주나 본다. 이제부터 제가 죽는 한이 있더라도 백년고락을 오직 낭자만 받들어 누리고 싶다. 저는 꼭 5년 기한으로 기다리고 있겠다. 낭자께서 만약 기한이 지나도 오시지 않으면 그때는 다른 집으로 시집가겠다. 손을 붙잡으며 서로 헤어지니 목이 메어 말을 할 수가 없다.>

4) 장영주에서 1월 11일 맑음(핵심부분만 발췌)

<정재운이란 사람이 술을 가지고 왔기에 서로 마주 앉아 말을 주고받았다. "탐라에도 글 읽는 선비가 있습니까?" 행낭을 열어보니 그 안에 있던 종이돈과 문서들이 물에 흠뻑 젖고 모두 진흙투성이 었다. 행낭 속에는 호산도에 있을 때 적어 둔 표해일기가 들어 있었다.>

5.

장한철 문학백일장을 치르면서 나타난 문제점을 보완한다는 측면에서 아동(청소년)용 표해록을 발간하게 되었으며, 특별히 제주특별자치도교육청의 지원을 받았다.

당시 언론에 나타난(출처: 제주인터넷뉴스) 보도를 보면, 제2회 장한철 선생 표해록 백일장이 지난 6월 15일 애월 농협 2층에서 성황리에 끝났다. 이 행사는 주관 주최를 애월읍(읍장 이용화)과 애월읍 주민자치위원회(위원장 김병수)가 하고 애월문학회(회장 장영주)가 후원하였다. 다소 궂은 날씨로 장한철 기적비가 있는 한담공원에서 행사를 치르지 못하고 애월농협 예식장과 세미나실에 나누어 실내 백일장을 시행한 과정상 약간의 문제점도 도출되었다…인터넷 검색이라든지 메모를 해 오는 경우를 통제하지 못하는 아쉬움이 있었다. 장한철 표해록은 어린이들이 읽기에는 약간의 무리가 따르고 있다 (한창훈 번역본은 나름대로 어린이 눈높이에 맞추어 쓰려 노력했음).

장한철 표해록 백일장을 2회를 치르면서 현실적으로 부딪힌 문제는 아동들이 읽을 만한 표해록이 부족하다는 것이다. 초등학생들이 읽는 책은 진부한 말이지만 교훈성과 교육성이라는 두 가지 목적의식을 가지고 쓴 책이어야 한다. 그러기에 성인문학과 약간의 대비되는 아동문학이란 장르(정식 문학장르는 아님)가 생겨나는 이유이기도 하다.

6.

제주 해양 3대 표류기(하멜, 최부 표해록, 장한철 표해록)를 보자. 이는 필자의 기준에 따른 분류이며, 정확한 선정 기준이 정해진 것은 아니다.

하멜 『표류기』

한국을 서방에 소개한 최초의 책으로 유명하며 유럽 각국어로 번역되었다.

1653년에는 제주도에 하멜을 비롯한 36명의 네덜란드 사람들이 표착했다. 조선 정부에서는 이들을 전라도로 보냈다. 그곳에서 하멜 일행은 힘겹게 살아야 했다. 그러다가 1666년 하멜이 동료 7명과 함께 일본으로 탈출하는데 성공했다. 13년간 조선에서 억류 생활을 한 하멜은 네덜란드로 돌아가 『하멜표류기』를 펴냈다. 그 내용 중 일부는 다음과 같다.

> <바람이 불어 배가 너무 흔들리기에 파손을 우려하여 정박을 시도했으나 혹심한 풍랑으로 뜻을 이루지 못하는 사이, 거대한 파도가 거듭 선창으로 밀려들어 드디어 스페르베르호는 난파되고 말았다. 64명의 선원 가운데 28명은 익사하고, 육지에 오른 생존자 36명은 서울로 호송되었다. 서울에서 2년 동안 억류 생활을 하다가 1656년 3월 전라도로 옮겨졌다. 그동안 14명이 죽고, 다시 1663년 생존자 22명은 여수·남원·순천으로 분산, 수용되었다. 이들은 잡역에 종사하면서 길고긴 고난의 억류 생활을 계속했다. 그러다 다행히 작은 배 한척을 마련해 먹을 것을 구하느라 부근의 섬들을 내왕하면서 조수·풍향 등을 잘 알게 되었다. 탈출 직전까지의 억류 생존자수는 모두 16명이었다. 탈출 비밀이 탄로 날까 두려워 전원이 탈출하지 못하고 8명만이 1666년(현종 7) 9월 4일 야음을 틈타 탈출에 성공, 일본의 나가사키를 경유해 1668년 7월 암스테르담에 귀환했다. 탈출에 가담하지 않았던 나머지 8명도 2년 후, 조선 정부의 인도적인 배려로 석방, 네덜란드로 돌아갔다.>

1980년 10월 12일 한국과 네덜란드 양국은 우호 증진을 위해 각각 1만 달러씩을 출연해 난파상륙 지점으로 추정되는 서귀포시 안덕면 사계리 산방산 해안 언덕에 높이 4m, 너비 6.6m의 하멜기념비를 세웠다. 하멜기념비는 2011년 1월 13일에 천연기념물 제526호로 지정되었다.

그러나 제주목사 이익태가 1696년(숙종 22)에 작성한 『지영록』에는 하멜 일행이 표착한 곳은 용머리해안이 아니라 대정읍 대야수포로 기록하고 있는데, 이는 지금 신도리해안(한경면 소재)에 해당되므로 제주 사회에서는 하멜 표착지를 놓고 이견을 보이고 있다.

최부 『표해록』

세계 3대 여행기로 꼽히며 성종 19년(1488)에 35세의 최부가 지어 왕에게 바친 책으로, 저작된 지 80여 년 뒤인 1569년에 외손자 유희춘에 의하여 간행되었고 1578년에도 간행되었다. 이 책은 1769년에 일본에서도 번역되었으며, 최근에는 영어와 중국어로도 번역되었다. 이 책의 내용 중 일부는 다음과 같다.

> <500여 년 전, 제주도에 파견된 전라도 나주 출신의 한 선비가 아버지의 부음을 듣는다. 장례를 치르기 위해 배를 마련하고 노 젓는 사람을 비롯해 일행 42명과 함께 고향을 향해 나서지만, 바다에 나갔을 때 뜻하지 않은 큰 태풍을 만난다. 거기다가 도적 떼까지 만나고 절체절명의 위기를 넘기며 간신히 닿은 낯선 중국대륙 고향에서 들려온 슬픈 소식을 감당할 여력도 없이, 서슬 퍼런 유교 종법제 아래 망자를 위한 예를 갖출 새도 없이, 중국이란 낯선 땅에서 살아남아야 한다는 절박한 상황에 처하게 된 것이다. 엎친 데 덮친 격으로 최부 일행은 왜구로 오인 받아 심한 고초를 당하기도 했다. 우여곡절 끝에 구사일생으로 귀향길에 올랐다. 장장 6개월 동안 중국 강남 지방 태주에서 북경을 거쳐 마침내 압록강을 건너 함경도 의주에 도착하게 된다.>

최부의 발자취를 따라가 보면 최부 일행은 윤1월 19일부터 22일까지 도저소에 머물러 심문을 받고 나서 비로소 왜구의 혐의를 벗었고, 이후 건도소와 영파·소흥을 거쳐 절강성의 성도인 항주로 이송되었다. 소흥에서 장강에 이르기까지 최부가 지나온 항주·소주·상주 일대는 중국에서 이른바 '강남'으로 불리는 지역이다. 경제와 문화가 가장 발달한 지역으로 그곳의 우월한 지위는 최부가 이곳을 지나갔던 15세기 명대는 물론 19세기의 청대 말기까지 이어진다. 우리나라 속담인 "친구 따라 강남 간다. 강남 갔던 제비"에서 '강남'은 바로 이곳을 가리키는 말이다.

장한철 『표해록』

해양문학의 백미로 원작『표해록』은 조난 때 잃어버렸고, 얼마 지나지 않아 기억을 더듬어 정확하고 상세하며 사실적인 문체로 다시 썼다 한다.

『탐라실기』의 기록을 보면 제주의 대정현감을 거쳐 강원도의 취곡현령을 지낸바 있으나 장한철의 몰년은 알 수가 없다. 특히 12월 28일에 유구열도 호산도에 표착한 일행은 정월 초이튿날 서남풍이 불 때 안남의 상선을 타고 일본으로 가는 도중 새벽에 한라산을 보았다 한다. 이 책 속에는 제주도 전설이 풍부하게 기록되어 있기 때문에 설화집의 가치도 지니고 있다. 즉 제주도의 삼성신화와 관련된 이야기(26일조), 백록담과 설문대할망의 전설(1월 5일조), 유구 태자에 관한 전설(26일 및 1월 5일조), 그리고 해외에 나가 있는 교포 이야기(1월 4일조) 등을 들 수 있다.

장한철(1744년 애월리 출생)이 1770년 제주 향시에서 수석으로 합격하였으며, 이후 서울 예조에서 치르는 회시에 응시하려고 그해 겨울 뱃길에 올랐다가 풍랑을 만나 표류하던 때의 일을 기록한 것이 『표해록』이다.

장시영(장한철 후손, 장응선 조카)의 증언에 따르면 『표해록』은 장한철의 직계 장한규(강원도 거주) 자손이 보관하다가 조카 장응선

(전 애월중학교 교장, 작고)에게 맡겨졌고 1959년 정병욱 교수가 제주도 학술조사를 하던 중 현용준(전 제주대학교 교수)의 안내로『표해록』을 접하면서 그 가치를 인정받았다. 장응선이 타개하고 장시영이 그 필사본을 국립제주박물관에 보관을 의뢰하였다(이에 따른 야화는 생략함).

장한철, 호가 녹담거사임은 이 작품 끝의 서명으로 알 수 있다. 그는 제주도로 처음 낙향한 장일취의 7세손이다. 젊어서 향시에 응시하여 몇 차례 합격하였다는 것은 이 작품의 서문에 나와 있다. 조선 영조 44년에는 산방산에 오른 일이 있었다. 영조 46년 12월 25일, 일행 29명을 태운 배가 육지에 거의 가까웠을 때 갑자기 태풍을 만나 지향 없이 표류하면서 갖은 고초와 사경을 넘고 4일만에야 겨우 유구열도의 어느 무인도에 표착하여 그곳에서 머물기 5일 만인 영조 47년 정월 초사흘에 안남의 상고선을 만나 구사일생으로 구원받았으나 다시 본도 상륙 직전에 태풍으로 선체와 함께 21명의 동행자를 잃고 8명만이 겨우 살아남기까지의 경과를 상세하게 기록한 일기가『표해록』이다.

이 책은 지방문화재(제주특별자치도유형문화재 제27호, 2008년 12월 2일 지정)로 지정되었으며 책의 규격은 14.4×14.5㎝ 크기의 한지 39장에 붓으로 기록되었다.

이 책과 관련하여 출판된 것은 김봉옥·김지홍 뒤침의『옛 제주인의 표해록』(전국문화원연합제주도지회, 2001 ; 일부 수록됨), 방현희의『표해록』(알마, 2009. ; 윤치부 역, 『주해 표히록』, 박이정, 1998. 참조하여 아동의 눈높이로 창작한 글), 한창훈의『제주선비의 구사일생 표류기』(한겨레아이들, 2008. ; 정병욱 역『표해록』, 범우사,

2002. 기본으로 하여 아동의 눈높이에 맞춰 글 다듬고 고치기를 한 작품), 장영주의 『읽기 쉽게 쓴 장한철의 표해록』(글사랑, 2014) 등이 있다.

7.

장한철 『표해록』과 최부 『표해록』의 공통점과 차이점은 무엇인가?

1) 주요내용

장한철의 『표해록』 주요 내용을 보면, <장한철이 1770년 향시에 합격하자, 1771년 전시에 응시할 수 있도록 마을 사람들과 관에서 여비를 지원해 주었다. 이에 장한철은 일행 29명과 함께 한양으로 가기 위하여 조천포구를 출항하였는데 도중에 큰 풍랑을 만나 표류하게 되고, 호산도와 청산도에 표착하는 등 6개월 동안 겪은 생생한 일기로 기록한 것이다.>

최부의 『표해록』 주요 내용을 보면, <최부는 1488년 추쇄경차관 (지금의 제주도지방검찰청장 정도)으로 임명되어 근무하던 중 그 해에 부친상을 당하였다. 이에 일행 43명과 같이 화북포구를 출항하여 고향 나주로 가던 도중에 서남해 바다에 표류하였다. 이후 중국 북경에 표착하여 6개월 간 경험한 내용을 기록한 것이다.>

2) 집필동기

장한철(인동 장 씨 입도 7세손)의 『표해록』은 개인이 집필하고,

그 후손(인동 장 씨 입도 14세손 장영주)이 재정리하여 새롭게 선보였다.

최부의 『표해록』은 왕명으로 집필하였고, 그 손자가 재정리하여 훌륭한 작품으로 재탄생되었다.

3) 두 작가의 신분

『표해록』을 집필할 당시 장한철은 과거시험에 몇 번 낙방한 평범한 섬 출신이다. 그에 비해 최부는 높은 관직에 있던 사람이다.

4) 작품의 사회적 위상

작품을 대하는 입장에서 두 작가의 차이점이 있다.

장한철의 『표해록』은 도지정문화재로 지정되었으나 지역에서 별관심을 받지 못하고 있다.

최부의 『표해록』은 제주와 중국 간 교류 측면에서 접근되고 있다. 제주-중국 간 '최부 표류사'를 기반으로 하여 해양교역의 활용 방안을 모색하는 등 행정의 지원이 뒤따르고 있다.

5) 연구자의 관심 폭의 차이

장한철의 『표해록』은 송창빈이 일본어로 번역하였고, 진선희, 김지홍, 장영주 등 지역의 연구자들이 연구 대상으로 삼고 있다. 애월읍에서는 2011년 장한철 생가 부근에 기적비(후손 충당금)를 건립하였다. 2014년에는 산책로 개설과 더불어 <장한철 생가 복원 추진위원회>가 구성되는 등 지역에서 위대한 문화유산 발굴에 노력하고 있다. 특히 2012년부터 '장한철 표해록 백일장'이 시행되고 있으며, 많은 사람들에게 장한철 『표해록』을 알리고, 탐험정신을 전파할 수 있는 '새로 쓰는 표해록'이 발간되었다.

최부의 『표해록』은 청전군금이 일본어로 번역하였으며, 미국, 일본, 중국 등 여러 나라 학자들의 지속적인 연구 대상이 되고 있다. 전남 나주시는 2008년에 최부가 표착한 중국 절강성에 사적비를 건립하였고, 2013년에는 <최부 선생 기념사업회>가 조직되어 '『표해록』 재조명 사업'을 추진하고 있다. 최부는 고향 나주의 귀중한 문화유산으로 거듭나는데 행정기관이 중추적인 역할을 담당하고 있다.

6) 출생지의 차이점

장한철(1744- ?)은 제주 출생이다. 안남 상선에 승선하여 "우리나라는 예의로 치자면 천하제일이오. 그러기에 우리는 반드시 서로 아끼고 존경하여 어질고 아름다운 풍속을 그들에게 보여야 하오."라며 자존심을 내세웠다. 청산도 등 표착 지역의 생활상과 풍향, 항로를 추정할 수 있는 기록을 남겨서 후대들이 해양 교역의 길을 열어 주었다. 특히 왜적들이 장한철의 옷을 벗기고 나뭇가지에 거꾸로 매달았지만 그의 꿋꿋한 성품은 흐트러지지 않았다. 그의 묘소는 강원도 어딘가에 있을 것이란 추정을 한다.

최부(1454-1504)는 나주 출생이다. 배가 표류 할 때 "한 배를 탔으면 비록 원수라 하더라도 한마음이 되어야 한다. 밀감과 술 한 방울도 천금과도 바꿀 수 없는 귀한 것이기에 잘 관리하여 사람들의 급한 갈증을 풀게 하라."며 서로를 격려해 주었다. 특히 해적들이 최부의 옷을 벗기고 손을 뒤로 묶어 거꾸로 매달았지만 꿋꿋한 의지를 굽히지 않았다. 그의 묘소는 나주시에 있다.

어떤가? 두 사람의 일생과 작품 내용이 거의 비슷하며 상이한 점
또한 있지 않는가?(출처: 장영주, 제주신문 칼럼)

8.

장한철의 『표해록』과 최부의 『표해록』 관련 아동해양문학 출판의
의미

장한철의 『표해록』과 최부의 『표해록』은 아동문학물이 아니다.
원래 아동문학이란 장르는 없다. 일반적으로 문학 장르라고 하면 시,
소설, 희곡, 시나리오, 수필, 평론 등을 일컬으며, 시나리오에 낭송문
학을 포함시키기도 한다. 이렇게 보면 아동문학은 거론되지 않는데
아동문학이란 장르가 있는 것처럼 보이는 이유는 유수의 중앙지에
서는 오래전부터 '아동문학'이라 하여 '동화' '동시'를 신춘문예에 포
함시켰기 때문이다.

유명 잡지에서도 '아동문학' 신인상은 빠지지 않는 장르로 자리매
김 되어 있다. 그러기에 아동문학이란 장르가 있는 것으로 알게 되
었는데, 성인 대상의 문학작품을 아동물로 개작하여 출판하는 현상
이 곳곳에서 일어나고 있다. 이런 분위기 탓에 출판사에서도 당연히
이와 같은 작품군을 아동물로 취급하는 것이다(출판계의 1/5이 아동
물이라 함).

최근에는 박경리의 소설 『토지』가 아동물로 세상에 나와 그 빛을

더하고 있다. 성인 대상 작품을 그대로 두지 않고, 대표 장르로 구분되지도 않은 아동문학으로 개작하여 세상에 얼굴을 내밀었을까? 그건 아동물이 갖는 잠재력과 시장성 때문이며, 출판시장은 이미 아동문학이란 장르를 인정하고 이는 셈이다.(장영주,『문학 100배 즐기기』, 제주문화예술재단, 2010).

따라서 한국 문학계의 현실을 고려하여 장한철의『표해록』과 최부의『표해록』을 아동문학물로 고쳐 쓴 방현희의『표해록』과 한창훈의『제주선비의 구사일생 표류기』비교가 구미에 당기는 이유이기도 하다.

출판사 서평을 참고하여 소개하면『제주 선비 구사일생 표류기』는 장한철의「표해록」을 어린이의 눈높이에 맞춰 쓴 책이라 하였다. 이 책은 망망대해에서 펼쳐지는 목숨을 건 모험과 해적과 전투가 흥미진진하게 펼쳐지는 한편, 죽음이 눈앞에 다가올 때 인간이 겪는 고통과 슬픔, 그 안에서 동료애, 이들을 구해준 마을사람들의 마음 씀씀이가 감동적으로 다가온다. 장한철은 지방에서 치르는 1차 과거시험인 향시에 수석 합격한 후 서울로 과거시험을 보러 떠난다. 장한철을 비롯한 29명이 서울로 떠나는 한 배에 오르게 된다. 출발할 때는 좋았던 날씨가 점점 나빠져 결국 폭풍우를 만나게 되고, 이들은 망망대해를 떠돌기 시작하는데….

이 작품은 지어낸 표류기가 아니라 25일 동안 바다에서 거대한 폭풍우와 싸우면서 살아 돌아온 기록으로 조선시대 뱃사람들의 삶과 생각이 절절히 담겨있다. 또한 이 작품은 표류 경로와 계절풍의 방향, 제주도 주변의 지리 등이 풍부하게 담겨 있어 문학성뿐만 아니라 역사서의 가치를 인정받고 있다고 전해준다.

교보문고 서평을 참고하여 최부의 『표해록』을 보면 최부 일행이 제주 앞바다에서 비바람을 만나 중국 강남 지방에 표류한 뒤, 조선으로 돌아와 정리한 보고서이자 중국 견문록이다. 『동방견문록』, 『입당법순례행기』와 더불어 세계 3대 중국여행기에 꼽히는 빼어난 기행문학으로, 우리 겨레가 드넓은 세계를 보고 남긴 소중한 역사 기록이기도 하다.

최부는 제주에 갔다가 이듬해 부친상을 당해 급히 고향으로 돌아오던 중 제주 앞바다에서 폭풍우를 만나 표류하게 되었다. 최부와 일행 42명은 14일 동안 갖은 고비를 넘기다가 중국 강남의 절강에 이르지만, 두 차례나 해적과 마주치고 왜구로 몰려 다시 죽을 고비를 넘긴다. 중국 벼슬아치들의 엄격한 심문을 거친 뒤에야 비로소 조선 사람임을 인정받아 북경으로 호송되는데….

9.

이상에서 살펴 본 봐와 같이 해양아동문화는 새로움에 도전하는 아동들의 기상을 표현한 모든 상황을 가정한 것이다.

우리나라는 삼면이 바다이다. 바다와 육지를 관통하는 황금비율적인 요소를 가진 반도국가이다. 그러기에 육지문학과 해양문학이 공존할 수 있는 최적의 환경을 가진 셈이다.

눈을 돌려 제주도를 보자. 아니 세계지도를 거꾸로 돌려놓아 제주도를 바라보자. 어떤가? 세계 해양의 중심지가 아닌가? 사면이 바다로 둘러싸여 있고 세계의 땅덩어리를 포용하는 그 기상, 그러기에 예로부터 제주도는 해양대국만이 가질 수 있는 천혜의 환경을 가지

고 있어서 탐을 내던 곳이다. 그렇지만 아직도 제주도에서는 해양문
학이란 아니 해양아동문화란 용어를 낯설어 하고, 쉽게 다가가지 않
으려는 인식이 있다고 본다.

눈을 돌려 세계를 바라보라. 세계 4대문명의 발상지는 모두 해양
(강)과 밀접히 관련되어 있었다. 왜 바다였을까? 지구의 70% 이상이
바다이다 보니 바다가 육지보다 넓고 무한정의 자원을 숨겨둔 보물
이며, 해양이라는 말 자체가 보배인 셈이다.

일찍부터 바닷길을 이용한 영토 확장에 공들인 나라들은 해양문
학과 해양문화에 대한 관심이 자연스러웠다고 본다. 그러면서 해양
아동문학으로 눈을 돌리게 되었고, 그 결과 '로빈슨 크루소, 15소년
표류기, 걸리버 여행기' 등 유명한 작품들이 쏟아져 나왔다. 우리나
라에서도 조선시대 작품인 심청전, 별주부전 등이 고전아동물에 속
한다.

제주도와 관련이 있는 해양물인『하멜표류기』, 최부『표해록』, 장
한철『표해록』등이 번역되고, 아동물로 창작되면서 해양문학과 해
양아동문화에 대한 관심이 높아지고 발전하기를 기대해 본다.

앞으로는 해양문학 이외에도 이어도 이야기가 해양아동문화의 한
축으로 자리 잡는데 지역사회와 작가들의 관심이 절대적으로 중요
하다고 본다.

현재 제주사회에서는 이어도의 가치를 알리고, 해양문화의 주 요
소로 자리매김하는데 노력하고 있으며 그 일환으로 '이어도의 날 선
포'(제주신문사에서 노력하고 있음)를 비롯한 조례 제정 노력 등 이
어도 관련 행사 등이 지속적으로 개최되고 있으며, 이와 같은 행사
와 연계하여 한국해양아동문화연구소가 제주(해양)문화의 위상을 정
립하는데 핵심적 역할을 할 수 있기를 기리며….

■■■ 제3부

해양역사

해양에서 본 근대 중국의 형성

조세현(부경대 사학과)

1. 들어가며[1]

동아시아의 근세가 해금의 시대였다면 근대는 기본적으로 해양(海洋)[2]에서 시작되었다. 이에 따라 근세와 근대에 걸쳐있는 청조의 해양에 대한 인식도 크게 달라졌다. 19세기 이전의 청조는 이른바 중국적 세계질서를 축으로 안정적인 국제관계를 유지하였다. 특히 명·청대에 시행된 해금정책에 의하여 동북아 지역 간의 해양교류는 억제되었고 그 결과 해적의 활동 등 일부문제를 제외하고는 해양 분쟁은 거의 발생하지 않았다. 포르투갈 스페인에서 네덜란드 영국 프랑스

---

[1] 이 글은 필자가 쓴 『천하의 바다에서 국가의 바다로』(일조각, 2015년)의 내용을 요약 정리한 것이다.

[2] 해양(海洋)은 해와 양을 합쳐 부른 용어로 해상무역이 발달한 송나라 이후에야 해는 육지를 낀 바다, 양은 해보다 너른 바다를 의미하였다. 그 후 고유 명사가 되었는데 양해(洋海)라고 쓴 경우도 있었다. 해는 Sea로, 양은 Ocean으로 표기하지만 정확하게 일치하지는 않는다.

등으로 이어지는 유럽의 해양제국들이 동아시아로 진출할 때, 중국은 선박의 엄격한 입출항 관리를 통해 해양무역을 통제하였다. 널리알려져 있다시피 청대의 대외관계는 화이질서(華夷秩序)와 해금(海禁)3)을 근간으로 삼았다. 물론 해금시기에도 바다를 통한 조공무역은 유지되었으며, 해금정책이 이완된 시기에는 민간 선박에 대한 무역관리와 관세징수를 위해 해관이 나름대로 운영되었다.

중국인의 해양인식이 근본적으로 바뀌게 된 계기가 서양 열강의 침략과 그 과정에서 일어난 두 차례 아편전쟁이라는 사실은 여전히 부정하기 어렵다. 19세기 중반은 서구열강의 동아시아 진출이 본격화된 시기로, 영국 프랑스를 필두로 제국주의 세력은 동남아를 넘어 동북아로 물밀듯이 밀려왔다. 이런 추세는 19세기 후반부터 서구열강이 동북아 지역에서 식민지 쟁탈을 벌이면서 더욱 격화되었다. 중국의 근대는 기본적으로 서구열강이 해양을 통해 전통적 해금체제를 붕괴시키는 것에서 시작되었다. 두 차례 아편전쟁에 따른 근대적 조약체제의 출현은 곧 해금체제의 해체를 의미하였다. 전통적으로 학계에서는 금해(禁海)에서 개해(開海)로의 정책 변화, 즉 개항이나 개국을 근대사의 출발로 삼아왔다. 근래에는 19세기 동아시아의 국제관계를 중국을 중심으로 하는 조공시스템과 구미를 중심으로 하는 조약시스템이 상호 대립 갈등하면서 전개되다가 조공시스템이 조약시스템에 포섭되는 과정으로 설명하기도 한다.

근대적인 국가관이 들어오면서 육지에서 국경과 영토에 대한 인식 전환이 일어났듯이, 바다에서도 해양의 경계와 영역에 대한 새로

---

3) 해금(海禁)이란 "바다로 나가 오랑캐와 교통하는 것을 금지하는 것(下海通番之禁)"으로 중국인이 해외에 나가 무역하는 것을 금지하거나 외국상선의 수출입무역을 제한하는 조치였다. 명나라의 해금정책은 몇 차례 변동은 있었지만 그 골간은 청나라 때까지 이어졌다.

운 인식이 나타났다. 물론 청조의 해양경계는 외해(外海), 내양(內洋) 등으로 불리며 존재했지만 현재와 같은 엄격한 의미의 영해관념은 아니었다. 전근대 시기에도 해양경계가 없었다고 말하기는 어렵지만 주로 어민들의 어장이나 연근해 방위상의 관할 등에 제한되었으며, 요즘과 같은 영유권 관념은 희박하였다. 하지만 청 말에 이르러서는 급격한 변화를 보였다. 여기에서는 서구적 해양관의 수용에 따라 중 국인의 바다에 대한 인식이 전통에서 근대로 전환하는 문제를 다루 고자 한다. 본문에서는 아편전쟁에서 청일전쟁(주로 양무운동 시기) 까지는 해양질서의 재편과정이자 중서절충적인 해양관련 개념이 형 성되는 과정이라면, 청일전쟁에서 신해혁명(주로 청말신정시기)까지 는 영해의 탄생처럼 서구적 해양관이 수용되는 과정이라고 분석하 였다.

2. 양무운동(洋務運動) 시기 중서절충적 해양관의 형성

1) 통상조약 체결과 근대 항운업의 흥기

19세기 영국이 추구한 자유무역은 육지든 바다든 국경으로 이루 어진 국가 간의 무역질서를 의미하였다. 해양제국을 건설한 영국은 전통국가에서 근대국가로의 전환을 강요하며 청을 바다로부터 압박 하여 해금체제를 무너뜨렸다. 해금의 해체를 상징하는 대표적인 변 화 가운데 하나는 바로 광동무역체제의 독점적 지위가 무너지고 여 러 개항장에 근대적 해관(海關)4)이 성립한 것이다. 그 후 해관은 총

---

4) 해관(海關)의 기원은 고대시기의 '관(關)'으로 연해가 아닌 내륙 변경의 출입구에서 왕래하는 행인과 물건을 검사하는 일에서 출발해 후에 징수를 담당하기 시작했다. 당 개원(開元) 2년(714) 광주항에 처음으로 시박사를 설치해 대외무역을 관리하였다. 송대 때 시박제도는 더욱 발전해 전문 관리로서 의 시박사(市舶使)가 전문기구로서의 시박사(市舶司)로 바뀌었다. 원명대에도 연해 항구도시에 시박

리아문(總理衙門) 소속의 행정기관으로 외국인 세무사의 관리 아래 대외무역이나 관세업무가 이루어지면서 징세의 범주를 넘어 청조 외교의 많은 부분을 관할하였다.

근대해관은 자본주의라는 새로운 시스템이 중국에 들어오는 데 중요한 기능을 했는데, 이 기구는 청조의 전통적 화이관념을 타파하고 양무외교에 영향을 미쳐 열강과의 대외관계의 기초를 마련하였다. 그리고 해관은 고유 업무의 하나로 해사관련 사무들도 있었는데, 선박비 징수, 항구 관리, 항해보조설비 관리(부장, 호선, 탑표, 망루), 등대, 인수, 항도 등이 그것이다. 중국 해관은 오랫동안 영국인의 통제 아래 있었기에 주요 업무는 대부분 영어로 썼다. 따라서 해관에서 사용하던 전문용어는 영어를 번역한 중국어가 많았다. 해관은 자본주의라는 새로운 시스템이 중국에 들어오는 데 중요한 기능을 했으며, 동시에 영국 및 열강의 대청관계 기초를 마련한 기관이었다.

19세기 이전에는 아시아교역망에 유럽인이 편입되었다는 표현이 맞을지 모르지만, 19세기 중반 이후에는 이전과 다른 형태인 전쟁으로 인한 개방과 불평등조약을 통해 개항장을 중심으로 무역이 전개되었다. 제1차 아편전쟁의 결과 맺어진 청영「남경조약」과「호문조약」, 청미「망하조약」, 청프「황포조약」등은 만국공법에 기초한 조약체제의 원형을 구성하여 해관, 해운, 해군 분야 등 여러 방면에서 새로운 해양질서를 만들기 위한 기본조건을 마련하였다. 이런 조약 항목들은 구미열강의 해양관련 국제법 및 국내법이 중국의 바다에 적용된 것이다. 다시 제2차 아편전쟁의 결과 청미, 청영, 청프 간에 동시에 맺어진「천진조약」및「북경조약」은 조약체제를 구체화하며

사제도가 있었다. 시박사는 비록 근대의 해관과 그대로 비교할 수는 없으나 해관의 기본성격, 즉 관세를 징수한다든지 선박을 검사하는 등의 임무를 수행하는 임무는 비슷하였다.

해양질서의 재편을 가져왔다.

통상조약에 나타난 해운관련 항목을 살펴보면, 청조는 바다에 익숙하지 않았던 까닭에 통상조약의 규정에 따라 많은 권리를 열강에 넘겨주었다. 다섯 항구를 개항하면서 대표적인 해양주권인 연해항행권과 연안무역권이 잇따라 서양열강의 수중에 들어갔다. 연해항행권은 제1차 아편전쟁 이후 맺어진 통상조약에 자연스레 반영되었고, 제2차 아편전쟁 후에는 장강을 비롯한 내하항행권으로 확대되었다. 연안무역권과 관련해 제1차 아편전쟁으로 맺어진 조약에서는 외국인이 중국연안에서 토화판운권(土貨販運權)을 향유하는 구체적인 내용이 없었다. 그런데 금지하는 조항이 없다면 허락하는 것으로 해석되었다. 제2차 아편전쟁을 거치면서 서양화물이든 중국화물이든 통상항구에 운송하는 것을 공식적으로 합법화시켰다. 해상운항과 관련해서 항로안내권, 즉 인수권(引水權)의 침범이 있었다. 아편전쟁 이전까지 중국연해의 인수원은 모두 중국인이었다. 하지만 제1차 아편전쟁 직후부터 열강은 중국인 인수원에 불만을 품고 청영「호문조약」, 청미「하문조약」, 청프「황포조약」 등을 통해 단계적으로 자신들이 인수원을 고용할 수 있도록 유리하게 바꾸었다. 제2차 아편전쟁으로 맺은「천진조약」에서는 이를 명문화했고, 별도로 해관총세무사 로버트 하트(R. Hart)에 의해「인수총장」이 만들어지면서 외국인 인수원이 중국의 개항장을 장악하였다.

다음으로 통상조약 가운데 해군관련 항목을 살펴보면, 바다건너 중국에 온 영국이나 미국 등 서양열강은 처음부터 해난구조문제에 무척 관심이 많았다. 따라서 제1차 아편전쟁 이후 맺어진 조약부터 해난구조 항목이 실렸으며, 제2차 아편전쟁을 통해 더욱 자세하게 규정하였다. 이로써 전통적인 표류민 송환제도는 종말을 맞이하였다. 해난구조와 맞물려 제2차 아편전쟁 이후 추가된 흥미로운 항목으로는 해도(海盜)체포가 있다. 특히 영국해군은 해도체포 활동에 적극적이어서 청조와의 협력아래 해도를 진압하였다. 조약에는 이런 군사 활동을 위해 영국군함에게 편의를 제공해 줄 것을 명시하였다. 해양조난에 따른 구호나 해도의 진압은 열강과 청국 간의 우호를 증진시키는 데 도움이 되었다. 열강이 자국군함을 중국항구에 정박할 수 있도록 한 것은 대표적인 해군관련 특권이었다. 군함은 본래 특수선박으로 어떤 국가의 영해에서도 치외법권이 있었다. 따라서 외국군함의 중국항구 정박은 정치적으로 무척 민감한 문제이다. 제1차 아편전쟁 이후 청영 「호문조약」에서 '관선(官船)'이란 모호한 표현으로 조심스레 반영되었다가, 청미 「하문조약」을 통해 군함의 대우문제를 좀 더 구체화하였다. 제2차 아편전쟁의 결과 맺어진 청영과 청미 「천진조약」에는 군함정박의 범위가 넓어진 것은 물론 정박목적도 자유로워졌다. 외국군함이 중국의 바다에서 자유 항해를 하고 항구에서 장기간 정박할 수 있는 등 거의 무제한의 권리를 행사하게 된 사실은 오랫동안 중국사회에 큰 영향을 미쳤다.

청말 통상조약의 체결로 개항이 이루어지자, 해양질서의 재편에 따라 전통적인 범선항운업이 쇠퇴하고 근대적인 윤선항운업이 흥기하는 현상이 나타났다. 전통 해양관의 근대적 전환 가운데 하나가 서양과의 해운경쟁에 따른 항해권의 자각일 것이다. 해운은 옛날에는 주로 바닷길을 통해 세곡을 수도에 옮기는 일을 말하지만, 근대 시기에는 그 범위가 크게 넓어져 여객과 물자를 운송하는 사업으로 확대되었다. 근대 해운업에 관한 기존 연구는 중국과 서양 열강의 해운경쟁, 외국해운회사의 중국으로의 침투, 윤선초상국(輪船招商局)과 같은 중국 항운업의 발전 등에 주목하였다. 이 시기 해운업은 중국과 외국 범선의 경쟁에서 범선과 윤선의 상호경쟁으로, 다시 중국과 외국 윤선의 경쟁 순으로 발전하였다. 보통 개항 후 대외무역이 증가하면서 외국 윤선이 출현했고, 이들이 해운업을 독점하면서 중국의 전통적인 범선무역이 쇠퇴했다는 것이 일반론이다. 그 과정에는 해도의 출몰과 진압이라는 과정이 있었다.

제1차 아편전쟁 때 영국해군에 의해 청조수사가 전멸 당하자 동남연해를 중심으로 해도들이 출현하였다. 대략 1840년부터 1860년까지 해도문제는 바다를 통한 국내외무역을 막는 최대의 장애물이었다. 이에 영국인 네덜란드인 포르투갈인 등 외국인들은 무장선박으로 호항(護航)행위를 했는데, 그들은 항구를 출입하는 상선과 어선 및 근해를 항해하는 선박들에게 보호비를 받았다. 당시 영국해군만이 무력으로 중국해상에서 자국의 통상이익을 보호할 수 있었다. 영국해군은 수십 년 간의 노력 끝에 해도 집단을 분쇄하여 모든 상선을 보호하는 임무를 수행하였다. 제2차 아편전쟁 후 새로운 조약이 맺어지면서 청조는 공식적으로 영국 등 열강과의 협력관계를 통해 해도를 소탕할 것을 공식화 하였다. 여기서 해도의 발흥이 중국연해의 범선해운에 큰 영향을 준 사실에 주목할 필요가 있다.

외국해운업의 진출과 관련해, 청대의 해양 정책이 금해과 개해를 반복하는 와중에 복건과 광동을 중심으로 중국인의 범선해운은 남양지역에서 나름대로 활발히 전개되었다. 마침 범선과 윤선이 교체하던 시기에 중국이 개방되었다. 1860년대 초까지도 외국 선박은 비전선(飛剪船, Clipper Ship)이라는 쾌속으로 가는 서양식 범선이 마지막 전성기를 구가하였다. 그런데 수에즈운하가 개통되면서 동서양 간에 국제무역에 급격한 변화가 일어났다. 외국항운세력의 중국 진출은 새로운 윤선의 출현으로 중국범선의 경쟁력을 압도하였다. 왜냐하면 윤선이 속도가 빠르고 안정적일 뿐만 아니라, 어떤 계절이나 바람에도 항해할 수 있어서 범선은 상대가 되지못했기 때문이다. 외국상인들은 대형윤선회사-기창(旗昌), 태고(太古), 이화(怡和) 등-들을 설립해 상해를 중심으로 중국연근해의 항구는 물론 장강 등 내하에서 항운사업을 전개하였다. 외국과의 경쟁에서 밀린 중국의 전통항운업은 대부분 파산했으며, 해운의 융성은 내륙운하망의 붕괴를 자극하였다.

중국해운업의 출발과 관련해보면, 청말 조량(租糧)은 대운하를 기반으로 한 하운 중심에서 연근해를 통한 해운 중심으로 변화하였다. 왜냐하면 각종 자연재해와 민중봉기 등으로 운하망이 붕괴되어 바다를 통한 조량이 더욱 효율적이었기 때문이다. 그런데 두 차례 아편전쟁의 결과 해상항행권이 침범당하자 중국의 강과 바다의 이익은 외국인의 손에 넘어가기 시작했다. 중국사선과 서양윤선이 조량해운은 물론 두석(豆石)과 소금운송 등을 놓고 치열한 경쟁을 벌였다. 이 무렵 이홍장(李鴻章)을 비롯한 양무관료는 서양과 경쟁하기 위해 조량해운의 독점권을 기반으로 대표적인 양무기업 가운데 하나인 윤선초상국을 설립하였다. 윤선초상국이 조량해운을 위해 만들어진 것은 아니었지만, 조량해운은 초상국이 창립하게 된 주요 원인이자 존립할 수 있는 경제적 배경이었다. 윤선초상국의 성공은 외국윤선업의 독점체제를 무너뜨리고 경쟁체제로 변화시켰으며 근대적 중국해운업을 촉진시켰다.

2) 『만국공법(萬國公法)』의 수용과 근대 동북아 해양분쟁

동아시아의 국제관계를 설명할 때, 흔히 전통시대에서 근대시기로 넘어오는 것을 '책봉조공 체제에서 만국공법 체제로의 전환'이라고 표현한다. 동아시아 사회에서 수천 년에 걸쳐 고도의 연속성을 향유하던 책봉조공 체제가 19세기에 들어와 이른바 서양의 충격을 통해 근대 유럽 국제법질서로 대체된 것은 중대한 의의를 지니는 사건이었다. 여기서 '만국공법(萬國公法)'은 좁은 의미에서 책 제목이기도 하고, 넓은 의미에서 국제법의 또 다른 명칭이기도 하다. 미국인 국제법 학자 헨리 휘튼(Henry Wheaton, 중국명 惠頓)이 쓰고 미국인 선교사 윌리엄 마틴(W. A. P. Martin, 중국명 丁韙良)이 번역한 『만국공법』이란 책은 서양의 근대질서를 상징하는 대표적인 국제법 서적이었다.

『만국공법』은 1864년(同治원년) 경사동문관에서 처음에 300부가 인쇄되었는데 지방관의 수요에 크게 부족하였다. 후에 『만국공법』은 재발행할 것을 요청하는 공문이 있는 것으로 보아 이 책은 총리아문에서 더 인쇄되었을 가능성도 없지 않다. 『만국공법』은 출간된 다음 해 일본에도 전래되어 대단한 인기를 끌어 후쿠자와 유키치(福澤諭吉)의 『서양사정(西洋事情)』과 더불어 막부 말기의 양대 베스트셀러가 되었다. 비록 『만국공법』의 출판이 일본처럼 국가적인 차원에서 관심 대상이 된 것은 아니었으나, 이 번역서는 동아시아에서 첫 번째 국제법 서적이 되었다.

청말 국제법의 수용과정은 크게 두 단계로 나눌 수 있다. 1단계는 1864년부터 19세기 말까지로 『만국공법』의 번역으로 상징되며, 2단계는 20세기 초부터 청조가 멸망할 때까지로 재일 중국유학생이 일본의 국제법을 번역해 소개한 일이다. 광서 원년 이후 청조는 서양 국제법 저작을 16부 이상 번역했는데, 그 이전인 동치시기(1862~1874)에는 『만국공법』 한 부만이 있었기에 그 의미는 각별하다. 이 책이 1864년에 공식 출판되어 얼마나 큰 영향을 미쳤는지는 19세기 후반에 국제법을 보통 '공법' 혹은 '만국공법'이라고 부른 사실에서도 알 수 있다. 조약체결과 국제법 수용을 통해 중국에 근대적인 국가관념이 들어오면서 국경과 영토에 대한 인식 전환이 일어났는데, 해양에서도 해양 경계와 영역에 대한 새로운 인식체계가 나타났다.

17세기 이래 확립된 해양자유의 원칙은 전통 국제법의 대원칙으로 19세기 중엽에 만들어진 『만국공법』에도 이 원칙이 잘 반영되어 있다. 마틴이 번역한 『만국공법』에는 해양관련 내용이 풍부하다. 『만국공법』은 실제로 영해(領海)[5]와 공해(公海)에 대한 개념 규정에서 시작해 해도를 금지하고 해상의 범죄를 징벌하는 내용, 해상에서 나포하는 규칙, 군함을 만들고 해군을 육성하는 것 등 해양 관련 내용이 무척 많다. 당시 해양관련 주요 법률들을 충실히 담고 있어서 해양 국제법 서적이라고 해도 무리가 없다. 현대사회에서 패쇄적 해양인식이 고조되는 것과 달리 근대 자유해의 정신이 잘 반영되어 있다. 특히 해적이나 민간선박의 포획면허장과 같은 내용은 근대 서양의 특징을 잘 보여주며, 선점과 정복 관련 항목은 제국주의적 특색을 적나라하게 보여준다. 그 가운데 영해나 공해와 같은 개념이나 해양에서의 전쟁에 관한 섬세한 묘사는 중국인들에게 해권과 관련해 신선한 충격을 주었다. 『만국공법』은 그 자체가 서양의 근대국가가 바다를 어떻게 장악해 지배했는가를 잘 보여주며, 이 번역서는 중국인

---

5) 『만국공법(萬國公法)』 제4장 6절 「관연해근처지권(管沿海近處之權)」에는 "각국이 관할하는 바는 해면(海面) 및 해구(海口), 오(澳), 만(灣), 장기(長磯)로 둘러싸인 바다이다. 그 밖에 연해 각 처의 해안에서 10리(里) 떨어진 곳은 관례에 따라 또한 그 (국가의) 관할에 속한다. 대개 포탄이 미치는 데는 국권이 미친다. 무릇 이러한 곳은 그 나라 관할에 전부 속하고 다른 나라는 함께 공유하지 않는다." 라는 유명한 영해 관련 조항이 있다. 오늘날 국제법에서 영해(領每)를 "영해란 원래 영수(領水)라고도 부르는데, 한 국가가 해안과 접하는 해수의 연장지대로 해당국의 해만, 항만 및 해협수역 내의 일부분을 포괄한다. 연해국의 주권은 해안, 영해 밑의 땅과 자원 및 영해의 영공을 포함한다."고 정의한다.

들에게 해양관련 분쟁에 활용되면서 바다에 대한 새로운 인식과 각
성을 가지게 만든 중요한 계기로 작용하였다.

양무운동시기 만국공법이라 불리던 국제법은 초기 동북아 해양분
쟁과 밀접한 관련을 맺고 있었다. 청조가 만국공법체제에 편입할 때
제국주의의 주된 통로인 해양에 대해서 새로운 인식과 방어체제를
모색한 사실에 주목하였다. 청말 구미열강은 조난이나 난파선 문제
를 제기하거나 불법적으로 해양을 측량하면서 중국의 연해를 침범
하기 시작하였다. 청조는 갓 번역을 마친『만국공법』을 이용해 프로
이센-덴마크 간 대고구선박사건을 성공적으로 해결하면서 국제법의
유용성에 주목하였다.

대고구선박사건이란 프로이센이 천진 해구에서 덴마크 선박을 억
류한 사건이다. 1864년 초 프로이센의 수상 비스마르크(O. von
Bismarck)는 슐레스비히-홀슈타인 공국문제로 오스트리아와 연합해
덴마크와 전쟁 중이었다. 전쟁이 한창이던 그 해 봄 중국으로 발령
받은 신임 프로이센공사 레프스(G. von Rehfues)는 가젤(Gazelle) 군
함을 타고 천진 경유해서 북경으로 올 예정이었다. 그런데 대고구에
서 천진으로 가던 중 바다에 정박 중이던 덴마크 선박 3척을 발견하
고는 이들을 나포하였다. 이 일로 말미암아 청조는 프로이센과 외교
적인 마찰을 빚게 되었는데, 총리아문이『만국공법』의 설을 암묵적
으로 채용하여 사건을 효과적으로 해결하였다. 대고구선박사건은 국
제법이 해양분쟁의 해결에 처음 활용된 사례이다.

그리고 미국 남북전쟁 시기 발생한 알라바마호 사건의 소개를 통
해 국제법의 전파가 널리 이루어졌다. 미국의 남북전쟁 시기 영국에
서 건조한 알라바마호가 남군의 군함으로 전용되어 북군은 물론 전
세계를 대상으로 해적질을 하다가 북군군함에 의해 침몰당한 일이

있었다. 미국정부는 영국의 중립의무 위반을 주장하면서 손해배상을 청구하여 국제법정에서 이 문제가 다루어졌다. 알라바마호 사건은 미국과 영국 간에 벌어진 해양분쟁이라 중국과 직접적인 관련이 적었지만 19세기 국제법 역사상 매우 유명한 판례라 국제법 전파에 큰 영향을 미쳤다. 특히 알라바마호 사건은『만국공법』이 아니라 중국인들이 번역해 읽었던 또 다른 국제법 저서들,『공법편람(公法便覽)』[6]과『공법회통(公法會通)』[7]을 통해 이해하였다.

동치시기 청조는 만국공법을 이용해 자신의 이익을 옹호했지만 서양의 국제법 이론을 완전히 접수한 것은 아니었다. 총리아문은 실용적인 수준에서 만국공법을 당시의 대외교섭에 선택적으로 활용하였을 뿐이다. 이런 전통 관념과 외래이론과의 혼용은 외교사무 처리 과정 중 중국의 번속체제와 서양의 조약체제와의 충돌과 적용과정에서도 나타났다.

청의 책봉조공체제에서 처음으로 균열이 일어난 것은 유구와의 종속관계였다. 그 계기는 대만에서 발생한 이른바 '유구 표류민 사건'(대만사건)으로 유구어민의 조난사고에서 비롯되었다. 대만원주민의 유구인 살해를 명분으로 1874년 일본군은 해양을 통해 대만을 침공하여 목단사(牧丹社)를 비롯한 원주민 부족들을 공격하였다. 이

---

6) 알라바마호사건을 가장 먼저 언급한 국제법 역저는 1878년 동문관에서 출판한『공법편람(公法便覽)』이다. 이 책의 원저는 미국학자 울시(T. D. Woolsey)가 쓴『국제법 연구서설』로, 미국 뉴욕 태생인 저자는 철저한 기독교 국제법의 제창자였다. 당시 동문관 총교습이던 마틴이 그의 학생들과 함께 번역하였다. 울지는 책 중에 알라바마호사건에 대한 유래와 경과에 대해 자세히 기술하면서 이 사건을 국제교섭의 유명한 판례라고 소개하였다.

7) 1880년에 출판한『공법회통(公法會通)』역시 마틴과 학생들이 독일 법학자 블룬츨리(J. C. Bluntschli)의 저서『문명국가들의 근대 국제법』을 번역한 것이다. 블룬츨리는 당시 동아시아에 알려진 누구보다도 학문적 수준이 높은 법학자였다. 그런데 이 원서는 본래 1868년에 출판되었기 때문에 알라바마호 사건에 대한 내용이 없었다. 하지만 마틴 등이 프랑스어 판본을 가지고 중국어로 번역하는 과정에서 이 사건이 추가 삽입되었다. 글 중에서 몇 차례에 걸쳐 알라바마호 사건에 대해 언급하면서 국제법의 공정성을 선전하였다.

사건은 청조에 큰 충격을 주어 대규모의 해방논의가 이루어졌으며 결국 대만건성(臺灣建省)으로 나아갔다. 1875년 조선에서 일어난 강화도사건 역시 해양과 관련이 깊다. 일본군함 운요(雲揚)호가 중국으로 가는 해로를 측량한다는 명분으로 조선연해에 접근하다 조선 측과 무력충돌이 일어났다. 이 사건은 국제문제로 비화하여 청과 일본 간 종주국 담판으로 이어져 강화도조약이 맺어졌다. 해양분쟁에서 촉발된 유구와 조선의 종속관계 처리과정에서 총리아문과 이홍장 등은 전통적 방식과 근대적 방식을 선택적으로 활용해 위기를 벗어나려고 했다. 유구나 조선 역시 전통적 종속관계를 최대한 이용하면서 국제법상의 독립자주의 지위를 얻으려 노력하였다.

중국인들이 『만국공법』을 받아들인 후, 오래지 않아 이를 이상화된 국제법이나 국제질서라고 생각하는 경향이 있었다. 공법을 공리로 인식한 것이다. 대표적인 인물로는 이홍장을 들 수 있다. 그는 국제법에 대한 기본지식이 풍부했으며, 나름대로 전시해양법을 엄격히 준수하고 원칙을 견지해 해전의 확대를 막으려 했다. 하지만 당시 국제법들은 통일되어 있지 않아서 강자의 입장에 따라 자의적으로 해석될 여지가 많다는 사실을 간과했다.

3) 해군의 건설과 해전관련 국제법사건

서양의 중국 침략은 기본적으로 해군을 통해 시작되었다. 해방(海防)8)을 강화하기 위해서 청조 역시 해군을 건설하는 것이 필수였다.

---

8) 해방(海防, sea guard)이란 용어는 말 그대로 바다를 지켜 막는다는 의미로, 국가의 안전을 보호하기 위해 연해지역 내에서 이루어지는 일체의 군사조치를 가리킨다. 해방은 양방(洋防)이라고도 한다. 해방이라는 용어는 『송사(宋史)』와 『원사(元史)』에도 그 용례가 나타나지만 명대 중기 이후에 본격적으로 사용되었다. 이것은 16세기 왜구가 연해지역에 자주 출몰한 상황과 관련이 깊다.

근대 중국에서 해군은 단순한 무장집단이 아니라 과학과 기술이 집적한 군사기구로 그 구축 과정은 근대화를 촉진하는 역할을 담당하였다. 해군의 성립은 항해, 통신, 조선, 연료 개발, 항만 정비, 기관, 총포 제조 등과 관련한 근대과학과 산업기술의 발전을 전제하고 있다. 아울러 이런 기술에 숙달된 인원과 사회 전반에 걸친 과학기술의 발전이 뒷받침되어야 한다. 따라서 중국 해군 발전의 역사를 보면 어느 정도 중국 근대화의 과정을 이해할 수 있다.

근대 해군과 고대 수사의 주요 차이점 가운데 하나는 군함과 함포의 성격이 완전히 다르다는 것인데, 여기에는 함선의 연료, 동력, 무기, 공격방법 등이 포함된다. 고대의 구식 전선은 목재로 만들고 풍력과 인력으로 항해하며, 칼이나 활과 같은 개인 무기와 근거리용 화포로 무장하였다. 대표적인 공격방법은 적선과 충돌하는 것인데, 그런 까닭에 선수를 두터운 철로 무장하고 적선의 측면을 충격해 침몰시키곤 했다. 이와 달리 근대 해군은 증기기관을 동력으로 삼고, 대형 화포를 갖추어 작전방법과 전술이 고대 수사와 근본적으로 다르다. 해군은 근대공업의 산물이며, 근대공업의 축소판이다. 명실상부한 물 위의 공장인 것이다.

19세기는 해군이 전통에서 근대로 향하던 시대이자 동시에 해양쟁탈의 시대였다. 철선이 목선을 대체했고, 증기동력이 노와 풍력을 대체했으며, 터지는 폭탄이 텅 빈 포탄을 대신하였다. 특히 1860년대부터 해군은 철갑시대를 맞이하였다. 그런데 철갑선은 너무 육중하여 속도가 느렸는데, 상대적으로 속도가 빠르고 가벼운 군함인 순양함이 출현해 철갑선을 보호했다. 어뢰와 어뢰정의 출현은 기존의 해군전략에 대한 신념을 무너뜨리며 해전에 대한 성격을 근본적으로 바꾸었다. 이런 해군과 해전에서의 혁명적인 변화는 서양의 근대를 학습 중이던 중국에도 그대로 반영되었다.

　근대 중국의 전쟁은 아편전쟁부터 러일전쟁에 이르기까지 자주 해상에서 벌어졌다. 영국, 프랑스, 일본 등이 해상으로부터 청조를 위협하자 육방이 아닌 해방의 중요성이 꾸준히 강조됐으며 이는 해군의 강화로 나타났다. 이에 따라 해구를 방어하고 해적을 소탕하는 소극적 해방정책은 아편전쟁에 따른 개항과 더불어 점차 적극적인 해방정책으로 바뀌었다. 전통적인 수사가 근대적인 해군으로 바뀌는 것도 같은 맥락에서이다. 초기에 청조는 서양의 군함과 대포를 모방하여 만들거나 중국주재 외국인의 도움으로 거액을 들여 구매했지만, 해양 인식의 한계로 인해 기대했던 성과에 미치지 못하면서 청조의 위기를 가속화시켰다. 이를 만회하기 위해 직접 해외에서 신식 군함을 구매하거나 군함, 군항, 조선소를 건설하거나, 해군 인재를 육성하는 방향으로 나아갔다. 무엇보다 1874년 일본의 대만출병(혹은 목단사사건(牡丹社事件))으로 충격을 받은 청조는 '해방은 오늘날 결코 늦출 수 없는 정책'이라고 생각하고 근대적 해군의 건립을 결심하였다.

　전통적인 수사가 근대적인 해군으로 바뀌는 과정은 근대적 해양 관념의 형성과 밀접한 관련을 가진다. 청말 해군의 건설은 1860년대 초부터 외국함선을 구매하려고 시도하거나 조선소를 만들어 함선을 만들면서 시작하였다. 양무운동 시기 함선과 대포의 해외구매는 크게 세 단계로 나누어 볼 수 있다.

　첫 번째 시기는 태평천국운동의 위기에서 비롯되었는데, 1862년 청조는 신식함대를 만들어 단번에 반란군의 수군을 제압하려고 했다. 이를 위해 여덟 척의 영국군함과 선박을 수입해 소형해군을 만들려고 했는데, 영국인 책임자인 오스본(Captain S. Osborn)이 함대의 지휘권을 고집하며 청조와 갈등을 빚으면서 실패하였다. 이른바 레이-오스본함대(Anglo-Chinese Fleet) 사건은 청조가 처음 근대해군을 만들려던 시도로 그 실패는 해군 건립 계획에 차질을 가져왔다. 하지만 이런 경험을 통해 복주선정국(福州船政局)과 같은 조선소를 만들어 스스로 함선을 제조하는 길로 나아갔다.

두 번째 시기는 레이-오스본함대 사건 10여년 후에 발생한 1874년 대만사건의 충격과 제1차 해방논쟁의 결과에서 비롯되었다. 일본의 대만출병과 유구병탄은 청이 해군건설을 본격화하게 만든 계기였다. 당시 이홍장은 하트의 도움을 빌어 영국에서 문포선(蚊炮船)이라 불리는 함선을 네 척 구매했는데, 1876년 중국으로 인도되어 각각 용양 호위 비정 책전이라 명명되었다. 1878년 다시 하트를 통해 네 척의 문포선을 추가 구매했는데, 진동 진서 진남 진북이라고 불렀다. 하트의 중개로 구입한 여덟 척의 문포선은 전함으로서 부족한 점이 적지 않았다. 이 배들은 함포는 크되 함선이 적어서 먼 바다에서 작전을 펴기에는 역부족이었고 오히려 연안포대에서 사용하기에 적당했다.

세 번째 시기는 청프전쟁을 전후한 시기로 북양수사는 영국으로부터 초용(超勇)과 양위(揚威) 두 척의 순양함을 구매하였다. 곧이어 1880년 말과 1881년 여름 이홍장은 독일에 두 척의 철갑선 정원(定遠)과 진원(鎭遠)을 주문하였다. 이 철갑선들은 프랑스의 방해로 청프전쟁이 끝난 후에야 인도받았다. 1885년부터 1888년까지 북양수사는 두 척의 철갑선 말고도 제원 치원 정원 경원 내원 등 다섯 척의 순양함을 추가 구매하였다. 이 시기에 구매한 군함들은 비록 최고는 아니었지만 우수한 함선들로 대양에서의 작전이 가능해졌다. 1888년 북양해군이 정식 성립하면서 청의 함대는 근대적인 규모를 갖추었다.

　1874년의 대만사건, 1883∼1885년의 청프전쟁, 1894∼1895년의 청일전쟁 등 세 차례 전쟁은 근대 해군이 참가한 전쟁이었다. 대만 사건은 일본 해군의 일방적인 침공이었는데, 청조는 이에 전혀 대응 하지 못했고 그 충격으로 해군건설을 시작하게 되었다. 양무운동 시 기 군사 근대화의 목표 중 하나가 신식 해군의 건설이라는 사실은 널리 알려져 있다. 그 후 청프전쟁과 청일전쟁에는 대규모의 해전이 있었다. 청프 간의 마강해전(馬江海戰)은 프랑스 함대의 공격에 청의 복건수사가 일방적으로 패배한 전투였지만, 그래도 중국이 처음 경 험한 근대적 해전이었기에 그 의미는 각별하다. 특히 이 전쟁에선 해양 관련 국제법 사건이 많이 발생해 중국인의 해양인식이 좀 더 깊어지게 되었다. 10년 후 발발한 청일전쟁 중에는 당시로서 가장 큰 규모의 철갑선과 순양함이 동원되어 세계 해전사에 남은 황해해 전(黃海海戰)이 벌어졌다. 열강에 기대지 않고 독자적으로 벌인 이 해전에서도 국제법 분쟁이 있었다.

　두 전쟁 모두 해상분쟁에서 전쟁이 시작되었다는 공통점이 있다. 청프전쟁은 청이 국제법을 적극적으로 활용하여 전쟁의 위기를 벗 어나려했다. 따라서 해양관련 국제법 분쟁이 무척 다양한데 마강해 전, 대만봉쇄, 제3국의 중립문제 등이 대표적인 사건들이다. 마강해 전은 프랑스가 국제법을 무시한 불법적인 군사행동에서 기인한 것 으로 중국 근대해전의 서막을 열었다. 전쟁 중 프랑스 함대는 국제 법상의 "항구를 함부로 폐쇄하지 못하도록" 하는 전쟁규정을 위반하 고 무력으로 대만에 대한 항구봉쇄를 실행하였다. 이것은 청의 주권 이익뿐만 아니라 중국과 다른 나라와의 정상적인 왕래를 방해한 것 이다. 그밖에도 제3국의 중립문제와 관련해서는 석탄제공, 무기구매,

선박수리, 통신지원, 외국인 도선사의 협조 등과 같은 다양한 갈등이 있었다. 한편 대외선전, 교민보호, 각국에 대한 중립요구, 전쟁포로 처리문제 등에서도 대립이 있었다.

청프전쟁 후 복건수사가 몰락한 후에는 북양수사가 청조 최대의 해군으로 발전했는데, 그들의 가상 주적은 일본이었다. 10여년 후 일어난 청일전쟁에서도 해양관련 국제법 사건이 적지 않았다. 대표적인 것으로는 청일전쟁의 시작과 깊은 관계가 있는 고승호(高陞號) 사건이다. 당시 영국선적의 고승호가 청에 고용되어 조선으로 군대와 군용물자를 운반한 것에 대해, 일본 측은 이 선박이 목적지를 향해 항해하는 것을 막을 권리가 있다고 보았다. 영국선장은 일본함장의 명령을 받아들이려 했으나 청군은 배의 통제권을 빼앗고 항복을 거부하는 과정에서 충돌이 일어났다. 하지만 양국이 선전포고를 하지 않은 상황에서 중립국 선박을 침몰시킨 것은 국제법 위반이었다. 그리고 황해해전 이후 북양함대의 기지였던 여순에서의 포로 및 민간인 학살이나 위해해전에서의 민간인 학살 역시 해양관련 국제법 사건으로 볼 수 있다. 이 전쟁 중에도 제3국의 중립문제가 발생하였다. 결과적으로 청일전쟁의 패배는 양무운동의 상징인 북양함대의 몰락을 가져왔으며 주요 항구가 열강의 조차지(租借地)가 되었다.

청 해군건설의 시작을 알렸던 대만사건 당시에는 국제법에 대한 무지로 인해 잦은 실수를 하는 단계였다면, 청프해전에서는 국제법에 지나치게 의존하며 법 조항을 그대로 적용하면서 전쟁을 피하려다 실패하는 단계라고 볼 수 있다. 그 후 국제법에 막연히 의존하는 경향은 줄어들지만, 청일해전에서의 처참한 패배는 다시 한 번 "약소국에는 외교가 없다."는 냉정한 국제정세를 절감하는 계기가 되었다. 이처럼 북양함대의 건설로 겉으로는 근대해군의 모습을 갖추었지만 속으로는 중서절충적인 한계에서 벗어나질 못하였다. 대체로 중국이 『만국공법』을 수용할 초기에는 유교적 도덕을 매개로 자연법을 이해했으나, 19세기 말 본격적인 제국주의 시대에 들어가면서 국제법을 사회진화론적 약육강식, 적자생존, 우승열패의 차원에서 이해하기 시작했다.

3. 청말신정(清末新政) 시기 서구적 해양관의 수용

1) 영해의 탄생

전통적으로 영해와 유사한 용어로는 내양이 있었으나 그 의미에 차이가 있었고, 오히려 영해 개념에 비해 폭넓은 해강(海疆)9)이라는 통치영역에 좀 더 관심이 있었던 듯하다. 해강은 해역과 유사한 말이기도 하다. 명대 이후부터 해강이란 단어는 고유명사로 자리 잡았는데, 왜구(倭寇)10)의 침략이 잦아지면서 해강이란 단어가 굳어진 듯 보인다. 청대 국가문서에는 해강이란 용어가 비교적 풍부하게 나타나는데 "청대 도광(道光), 함풍(咸豊) 이래 해강에서 일이 많아서 청조는 이를 걱정하였다"라는 유명한 구절이 등장한다. 한 연구자에 따르면, "당시(청대) 해강이 가리키는 것은 여전히 주로 동남의 해방 구역으로, 동남 연해의 부현(府縣)으로 해구(海口) 연해반도(沿海半島)와 크고 작은 도서 등을 포괄한다. 해양 국토의 영해 관념은 청조 말

---

9) 전통시대에는 해양을 국가 영토의 영역에 넣지 않았지만 해강(海疆)이란 이름으로 모호하게나마 인식하고 있었는데 이때의 해강이란 대부분 연해의 영토를 말한다. 게다가 해강은 정확한 뜻을 가진 명사는 아니어서 어떤 경우에는 연해육지를 가리키고, 어떤 경우에는 육지와 접한 해역을 가리켰다.

10) 왜구(倭寇)라는 용어는 일본인 해적이란 의미이지만 왜구=일본해적이라는 도식은 간단치 않다. 역사적으로 초기에는 일본인 위주의 해적집단이 분명하지만 16세기에 접어들면서 중국인이 다수를 점하는 등 변화양상이 나타난다. 동아시아 바다에서 왜구의 활동이 극심했던 시기는 14세기 중반과 16세기 중반으로 명나라 가정제 통치 시기인 1550년대가 가장 심각하여 이 시기의 왜구를 가정대왜구라고 부른다. 당시 왜구는 해외의 밀무역 등을 포함한 국제무역과 관련이 깊었다.

기까지도 형성되지 않았다"고 한다. 전통적인 해계관념과 근대적인 영해 관념의 차이에 대해서는 좀 더 엄밀한 분석이 필요하다. 사실 중국인들이 영해 관념을 하나의 제도로 받아들이는 데는 상당히 오랜 시간이 걸렸다.

전통에서 근대로 전화하는 과정을 상징적으로 보여주는 영해인식의 형성과정을 추적하는 것은 쉽지 않다. 영해의 탄생은 특정한 시간과 사건에 의해 깔끔하게 정의될 성격은 아니며 역사적으로 폭넓게 검토할 필요가 있다.

우선 국경조약을 중심으로 청조의 해양경계 인식을 알아보면 다음과 같다. 청조가 맺은 여러 국경조약 가운데 해양경계 문제와 관련된 나라를 단순하게 정리하자면, 북쪽의 경우 러시아, 동쪽의 경우 일본, 남쪽의 경우 프랑스라고 말할 수 있다. 그리고 영국이나 포르투갈도 홍콩과 마카오 때문에 관련 당사자이며, 주변국으로는 조선과 베트남 등이 포함될 수 있다. 프랑스와의 국경조약 체결과정에서는 북부만(동경만)을 배경으로 섬과 섬 사이의 해양경계 문제가 분쟁의 씨앗이 되었고, 러시아와의 국경조약 체결과정에서는 두만강에서의 출해항해권의 문제가 제기되었다. 하지만 엄격한 의미에서 근대적 영해문제라기보다는 어업 무역상의 이익이나 육지경계의 연장선상에서 일어난 분쟁 성격이 짙었다. 양무운동 시기 만국공법의 수용에 따라 영해 개념이 알려졌을 가능성은 높고 실제로 해양 분쟁에 활용된 사례가 엿보인다. 하지만 19세기 말까지 유럽사회에서조차 성문법으로서의 영해개념이 완전히 정착하지 않았던 사실을 감안한다면 영해인식이 뚜렷했다고 보기는 어렵다.

근대 중국에서 해양경계가 선명하게 부각된 계기는 청일전쟁 직후 열강들과 줄줄이 맺어진 조차협약들에서 찾을 수 있다. 조차지는 형식상 직접적인 점령은 아니지만, 할양지에 가까운 것으로 영토뿐만 아니라 연근해조차 빼앗은 것이다. 따라서 해역에 대한 강탈이라는 점에서 일종의 도서분쟁 또는 영해분쟁의 가능성을 내포했다고 말할 수 있다. 조차지의 면적은 기존의 조계 면적과 비교할 수 없을 정도로 넓어 적어도 수백 평방마일 이상이었다. 독일은 교주만을 점령하여 산동을 세력범위로 삼았고, 러시아는 여순과 대련을 조차하여 만주를 세력범위로 삼았다. 영국은 조차지 말고도 광범위한 장강 유역을 세력범위로 삼았고, 프랑스는 광주만을 조차하여 광동 광서와 운남을 세력범위로 삼았다. 일본 역시 복건을 자신들의 세력범위로 삼았다. 그 결과 연해지역은 직례성의 천진 지역 이외에는 대부분 열강의 세력범위 안에 들어갔다. 여기서 독일 러시아 영국 프랑스 등 열강이 조차조약을 맺을 때 해상의 권리에 주목한 사실을 기억할 필요가 있다.

열강의 연해지역 전면개방 시도, 새로운 내용의 통상조약 체결, 중국인의 해권론 수용과 이에 따른 해권의식의 성장으로 새로운 세기에 들어서면서 영해 관념이 더욱 선명해지는 것을 확인할 수 있다. 특히 청-멕시코 「통상조약」에서 영해관련 규정이 처음 나타난다. 이 조약이 체결되던 해는 19세기와 20세기의 교차점으로 대체로 해양대국인 영국과 미국의 지지아래 영해가 사실상 국제법의 지위를 얻은 시점과 일치한다. 그리고 청말신정 시기에 이르러 일본의 국제법이 중국유학생에 의해 국내에 소개되고, 러일전쟁을 전후해 중국 관리들이 영해란 용어를 사용했을 뿐만 아니라, 몇몇 해양분쟁에서 알 수 있듯이 구체적인 영해관념이 발흥하였다. 열강의 중국 연근해의 해양침탈은 군사상 무역상의 이익선을 확보하는 것을 넘어 어업상의 이익선으로 확대되었다. 이와 상응해 전통적인 내해관념과 근대적인 영해관념에서 오가던 중국인의 해양경계 인식에 뚜렷한 변화가 찾아왔다.

2) 해양관련 국제회의 참가와 국제조약 체결

조약체제는 대체로 제1차 아편전쟁을 겪으면서 맺은 일련의 조약들을 통해 기초적인 틀이 만들어졌고, 제2차 아편전쟁 후 맺은 천진조약 등을 통해 그 골격이 형성되었다. 이 과정에서 동아시아의 '천하(天下)'질서를 유지하던 중국이 세계자본주의적 '국가(國家)'질서로 편입되었다. 그렇지만 오랜 기간 동안 천조(天朝)임을 자부했던 청조의 화이질서는 짧은 기간에 바뀌지 않았다. 제2차 아편전쟁이 끝난 후에도 여전히 함풍제는 서양 열강을 홍수맹수(洪水猛獸)로 보아 그들이 북경에 상주하는 것을 탐탁하지 않게 여겼다. 비록 마지못해 결정한 정책이라 해도 청조는 총리아문을 만들어 열강과의 외교를 전담토록 하고, 청년들을 외국에 유학시키는 동시에 해외사절단을 파견해 서양 각국을 고찰하였다. 보통 연구자들은 이런 변화들이 청조가 국제사회에 능동적으로 참가하는 출발점으로 생각한다.

자본주의적 식민지 팽창이 심화되고 서양 열강이 전 지구적으로 영향력을 확대하면서 19세기 마지막 20여 년 동안 이른바 '국제사회'가 급속하게 형성되었다. 특히 이 시기 열강들 간에 많은 갈등과 분열이 일어나자 국제협력을 통해 새롭게 제기된 문제들을 해결해 세력균형을 확보해야만 했다. 열강은 자국의 이익을 위해 국제회의를 소집해 단체를 만들거나 조약을 제정하여 국제사무를 처리하기 시작했다. 이 무렵 청조가 국제회의에 참가한 사실은 곧 중국 중심의 동아시아 책봉조공체제를 해체하고 중국인 스스로 구미사회 중심으로 만들어진 근대적 국제질서에 참여한다는 의미였다. 게다가 국제조약에 가입하는 일은 국제사회와 일종의 조약관계를 맺는 사건으로 최혜국대우, 영사재판권, 조계, 내하항운권, 협정관세 등 각종 불평등조약에 얽혀 있던 청조가 불평등관계를 나름대로 개조 혹은 타파하겠다는 능동적인 행위였다. 국제조약에 참여함으로써 장차 대국의 지위를 회복하고자 하는 바람도 은연중에 숨겨져 있었다. 대체로 양무운동 시기는 중국이 국제조약과 처음 접촉하는 시기이고, 1880년대 이후부터 국제회의에 참가하기 시작했는데, 특히 청일전쟁 직후 국제조약에 대한 이해가 심화되었다. 청말신정 시기에 이르러 중국은 국제회의에 능동적으로 참여하여 이 무렵 청조가 체결한 국제조약은 10여 개에 이른다.

우선 청조가 본격적으로 해양관련 국제회의에 참가하고 국제조약을 체결하는 과정을 정리하면 다음과 같다. 양무운동 시기인 1860년대에 서양의 외교사절이 북경에 거주하고, 1870~80년대에 해외로 중국사절단을 파견한 사건은 청조가 국제사회에 능동적으로 참여한 것이다. 하지만 이 시기는 여전히 중서절충적 관념이 지배하던 때로 국제사회에 본격적으로 진입한 시점은 청일전쟁의 패배로 전통적 책봉조공질서가 무너진 이후로 보아야할 것이다. 특히 청조가 국제조약과 국제단체에 가입하는 것은 근대적 국민국가로의 전환을 시도한 것으로 볼 수 있다. 대체로 국제조약은 국가 간 상호평등조약이기 때문에 중국이 국제조약에 참가한다는 것은 장기적으로 볼 때 불평등조약의 속박에서 벗어나는 데 도움이 되었다. 청조가 국제회의에 참가하는 과정에서 중국의 요구가 국제사회에 알려지기도 했으나, 거꾸로 국제법의 일부를 구성하는 조약특권은 중국이 국제회의에 참가하는 데 장애요인으로 작용하기도 했다.

청조는 해양관련 국제조약에 가입하려는 노력이 두드러졌다. 중국은 일찍부터 유럽국가의 항해충돌방지규정을 참고해 이와 유사한 장정을 실행했는데, 주로 중국의 내하나 연해 각 항구에 적용하였다. 1889년 미국 워싱턴에서 열린 국제해사회의에서「항해충돌방지장정」이 맺었을 때, 청조도 가입하였다. 이 장정은 최초의 국제적인 해상충돌방지규칙으로 중국이 조약을 체결한 후에는 의무를 준수하는 데 노력하여 꾸준히 국내관련 법규를 수정하였다. 동시에 그 과정에서 중국선민과 어민의 이익을 옹호하는 데 노력하였다. 이 국제조약은 비록 헤이그평화회의나 적십자조약과 같은 국제행사에 비해 사람들의 주목을 받지는 못했지만, 청조가 참여한 국제조약 가운데 중요한 조약이었다.

19세기 말 20세기 초에 열린 두 번의 헤이그평화회의에서 비로소 국제문제에 관한 토론이 집중적으로 이루어져 전쟁법규에 관한 헤이그조약체제를 형성하였다. 1899년의 제1차 헤이그회담에서는 3항의 조약, 즉「1864년 제네바에서 원래 논의된 원칙을 해전에 적용하는 조약」,「육지전례조약」,「평화중재조약」과 전쟁의 상해를 줄이기 위한 3항의 성명서가 만들어졌다. 중국도 이 조약들을 받아들이기로 했으나, 우여곡절 끝에 러일전쟁 중인 1904년에야 겨우 공식적으로 비준할 수 있었다. 그리고 1907년의 제2차 헤이그평화회의에서는「제네바 적십자조약에서 해전을 진행하는 조약」,「전쟁 시작할 때 적국상선의 지위조약」,「자동촉발해저수뢰조약」,「국제포획물심판소 설립에 대한 조약」,「전시 해군 포격 조약」,「상선을 전선으로 개조하는 조약」,「해전 시 포획권 행사를 제한하는 조약」 및「해전 시 중립국의 권리와 의무조약」 등 주로 해전을 중심으로 한 전쟁관련 조약들과 1항의 성명서를 받아들였다. 19세기 말 열강과의 몇 차례 전쟁과 특히 20세기 초 러일전쟁의 경험은 청조로 하여금 헤이그평화회의에 적극 참가하도록 만든 계기였다.

헤이그조약에서 해전관련 내용이 핵심을 차지했듯이 20세기를 전후한 시기는 해군이 한 국가의 군사력을 대표하였다. 따라서 서양열강은 해군력 증강에 최선을 다했는데, 중국 역시 예외는 아니었다.

3) 해군의 중건과 해권(海權)인식의 고양

근대 해군사를 넓게 보자면 양무운동 시기부터 건립된 신식해군이 청일해전으로 북양함대가 몰락해 와해되는 것이 제 1기라면, 청일전쟁 후부터 재건의 과정을 거쳐 중화민국 초기에 이르는 과정이 제 2기라고 할 수 있다. 청일전쟁 후부터 신해혁명으로 청조가 몰락하는 때까지 10여 년간 해군 중건의 노력이 없었던 것은 아니다. 오히려 열악한 정치적 경제적 여건 속에서도 함선구입, 함대재편, 군정기구의 정비, 인재양성 등과 같은 해군재건의 노력이 마지막 순간까지 계속되었다. 특히 선통(宣統)시기에 이르러서는 체계적인 부흥이 시도되었다. 하지만 신해혁명 직전까지 청의 해군 규모는 청일전쟁 이전 수준을 회복하지 못했으며, 그 속도도 비교적 완만하였다.

청말 해군의 중건과정은 다시 광서 말기와 선통 시기로 나누어 볼수 있다. 청일전쟁 패전 후 10여 년간 청의 해군을 중앙 관리해 온 해군아문을 철폐하고 북양해군을 해체하였다. 전쟁 직후에는 와해된 해군을 추스르기 바빴다. 여러 군항이 열강의 조차지가 되면서 청해군은 자신들이 쓸 항구조차 찾기 힘들었다. 세기의 교체기에 해군과 관련한 중요한 사건으로는 이탈리아가 삼문만을 조차하려한 사건, 팔국연합군이 북경을 점령한 사건, 러일전쟁 등이 있었다. 특히 의화단운동 배상금에 따른 국가재정의 위기로 한참동안 해군부흥계획에 차질을 빚었다. 하지만 청 해군은 조금씩 회복하고 있었다.

청말신정 시기 관제개혁의 과정에서 해군개혁이 이루어졌다. 우선 1906년 남북양해군을 합병했으며, 다음 해 병부가 육군부로 바뀌면서 육군부 내에 임시로 해군처가 설립되었다. 신정이 진행되면서 점차 재정위기가 완화되자 외국함선의 구매가 가속화되었다. 예를 들어, 1906년과 1907년 사이에 청조는 일본으로부터 10여척의 포정을 구입했고, 독일에서 4척의 어뢰정을 구입했다. 이 시기 해군건설의 특징 가운데 하나는 종래 서양 중심의 해군학습이 일본으로 옮겨진 사실이다. 일본에서 함선을 수입하고 일본으로 해군유학생을 파견했으며 일본인 해군교습을 초빙하는 것은 물론 일본의 해군제도를 수용하는 등 여러 방면에서 일본의 영향력이 강화되었다. 1907년 요석광은 해군진흥계획을 구상하면서 순양함대를 만드는 것이야말로 중국해군 건설의 핵심이라고 하였다. 원해로 나아갈 수 없다면 근해를 통제할 수 없다면서, 원양함대가 곧 먼 바다로 나아가는 도구라는 것이다.

선통 원년(1909)부터는 본격적으로 해군을 중건하기 위해 '주판해군 7년계획'을 세우고 그 첫 해에는 구형군함을 조사정리하고, 남·북양에 필요한 순양함을 구매하고, 군항을 조사하고, 해군학당을 확충하고, 조선소를 개조하였다. 해군의 제도개혁에도 나서 1909년 7월 최초의 독립적인 해군중앙기구인 주판해군사무처를 설립하여 육군과 해군의 분리 준비가 이루어졌다. 곧이어 정식으로 남·북양함대를 통일시키고, 다시 순양함대와 장강함대로 나누었다. 다음 해 겨울에는 해군사무처의 조직을 정비해 새로 해군부를 설립하고, 재순이 해군대신을 맡는 변화가 있었다. 이 시기에는 해군중건을 위해

재순(載洵)과 살진빙(薩鎭氷)이 두 차례나 해외시찰을 하는 등 적극적인 모색이 나타났다.

그런데 청일전쟁 후 와해된 해군을 중건하는 과정에서는 해권(海權, Sea Power, 국내학계에서는 海洋力이라고 부름)[11]인식이 고양되는 현상이 나타나 주목할 만하다. 청말 해방론의 핵심은 근해 방어를 목적으로 해군을 건설하는 군사적인 것이었지 경제적인 것은 아니었다. 하지만 청일해전에서 북양해군의 몰락은 기존 해방론의 실패를 드러냈고 양무운동 시기의 해양관에 근본적인 변화를 가져왔다.

청말 해권의 수용은 해군건설과 관련해 중요한 작용을 하였다. 예를 들어, 중국의 전통적인 중농경상(重農輕商), 중육경해(重陸輕海)의 관념을 개조하여 해양경략의 신사상을 수립하자는 주장이나, 중국해군의 중건은 마땅히 해권 쟁취를 목표로 삼아야하며 적극적인 건군 방침을 세워야 한다는 주장 등이 그것이다. 해양이 세계로 통하는 길이므로 국가무역 경제발전의 통로이며, 해양은 군사상 중요한 기지이므로 적국의 해안을 통제해야만 자국의 해상무역이 안전하다는 식의 관념은 서양의 해권론이 수용되기 전에는 사실상 없었다. "누가 해양을 장악하느냐가 곧 누가 세계무역을 장악하느냐이다. 누가 세계무역을 장악하느냐가 곧 누가 세계의 재부를 장악하느냐이다. 이것은 곧 세계를 장악하는 것이다."라는 주장은 19세기 말 20세기 초 해권에 대한 기본관점이었다.

보통 중국에서는 청일전쟁 때까지 진정한 의미의 해권사상은 없

---

11) 해권(海權)이라는 용어는 머핸 이전에도 있었으나, 광범하게 사용된 것은 바로 머핸의 해권론부터이다. 그에 따르면, 해양과 관련해 내륙 역사에 가장 큰 영향을 미칠 수 있는 요소는 해권인데, 이것은 '해양국가 내지는 해양세력'을 가리키는 용어이자 '해양에까지 그 영향력을 행사할 수 있는 국가의 힘'을 가리키는 용어로 사용되었다. 머핸은 해권을 협의로는 해군력, 구체적으로는 "제해권(制海權, mastery of seas), 특히 국가 이익과 무역에 관계되는 주요 항해선상의 제해권은 국가의 강성과 번영을 위한 중요한 요소"를 의미한다고 보았고, 이것은 해운력과 해군력이 결합한 것이라 하였다.

었으며, 청일전쟁의 패배 원인 가운데 하나가 청 해군의 해권사상이 결핍했기 때문이라고 생각한다. 북양해군의 몰락이야말로 근대적 해권의식의 각성을 가져왔으며, 해군을 중건하자는 주장과 맞물려 나아갔다는 것이다. 특히 청일전쟁 후 해군을 중건하는 과정은 곧 중국인의 해권인식이 고양되는 과정과 함께 이루어졌다. 양무운동 시기부터 점차 감성적 차원에서 이성적 차원으로 전환되던 해권인식이 20세기 초에는 알프레드 머헨(Alfred Thayer Mahan, 馬漢)의 해권론을 받아들이면서 해군력의 강화는 물론 제해권의 확보로까지 나아갔다.

4) 어업 해계 도서분쟁과 해양인식의 변화

19세기 말 서양에서 출발한 발동기선과 저인망의 확대 보급은 어업능력을 대폭 향상시켰다. 이로써 무한한 것으로 여겨졌던 수산어업자원에 대한 전통적인 관념이 깨지기 시작했다. 이제 연해국들은 자국의 근해뿐만 아니라 먼 바다 일정 구역의 어업자원에 대한 관리권 및 통제권을 요구하였다. 어업구역을 구획하거나 어업보호구역을 설치하고자 했으며, 외국 어민의 어업활동을 금지하거나 혹은 연해국의 통제에 복종할 것 등을 규정했다. 20세기 초 원양어업의 인구가 급격히 증가하면서 국가 간 충돌이 잦아졌으며 어업자원의 관리가 중요한 문제로 대두되었다. 이 무렵부터 어업문제는 영해분쟁과 밀접한 관련을 가지게 되었는데, 영해의 주요 기능 가운데 하나가 수산어업자원의 보호였기 때문이다. 실제로 영해 관련 조약 가운데 상당수는 어업문제 때문에 체결되었으며, 어업분쟁은 경우에 따라서 전쟁을 불러오기도 했다.

전통적인 연근해 어업이 먼 바다로 팽창하면서 발생한 국가 간 어업분쟁은 해양경계 문제와 깊은 관련이 있다. 청말신정 시기 대표적인 청일 어업분쟁으로는 이른바 발해만 어업분규사건이 있다. 일본이 여순과 대련을 조차한 후 발해만에는 일본어선이 자주 출몰하였다. 일본인이 만든 원양어업단은 중국어민이 만든 봉천어업공사와 충돌해 살인사건까지 발생했으며, 웅악성에서도 양국 어민들 간 어업문제를 놓고 분규가 일어났다. 이런 분규를 해결하기 위한 1906~1907년 사이 발해만 어업교섭 중 일본은 영해 3해리 원칙을 제시하고 일본어선은 공해에서 고기잡이를 했다고 주장하며 발해만을 중국의 영해로 인정하지 않았다. 이 사건은 청조가 영해제도의 필요성을 인지하는 중요한 동기로 작용하였다. 한편 발해만의 어업 말고도 일본은 황해와 산동일대의 어업행위를 합법화하려고 했다.

　　영해법을 활용한 대외교섭으로는 1908년 청일 간에 일어난 다쓰마루(二辰丸)사건이 비교적 알려져 있다. 다쓰마루사건은 마카오 주변 해역에서 일본선박 다쓰마루의 밀수문제로 일어난 청일 간 외교 분쟁이다. 이 협상과정에서 일본은 다쓰마루 나포지점의 영해여부, 다쓰마루의 무기밀수여부, 다쓰마루의 일본국기 모욕여부 등을 쟁점화시켰다. 이 사건을 빌미로 포르투갈도 청이 마카오 영해를 침범했다며 오래된 해계문제를 다시 불러일으켰다. 청포 간 담판과정에서 청조가 영해법을 활용하여 대외교섭을 하면서 자신의 영해주권을 주장한 점이 주목된다. 게다가 지방관 수준이지만 영해 3해리설을 제기한 사실도 의미가 있다. 이 사건 후 청조는 공식적으로 해계문제에 주목했으며, 왕조의 마지막 몇 년 동안 영해제도의 건립을 준비하였다. 이 무렵 일반 중국인들도 영해 주권에 관심을 가지기 시작하였다.

　　청포 간 마카오감계담판이 한창이던 1908년 청과 일본은 동사도

(東沙島) 주권문제를 놓고 다시 도서 분쟁이 발생하였다. 일본상인 니시자와 요시지(西澤吉次)가 동사도를 무주지라 주장하며 개발하는 과정에서 중국어민들과 충돌한 것이다. 양국의 교섭과정에서 중국의 적극적인 대응에 밀려 일본은 동사도가 중국의 섬이라는 사실을 인정하고 니시자와의 투자금을 돌려받는 선에서 사건을 마무리하였다. 그런데 이 사건을 해결하는 과정에서 청조는 열강에게 자국의 연해도서를 빼앗길 수 있다는 위기의식이 일어나 외교적 담판뿐만 아니라 병선을 파견해 순시하는 등 적극적인 대처를 하였다. 동사도 분쟁은 청조가 변방에 불과해 무시했던 섬의 주권문제에 얼마나 진지하게 접근하는지를 알 수 있다. 이 사건으로 중국 내 여론이 들끓었는데, 애국주의 고양에 따라 근대적 중국인의 탄생을 가져오는 한 계기가 되었다. 이즈음 서사도(西沙島)의 관리문제도 관심의 대상이 되었다.

어업 해계 도서분쟁과 관련한 위의 세 가지 사례에서 알 수 있듯이, 청말신정 시기 해양 분쟁을 일으킨 대표적인 나라는 일본이었다. 일본의 중국 연근해로의 진출은 중국인으로 하여금 바다에 대한 인식 전환을 가져오는 계기를 만들었다. 이런 해양 분쟁들은 지역이나 중앙의 근대적 언론매체를 통해 상세하게 소개되었고, 이에 자극받은 신사나 평민들이 지역을 넘은 전국적인 차원의 민족주의 성격의 대중운동을 일으켰다. 청조 측에서도 과거와 달리 적극적으로 문제해결에 나섰으며, 그 과정에서 영해에 대한 인식이 널리 보급되었다. 이 시기에 일어난 영해분쟁의 전개양상은 오늘날의 동아시아 해양 분쟁의 원형을 이루고 있다.

4. 나오며

두 차례 아편전쟁의 패배는 중국인으로 하여금 금해에서 개해로 이행하도록 만들었다. 해금정책의 포기는 근대중국의 출발을 상징하는데, 새로운 해양환경에 따라 새로운 개념들이 출현하였다. 중국역사에서 해양관련 새로운 개념들이 집중적으로 등장한 시기는 두 차례였다. 16세기 왜구의 영향으로 해금, 해방, 해강 등과 같은 전통적인 해양관련 개념이 정착했다면, 19세기에 접어들어 서구열강의 침략에 따라 이런 전통적인 용어들이 점차 사라지고 근대적인 해양개념인 해군, 영해, 해권 등이 나타난 것이 그것이다.

글의 전반부에서는 아편전쟁에서 청일전쟁까지(주로 양무운동 시기) 통상조약에 나타난 해양관련 조항, 근대적인 윤선항운업이 흥기하는 과정, 『만국공법』에 나타난 해양법 조항, 만국공법과 초기 동북아 해양분쟁, 전통적인 수사가 근대적인 해군으로 바뀌는 과정, 청프전쟁과 청일전쟁에서의 해양관련 국제법 사건 등을 간단히 소개하였다. 그 특징을 정리하자면 다음과 같다. 첫째, 통상조약에는 서양의 근대적 해양질서가 집중적으로 반영되었으나 이를 체결한 청조는 내용을 이해하려는 노력보다는 자의적인 해석을 내리기에 바빴다. 그 후 서양열강의 항운업 등 중국 바다로의 진출에도 소극적인 대응으로 일관하였다. 둘째, 청조관리들이 『만국공법』을 처음 번역할 때는 내부참고용에 불과했으며, 오래지 않아 그 중요성을 어느 정도 자각한 후에도 번속체제와 같은 외교 분쟁 등에 선택적으로 활용하는 수준이었다. 만국공법 내의 해양법에 대해서도 마찬가지였다. 이것은 일본사회가 만국공법을 진지하게 탐색한 것과는 큰 차이를 보인다. 셋째, 청조는 북양함대와 같은 신식해군을 건설했음에도 불구하고 거의 모든 해전에서 완패하였다. 이 사실은 청의 수사가 실질적인 근대적 해군으로 거듭나지 못한 사실을 잘 보여준다. 전쟁 중에도 만국공법의 해전관련 규정을 글자 그대로 해석하려는 등 이상적인 국제법으로 생각하는 경향에서도 알 수 있다. 그런 까닭에 양무운동 시기를 '중서절충적 해양관의 형성시기'라고 볼 수 있을 것이다. 근대적 해양관을 전통적 사고와 결부시켜 해석하는 단계인 것이다.

글의 후반부에서는 청일전쟁부터 신해혁명까지(주로 청말신정 시기) 중외조약을 통해 본 영해의 탄생, 청조의 해양관련 국제회의 참가와 국제조약 체결, 해군의 중건과 해권의식의 고양, 어업 해계 도서분쟁의 사례를 통한 중국인의 해양인식의 변화 등을 간단히 소개하였다. 그 특징을 정리하자면 다음과 같다. 첫째, 전통에서 근대로 전화하는 과정을 상징적으로 보여주는 영해관념의 형성은 깔끔하게 확인할 수 있는 문제가 아니다. 하지만 통상조약과 조차조약 등을 통해 영해의 탄생이 대략 20세기 초 무렵임을 알 수 있다. 둘째, 양무에서 외무의 단계로 나아간 사실 혹은 만국공법에서 국제법의 단계로 나아간 사실은 청조가 능동적으로 해양관련 국제회의에 참가하고 국제조약을 체결하는 과정에서 알 수 있다. 셋째, 청일전쟁 후 와해된 해군을 중건하는 과정을 살펴보면 비록 전쟁이전의 함대규모에는 다다르지 못하지만, 중국인의 해권인식이 감성적인 차원에서 이성적인 차원으로 고양된 사실을 알 수 있다. 특히 어업 해계 도서분쟁의 사례들을 통해 중국인의 해양인식의 전환을 확인할 수 있었다. 대체로 청말신정 시기를 양무운동 시기와 대비하자면 '서구적 해양관의 수용시기'라고 볼 수 있을 것이다. 물론 서구적 해양관을 말 그대로 받아들였다고 해서 그것이 중국사회에 체화되었다는 의미는 아니다. 그것은 더욱 많은 시간을 필요로 하였다.

그런데 전통왕조에 의해 방기되어 만인에게 열려 있던(혹은 닫혀 있던) 바다가 근대국가에 의해 영해라는 이름으로 영토화된 사실은 반드시 긍정적으로 평가할 수 있는 것만은 아니다. 왜냐하면 오늘날 해양수송로와 해양자원의 확보라는 이름으로 동아시아의 바다에서 긴장이 고조되고 있는 현실이 바로 바다의 영토화에서 기인하기 때문이다. 19세기 말 20세기 초의 세계화 시대에 동아시아의 바다가 영토화 되었듯이, 20세기 말 21세기 초의 세계화 시대에 동아시아의 바다는 새로운 위기를 맞고 있다. 현재의 복잡한 도서 분쟁과 영해 분쟁이 어떻게 해결되느냐에 따라 동아시아의 미래는 평화공존으로 갈 수도 있고 반대의 길로도 갈 수 있다. 이와 관련해 기존 해양사 연구에 나타나는 지나친 민족주의적 특색에서 벗어나 보편적인 역사로의 회귀를 통해 미래에 대한 전망을 제시하도록 노력해야 할 것이다.

참고문헌

강봉룡, 『바다에 새겨진 한국사』, 한얼미디어, 2005년
곡금량 편저, 김태만 외 옮김, 『바다가 어떻게 문화가 되는가』, 산지니, 2008년
김용구, 『만국공법』, 소화, 2008년
다이앤 머레이 지음, 이영옥 옮김, 『그들의 바다: 남부 중국의 해적, 1790~
　　1810』, 심산, 2003년
모모로 시로 엮음, 최연식 옮김, 『해역아시아사 연구 입문』, 민속원, 2012년
이근우 등, 『19세기 동북아 4개국의 도서분쟁과 해양 경계』, 동북아역사재단,
　　2008년
이문기 등, 『한중일의 해양인식과 해금』, 동북아역사재단, 2007년
주강현, 『제국의 바다, 식민의 바다』, 웅진씽크빅, 2005년
주경철, 『문명과 바다』, 산처럼, 2002년
최덕수 외, 『조약으로 본 한국근대사』, 열린책들, 2010년

姜鳴, 『龍旗飄揚的艦隊: 中國近代海軍興衰史』, 上海交通大學出版社, 1991
曲金良 主編(本卷主編 閔銳武), 『中國海洋文化史長篇(近代卷)』, 中國海洋大學
　　出版社, 2013
郭衛東, 『不平等條約與近代中國』, 高等敎育出版社, 1993
馬幼垣, 『靖海澄疆: 中國近代海軍史事新詮』, 聯經, 2009
樊百川, 『中國輪船航運業的興起』, 四川人民出版社, 1985
楊國楨 主編, 『海洋與中國叢書』(總8冊), 江西高校出版社, 1998-1999
楊國楨 主編, 『海洋中國與世界叢書』(總12冊), 江西高校出版社, 2004-2005
楊金森・范中義, 『中國海防史』(上・下冊), 海洋出版社, 2005
王家儉, 『李鴻章與北洋艦隊: 近代中國創建海軍的失敗與敎訓』, 三聯書店, 2008
王宏斌, 『晚淸海防: 思想與制度硏究』, 商務印書館, 2005
王爾敏, 『弱國的外交』, 廣西師範大學出版社, 2008
劉利民, 『不平等條約與中國近代領水主權問題硏究』, 湖南人民出版社, 2010
劉中民 等著, 『中國近代海防思想史論』, 中國海洋大學出版社, 2006
尹新華, 『晚淸中國與國際公約』, 湖南人民出版社, 2011
李士豪・屈若搴, 『中國漁業史』, 臺灣商務印書館, 1980
李育民, 『近代中國的條約制度』, 湖南師範大學出版社, 1995
林學忠, 『從萬國公法到公法外交』, 上海古籍出版社, 2009

張耀華 編著, 『圖說舊中國海關歷史』, 中國海關出版社, 2005
張煒・方堃, 『中國邊疆通史叢書: 中國海疆通史』, 中州古籍出版社, 2003
田濤, 『國際法輸入與晚清中國』, 濟南出版社, 2001
中國海洋發展史論文集編輯委員會 主編, 『中國海洋史發展史論文集』1-10, 中央
　　　研究院三民主義研究所, 1984-2008.
陳悅, 『清末海軍艦船誌』, 山東畵報出版社, 2012
陳悅, 『北洋海軍艦船志』, 山東畵報出版社, 2009
戚其章, 『晚淸海軍興衰史』, 人民出版社, 1995
戚其章, 『國際法視角下的甲午戰爭』, 人民出版社, 2001

『국조정토록』: 16세기 우리나라의 상상계

김혁(전북대학교 쌀·삶·문명연구소 연구원)

1. 한국사의 이마고: '국조(國朝)'와 '우리나라'의 거리

이 글의 목적은 16세기 조선에서 편찬된 『국조정토록(國朝征討錄)』을 통해 15세기 여진과 왜구 정벌의 현실적 배경(현실계)과 16세기 민족적 자의식(상상계) 간의 관계 내지 간극을 보여주고 그 논리를 해명함으로써 오늘날까지 강력한 유산으로 남아 민족주의 정동의 일면으로 겹쳐져 들어왔음을 이해하고자 하는 데 있다. 이 책은 제목만으로도 20세기 초 망국(亡國) 이후 부강한 국가를 간절히 꿈꿔왔던 우리들에게는 더할 나위 없이 매력적일 수 있다. 제목이 글자 그대로 조선이 다른 나라를 정벌한다는 뜻이기 때문이다. 다른 나라로부터 침략만 받아왔다고 여겨지던 우리 역사에서 다른 나라를 침략하였다는 제목만큼 매력적인 것은 없을 듯하다. 공상 소설이나 영화에 어울릴 만큼 이 책의 제목을 접하는 많은 이에게 너무나 뜻밖일 수 있다. 오늘날과 같은 민족 국가의 시대도 아닌 조선 전기에 출현하였다는 것은 책의 내용에서 보여주는 일 뿐 아니라, 그 다음 시대에 편찬된 의미에 대해서도 주목하게 한다.

책 내용을 검토해 보면, 제목이 우리에게 주는 우리나라의 주체적이고 자율적이며 능동적인 이미지는 내용에도 대체로 부합된다. 하지만 정작 이 글에서의 관심은 어째서 500년 전에 간행된 책이 오늘날 우리의 감각이나 정서, 혹은 소망에 부합하는가 하는 점에 있다. 이를 위해서는 우리나라라는 개념이 어느 한때 생겨난 것이 아니라는 점에 우선 주목할 필요가 있다. 따라서 『국조정토록』에 대한 본격적인 탐사에 앞서 이 개념이 오늘날 우리에게 시사하는 것이 무엇인지에 대한 논리의 문제를 해명하는 일이 우선 선행되어야 할 것이다. 이 책은 조선 정부에서 1419년 대마도 정벌 이래로 여진과 왜에 대해 100년 남짓 거행된 7차례의 파병 기록을 싣고 있는데, 편찬자와 편찬 연도가 책에 표기되어 있지 않다. 하지만 15세기의 정벌을 16세기 당시 조선이 회복하여야 할 '이상적인 조선의 상태'로 구성하고자 하였던 의도는 충분히 읽을 수 있다.

조선시대에 자기 나라를 총체적으로 인식하거나 지칭하는 일은 주로 다른 나라나 다른 나라 사람과의 관계에서 자칭할 필요에서 생겨났다. 조선왕조실록에 따르면 이때 사용되었던 용어는 주로 "오국(吾國)"이고, 때때로 "아국(我國)"이라고도 썼다. 이 말은 '나의 나라'로 번역될 수 있는 개연성이 충분함에도, 현대의 국역서들은 일반적으로 '우리√나라'라는 번역어를 택하였다. 여기서 우리 나라에 해당하는 말은 '오등국(吾等國)'이나 '오배국(吾輩國)'이라고 하여야 하겠지만 그런 말은 없다. 당시의 오국(吾國)이나 아국(我國)은 왕이든 신하든 관계없이 명이나 일본, 여진, 왜와 대비하여 사용되고 있다는 점에서 우리 나라가 다른 나라와는 전혀 다른 공간에 위치해 있다는 사실을 표시하지만, 오늘날 우리 민족 전체가 상호 합의하여 계약을 통해 구성한 나라라는 의미의 '우리나라'와는 분명히 거리가 있다.

국조정토록에서 국조(國朝)는 개념 상 오국과 관련되어 있지만 이는 다른 맥락에서의 오국을 보여준다. 국조라는 말을 사용하고 있는 또 다른 책인 『국조오례의(國朝五禮儀)』나 『국조보감(國朝寶鑑)』이라는 책에서 국조의 의미를 검토해 보면, 국조오례의의 국조는 세종대의 오국을 가리키고, 국조보감에서의 오국은 그 이전 역대 조정을 모두 가리킨다. 국조에는 자기 시대에 실현하고자 하는 이상적인 전범이 이전 시대에 있었다는 생각을 표방함을 엿볼 수 있다. 다시 말해 본받을 만한 어떤 일을 가려 뽑아 특기하고 있는 것이다. 이를 상기한다면, 국조정토록의 국조는 이 책이 발간된 16세기 조선에서 이상시한 15세기의 오국을 말한다.

이러한 의미는 정토라는 말을 통해 더욱 강화되는데, 본론에서 자세히 다루겠지만 이 말은 역사적 사실에 대해 주자학에서 사용하는 특수한 비평 용어로, 신하의 잘못을 바로잡기 위해 행하는 군사 행동을 뜻한다. 여기에는 중화(中華)와 오랑캐의 이분법이 들어 있고, 이를 통해서도 이 책의 편찬자가 주자의 호전적인 화이관을 이 책에 그대로 투사하고자 하였음을 짐작할 수 있다.

15세기에 세종이 용비어천가를 짓도록 해 자기 왕조가 집권한 정당성과 정통성을 수립하고자 하였다면, 16세기의 국조정토록은 다시 15세기에서 조선의 자아상을 새롭게 구축하고자 하였다는 생각이 든다. 이 글에서는 이 자아상을 설명하는 데 편의상 라캉의 널리 알려진 개념인 '상상계'를 빌려올 것이다. 상상계가 생후 6개월~18개월의 어린아이가 거울에 비친 자기 모습을 지각하고 환호성을 지르는데, 거울에 비친 육체 이미지를 자신과 동일하게 여김으로써 자아가 형성된다는 그의 설명은 16세기의 이 책에서 거울에 비친 "오국(吾國)"의 모습을 형성하고자 하였던 의도와 열렬히 호응하는 면이 있다고 생각한다.[12]

신생 국가로 탄생한 조선이 백년 쯤 지났을 때 자기 나라에 대해 오국(吾國)의 자아상을 형성해 나가는 과정은 사실상 20세기 초 망

---

12) 상상계의 개념에 대한 간략한 참조는 NAVER 지식백과, 문학비평용어사전, 「상상계」 참조 (http ://terms.naver.com/entry.nhn?docId=1530248&cid=41799&categoryId=41800).

국 이후 자신의 자아상을 새롭게 형성하며 대한민국을 건립하기까지 '우리나라'가 형성되는 과정과 매우 흡사하다. 아마 우리나라가 하나의 개념으로서 역사에 처음 공식적으로 등장하였던 것은 기미독립선언문의 첫 구절, "吾等(오등)은 玆(자)에 아 朝鮮(조선)의 獨立國(독립국)임과 朝鮮人(조선인)의 自主民(자주민)임을 선언하노라."에서가 아닌가 싶다.[13] 여기에 이르러서야 내용 상으로 오등국(吾等國)인 조선이 등장하게 된다. 조선은 이미 사라지고 조선인만이 남은 상황에서 오등국이 차지하는 위상은 이전 왕조시대의 오국과는 다른 위상의 개념임에 틀림없다. 여기서 오등은 조선 없는 조선인 간의 강한 연대로 이루어진 상태를 지시한다. 이와 같이 오국과 오등국 사이의 차이는 우리의 범주가 어디에 있는지를 표시하는 것으로, 논리적으로는 이민족의 지배에 대항하여 조선 사람들 모두가 우리에 포함된 민족의 개념을 배경으로 하지만, 당시에 과연 현실적으로 그 형식을 채울만한 내용이 있었는지는 의문이다. 조선 사람들이 당시 기존에 가지고 있던 신분관을 청산하였다고는 보기 어렵기 때문이다. 다시 말해 민족주의를 표방하면서도 정작 그 민족의 실제를 이루는 조선민에 대한 지식인들의 경멸은 여전하였기 때문이다.

대한민국 수립 후 70년이 지난 오늘날 '우리나라'라는 말에는 매우 각별한 지위가 부여되기에 이르렀다. 이 말은 2000년을 전후로 대한민국의 공동체성을 표상하는 존엄의 자리에 올랐다. 이는 1987년 권위주의 정부의 점차적인 몰락 이후 국가와 사회의 간극이 좁혀지면서, 국토애와 민중주의가 시민사회의 성장과 맞물리며 나타난 결과

---

13) 필자가 아는 한, 1913년 島井 浩가 짓고, 이만직(李萬稙)을 포함한 세 명의 한국인이 교열한 『實用韓語學』이라는 제목의 일본인을 위한 한국어 교육교재에서 "吾國"을 "우리나라"로 번역하고 있음을 확인할 수 있다(『實用韓語學』, 193쪽. 부산광역시립시민도서관 소장, 등록번호 17968, http://db.history.go.kr/id/smlb_060). 이 책이 나라가 망한 상황에서 발간되었더라도 여기서 오국은 전통적으로 조선을 가리키고 있음을 알 수 있다.

였다. 이런 맥락에서 1990년 대 이후 한국의 근대가 비로소 시작되었다는 최정운의 주장은 매우 의미심장하다.14)

오늘날 대한민국의 상상계를 표상하는 '우리나라'라는 말에는 어떤 의미가 담겨 있을까? '우리나라'는 어떤 경우 대한민국을 곧바로 가리키며, 맞춤법 상으로는 '우리√나라'로 표기할 수 없고, '저희 나라'도 잘못된 표현이다. 몇 년 전 어느 유명 연예인이 일본 토크쇼에서 '저희 나라'라는 말을 무심히 썼다가 수많은 누리꾼의 분노를 사서 난타당한 일이 있었다.15) 최근에도 어느 연예인이 어느 공영방송에서 역시 "저희나라"라는 표현을 썼지만. 잠시 문제로 떠올랐을 뿐 크게 불거지지 않았다. 더욱이 그 유명 연예인은 "우리나라나, 저희나라나"라고 하며 사람들이 너무 까다롭게 군다는 투로 불만을 표시하는 말조차 하였지만, 누리꾼들의 반응은 전과 같지 않았다.16) 아마 이전에 저희 나라라는 말에 격앙되었던 것은 저희 나라라는 표현을 일본사람들에게 사용하였기 때문에 굴욕으로 받아들여서일 것이다.

국어사전에서는 '우리나라'에 대해 "우리 한민족이 세운 나라"라는 특별한 정의를 붙이고 있다.17) 아마 이 정의는 근대적인 민족주의 개념에 영향을 받은 것 같다. 이는 칸트가 정의한 바람직한 국가의 양도할 수 없는 가치를 표상한다. 이것에 따르면 국가는 개인과 마찬가지로 다른 어느 누구에게도 양도될 수 없고 모두가 공유하고 있는 존엄의 가치를 표방한다.18) 이에 반해 '대한민국'이란 말은 중국, 일본, 미국, 영국, 인도네시아 등 다른 나라들과 구별되는 주권의

---

14) 최정운, 『한국인의 발견』, 미지북스, 2016.
15) 2004년 12월 23일. http://egloos.zum.com/ares38/v/9811913.
16) 2017년 8월 14일. http://tjqmaltus.tistory.com/963.
17) 네이버 국어사전. 「우리나라」 (http://krdic.naver.com/detail.nhn?docid=28727000).
18) 임마누엘 칸트, 오진석 옮김, 『영원한 평화를 위하여』, 도서출판 b, 2011.

구별을 표시할 뿐이며, 이 말로는 공동체의 특별한 정동을 이끌어낼 가능성은 거의 없다.

'우리나라'가 국민들의 정동을 지배하고 있는 것은 이 말에서 '내'가 완전히 결합되어 있다고 느끼기 때문이다. 하지만 '대한민국'이란 말에는 내가 불완전하게 포함되어 있을 뿐이다. 여기서 '나'(혹은 '내')는 전체의 일부로서 물건처럼 취급될 수 있는 '개인'과는 달리, 나의 죽음(혹은 파국)을 매개로 나머지 전체와 같은 위상에 존재한다.[19] 우리나라와 대한민국 사이에서 벌어지는 이와 같은 개념적인 간극이야말로 우리의 현실이 반영되어 있는 곳이다.

'우리나라'로 이끌어낼 수 있는 정동의 힘은 불변하거나, 운명적으로 부여된 것은 결코 아니다. 물론 전제주의 국가에서는 이를 불변의 요소로 강조하고자 하지만, 그러한 의도와는 무관하게 이는 공동체의 실재하는 두 요소인 '나'와 '대한민국' 사이의 현실적인 거리에 비례하여 증감한다. '우리나라'라는 말 속에 들어있는 우리로 표상되는 공동체는 '내'가 자기가 속한 사회에 취하고 있는 의식의 거리와 직접 연관된다.

이 거리는 교육, 이데올로기 선전 등에 영향 받기도 하고, 일부는 오랜 유산으로 전승되어 내려오며 계속 그 내면에 접혀져 온 것이지만, 그렇다고 전적이지도 영원하지도 않다. 그 거리는 나의 사회적 상태에 따라 연동되어 좁혀지고 떨어지기를 반복한다. 누구나 잘 알고 있듯이 이 거리가 좁혀져 우리나라라는 내면적 정동이 활성화되기 위해서는 법체계와 화폐 체계의 공정성이 동시에 담보되어야 한다. 2009년 용산 참사에서 사람들이 충격을 받았던 것은 화폐의 공정성이 자신의 경제를 지켜주지 못했다는 좌절감 때문이고,[20] 2014년 세

---

19) 최근 촛불 집회에서 촛불은 단순히 개인을 표현하는 것이 아니라 죽음과 파국을 매개로 한 나를 표상한다. '나'의 의미에 대해서는 마르틴 부버 저, 표재명 역, 『나와 너』, 문예출판사, 1990을 참조할 수 있다.

월호 사건이 공중의 분노를 샀던 것은 조금도 의심치 않았던 존엄한 법체계가 경우에 따라 나를 외면할지 모른다는 절망감 때문이었다.[21]

하지만 '나'에게 '우리나라'는 어느 정도 공리의 한계를 넘어서 있다. 우리나라의 표상이 다가오면, 금세 무방비한 상태가 되는 것은 우리의 뚜렷한 현실이다. 우리나라의 대표적인 표상 중 태극기와 애국가에 마냥 무너지고 마는 나를 발견하기 어렵지 않다.[22] 우리는 월드컵에서 태극기를 단 선수가 결승골을 넣거나, 올림픽에서 우리나라 선수가 금메달을 목에 걸고 애국가를 들으면서 경례하는 어느 한 때의 장면을 결코 잊지 못한다. 아무리 냉정한 시각으로 대한민국을 국가의 물질적 구성으로만 여기던 사람들도 이 장면 앞에서는 저도 모르게 눈시울을 붉히며 이전의 냉담함을 한 순간에 무너뜨린다. 이것은 너무나 흔한 우리의 일상이다. 어째서 이런 근거 없는 충동에 빠지고 마는 것일까? '우리나라'에는 현재의 대한민국에 대해 나를 완전히 통합시키고자 하는 간절한 소망이 담겨 있기 때문이다.

이 같은 소망은 잠재성으로 남아 있을 뿐이며 상징과 물질 교환의 경합하는 현실 속에서는 별 다른 힘을 쓰지 못하다. 때문에 객관적이고 냉정한 시선에서 우리나라는 어쩌면 환상일지 모르며, 그래서 시간과 공간을 벗어나 있는 탈역사적인 유령으로 비쳐 질 수도 있다. 하지만 그런 자리에서 벅차올랐던 감격은 어느 누구도 부정할

---

20) 용산 사태의 전말은 '용산4구역 철거현장 화재'라는 제목으로 위키백과에 정리되어 있다 (https://ko.wikipedia.org/wiki/용산4구역 철거현장 화재).

21) 세월호 사건의 전말은 '세월호 침몰사고'로 위키백과에 정리되어 있다 (https://ko.wikipedia.org/wiki/세월호 침몰 사고).

22) 촛불 집회와 대립되어 출현한 최근 태극기 집회에 등장한 태극기는 국가의 위대성을 표상한다. 태극기는 광주민주화운동에서도 등장한 바 있지만, 당시의 태극기는 시위에 참여하였던 광주 사람들이 자신은 폭도가 아니라, 자신도 국가에 속한 사람이라는 존엄성을 표현하고자 한 것이다(최정운, 『5월의 사회과학』, 풀빛, 1999). 하지만 태극기 집회에 또 다른 상징물인 성조기가 함께 등장하고 있다는 것은 광주민주화운동과는 다른 의미를 보여주는데, 대한민국의 정당성을 미국과의 관련 속에서 이해하고 이를 통해 국가 행위의 정당성을 외부로부터 부여받고자 하였던 의도로 이해된다.

수 없는 우리의 엄연한 현실이다. 이 환상이 없다면 대한민국을 총체성으로 받아들이는 일은 결코 가능치 않으며, 공간과 시간 안에서 벌어지는 그런 상징 교환도 결코 가능치 않을 것이다.

이제 국왕이 지배하던 시대의 "국조(國朝)"와 오늘날의 "우리나라" 사이에 어떤 차이가 있는지 어렴풋이 드러나고 있는 듯하다. 결국 '나' 가 자기 나라에 어느 정도 통합되어 있느냐가 이 구분을 가름한다. 우리나라에서는 이념적으로 국민의 한명인 '나'는 태어날 때부터 대한민국에 통합된 것으로 가정되고 동일한 주권을 부여받았다는 환상이 부여된다. 초등 교육에서 가장 처음 배우는 말 중의 하나는 우리나라이다. 받침이 없어서 익히기 쉬워서 인 듯하다. 이 말을 거듭 받아쓰고 익히는 사이 나는 우리나라 사람이 되는 환상을 품은 것은 당연하다.

반면에 대한민국에 해당하는 조선의 "오국(吾國)"에 이르는 길은 멀고도 고되다. 백성들이 오국에 통합되는 여부를 결정하는 권리는 국왕에 귀속되며, 따라서 통합 정도는 동일하지 않다. 오국은 국왕의 은혜와 신민의 보은을 바탕으로 작동하는 체계이며, 따라서 통합 정도는 동일하지 않으므로 그에 따라 양반으로부터 노비까지 신분의 위계가 생기기 마련이다. 오국의 조선은 대한민국에 비해 이념적으로 매우 좁은 공동체이다.

이 맥락에서 공동체는 선물을 공유한 집단이라는 이탈리아의 정치학자 로베르토 에스포지토의 지적은 매우 적실하다.23) 설사 같은 영토에서 태어났더라도 선물의 분유로부터 제외되어 있는 사람들은 공동체에 속한 것이 아니라는 의미이다. 조선에서 왕의 선물이 미치는 범위는 전체 인구에 비해서 매우 좁은 범위로 결정되어 있었다.24) 조

---

23) Roberto Esposito, *Communitas*, Stanford University press, 2009.
24) 김혁, 「조선후기 단오부채(節扇)의 생산과 가치 순환」, 『고문서연구』 36, 한국고문서학회, 2010.

선에서나 대한민국에서나 공동체의 범주는 고정된 것이 아니고, 실제로 모든 사람이 그 범주에서 살고 있는 것이 아니라는 것은 분명하다.

어느 사회나 현실계의 공동체와 상상계의 공동체 사이의 차이에 의해 돌아간다. 현실계의 공동체에 속하지 못하는 사람들이 상상계의 공동체에 진입하려는 욕망의 에너지야말로 사회의 모든 체계를 돌린다.

이와 같이 상상계는 그저 현실로부터 떨어져 있는 무지개에 불과한 것은 아니다. 그러기는커녕 오히려 그것은 현실의 무거운 수레바퀴를 굴리는 실재하는 힘이라는 증거는 너무나 많다. 폴 벤느가 지적한 한 가지 예를 들어보자. 매년 크리스마스 날만 찾아오면 어느 아이나 산타클로스 아저씨를 찾고 있지만, 특별한 경우를 제외하고는 누구나 그것이 허구임을 안다. 하지만 이 상상계의 힘은 너무나 강력하여 수만 개의 초콜릿과 사탕, 과자를 생산하는 공장들을 바쁘게 돌려대고 백화점과 상점들의 진열대 위의 크리스마스 상품들을 환하게 밝혀준다.[25]

이와 같이 현실계는 상상계에 의존하여 재생산되고 있다는 것을 알 수 있다.[26] 이 차이를 무화시켰을 때 사회가 동작을 멈추었던 것은 우리가 모두 알고 있듯이 현실의 공동체로 들어가는 진입로였던 과거제를 폐지한 왕조 사회는 곧이어 망해버렸다. 오늘날 '우리나라'라는 상상계를 부지하고 있는 헌법과 시장의 공정성이 포기된다면, 역시 결과는 명약관화하다. 우리나라는 결코 실질적 내용을 채우지 못할지 모른다. 하지만 그 쪽으로 가고자 한다는 현실계의 지배자가 자신의 몸짓을 멈춘다면 그 환상과 함께 현실계의 구조는 다른 쪽을

---

25) 폴 벤느 저, 김운비 역, 『그리스인들은 신화를 믿었는가?』, 이학사, 2002.
26) 모리스 고들리에는 사회 구성에서 상상계와 상징계, 현실계의 구조가 동시에 관여한다고 주장한다 (모리스 고들리에 저, 오창현 역, 『증여의 수수께끼』, 문학동네, 2011 참조).

향해 넘어갈 것이다.

이런 점에 주목한다면 우리나라로 표상되는 상상계의 발생과 전개는, 통상 우리가 더 신빙성이 있다고 신뢰하는 상징 교환에서 벌어지는 사회현상들 못지않게, 그 자체로 한국사의 성격을 해명하거나, 혹은 구성하려는 사람들에게 당면한 과제가 되어야 한다는 것은 두 말할 필요도 없다.

여기서는 이를 위해 15세기의 "오국(吾國)"으로부터 오늘날의 "우리나라"에 이르는 길을 더듬어 볼 것이다. 이 도상에서 16세기『국조정토록』에 나타난 자기의 거울상이 매우 강고하게 이어져 왔음을 이해할 수 있을 것이다. 물론 이 길은 구불구불하며, 또 겹쳐져 있으며 단선적이지도 않다. 전 시대의 유산이 계속 겹쳐져 혼합되면서 우리 안에 남은 우리나라라는 의식으로 응축되어져 온 과정을 엿볼 수 있기를 바란다. 한마디로 글은 바로 '오국'에서 '우리나라'로 오는 동안 한국사의 상상계가 형성된 시초, 그 오인의 굴레에서 우리가 어떻게 벗어날 수 있는지 함께 고민할 수 있는 시간이 되었으면 하는 바람을 담고자 한다.

2. 국조정토록 밖의 15세기

1) 국조정토록의 탄생: 편찬에서 간행까지

국조정토록은 기존의 관찬 사료에서 15세기 조선 정부의 정벌 기록을 가려 뽑아 싣고, 설명이 필요한 주요 부분에 간략한 주석을 달아 읽는 이의 편의를 도모하고 있다. 이 책의 텍스트는 16세기 전반에 필사본 형태로 유통되었을 것으로 추정되며, 임진왜란 직후인 17세기 초에 광해군 대에 왕명에 의해 훈련도감목활자로 간인되었다.

이 책은 1책 상·하권으로 제작되었으며, 내용은 범례·상권·하권으로 구성되어 있다. 범례에서는 간략한 편찬 원칙이 실려 있고, 상권은 정대마도(征對馬島)·정파저강(征婆猪江)·정건주위(征建州衛)이고, 하권은 정건주위·정니마거(征尼麻車)·정서북노구(征西北虜寇)·정삼포반왜(征三浦叛倭)이다. 이 책은 상권 중간의 몇 글자, 하권의 마지막 한 장이 떨어져 나간 것을 빼고는 거의 완본에 가깝다. 하지만 이 책에는 원래 서문이나 발문이 없을 뿐 더러, 편찬자를 추정할 수 있는 어떠한 근거도 남기고 있지 않다.[27]

<사진 1> 국조정토록[28]

---

27) 비교적 최근 이 책은 언론의 주목을 받아 대대적으로 소개되어 학계와 대중의 집중적인 관심을 이끌었다. 이 책은 현재 한국학중앙연구원 장서각에 소장되어 있으며 국내외 유일본으로 알려져 있다. 장서각 소장본은 1946년 이후 통문관에서 소장하였던 것을 그 뒤에 어느 고서 수집가가 구입하였고 1981년에 이것을 다시 한국정신문화연구원[현 한국학중앙연구원]에서 사들였으며, 2007년에 그 가치를 인정받아 보물 1511호로 지정되었다. 이 책의 영인본은 정구복, 「『國朝征討錄』의 자료적 성격」, 『藏書閣』9, 2003의 뒷면에 일본 전사본의 후기와 함께 수록되어 있다. 그리고 이 책은 현재 한국학중앙연구원 장서각에 소장되어 있으며 청구기호는 貴 B6B 99 4이다. 마이크로필름으로 열람이 가능하며 번호는 MF R35N2439이다. 그리고 원문은 웹서비스로 이용이 가능하며, 웹 주소는 http://lib.aks.ac.kr/DLIWEB20/components/searchir/detail/detail.aspx?cid=165732이다.

28) 문화재청 국가문화유산포털 웹사이트(http://www.heritage.go.kr/heri/cul/culSelectDetail.do?VdkVgwKey=12,15110000,31&pageNo=5_2_1_0#)

국조정토록에 실린 정벌 기록에 대해서 살펴볼 차례이다. 범례에서 밝힌 바와 같이 모두 7차례의 정벌기록이 실려 있다. 그 내용을 보면 1419년(세종 원년)의 대마도 정벌에서부터 1433년(세종 15)의 파저강 정벌, 1467년(세조 13)과 1479년(성종 10) 두 차례의 건준위 정벌, 1491년(성종 22) 이마거 정벌, 같은 해의 서북 오랑캐 정벌, 1510년(중종 5)의 삼포왜란의 정벌 등이다. 이 중 왜구 정벌 기록이 2차례이고 여진족 정벌 기록이 5차례이다. 이들 기록은 같은 시기의 모든 정벌을 싣고 있는 것이 아니라, 그 중 규모가 큰 것만을 선별한 것이다.

<표 9> 국조정토록에서의 정벌 기사

순번	정벌대상	정벌 시기	기간	비고
1	대마도	1419년(세종 원년) 5월7일~7월3일	2개월	
2	파저강	1433년(세종 15) 2월27일~4월20일	2개월	
3	건주위	1467년(세조 13) 9월24일~10월4일	10일	조명 연합
4	건주위	1479년(성종 10) 12월1일~12월16일	16일	조명 연합
5	니마거	1491년(성종 22) 10월18일~11월2일	16일	
6	서북오랑캐	1491년(성종 22) 8월20일~8월22일	3일	
7	삼포반왜	1510년(중종 5) 4월19일~8월6일	약 4개월	

이 책의 구성을 보면 7차례의 각 사건을 시간 순으로 싣고 각 사건마다 주제 별로 구성하고 있다. 주제 별 구성은 별도로 표시하고 있지 않지만 대체로 다음의 순서를 따랐다.

① 전쟁의 발단
② 조정의 논의
③ 왕의 재결
④ 장수의 임명

⑤ 하직 인사

⑥ 하사

⑦ 하유

⑧ 지휘체계

⑨ 작전지시

⑩ 병력·군량 상황

⑪ 전투 과정과 전과

⑫ 전후 포상

구성에서 이와 같은 유사한 패턴을 반복하고 있다는 것은 이 책이 갖는 매우 큰 장점일 수 있다. 일단 일목요연하게 사건을 개관할 수 있다. 이 같은 실용성 때문에, 광해군은 명의 파병 요청에 실리적인 선택을 하는 데 이 책을 긴요한 참고서로 이용할 수 있었다.

장서각 소장본인 인쇄본 외에 국조정토록의 또 다른 사본이 남아 있다. 이는 1965년 한일국교정상화 때 반환문화재 목록 속에 끼어 있었지만, 나중에 마이크로필름만 인도받은 전사본(傳寫本)이다.[29] 국조정토록 초고본의 편찬에 관한 구체적인 기록이 현재 남아있지 않고, 다만 이 책의 후기를 통해 일본의 전사본이 제작된 경위를 추정할 수 있다. 전사본의 저본이 되었을 수고본은 후기에서 보는 바와 같이 원래 도요토미 히데요시가 소장한 것이었으나 의관(醫官) 마나세 씨의 선조인 그의 신하에게 하사하였던 것이 그 당시까지 전해져 왔던 것이다. 이 사실을 통해 이 텍스트가 일본에 전해진 시기는 임진왜란 당시로 추정된다.

---

29) 일본 전사본은 일본 측으로부터 인도받은 마이크로필름이 국립중앙도서관에 소장되어 있으며, 마이크로필름번호는 古M2008-1이다.

이 책의 초고본은 임진왜란 이전에 작성되었을 것이라는 추정이 가능하다. 노영구는 책의 편찬체제가 유사하다는 점을 들어 국조정토록의 저본 중 하나를 『속무정보감(續武定寶鑑)』으로 확정하고 있다. 그는 이를 근거로 이 책의 편찬 시기를 『속무정보감』이 출판된 1548년(명종 3) 10월 이후인 1555년(명종 10) 발발하였던 을묘왜변을 간행의 직접적인 계기로 비정하고 있다.[30] 하지만 정해은은 을묘왜변을 이 책에 수록하지 않은 이유에 대해 수긍할 수 없다는 점을 들어 초고본이 중종대에 편찬된 것으로 점치고 있다.[31]

수고본 국조정토록은 실물로 남아있지 않아서, 현재로서는 내용과 형태를 정확히 파악할 수 없고, 이 초고본을 직접적인 저본으로 탈초하였다고 여겨지는 일본 전사본만이 유일한 단서이다. 이 일본 전사본이 원 텍스트를 가장 잘 반영하고 있다고 여겨지는데, 이 전사본을 광해군 때 간인된 인쇄본과 비교해 보면 내용이 거의 일치하고 있음을 알 수 있다. 이를 통해 간인본에서 일부 누락된 것을 보완할 수 있지만, 제대로 탈초되지 않은 채 초서체를 그대로 모방하여 그린 것도 있고 여전히 많은 오자가 제대로 교정되지 않은 채로 남아 있다.

국조정토록은 편찬된 이후 다양한 유통 경로가 예상 된다. <표 2>는 확인할 수 있는 것만을 표기한 것이다. 이 표에서와 같이 현재 초고본은 현존하는 1건과 추정되는 1건, 합하여 2건이 확인되며, 실제로 유통된 것은 이보다 훨씬 많았을 것이다. 이 책의 유통 경로에서 특히 주목되는 것은 이 책이 필사본으로 편찬되고 민간에서 다량으로 전사되다가, 17세기에 왕명에 의해 훈련도감자로 간인되었다는

---

30) 노영구, 「『국조정토록』 편찬의 특징과 자료적 가치」, 『장서각』 18, 2007, 11~17쪽 참조.
31) 정해은, 「16세기 동아시아 속의 조선과 『國朝征討錄』의 편찬」, 『장서각』 29, 2013, 50쪽 참조.

점이다. 이 점에 대해서는 뒤에서 자세히 언급할 것이지만, 관찬된 책이 뒤에 전사되는 일반적인 경우와는 다른 유통 경로를 거치고 있었음을 알 수 있다. 이는 지성사적으로 중요한 의미를 갖는데, 국조정토록에 관심을 갖는 지식 대중이 별도로 존재하고 있었다는 점을 방증한다.

<표 10> 국조정토록 텍스트의 통시적 전개

16세기 후반		17세기 전반(광해군대)		17세기 후반
<텍스트>의 성립	→	<초서본>	→	<어람용 정서본>
	→	<史庫 소장 정서본>		
	→	<훈련도감자 간인본>	→	이익의 <요약 전사>
				(『성호사설』에 소수)
		<일본 전래 초서본>	→	<탈초 전사본>
		(임진왜란 추정)		(1796년)

지금까지는 16세기 국조정토록이 편찬될 때까지를 이야기하였다면, 이제부터는 이 텍스트가 17세기에 인쇄본으로 간행되었던 배경에 대해서 다룰 것이다. 여기서 텍스트가 책이 제작되는 수고본과 인쇄본의 형태 차이에서 발생하는 의미의 차이뿐 아니라, 그것이 놓인 사회적 맥락에서 또 차이가 있을 것이라는 점에 대해서도 아울러 직감할 수 있을 것이다. 다시 말해 책은 텍스트를 담는 그릇이므로 그 형태에 따라 의미도 달라질 수밖에 없다.[32]

광해군이 국조정토록을 처음 주목한 시기는 1614년(광해군 6)에 비변사에서 올린 계 때문이다.

---

32) 텍스트와 출판, 독서를 별개의 사회 행위로 포착한 이해 방식은 로제 샤르티에, 「텍스트, 출판, 독서」, 린 헌트 엮음, 조한욱 옮김, 『문화로 본 새로운 역사』, 소나무, 1996을 참조할 것.

비변사에서 아뢰기를, '민간에 『국조정토록(國朝征討錄)』이라
는 책이 있는데 거기에 조종조(祖宗朝)에서 왜적과 오랑캐를 정
벌한 거사가 모두 다 기록되어 있습니다. 이 책이 오래되어 낡
았지만 상고할 만한 일이 있으므로 사자관(寫字官)에게 똑같이
베끼게 한 다음에 입계하여 전하께서 보실 수 있도록 하였습니
다.'고 하니, 답하시기를, '그 책을 등서하여 『실록』을 봉안한 곳
에도 1부씩을 간직해 두도록 하라.'고 하셨다.[33]

위의 기사에서 알 수 있는 것처럼 17세기에 인쇄되기 전까지 국
조정토록은 조정에서는 알려져 있지 않고 민간에서만 유행되었던
책이었다는 것을 다시 한번 확인할 수 있다. 앞서 이야기한 대로 홍
문관에서 공식적으로 편찬한 책이었다면 조정에서 몰랐을 리 만무
하기 때문이다. 70년 동안 민간에서 서로 베껴가며 유통되고 있었다
는 것을 알 수 있다. 이는 무엇을 의미하는 것일까?

간인본으로 출간된 것은 이 이후의 일이었다는 것은 분명하지만,
그 하한은 기록이 없어 분명치 않다. 다만 이 책이 훈련도감자로 찍
혀져 있다는 것이 유일한 단서일 수 있다. 정구복은 훈련도감자가
대체로 광해군 대부터 인조 때까지 사용된 활자이고 실록에서 이 책
에 대해 언급한 기사가 광해군대에만 한정되고 그 이후에는 일체 언
급되지 않았다는 점을 들어 이 책의 간행시기를 광해군대로 비정한
바 있다.[34]

어떤 것이 옳은지 지금으로서는 논증할 만한 직접적인 언급은 없
지만 그 논증의 실마리를 이 책 자체의 특징에서 찾고자 한다. 그것
은 이 책이 완본이라는 데 있다. 앞서 언급한 바 있듯이 이 간인본에

---

33) 『광해군일기』 권80, 광해군 6년(1614) 7월 29일(기묘). 실록 번역본을 참조하였으나 오역이 있어
  서 일부 수정하였음을 밝혀둔다.
34) 정구복, 앞의 논문, 212~213쪽 참조.

는 완결된 의미의 완본이라고 보기 힘든 면이 있다. 이에 대한 추정 근거를 정리하면 다음과 같다.

① 간인본에는 서문(序文)과 후기(後記)가 없다.
 : 일본 전사본에도 마찬가지로 없으므로 그 이전 필사본에도 서문과 후기는 원래 없었을 것이다. 초고본인 경우는 그렇다고 쳐도 간인본에는 경위를 적어 서문이나 후기 정도는 붙여도 무방할 텐데 말이다.

② 이 간인본은 엄밀한 교정을 거친 책이라고 보기 힘들다.
 : 이 간인본에는 2개의 오자가 있다. 하나는 보(報)를 집(執)으로 표기한 부분이고, 다른 하나는 토토쿠마마루(都都熊丸)을 토토쿠마가와(都都熊瓦)라고 잘못 표기한 것이다. 그러나 여기에서뿐 아니라 실록에서도 토토쿠마가와(都都熊瓦)라고 표기하고 있으므로 이것은 이 책의 편찬자가 범한 잘못이라고 할 수 없고 조선 측에서 일반적으로 잘못 여긴 것이다.

③ 어떤 이유에서인지 특정한 한 면에 18자가 결락되어 있다.
 : 결락된 글자들이 중앙에 몰려 있고 한꺼번에 몽땅 빠져있다. 전사본과 대조해 본 결과 정확히 글자 수 만큼의 공간만이 비어 있다. 이러한 예는 교정본이 아닌 경우에 다른 책에서 거의 찾아볼 수 없다. 아마 저본이 된 초고본에 원래 누락된 글자일 가능성이 있지만, 조판 과정에서의 누락이라고 보는 쪽이 더 신빙성이 있다.

이러한 조건에서도 활자본에 으레 있기 마련인 주위의 글자들이 크게 흔들리지 않았다. 이는 위의 실수들이 우연한 것이라기보다는 부득이한 사정이 개제되어 있다는 심증을 갖게 한다. 이런 사실로부터 추론해 볼 때, 이 간인본이 매우 급하게 찍혀졌던 것은 아닌가 생각한다. 그리고 이와 같은 촉급함에는 그럴 수밖에 없는 상황이 개제되어 있었을 것이다. 어떤 상황에서 이 책이 이와 같이 급하게 간인되지 않을 수 없었을까?

앞서 언급하였듯이 국조정토록은 1614년(광해군 6년)에 광해군의 명에 의해 등서되어 사고에 수장되었다. 그로부터 4년 뒤인 1618년(광해군 10)에 이 책은 새롭게 주목받기 시작하였다. 잘 알려져 있듯이 당시는 명청 교체기였다. 후금(後金)은 중국 변경의 군사요충지인 무순, 청하 등을 공격하여 함락시켰다. 이에 1619년 1월에 조선의 파병군 1만 3천여명이 압록강을 건너 요동으로 들어갔다.

1618년부터 파병하기 까지 광해군은 명나라와 맺은 의리와 후금과의 실리 사이에서 갈등하며 등거리 외교를 펴지 않을 수 없는 상황이었다. 이때 광해군은 이전의 여진 정벌 기사를 싣고 있던 국조정토록을 매우 중요한 참고서로서 주목하였다.[35] 다음은 당시 광해군이 국조정토록에 주목하였음을 알려주는 6월 27일자 기사이다.

> "군문과 경략 등의 회자 속에 칙서가 내려온 뒤에야 군대를 일으켜 들여보냈던 조종조의 구례를 인용하되 『고사촬요(攷事撮要)』와 『정토록(征討錄)』에 있는 곡절을 자세히 고찰하여 일일이 양 아문의 회자 속에 첨가해야 할 것이다. 그리고 이어 '호서(胡書) 때문에 위태롭고 절박해진 소방의 사정을 급히 고하는 중이었는데 자문과 격서가 도착한 이상 감히 호소하지도 못한 채 지금 바야흐로 1만 병력을 정돈하여 지시를 기다리고 있다.'는 등의 말을 개진하는 것이 마땅할 듯하니, 비변사로 하여금 대제학

---

35) 정해은, 『한국 전통병서의 이해』, 국방부 군사편찬연구소, 2004, 434~436쪽

과 함께 자세히 의논하여 이 조목을 포함시켜 짓도록 하라. 또이 적이 마구 무너지면서 요동(遼東)·광령(廣寧) 사이로 충돌해올지 어떻게 미리 알겠는가. 박정길(朴鼎吉)의 서장(書狀)에 나오는 내용대로 '진강(鎭江) 등 지역에 중국 병력 1개 부대를 보내주둔시키면서 차단을 한다면 중국 조정에도 유익할 듯하다.'는이 한 조목을 경략의 회자 가운데에 잘 첨가해 넣어도 무방할것이다. 이런 말들은 실제로 징병과 직결된 일이 아니니 비록상세히 첨가해 넣은 뒤 처치를 기다린다 하더라도 무슨 상관이있겠는가. 주문(奏文)과 회자는 관계되는 바가 지극히 중하니 다시 더 충분히 상의하여 처리토록 하라."[36]

위의 기사에서 명나라의 청병에 대하여 즉시 응하지 않고 혹시 있을 지도 모를 금과의 직접적인 군사적 충돌을 최대한 피하고자 하였던 광해군의 의도를 엿볼 수 있다. 이때 그가 즉시 파병을 요청한 명을 상대로 지연하고자 하는 의도에서 절차 상의 명분으로 든 것이 조종조의 구례였고 이 구례의 근거로 삼고자 하였던 책들 중의 하나가 바로 이 국조정토록이었다.

그런데 이러한 여진족 정벌 기사가 실린 책은 정토록만은 아니었다. 조선왕조실록, 승정원일기, 서정록, 속무정보감 등 이에 대한 더욱 자세한 상황을 알 수 있는 여러 참고교본들이 있었다. 그 중에서도 유독 국조정토록만이 주목받은 까닭은 무엇일까?

아마 그것은 앞서 언급하였듯이 국조정토록의 간략하고 정제된체제에 기인한 듯하다. 책은 너무 많은 정보를 실을 경우 번쇄하고산만해져서 실용성이 떨어진다. 국조정토록은 핵심적인 내용을 간결하게 정리하고 있다는 데 장점이 있다. 바로 이 점이 사건의 전체적인 조망을 이해하고자 하는 당시의 의도를 충분히 충족시켰을 것이

---

36) 『光海君日記』, 광해군 10년 6월 27일.

다. 정토록에 의거하여 내린 광해군의 지시는 며칠 뒤인 7월 1일자 기사에서도 곧이어 나타난다. 비변사에서는 광해군이 부원수를 두명 두라고 명령한 일에 대해 이의를 제기하자, 광해군은 이에 대해 다음과 같이 명령을 내린다.

> "다만 내가 『정토록(征討錄)』을 보니, 한계미(韓繼美)와 김교(金嶠)가 비록 평안 병사로서 적호(賊胡)를 정벌하기는 했으나, 다만 두 차례뿐이었다. 이 외에 오랑캐를 친 때에는 윤필상(尹弼商)·어유소(魚有沼)·강순(康純)·남이(南怡) 및 다른 여러 장수가 군사를 거느리고 나가 쳤으나 모두 본도 병사가 아니었고 서울로부터 뽑아 보낸 병사였다. 내 생각으로는 관서로부터 강변으로 가서 친다면 조종조 구례에 따라서 경서로 하여금 가서 치게 하는 것이 옳겠다. 그렇게 하지 않고 요하를 건너서 들어간다면 이 적이 반드시 빈틈을 타 쳐들어올 것은 의심할 여지가 없이 분명하다. 본도의 병사·방어사·조방장 등의 여러 장수는 우리나라를 한치도 떠나게 해서는 안된다. 이경전으로 하여금 상세하게 비밀리에 정탐하여 우선 치계하게 한 후에 처리하는 것이 마땅할 듯하다. 이것은 전진에 임하여 장수를 바꾸는 데 비할 일이 아니다. 자세히 의논을 더하여 처리하라."[37]

이와 같이 당시에 광해군은 계속 정토록을 참조하며 전략을 세우고 있다. 그 다음날인 7월 2일에 도원수의 종사관을 뽑는 문제에 대해서도 역시 정토록에 의거하고 있다.[38] 7월 4일의 징병 절차를 논의하는 과정에서도 마찬가지로 정토록은 중요한 교본이 되었다.[39]

어떤 이유에서인지는 모르겠지만 6월 27일로부터 7월 4일까지

---

37) 『光海君日記』, 광해군 10년 7월 1일조.
38) 『光海君日記』, 광해군 10년 7월 2일조.
39) 『光海君日記』, 광해군 10년 7월 4일조.

갑작스럽게 정토록은 부각되고 주목받게 되었다. 7월 6일이 되어서야 비변사도 그 이전에 조종의 전거에 대한 지식 없이 대응하던 태도에서 벗어나 광해군과 같이 정토록에 의거하여 자신의 견해를 올린다.[40]

이때 광해군에게 이용된 국조정토록은 앞서 언급한 어람용으로 필사된 국조정토록였을 것이다. 당시 사고에 두도록 한 필사본은 보관용이므로 일반 신하들이 접근할 수 있는 방법이 없었다. 당시 민간에서 유행했다고 하는 필사본의 경우에도 비변사의 관원들 전체의 수요를 채우기에는 역부족이었을 것이다.

그런데 위에서 보는 바와 같이 광해군은 매우 갑작스럽게 이 국조정토록을 이용하여 국정에 적극적으로 반영하도록 명하고 있으며 본인 자신이 이 정토록에 의거하여 정책을 수립하고 주장한다. 신하들의 입장에서는 이것에 매우 빠르게 대응해야 했을 것이고 이것은 아마 정토록의 수요를 짧은 시간에 급증시켰을 것으로 예측된다. 필자가 주목하고 있는 것은 바로 이 같은 급속한 변화가 있던 10일 사이이다. 이때 국조정토록이 수요에 맞추어 훈련도감자로 급히 간행되었을 것이고 본다. 그리고 급한 수요에 부응하느라 불가피하게 앞서 언급한 결점들이 나타나게 되었을 것이라고 생각한다. 하지만 문제는 여전히 남는다. 광해군대 국조정토록의 간행 의도가 편찬자의 의도와 다르다는 것이 자명하다면, 이 책은 누구를 위해 간행한 것일까? 이 문제에 접근하기 위해서는 조금 더 참을성 있게 이 책의 여러 요소를 검토해 보아야 할 것 같다.

---

40) 『光海君日記』, 광해군 10년 7월 4일조.

2) 15세기의 현실계와 정벌의 성격

『국조정토록』이 비교적 최근 세상에 처음 소개되기 시작하였을 때 전문가들은 지나치다고 여겨질 만큼 신중한 태도를 취하였다. 여기에는 그 만한 까닭이 있었던 것 같다. 최초의 소개자인 정구복은 국조정토록을 "조선조에 있었던 대외 파병사를 정리한 책"이라고 정의하였고,[41] 노영구는 국조정토록에 실린 내용이 기존 사료에서 볼 수 있는 것과 크게 다르지 않다는 점을 의식하며 "광해군이 후금 지역 파병을 결정하면서 참조하였다는 점에서 이 책이 단순한 전쟁사 서적 이상의 가치를 가진 것으로 평가 받고 있다"는 궁색한 평가를 덧붙였다.[42] 어느 것이든 이 책을 전쟁사로 이해하는 기본적인 시각을 공유하였음을 알 수 있는데, 이는 그들이 15세기의 현실계에서 눈을 뗄 수 없었기 때문이라고 생각한다.

이와는 대조적으로 정해은은 시선을 16세기에 이 책을 편집하였던 어느 편찬자의 의도에 돌린다. 임진왜란 전 동아시아의 국제 정세와 그에 대응한 정치문화를 통해 이전보다 더 넓은 조망 속에서 이 책의 의미를 찾고자 하였던 그는 이 책의 편찬자가 국조정토록을 통해 자기 시대의 위정자에게 요구하는 "주문"이었다는 점을 강조한다.[43] 이는 이 책이 그저 조선전기의 파병 사실을 수록하기 위해 편찬된 전쟁 기록물이 아니라, 당대의 특정한 정치적 혹은 역사적 의미에 주목한 때문이다.

이와 같이 연구자들 간에 국조정토록의 성격을 두고 의견이 갈렸던 것은, 당연히 논의의 발전적인 진전이기도 하지만, 무엇보다 주

---

41) 정구복, 앞의 논문, 2003.
42) 노영구, 앞의 논문, 2007.
43) 정해은, 앞의 논문.

목하고자 하는 곳에 차이가 있었기 때문이다. 이 차이는 우리의 논의에서 매우 중요하다. 이는 의도된 것은 아니지만 근본적으로는 국조정토록 안에 내재된 16세기의 상상계가 15세기의 현실계와 충돌을 빚기 때문에 불가피하게 빚어진 차이라고 비치기 때문이다.

국조정토록에 실려 있는 정벌 기록들은 세종 원년 당시 상왕(上王)이었던 태종이 대마도를 정벌하라는 명령으로부터, 이후 백년 간 행하여졌던 여진족과 왜구를 상대로 펼쳤던 대대적인 군사 활동을 대상으로 한다. 앞서 언급하였듯이 이 책의 의미는 바로 15세기의 정벌이 16세기의 편찬자에게 어떤 의미를 가졌던 것 인가에 달려있다. 이를 위해서라도 무엇보다 15세기에서 이 정벌들이 갖는 의미에 관해 먼저 탐구해야 할 것이다.

기존 연구에 따르면 개국 이후의 조선은 북방의 오랑캐와 남방의 왜구로부터 잦은 침략에 시달리는 나라로 그려져 왔다. 왜구는 놓아두고라도 조선왕조실록에 기재된 여진의 침략과 그에 대한 대응인 정벌 실태를 살펴보면, 태종 대 8회, 세종 대 30회, 세조 대 19회, 성종 대 22회, 연산군 대 17회, 중종 대 11회, 명종 대 6회, 선조 대 18회 등 대략 131회로 파악된다. 이에 대한 조선의 정벌은 태종 대 1회, 세종 대 1회, 세조 대 2회, 명종 대 1회, 선조 대 7회(혹은 5회) 등 총 15회이다.[44]

<표 11> 조선전기 여진족의 침략과 그에 대한 정벌 회수(조선왕조실록에 의거)

왕대	태종	세종	세조	성종	연산군	중종	명종	선조	총계
침략	8회	30회	19회	22회	17회	11회	6회	18회	131회
정벌	1회	1회	2회				1회	7회(5회)	15회(13회)

---

44) 위의 논문, 52쪽.

이 횟수만을 고려한다면 조선 전기의 대외 관계와 이와 관련된 조선의 위상에 대해 자칫 오해가 있을 수 있다. 여진족의 침략은 조선 전기 내내 지속적으로 이루어지고 있어서 침략 횟수는 총 131회로, 평균 2년에 1.5회 꼴로 빈번한 반면, 그에 비하여 조선의 대응은 미미하여 정벌에 나선 총 횟수가 15회에 불과하고 전혀 어떠한 조치도 취하지 않은 왕대도 있기 때문이다. 여기서 상상되는 조선의 모습은 다분히 침략만을 받는 피해국으로 비쳐지기 십상이며 사실 이것은 통설이다. 하지만 당시 동아시아의 기본적인 질서와 작동 원리를 이해한다면, 이는 숫자가 주는 일종 착시현상에 불과하다는 것을 알 수 있다.

당시 동아시아의 기본적인 국제 질서는 명의 황제, 조선의 국왕, 무로마치 막부의 쇼군이 주축이 되어 세 발 솥[삼정(三鼎)]의 형태로 이루어져 있는 체제를 기본 구도로 하고 있었다는 점에 우선 주목해야 한다. 조선과 무로마치 막부는 명과 사대관계(혹은 조공관계)를 맺고, 조선과 무로마치 막부 사이에는 교린 관계를 맺고 있었다. 이때 여진이나 왜는 이 체제의 중심적인 요소가 아니었으며 보족적인 기능에 머물렀다는 점에 유의해야 한다.

실제로 이 공존 체제는 매우 성공적이어서, 일본이 임진왜란을 일으키기까지 조선 전기 250년 간 이 세 나라 간에 직접적인 군사 충돌을 피할 수 있었다. 그런데 이 같은 250년간의 장기적인 평화 공존은 어떻게 가능하였을까? 이는 그 자체로 기적이라고 여겨질 만큼 세계사적으로 전례가 없는 일이었다. 그 비밀은 어디에 있었을까? 이 점에 대해서는 두 가지 점을 지적할 수 있을 듯하다. 하나는 이 체제의 기본 골격인 사대와 교린이 갖는 특수한 성격에 있고, 다른 하나는 완충 장치를 하였던 여진족의 만주와 왜의 대마도(혹은 잇기)가 갖는 고유한 기능이 주목된다.

사대·교린 관계부터 살펴보면, 이는 오늘날 국제관계의 이념에서 비추어 보면 오해받기 딱 좋다. 이 관계는 독립된 주권국가 간의 상호 대갚음 관계(reciprocity) 원리의 관점에서는 대등하지 않은 일종 신분적 결합을 의미하기 때문이다. 사대에서 요구되는 관계의 이상형은 군신 관계(부자 관계)이고, 교린은 형제 관계이다. 한마디로 가족 관계의 인지 모형이 적용되고 있다. 우리나라가 근대에 이른바 "독립(獨立)"이라는 개념이 국제관계의 원리로서 새롭게 대두되었을 때, 기존의 사대 관계가 다름 아닌 굴욕으로 받아들여졌다는 점을 상기한다면 여기서의 문제가 어디에 있는지 분명히 알 수 있다.[45]

사대라는 말은 『맹자』에서도 발견되고 『도덕경』에서도 볼 수 있다. 맹자에서는 자소(字小)라고 표기되고, 도덕경에서는 사소(事小)로 표현될 뿐 의미는 대동소이하다. 여기서는 모두 소국이 대국을 섬겨야 하는 것과 마찬가지로, 대국도 소국을 섬기도록 권유하고 있으며, 맹자는 이를 인자(仁者)의 정치라고 불렀다. 이 형식적 관계는 서로에 대한 인정, 예를 들어 작은 나라가 큰 나라를 부모나 군주의 나라로 여긴다든지, 혹은 아우가 형으로서 대접하는 상호 관계를 일정한 의례를 통해 인정하기만 한다면, 평화는 지속될 수 있다는 것이며, 여기에 경제적인 이익이 고려되고 있지 않다는 점이 주목할 만한 특색이다.

이는 문화인류학에서 이른바 선물관계로 일컬어지는데, 실제로 선물관계에 관여된 해당국들에는 정기적인 조공 의례를 통해서 각각 합당한 선물을 주고받으며, 이는 두 나라의 관계를 확인하고 유

---

45) 김종학, 『개화당의 기원과 비밀외교』, 일조각, 2017.

지하는 중요한 의례로 여겨진다. 잘 알려져 있듯이 명 쪽에서는 자신이 져야 할 의무 때문에 이러한 의례를 되도록 줄이려고 하였고, 조선 측에서는 자신이 얻는 이익 때문에 늘리려고 했다는 것은 이 관계의 본질을 잘 설명해 준다.

이 원리를 대표적인 선물관계로 주목받고 있는 멜라네시아의 쿨라 링과 비교해 보면, 여러 가지 점에서 유사한 측면이 있다. 쿨라 링에는 의식을 강조한 쿨라 교환이외에도 김왈리라고 불리는 통상적인 형태도 동시에 이루어지고 있는데, 이른바 조공무역에 의한 교환에도 조공(朝貢)과 회사(回賜)의 교역 등 일정한 의식을 동반한 교역 이외에도 역시 통상적인 교역인 사무역(私貿易)이 동시에 이루어지고 있는 양상을 보인다는 점에서도 이 둘은 매우 유사한 양상을 보인다. 인류학자들이 김왈리 보다는 쿨라에 주목하였던 것은, 그것이 경제적인 이득을 목적으로 한 것이 아니라 둘 사이의 관계를 상호 인정하는 의식을 거침으로써 지속적인 평화를 유지하는 유용한 도구라는 점에 주목한 때문인데, 사실상 이러한 특성은 조공무역에서도 고스란히 드러난다.

이와 같은 조공관계의 성격을 더 분명히 이해하기 위해서는 최근 쿨라에 대한 마르셀 에너프의 지적이 참조가 된다. 그에 따르면 쿨라 교환의 핵심은 인정투쟁에 있는 만큼, 격렬한 긴장 관계가 내재한다.[46] 쿨라와 같은 선물관계가 갖는 위태로움에 대해서는 이미 마르셀 모스가 『증여론』의 여러 곳에서 지적이 있었다. 손님들을 맞아 시끌법적하게 잘 어울리던 한밤의 잔치 자리가 그 다음날 아침 손님

---

46) 마르셀 에나프, 김혁 옮김, 『진리의 가격 : 진리와 돈의 인류학』, 도서출판 눌민, 2018.(Marcel Henaff, translated by Jean-Louis Morhange with the collaboration of Anne-Marie Feenberg-Dibon, *The Price Of Truth:Gift, Money, and Philosophy*, Stanford University Press, 2010.)

들이 주인들을 다 죽이고 피투성이의 현장만을 남기고 자리를 뜬 결과로 끝맺음했다는 이야기는 이에 대한 전형적인 예이다.[47] 이러한 친화성 안에 내재된 적대성은 포틀래치에서 상대방보다 우월한 명예를 쟁취하기 위해 과도한 소비를 과시하였던 데에서 잘 드러난다.[48] 모스는 이 점에 주목하여 쿨라와 포틀래치를 동일한 범주에서 이해하고 있고, 앞서 언급한 바 있는 모리스 고들리에는 포틀래치를 쿨라가 진화된 예로 파악한다.

조공무역은 포틀래치적인 성격이 다분하며 실은 그보다 더 진전된 예로 볼 수 있다. 포틀래치와 쿨라에 남은 폭력적인 불안성을 신분제가 갖는 안정성을 통해 제거하고자 시도한 때문이다. 조공무역은 위에서 잠시 살펴보았듯이 가족의 불평등한 신분을 표면적으로 인정한 은유 안에서 선물관계를 주기적으로 확인함으로써 평화를 추구하는 방법이다.

이것과 또 다른 방법이 있다면 몽테스키외가 제안한 자유무역의 원리이다. 이는 상호간의 경제적 이기성을 전제로 경제적 얽힘을 통해 관계를 깨지 않음으로써 얻어지는 소극적인 평화를 추구한다. 이 관계는 세계 자본주의 체계를 형성하여 계약에 의한 상호적인 물적 교류를 전제로 이루어지는 경제적 호혜성의 원리와는 성격을 달리한다. 이때 호혜성은 순전한 타산에 기초한 경제 교류의 원리이다. 이 원리를 이상화한 몽케스키외의 지적처럼 이것도 생면부지의 사람들 간에 취할 수 있는 최선의 방법일 수 있지만 당사국 간에 국경

---

47) 마르셀 모스, 이상률 옮김, 『증여론』, 한길사, 2002.

48) 쿨라의 교환관계가 자칫 폭력으로 이러질 가능성을 간파하지 못하고 서로에게 이익을 주는 긍정적 측면에만 주목한 가라타니 고진은 이 관계를 대등한 주권국 간의 평등한 관계를 기반으로 한 칸트의 영구평화론과 연관 짓고자 하였지만 쿨라에 대해 이보다 더 큰 오해는 없을 듯하다(가라타니 고진, 조영일 옮김, 『세계사의 구조』, 도서출판 b, 2012).

을 맞대면서 이기성에 기반한 경제적 관계만을 유지하고 있다는 것은 맹자가 지적하였듯이 이익을 전제로 한 관계는 언제라도 무너질 수 있는 불안감을 동반하기 때문에, 사실상 그 자체로 화약고를 끼고 있는 것과 크게 다르지 않다.[49]

자유무역에 기반한 근대의 국제 관계는 근대 유럽의 개인주의에 기반한 사회원리가 그대로 적용된다. 이 원리에서는 시민적 주권을 가진 어느 사람도 다른 어떤 사람에게도 예속되어 있고 자유로워야 한다. 여기에는 평등하게 태어난 자연인은 누구나 자유로울 수 있는 권리를 타고나며, 이 권리에 입각하여 타인과 평등한 사회계약을 맺을 수 있도록 한다는 이념이 전제되어 있다. 국제 관계 역시 영토의 크기나 국력과는 무관하게 어느 나라나 동일한 권리를 가지고 있으며, 모든 나라들이 서로 그와 같이 대접받을 수 있어야 한다는 점이 강조된다. 누구나 다 알고 있듯이 이것은 어디까지나 이상이고, 이념 상 추구되어야 지점이라는 것이지만, 실은 이것이 이상적이므로 현실과 거리가 멀기 때문에 무용하다는 것이 아니라, 이상적이기 때문에 오히려 현실을 통제할 수 있는 유혹적인 미끼가 될 수 있다. 이 이념에 따르면 각 국이 독자적인 권리를 인정받고 있는 듯하지만, 현실에서는 실력의 차이를 통해 노골적인 지배가 이루어지고 있으며, 권력적인 지배와 복속, 그리고 무엇보다 자국의 이익만을 고려하기 때문에 오히려 매우 불안정하다.[50]

이제는 위에서 이 사대·교린의 세 발 체제가 안정적으로 유지되기 위한 각별한 비책으로 앞서 언급한 바 있는 이른바 완충지대의

---

49) 샤를 드 몽테스키외, 이재형 옮김, 『법의 정신』, 문예출판사, 2015.

50) 조반니 아리기가 중국의 제국주의가 전통적으로 미국의 제국주의보다 관용적이라는 점을 강조하고 있는데, 이러한 접근법은 이 논의에서 시사하는 바가 크다(조반니 아리기, 강진아 역, 『베이징의 애덤 스미스』, 도서출판 길, 2009).

설정에 관해 설명할 차례이다. 단적으로 여진족이나 대마도의 왜는 자신이 끼어 있는 양국의 어느 한 쪽에 귀속되지 않은 채 양 쪽에 모두 소속되어 조공을 바치고 있었다. 양쪽 국가에서도 자기 쪽으로 귀속시켜 자기 영토로 포섭하기 보다는 기미 정책의 대상으로 여겨 외교적으로 활용하고 있었다는 점이 이런 상황을 잘 설명해 주고 있다.

관여된 당사자들이 각자 자신의 이권을 위한 상쟁이 불가피한 오늘날의 국제 질서와는 다른 원리가 여기에는 엄존한다. 이 체제에서 문화를 통한 조절 뿐 아니라, 서로의 직접적인 충돌을 피할 수 있는 독특한 방식이 요구되었다. 이를 위한 장치란 국가 간 분쟁의 싹을 애초부터 잘라 버리는 방식이다. 이때 당시 동아시아의 영토적 질서에서 주목되는 것은 세 다리가 서로 맞닿아 손상되지 않도록 그 사이에 끼어있는 완충 지역을 두었다는 사실이다. 조선은 명과의 사이에 여진을 두었고, 다시 일본과의 사이에는 대표적으로 대마도를 두었다.

이러한 완충 지역이 형성되게 된 것은 중국 역대 왕조가 행한 전형적인 이민족 통치 전략인 기미정책의 결과였다. 기미정책이란 당나라 이후 자신이 직접 나서지 않고 이(夷)로써 이(夷)를 통치하는 고도의 통치 전략이다. 중국은 전통적으로 주변 민족의 분열을 통해 상호적으로 통제하도록 하는 통치 방식을 사용하였는데, 명에서도 여진에 대해 이러한 정책을 적극 활용하였다.

명에게 여진, 조선, 일본, 대마도의 왜를 포함한 주변국들은 이른바 기미(羈縻) 정책의 대상이었다. 그리고 기미정책은 각 종족 내에서도 실시하였는데, 명의 영락제는 여진족을 복속시킨 후 그 세력을 약화시키기 위하여 건주(建州), 해서(海西), 야인(野人)의 3개로 분할하여 통치하였다는 데에서도 잘 드러난다.

참고로 당시 여진의 분포를 살펴보자. 건주 여진은 원래는 요동의 산간 지방에 거주하였으나 1423년 건주위의 추장 이만주(李滿住)가 타다르의 침입을 받자 조선과 명의 허락을 받아 압록강 유역의 파저강 지역으로 이주하였다. 이후 조선에서는 건주위를 파저야인으로 불렀다. 해주여진은 송하강 하류와 흑룡강 일대에 거주하였으며, 해주는 오늘날 연해주에 해당하는 지역으로 동쪽으로 바다에 접해 있기 때문에 붙여진 지명이다. 야인은 원래는 지명이 아니라 두만강과 압록강 주변에 살던 여진족을 말하였지만, 건주위의 이주 이후 구별 없이 사용되었다. 사료에 등장하는 조선과 관련된 여진은 크게 토착여진과 오랑캐[兀良哈], 우디캐[兀狄哈]로 구분할 수 있는데, 토착 여진은 고려시대부터 두만강 이남으로 남하해 6진 개척 시기에 조선으로 귀화한 여진이고, 오랑캐가 건주여진에 해당하며, 우디캐가 해서여진과 야인여진에 해당한다.[51]

기미정책을 행한 명의 입장에서는 중국의 천하질서를 효율적으로 유지할 수 있는 적절한 정책일 수 있지만, 그 대상이 되는 조선이나 여진의 입장에서는 자신의 독자적인 입지를 확보할 수 있는 일종 틈새이자 기회일 수 있었다. 지정학적으로 조선으로서는 명에 직접 대응하는 부담으로부터 벗어날 수 있다는 이점이 있으며, 이 틈새를 이용하여 자신을 확대하는 계기로 삼을 수도 있기 때문이다. 하지만 그것은 어디까지나 사대-교린을 축으로 하는 삼국의 공존을 전제로 한 것이기 때문에, 조선으로서는 이 경계를 넘지 않고자 눈치를 보지 않을 수 없었고, 명으로서도 조선을 이용하여 여진 세력의 확대를 막고자 하는 의도가 없지 않았을 것이다. 여진이 거주하였던 지역은 조선과 명 양국 사이의 직접적인 충돌을 막는 완충 지대로 기

---

51) 정해은, 앞의 논문, 29쪽.

능하였음을 짐작할 수 있다.

　하지만 여진이 분열된 상태에 있을 때에는 삼국에 전혀 영향을 주지 못하지만 자신의 분열을 극복하여 통일된 중심체를 만들고자 하였을 때에는 양국 모두에 부담을 주어 삼국을 중심으로 이루어진 동아시아의 공존 체제는 깨지고 만다. 이는 애초에 평화를 위해 제공되었던 국제정치의 공간이 그 틈새에서 새로운 세력이 성장할 수 있는 계기가 될 수 있었으며, 16세기 후반 이후 발흥하였던 건주위여진의 추장인 누루하치가 17세기 초 후금을 세우고 중국 본토를 점령하여 청을 건립한 것이 이 경우의 전형적인 예라고 할 수 있다.

　조선과 일본 본토와의 관계 역시 마찬가지로 완충지대가 활용되고 있음을 알 수 있다. 여기서의 완충지대로는 대표적으로 대마도를 꼽을 수 있다. 대마도도 여진과 마찬가지로 일본 본토와 조선 어디에도 속하지 않는 완충 지역으로 남아 있어야 했다. 당시 왜구는 종족 상으로 본토의 일본과는 무관하게 대부분 대마도에 속한 사람들이었다. 이들도 여진이 그랬듯이 자신이 끼인 양국에 동시에 속하여 조공 관계를 맺을 수밖에 없는 그물에 걸려 있었다.

　이상과 같은 조망 아래에서 위 <표3>의 숫자들을 다시 보면 앞에서 언급한 것과 다른 국제 관계의 이미지를 찾을 수 있을 것이다. 여기서 언급되는 여진의 침략이라는 것과 이에 대한 대응으로서 조선의 정벌이 의미하는 것은 무엇일까?

　잦은 외침이라고는 하지만 침략이 정례화되어 있었다고 여겨질만큼 어떤 구조 속에서 작동되고 있는 듯 한 인상을 준다. 이 침략을 임진왜란이나 병자호란처럼 국가 대 국가가 치루는 대규모적인 전면전의 성격이라고 생각하는 것 자체가 잘못이다. 그리고 당연한 말이겠지만, 이 침략들을 모두 동질적인 위상에서 볼 수도 없다. 사실상 조선 조정에서 별다른 대응 없이 지나친 경우가 많았다는 점을 고려한다면, 국경 주변에서 벌어지는 국지전 정도로 이해하여야 마땅할 것이다.

더욱이 여기서 이른바 침략과 짝을 이루는 개념은 사대(조공)였고, 이에 대립적인 개념이 정벌인데, 이는 "자소(字小)" 혹은 "사소(事小)"와 짝을 이룬다.[52] 정리하자면 여진과 대마도는 침략을 하면서 사대(혹은 조공)를 바쳤고, 조선은 정벌을 하면서 자소를 한 것이다. 이는 이 두 나라의 관계에만 해당되는 것이 아니라 동아시아의 모든 질서에 해당한다. 하지만 조선이 이들과의 관계는 명분적으로 사대와 교린의 공식적인 관계 바깥에 있는 방기된 성격이었지만 태조 이성계는 무력행사에 의해 복속함으로써 이를 통해 번리 혹은 번병으로 인식하게 됨에 따라, 성격상 사대와 교린의 어느 중간 쯤인 애매한 위치에 있게 되었다.[53]

이들의 침략이 갖는 성격을 이해하기 위하여 세종 대의 대마도 정벌을 유발한 침략을 이에 대한 한 가지 예로 들어보자. 당시 대마도 왜구의 침략은 조선의 중심부에 해당하는 충청도 해안인 비인현 도두음곶으로 침입하였고, 이후에 같은 서해안 쪽인 연평곶에 또 다시 출몰하였다. 바로 직전의 상황을 보면 명이 요청으로 일본이 대마도 왜구들을 정벌한 이후 대마도의 왜구들은 한동안 잠잠하였다. 잠잠하던 대마도의 왜구들이 왜 갑자기 이런 행동을 하였던 것일까? 이에 대해서는 대마도주와 내통하면서 평도전이 하였다는 다음 말이 참고가 된다.

---

52) 조선이 여진과 대마도에 지속적으로 자소를 한 정황에 대해서는 한성주, 「朝鮮前期 '字小'에 대한 고찰-對馬島 倭人 및 女眞 勢力을 중심으로-」, 『한일관계사연구』 33, 2009 참조.
53) 정다함, 「조선초기 야인과 대마도에 대한 번리·번병 인식의 형성과 경차관의 파견」, 『동방학지』 141, 2008, 263~264쪽 참조.

"조선이 너희들을 대우하는 것이 점점 각박해지니, 만일 변
방의 고을을 침략하여 두렵고 요동하게 한다면 그들은 반드시
너희들을 그 전처럼 대우해 줄 것이다."

왜인들은 조선정부가 박대한다고 여긴 것이다. 따라서 소란을 일
으키면 그들의 관심을 환기할 수 있을 것이라고 생각하였다. 결국
대마도의 왜인들이 바랐던 것은 어쩌면 매우 적은 것으로 평가되어
야 될 것 같다.

그럼에도 조선의 정벌은 가혹하였다. 1419년(세종 원년) 대마도
정벌은 왜선이 충청도 비인을 공격하자 이를 응징하기 위해 단행되
었다. 이종무가 병력 1만 7천여 명과 병선 227척을 이끌고 바다를
건너 대마도에 가서 적선 129척을 빼앗고 민가 2,000여 호를 불태
우고 123명을 참수했으며, 명나라 사람 146명과 조선인 8명을 송환
하였던 전과를 거두었다.

이 정벌에 대해 이익은 다음과 같은 냉소적인 사평을 남겼다.

"그 섬에는 곡식 심을 만한 비옥한 토지가 없고 오직 귤과 탱
자와 남초(南草)만이 가장 잘 되니 그 지방 사람은 상업을 주로
삼고 먹을 것은 조선(朝鮮)만 쳐다볼 뿐이다. 이로 본다면 칼자
루는 우리에게 있는 셈이다. … 진실로 은혜로 어루만져 주고
위엄으로 복종하도록 하여 처우하기를 그 도(道)로 했다면 채찍
을 꺾어 없애고도 그들을 제압할 수 있었을 것인데 어찌하여 군
사를 수고롭게 하는 데까지 이르렀는가?"[54]

여기서 칼자루가 조선에게 있다는 말은 당시 상황을 매우 적실하
게 드러낸 표현이다. 전통적으로 대마도는 조선과 매우 깊은 친연성

---

54) 『성호사설』제19권, 「경사문(經史門)・정대마도(征對馬島)」.

이 있었고 비교적 우호적인 관계를 유지하여 왔다. 또 위에서 볼 수 있었듯이 그들이 바라는 것은 조그마한 위무였다. 유화책이 훨씬 효과적이다는 이익의 평가는 적절한 듯하다. 거군을 동원한 것에 비하여 얻은 것이 너무 없었다. 병선 227척과 병력 총 17,285명을 인솔하여 군량 65일분을 가지고 기습적으로 적의 본거지를 소탕하고자 의도된 이 전쟁은 어른이 어린 아이의 손목을 비트는 것이나 다름없었다.

대마도 왜인들은 별다른 저항도 없이 패퇴하였고, 조선군은 많은 배와 민가를 불태우는 전과를 올렸다. 그렇다고는 간단한 외교적 위무책으로 대응하여 해결될 수 있었던 일을 거군을 동원함으로써 국력을 낭비하고 장기적으로 볼 때 대마도 왜인들에게 불만을 갖게 하여 이후 계속된 왜와의 끊임없는 분쟁의 빌미를 준 셈이다. 닭 잡는데 소 잡는 칼을 쓴 꼴이 되었다는 것이 이익의 평가인 듯하다.

이와 같이 이익이 전혀 이해가 안된다는 투로 의아하게 여겼던 대마도 정벌에 대해서 이규철은 그와 거의 같은 문제의식에다가 대마도에서 웬일인지 대마도 왜와 결정적인 결전은 피하였다는 점, 그리고 조선이 우려하는 바는 대마도 왜라기 보다는 북방의 여진이 더하였다는 점을 더 거론하여 의아함을 더하고, 이에 또 다른 해석을 제시하였다. 그에 따르면 당시 조선이 대마도를 정벌하였던 까닭은 대마도의 왜를 소탕하는 데 목적이 있는 것이 아니라 명이 일본을 정벌하는 데 협조하라는 명령이 이를 줄을 알고, 미리 명분의 싹을 잘라버리기 위한 조처였을 것이라는 해석이다. 그는 조선-명, 조선-왜, 조선-여진 식으로 국제 관계를 양국 간의 관계만으로 고려한 기존 연구의 방식을 비판하면서 다차원적인 연관 속에서 동아시아 질서의 역학을 파악하여야, 1419년 대마도 정벌에서 조선이 남긴 미묘한 지점을 이해할 수 있다고 한다.[55] 정다함은 이러한 접근 방식을 매우 긍정적으로 평가하고 있는데,[56] 이 정벌에 관한 이익의 문제 제기에 비추어 보아도 이규철의 해석은 설득력이 있다.

당시 조선의 조정에서는 여진족의 침략을 왜구의 침략보다 훨씬 심각하게 바라보았다. 세조 대에 양성지(梁誠之, 1415~1482)는 왜구에 대해서는 바로 대마도로 달려가 화포로 배들을 다 불살라 버리면 되지만, 여진은 방어나 평정이 어려운 적으로 보았다는 데에서 이러한 입장은 잘 드러난다.[57] 이는 왜구는 쉽게 도망할 수 없는 막힌 거처인 대마도에 모여 살기 때문에 공략이 용이하지만, 여진족의 경우는 만주 대륙에 거처가 분산되어 있고, 그 수에 있어서도 왜구에 비견될 수 없을 만큼 대규모이기 때문에 결코 만만히 볼 상대가 아니라고 여겼던 때문이다.

세종은 태조의 입장을 계승하여 정벌에 관한 한 매우 결단적인 입장을 취하였다.

> "윤덕이 아뢰기를, '평안도 백성들은 작은 도적들이 자주 오는 것을 막기 위하여 여간 피로하지 않을 것이니, 만약 작은 도적들이 원수를 갚지 못하여 크게 침입해 오면 방위하기 어렵습니다.'고 하였는데, 나도 그렇게 생각한다. 그러나 야인들이 분함을 품고 자주 변경을 침범하니 약함을 보일 수는 없는 것이다. 요해지에 군사를 주둔시키고 천 명, 혹은 백 명으로 굳게 방어해야 한다. 방금 적에 대한 방책은 성벽을 굳게 지키는 것이 상책이요, 만약 야인들이 와서 침범하면 우리의 편리한 것을 이용하여 나가 쳐서 패하게 하는 것이 중책(中策)이다. 얼음이 얼

---

55) 이규철, 「1419년 대마도 정벌의 의도와 성과」, 『역사와 현실』 74, 2009.
56) 정다함, 앞의 논문, 2011.
57) 『세조실록』 권40, 세조 12년 11월 2일; 정해은, 앞의 논문, 56쪽 참조.

면 적이 반드시 침입할 것이니 가을과 겨울이 되거든 군사를 뽑아서 방비하라. 야인들이 중국은 두려워하지 아니하고 우리 나라를 두려워하는 것은 다름이 아니라, 야인들이 중국의 경계에 날뛰어 변민(邊民)을 노략한다 할지라도, 중국에서는 이를 도외시하고 군사를 일으켜 죄를 토벌하지 아니하기 때문이다. 중국 사신이 우리 나라로 인연하여 야인의 지경에 가면 야인이 두려워하고, 중국에서 바로 가면 두려워하지 아니하였다. 두려워하지 않을 뿐만 아니라 혹 쏘는 자도 있었으니, 이 때문에 고황제(高皇帝)가 마침내 마음이 편하지 못하였다."58)

이와 같이 세종은 여진이 명을 두려워하지 않고 조선을 더 두려워하는 이유에 대해 명은 여진이 경계에서 노략질을 해도 군사를 일으켜 죄를 벌하지 않기 때문이라고 파악하였다. 세종은 여진의 노략질을 막기 위해서는 성을 쌓아 지키는 것보다는 반드시 징계하여 후환을 막아야 한다는 입장이었다.59)

그러면서도 세종은 자신의 군사 행동에 매우 조심스러운 태도를 보인다. 세종 대에 대마도를 정벌할 당시 태종은 "대마도는 옛날에 신라(新羅)에 속해 있었지만 어느 때부터인가 왜인(倭人)에게 점거되었다."는 것을 명분으로 제시하고, 세종이 북으로 4군 6진을 개척할 때는 고려의 명장인 윤관(尹瓘, 1040~1111)이 여진을 토벌하고 동북 9성을 공략한 전사(前史)를 제시한다.60) 이는 모두 일본과 명에 대해 각각 자신의 군사 활동을 정당화하기 위한 조치였다. 그리고 무엇보다 세종 대에 행한 정벌을 보면 본거지를 소탕하고도 그 지역

---

58) 『세종실록』 권60, 세종 15년 6월 23일.

59) "오늘날 적을 방비하는 것은 옛날의 비교가 아니다. 적이 오지 않으면 그만이지만, 온다면 필시 천이나 만 명으로 떼를 지어 마음대로 거리낌 없이 행동할 것이다. 우리가 만약에 성채(城砦)만 지키고 싸우지 않는다면 더욱 도둑의 마음만 키우게 되어 뒷날의 화가 무궁할 것이니, 반드시 징계하여 후일의 마음을 저지하는 상책이다."(『세종실록』 권78, 세종 19년 8월 6일).

60) 『세종실록』 권59, 세종 15년 3월 20일.

을 점령하지 않고 다시 되돌아오고 있다. 이와 같은 조선 정부의 태도는 점령한 이후 지속적인 통치에 자신이 없어서이기도 하겠지만, 사실상 대마도의 경우는 그 이전에 도주가 지속적으로 복속을 원하였던 전례를 보면, 진압이후 복속시키더라도 문제는 없었을는지 모른다. 하지만 그렇게 하기를 꺼린 것을 보면, 사실상 이 같은 정벌의 성격이 위에서 언급한 동아시아의 삼국 간에 이루어진 사대교린 관계를 기반으로 한 공존체제의 틀에 더 깊게 묶여져 있었음을 알 수 있다.

3. 16세기 속의 국조정토록

1) 표류하는 국경 : 사림파와 훈구파의 경계

국조정토록의 마지막 정벌 기사로 실려 있는 중종 대 삼포왜란 이후에도 왜인들의 동향은 심상치 않았다. 1544년(중종 39) 4월에는 왜선 20여척이 화약병기를 보유하여 매우 공세적으로 경상도 사량진(蛇梁鎭)으로 침입하였다. 1555년(명종 10)에는 왜선 70여척이 전라도 해안에 침입하였다. 1557년(명종 12)과 1559년(명종 14)에도 왜선은 계속 충청도와 전라도, 제주도 일대에 출몰하여 약탈하였다.

북쪽에서의 입장도 심상치 않아서 몽고의 새로운 지도자로 등장한 알란 칸이 명나라 변경을 공격하였다. 1542년에 명나라 군에 큰 타격을 주었으며 1550년에는 북경을 위협하는 상황까지 초래하였다.

사실 많은 정벌이 있은 뒤에도, 그 실효가 의심될 만큼 변경에서의 약탈은 계속되었고, 이와 같은 북방의 급격한 정세 변화 속에서 조선 정부가 위기의식을 가졌다는 것은 분명하다. 그 결과의 하나가

역대 전쟁사를 정리한 『동국병감』과 『서정록』, 『속무정보감』 등의 편찬사업으로 이어졌다고 노영구는 지적한다.61)

하지만 중종 때 사림파의 집권 이후 국제 정세에 대한 인식은 크게 변화하였다. 실록에서 사림파가 국경에 대해 어떤 태도를 취하였는지 알 수 있는 단적인 예 하나를 들어 보자.

1518년(중종 13) 8월 17일에 속고내(束古乃)가 갑산에 침입하여 노략질하였을 때, 별동대를 파견하는 문제를 놓고 조정에서 심각한 의논이 진행된 적이 있었다. 이 사건은 1512년 삼포왜란을 진압한 지 얼마 안되어 생긴 사건이지만, 당시는 조광조가 중종의 전적인 신임을 얻고 있던 전성기였으므로, 당시 사림과 훈구 사이에서 정벌에 대한 견해가 얼마나 다른 지를 보여주는 단적인 예가 될 수 있다. 다소 긴 감은 있지만 그들의 이야기에 귀 기울여 보도록 하자.

　　조광조 : "신은 이 일 때문에 변방에 일이 일어나는 조짐이 될까 두렵습니다. 속고내에게 죄가 있는지 없는지는 알 수 없습니다만, 제왕(帝王)의 거동은 만전해야 하니, 반드시 사리가 바른 뒤에 거행해야 합니다. 지금 속고내가 모역하는 마음이 없고 다만 사냥하러 왔을 뿐인데, 우리가 불의에 엄습하여 사로잡으려 한단 말입니까? 이와 같은 일은 변장이 혹 편의로 처리하였더라도 불가한데, 만약 조정에서 스스로 도적의 꾀를 행하여 재상을 보내어 엄습한다면 의리에 어떻겠습니까? 만약 사로잡았다가 속고내가 아니면 그 걱정거리가 장차 이루 말할 수 없을 것이오, 참으로 속고내라 하더라도 만약 죄가 있다면 죄를 묻는 군사를 일으켜야 합니다. 지금 변경에 요란을 피운 것이 아닌데 몰래 군사를 내어 엄습하는 것은 진실로 해서는 안 될 일입니다. 비록 장수를 보내더라도 사로잡지 못하면 호인(胡人)이 반드시 우리를 믿지 아니하고 간사하다고 할 것입니다."

---

61) 이하 16세기 후반 조선의 국제 정세에 대해서는 노영구, 앞의 논문, 15-17쪽 참조.

중종 : "이 말이 옳다. 만약 속고내가 지금 와서 변경을 요란하게 하면 사로잡는 것이 옳다. 그러나 사냥하러 왔는데, 도적의 꾀를 행하여 엄습해서 사로잡는 것이 사체에 어떻겠는가?"

정광필 : "조광조의 말은 참으로 유자(儒者)의 지극한 말입니다. 그러나 삼대(三代) 이후로 변방 일을 처치하는 데에 한결같이 제왕(帝王)의 도를 따르지 못하였으니, 지금 보내는 것이 좋지 않겠습니까?"

조광조 : "전쟁의 기회도 또한 한마음에 있을 뿐입니다. 옛날 제왕이 이적(夷狄)을 대함에 있어서 도(道)에 맞게 하는 것도 반드시 친히 그곳을 가 보고서 안 것이 아닙니다. 모든 일을 다 인(仁)과 의(義)로 한 데 불가합니다. 그리고 올해 북방에 서리가 일찍 와서 농사 수확이 전혀 없으니, 만약 변경의 환란을 만나면 반드시 제어하지 못할 것입니다. 왕자(王者)가 이적(夷狄)을 대하는 데는 변경을 충실하게 하고 백성을 넉넉하게 하여 일이 일어나지 않도록 해야 할 것이고, 저들이 먼저 변경을 요란하게 하여 적이 우리에게 침범하면 부득이 대응하되, 서서히 죄를 묻는 군사를 일으키는 것이 본디 사리에 마땅합니다. 그렇게 하더라도 우리의 병력을 살피고 헤아려야 하며 가벼이 움직여서는 불가한데, 하물며 명분없는 거사임에리까? 비록 주장합이 이 거사로 인하여 스스로 징치될 수 있다 하나, 아마도 반드시 그렇지는 않을 듯합니다. 옛날 성종조에 만포 첨사 허혼(許混)이 사냥하는 오랑캐를 몰래 사로잡았더니, 이로 인하여 수십여 년 동안 변방의 근심이 그치지 않아서 백성들이 그 폐해를 받게 되므로, 성종께서 허혼을 베어서 앞으로 올 일을 징계하셨습니다. 지금 조정에서 대신을 보내어 숲속에서 오랑캐를 엄습하여, 사기의 술책을 가지고 도적의 방법을 행하니 국가의 사체에 어떻겠습니까? 신은 변방의 일만 일으키고 국가의 체면만 크게 상하게 될까 염려됩니다."

유담년 : (버럭 화를 내어 소리를 지르며) "일이 만약 처리를 잘못하면 과연 사단이 생기겠지만, 그러나 옛말에 '밭가는 일은 종에게 물어야 하고 베 짜는 일은 여종에게 물어야 한다.' 하였으니, 이와 같은 일은 신의 말을 들어야 합니다."

중종 : "조광조의 말도 또한 깊은 뜻이 있으며, 일이 매우 가볍지 않으니 가벼이 움직일 수 없다. 정부 및 지변사재상을 다시 모아 의논하는 것이 좋겠다."[62]

중종과 함께 논의를 진행하고 있는 인물은 당시 영의정이었던 정광필(鄭光弼, 1462~1538), 병조판서 유담년(柳聃年,?~1526), 부제학 조광조(趙光祖, 1482~1519)였다. 논의의 초점은 속고내가 국경 안으로 들어왔다는 보고가 올라오자 이에 대한 대응 문제에 있었다. 실록에 따르면 속고내는 국경 근처에 살고 있던 오랑캐로서, 조선으로부터 직을 받았던 아버지인 매하(每下)가 살해당한 탓을 조선에 돌리며, 국경을 침략한 인물이다.[63]

속고내가 국경 내에 나타났다는 보고를 접한 중종은 처음에는 즉시 공격하려 하였다. 하지만 조광조가 군자는 인의(仁義)로 일을 처리해야 한다는 도덕적인 명분과 상황이 정확치 않은 데 따른 후일의 문제가 불거져 더 큰 말썽을 불러일으킬 수 있다는 우려를 이유로 들어 이를 만류하자, 유보적인 자세를 취하였다. 조광조의 말에서 발견되는 수사를 보면, 대표적으로 "왕자(王者)"와 "이적(夷狄)"이라는 표현을 통해서도 드러나듯이, 화이론에 입각해 있으며, 왕자가 이적에 대해서는 관용을 베풀어야 한다는 점을 주요한 논거로 제시하고, 이 사건의 경우는 뚜렷한 명분이 없으므로 군사 행동을 자제해야 한다고 주장하였다.

반면에 정광필과 유담년은 조광조의 견해를 유자의 원리원칙론으로 보고 속고내를 즉시 공격하여 잡아들여야 한다고 주장하였다. 여

---

62) 실록에 실린 이야기를 독자를 위해 편찬하였다(『중종실록』 권34, 중종 13년 8월 17일(갑신)).
63) 『중종실록』 권15, 중종 7년 4월 28일조 참조.

기서의 논의는 유담년이 버럭 화를 내며 군사에 정통한 사람의 말을 들어야 한다고 강변하였지만, 중종은 결국 조광조의 신중론에 손을 들어주는 것으로 끝난다.

잘 알려져 있는 바와 같이 조광조가 사림을 대표하는 인물이라면, 정광필과 유담년은 훈척 세력이라고 할 수 있다. 정광필은 훈구파의 중진으로 알려진 정난종의 아들이며, 특히 유담년은 무신으로서 삼포왜란 때 정벌에 큰 공을 세워 입신한 인물이다. 이들이 현실적인 조치를 취하고자 하였다는 것은 두말 할 여지가 없다. 오늘날 저항적 민족주의의 관점에서 보면 정광필과 유담년 등이 현실적이라기보다는 조광조이 지나치리만큼 이상적이고 명분적이라 평가될 수 있을 것이다. 더욱이 그의 평화론은 말썽의 소지를 이쪽에서 억제하여 얻은 구차한 평화라고도 비쳐질 수 있을 것이다. 자신을 돌아보아서 도덕적 흠이 전혀 없게 한 뒤에 어떤 일을 할 수 있다면, 과연 현실적으로 할 수 있는 일이 무엇이 있겠는가라는 반문조차 가능하다. 그런 입장에서는 사림파의 입장은 앞서 소개한 바 있는 세종 대에 펼쳤던 발산적인 기개와 대비하여 소심하고 수렴적인 태도를 취하고 있다는 생각이 들 수 있다.

하지만 앞서의 장에서 논의하였듯이 이와 같은 여진이나 왜의 침략이 국가 대 국가의 전쟁이 아니라, 노략질 정도의 수준이고, 조선이 자소(字小)와 정벌(征伐), 다시 말해 당근과 채찍으로 다스릴 만큼 남은 힘이 있다면, 조광조의 논의에 대한 평가는 얼마든지 달라질 수 있다. 더욱이 앞서 행하였던 수차례의 정벌이 있었음에도 그들의 노략질이 줄어들기는커녕 계속되고 있었으므로, 정벌의 현실적인 효과가 의심되는 상황에서 관용적 태도를 통해 햇볕 정책 쪽으로의 정책적 선회는 생각해 볼 수 있는 것이기 때문이다.

조광조의 이 같은 태도는 조선을 왕자(王者)의 지위에 올려놓고 있다는 점에서 현실과 거리가 먼 군자연하는 위선의 분위기가 풍긴다고 여길 수 있지만, 왕자(王者)/이적(夷狄)의 이분법이 이전 시대와는 전혀 다른 평면 돌출한 것이라고 볼 수는 없다. 여기서 이적으로 지목되고 있는 대상은 명이나 일본에 대한 것은 물론 아닐 것이고, 태조 때부터 번리·번병으로 여겨오던 여진이나 대마도 등을 가리킨다는 것은 두 말할 나위도 없다. 이와 같이 사대와 교린을 기본 축으로 형성된 동북아시아의 삼국(三國) 공존의 질서 안에서 조선을 중심에 두고 여진과 대마도를 주변에 배치하는 번리·번병 의식은 태조 이성계로부터 시작하여 명의 동의를 얻기에 이르렀고,[64] 세종 대의 용비어천가에서 볼 수 있듯이 "중화의 역대 왕조들의 '보편' 문명과의 유사성을 강조하면서도 이를 위해서라도 반드시 중화와의 최소한의 차이점은 남겨두는 '비교'의 방식을 통해, '중화'와 같아질 수는 없더라도 이에 버금가는 상한선의 좌표를 설정"하여 이어지고 있으며, 이를 소중화주의로 비정하고 있는 정다함의 주장은 참으로 흥미롭다.[65]

그렇다면 조광조의 이 같은 견해도 태조 대의 번리·번병의 세계 질서 의식으로부터 발전한 세종 대의 소중화적 정체성과 동일한 맥락에서 보아야 하는 것이 아닐까? 여기서 언급되고 있는 소중화적 정체성을 이해하는 데 주목해야 할 논리적 특성은 명의 지위를 넘보

---

64) 정다함, 앞의 논문, 2008.

65) 정다함, 「『龍飛御天歌』에 나타난 조선왕실의 "小中華"적 정체성 창출과 타자인식」, 『한국사학보』 57, 2014, 191쪽. 정다함의 논의대로라면 세종대의 소중화적 정체성은 조선후기 병자호란 이후의 '소중화주의'와는 개념 상 구별된다. 전자는 조선, 명, 일본의 국제 균형 속에서 그 번병에 해당하는 여진과 대마도 왜에 대한 경쟁적 포섭을 목적으로 하는 가운데에서 나온 실질적 소중화의 공간이 형성된 중심주의에 기반한 것인 반면, 조선후기의 소중화주의는 이미 멸망한 명의 뒤를 잇고 있음을 표방하고 있다는 점에서 다분히 이념적이다.

지 않으면서, 명이 가지고 있는 중화 의식에 가까이 다가가야 한다는 좌표 설정에 있다. 조선이 중화의 문명을 성취함으로써 감화를 통해 여진이나 왜를 감화시킬 수 있다는 것이 이 논의의 핵심이다. 여진이나 왜가 주기적으로 입조하여 조공에 준하는 것들을 바쳤고, 그들의 문화적 경제적 요구에 은혜를 베풀어야 하는 지위에 있는 위치에서 고민하지 않을 수 밖에 없는 조선 조정의 논의는 당시의 실록 기사에서 일일이 지적할 수 없을 만큼 많다. 여기서 조광조가 언급하고 있는 "왕자(王者)"가 갖추어야 할 도덕적 태도라는 것은 당시에 갑자기 생겨난 것이 아니라 오랫동안 조선정부가 그들 민족들에 대해 취해왔던 전통적인 입장이었다는 점을 상기한다면, 이를 위선적이고 명분론적이라고 이해할 이유는 없다. 이는 적극적으로 해석하는 것이 허용된다면, 『용비어천가』에 나타나 있는 조선의 선대 왕들이 이민족을 교화하여 자신의 쪽으로 포섭하는 소중화적 몸짓을 계승하고 있었다고 해석하여도 크게 무리는 아닐 것이다.

조광조의 이러한 태도는 건준위 정벌에 대한 이계맹(李繼孟, 1458~1523)의 비판과 공명하는 점이 있는 것처럼 비친다. 이계맹은 주강에서 군사적인 일에 대해 논의하는 중에 다음과 같이 말한다.

> "태평한 때라 하여 전란을 잊어버리면 반드시 위태한 법입니다. 이른바 '거창한 것을 좋아하고 공효를 바란다.'는 말은 임금이 부강해진 기세를 틈타 먼 나라에 위엄과 무력을 과시하는 것이니 지금 일로 본다면 대마도(對馬島)나 건주위(建州衛)를 정벌하는 것과 같은 따위가 오히려 거창한 것을 좋아하고 공효를 바라는 것이라 할 수 있겠지만, 진을 설치하는 일과 같은 것은 그런 유가 아닙니다."[66]

---

66) 『중종실록』 권44, 중종 17년 3월 12일(기미).

이계맹이 여기서 언급하고 있는 "대마도나 건주위를 정벌하는 것"은 바로 국조정토록에서 언급하였던 정벌들을 가리킨다. 그는 이 일을 "거창하고 공효를 바라는 일"로 "부강해진 기세를 틈타 먼 나라에 위엄과 무력을 과시"하는 일로 가차 없이 비판하였다. 그는 무오사화 때 김종직의 문인으로 여겨져 끌려 들어갔다가 오인으로 밝혀져 풀려난 전력이 있다. 그가 사림파로 지목된 경력이 있기는 하지만 그가 여기서 사림파의 의견을 전적으로 대변하고 있다는 점에 대해서는 좀 더 신중할 필요가 있다. 그는 정벌 대신에 대안으로 진의 설치를 주장하고 있기 때문이다.

진을 설치해야 한다는 그의 말이 과연 조광조와 같은 도덕적인 담론과 같은 것일까? 국방 정책, 다시 말해 외치(外治)에 대해 미온적인 태도를 가지고 대하는 것일까? 아니면 정벌이 갖는 공효에 의문을 품고 내놓은 또 다른 현실적인 방안일까? 그의 의도가 어디에 있었는지 행간을 더 살펴보아야 할 것 같다. 다음은 같은 자리에서 중종과 이계맹이 나눈 의논이다.

중종: 간원(諫院)의 상소에, 변방 일에 뜻을 두지 말라면서 옛일을 든 것은 매우 좋았다. 그러나 변진(邊鎭)의 일도 잊어서는 안 된다.

이계맹: 상소의 뜻은 과연 지당하고 변장(邊將)들이 공을 세우려다 일을 저지른다는 말은 더욱 지당하나, 미조항(彌助項)의 진(鎭) 설치는 대신들이 건의한 지 이미 오래고 전번에 장순손(張順孫)도 가하다고 말했으며, 이번에 또 대신이 직접 형세를 살폈기 때문에 의논하여 처리한 것입니다. 경상도 각 진(各鎭)의 개혁(改革)에 관한 일은 경솔하게 거행하기 어려울 듯싶습니다. 세조조(世祖朝)에 남도(南道)의 영(營)을 북청(北靑)에 둔 것은 내부에 있으면서 외부를 제어하려

한 때문입니다. 이래서 평안도 영변(寧邊)의 진도 내지(內地)에 있는 것이니 이로써 헤아려본다면 남방 영(營)의 진을 옮기는 것은 불가할 듯하고 행영(行營)을 설치하여 외진(外鎭)으로 삼는 것이 합당할 듯합니다. 전일에 의주(義州)의 성을 겨울철에 쌓았는데 쌓자마자 무너져 버려, 백성만 수고롭게 하고 공효가 없게 된 것은 과연 아뢴 말과 같으나, 방어를 설치하는 일은 역시 조금도 늦추어서는 안 됩니다.

중종 : 변방 일은 마땅히 변방 일을 잘 아는 사람과 의논하여 그 사세의 완급(緩急)을 보아서 해야 할 뿐이니, 기다려 보게 하려는 대간의 뜻도 지당하다.[67]

앞서 세종은 진의 설치에 만족하는 태도를 비판하고 적극적으로 징계하여 후일의 폐단을 막아야 한다는 태도를 상기한다면, 이계맹의 입장은 바로 세종이 비판한 바 있는 소극적인 태도로 물러나 있는 것에 다름 아니다. 하지만 위의 대화를 보면, 국경을 지키는 문제에 대한 당시의 논의는 담론의 경계가 다른 곳에 형성되어 있었음을 알 수 있다. 여기서 언급되고 있는 사간원의 상소라는 것은 이 논의가 있기 전 바로 이틀 전인 3월 10일에 대사간 이번(李蕃) 등이 올린 상소를 가리킨다. 이번 등은 당시 발생한 자연 재해를 틈타 천견론(天譴論)에 의지하여 다음과 같이 말한다. 조금 길지만 전체의 뜻을 훼손시키지 않도록 상당 부분을 인용하였다.

"임금으로서 부모된 마음을 체득하여 자식처럼 양육하는 책임을 생각하기를 어찌 조금이라도 게을리 할 수 있겠습니까? 이래서 하늘의 견책에 응답하는 실지는 덕을 닦기에 힘쓰지 않으

---

67) 『중종실록』 권44, 중종 17년 3월 12일.

면 안 되는 것입니다. …… 옛적의 어진 신하들이 임금에게 경계를 진달(進達)할 적에 반드시 '조종(祖宗)의 법도에 따라 하고 변방 일에는 유의하지 말기 바랍니다.' 한 것이 어찌 안일만 추구하고 방비를 잊게 하려 한 것이겠습니까? 내정(內政) 다스리기를 앞세우고 외적 방비를 뒤로 돌리게 하려 한 것입니다. …… 송 신종(宋神宗)이 범순인(范純仁)에게 묻기를 '경(卿)이 섬서(陝西)에 있으면서 반드시 변방 일에 조예를 쌓았을 것인데, 성곽(城郭)이나 갑병(甲兵)이 어떤가?' 하자, 순인이 아뢰기를 '바라건대 폐하께서는 변방 일에 너무 깊이 유의하지 마소서. 변방 지키는 신하들이 관망(觀望)하다가 공을 세우려고 일을 저질러, 이적(夷狄)들과 사단이 맺히고 생민(生民)들을 잔해(殘害)하게 되며, 오직 지금에 있어 목전의 방해가 될 뿐만 아니라 또한 앞날에 의외의 우환을 가져오게 될까 싶습니다.' 하였고, 부필(富弼)이 또한 아뢰기를 '폐하께서는 마땅히 백성에게 은덕을 펴야 하니 변방 일에 유의하지 마시고 먼저 해내(海內)를 유족하고 안정되게 하소서.' 하였습니다. …… 우리 국가의 관방(關防)에 관한 말은 조종(祖宗)들께서 친히 계획하신 바가 극진하게 되지 않은 것이 없는데도, 더러 한 구석의 이해만 보고 즉각 개혁하여 이익은 없고 손해만 생기게 되었습니다. 지금 공을 세우려는 사람들이 범수인이나 부필처럼 원대한 생각은 하지 않고 경솔하게 변공(邊功) 세우기만 아뢰고, 전하께서는 신종의 후회를 생각해보지 않으시어 피폐한 백성들에게 때 아닌 역사를 시키시니, 신 등은 전하께서 원려(遠慮)하여 생각을 되돌리지 않으시다가는 반드시 앞날에 의외의 염려를 남기게 될까 싶습니다."[68]

위의 상소에서 그는 외정(外政)에 앞서 내정(內政) 다스리기에 앞설 것을 주장한다. 변방에 성을 쌓는 일은 그 부담이 고스란히 피폐한 백성들의 부담으로 돌아가게 된다. 특히 성을 쌓는 일은 많은 위험을 수반하는 일이다. 내정이 결코 안일을 추구하고자 하는 것이

---

68) 『중종실록』 권44, 중종 17년 3월 10일.

아니라는 점도 덧붙이고 있다. 이전에 국가 방비에 대해 조종들이 친히 계획하신 바가 극진하였는데, 이익은 없고 손해만 보았다고 평가하고 있다. 전대의 정벌을 염두에 두고 한 말 같다. 더욱이 이와 같이 성 쌓는 일을 주장하는 사람들이 공을 세워 자신의 사욕을 채우고자 하는 욕심에서 비롯되었다는 점을 지적한다.

사실 장기간의 평화가 지속되면 가장 손해를 보는 사람들이 있다면 무신들일 것이다. 전쟁이야말로 자신의 존재를 증명하는 것이자, 승진할 수 있는 절호의 기회이면, 왕의 입장에서도 외적의 침입으로 인한 국가의 위기란 자신을 위태롭게도 하지만 자신의 힘을 과시할 수 있고 이를 통해 정국을 한 손에 장악할 수 있는 계기가 된다. 하지만 늘 그렇듯이 여기에는 막대한 물적 인적 자원이 소용되므로, 백성들의 부담과 희생이 뒤따르기 마련이다.

내정을 우선시할 것이냐, 외정을 우선시할 것이냐는 어느 시대의 국가가 당면한 딜레마이다. 내정을 우선시 할 것을 주장하는 사간원의 관원들의 상소를 보면, 앞에서 소극적인 관점이었다고 평가하였던 조광조의 생각으로 다시 돌아가게 한다. 그가 주장하는 도덕이란 것이 그저 공허한 것만은 아닐 것이다. 왕의 도덕이란 다름 아닌 자신의 권력을 바깥으로 드러내고 싶은 공명심을 이기는 것이기 때문이다. 칼 자루를 쥐고도 휘두르기를 자제하는 것은 결코 쉽지 않다.

맹자가 간절히 충고하였던 양혜왕과 같은 사람을 생각해 보면, 자식을 잃은 복수심에 백성들을 전쟁에 끌어들이기에 골몰하였다. 호전적이라는 것은 대개 자신의 힘을 겉으로 드러내기를 좋아하기 때문에 전쟁을 위해 전쟁을 하는 사람들이다. 이런 영웅들이 역사를 만들었다고 하지만 그 사이에 얼마만한 사람들이 그들의 탐욕의 희생물이 되었는지를 상기한다면 무조건적인 전쟁 선호가 반드시 홀륭한 국가 경영의 근간일 수는 없다. 이것은 언제나 신중하고 또 신중해야 할 점이며, 백성들을 생각한다면 더욱 그렇다. 이런 관점에서 보면 사림파의 태도는 병사(兵事)를 꺼린다는 혐의를 피하기는 어렵지만, 사실상 이 일이 중요하다는 것을 잊은 것이라기보다는 오히려 국경은 되도록 평화를 유지하는 방향으로 풀어가고 통치의 중점을 내정으로 옮겨야 한다고 주장하고 있음을 알 수 있다. 아마 당시 중종의 태도도 이와 같았을 것이다. 하지만 평화가 길어지면 안일로 기울게 되는 게 인지상정이 아닌가? 그리고 조광조의 태도는 문화적 매력만으로 상대방을 제압하는 쪽으로 이해하고 있는데, 이는 조지프 나이의 '소프트파워' 개념과 거의 유사하다.[69] 하지만 상대방을 제압하는 데 있어서 과연 물리적인 위력을 제외하고 소프트 파워만으로 상대방을 굴종시키는 일이 과연 가능한 일인가? 훈구파의 오랜 현실적 경험은 이 점에 대해 의문을 제기하고 있는 것이다. 이런 논의가 거듭되는 동안 유예의 시간은 흘러가고, 우리의 국경은 표류하고 있었다.

2) 『국조정토록』편찬자의 얼굴 없는 제안

『국조정토록』에 수록된 15세기 조선의 얼굴에는 한 점의 얼룩도 없었다. 그곳에서의 조선은 낯설다고 여겨질 만큼 늠름한 모습이었다. 주로 국경을 안정적으로 확보하는데 시선을 두고 외적의 중심부를 향해 돌진하는 능동적인 활동이 주요한 특징으로 부각되고 있다. 이는 저항적인 민족주의의 관점에서는 매우 만족스러울지 모른다.

---

69) 소프트 파워란 물리적인 힘보다는 보이지 않는 가치를 중심으로 드러나는 힘으로 정의된다.(조지프 나이 지음, 홍수원 옮김, 『소프트파워』, 세종 연구원, 2004).

그렇다고 이것이 우리가 결코 타율적인 민족이 아니라, 세계의 중심에서 자율적으로 활동하였던 민족이었다는 새로운 증거는 될 수 없다. 여기서의 얼굴은 16세기에 그려낸 상상계이기 때문이다.

여기서 이 책의 내용을 상상계로 본 것은 실제로 그런 사실이 없었다거나 지어낸 허구라는 뜻은 아니다. 이 책의 범례에 따르면 이 정벌 기사들은 승정원일기에서 발췌한 것이므로, 일부는 다른 병서에서 확인할 수 있고, 무엇보다 조선왕조실록에 고스란히 실려 있다. 이 점에 관해 여기서 주목하고자 하는 것은 편찬자가 그러한 소재로 이전 시대의 모습에서 자신을 비쳐보고 현재의 자신을 확인하고자 하였다는 점이다.

그런데 이 책에는 편찬자가 과연 15세기에서 자신의 어떤 면을 비쳐 보았는지를 직접 파악할 수 있는 직접적인 단서는 남아 있지 않다. 편찬자 자신이 책에 통상 붙기 마련인 서문도, 발문도, 후기도 간행기도 없다. 하지만 그가 어떤 원칙으로 이 책을 편집하였는지를 표시하는 간략한 범례로부터 그의 의도를 살필 수는 있다.

국조정토록의 「범례」에서 이 책의 편찬 의도를 이해하는 데 핵심에 해당하는 부분은 다음의 두 가지이다.[70]

1. "우리 조정에서 외적을 정벌하였던 일 중에서 큰 것이 모두 일곱 차례였다. 지금 여기서는 각 해의 일기(日記)에 의거하여 편찬하였다."
2. "기록 가운데에서 우리 군사인 경우에는 정(征) 혹은 토(討)라고 하였고, 적병인 경우에는 구(寇) 또는 반(叛)이라고 표기하였

---

70) 아래 번역은 김혁 역주, 『국조정토록』, 국방부군사편찬연구소, 2009, 2009에 의거한다.

다. 외적을 공격하였을 때는 습(襲) 혹은 전(戰)이라고 하였고 적을 무찌른 경우에는 참(斬) 또는 노(虜)라고 표기하였다. 모두 강목(綱目)의 서례(序例)를 따랐다."

위 범례에서 볼 수 있듯이 이전의 모든 정벌 기록을 실은 것이 아니고, 그 중 큰 일 만을 실었다는 것을 알 수 있다. 이 원칙은 우리가 이 편찬자의 의도를 파악하는데 매우 중요하다. 그가 선택한 정벌들을 구체적으로 분석함으로써 그가 자신을 동일시하려던 거울상에 접근할 수 있기 때문이다. 이 점에 대해서 우선 검토해 보자.

편찬자의 범례대로 7차례의 정벌 기록은 15세기의 모든 정벌을 기록화한 것은 아니었다. 사실상 여기서 선별된 정벌들조차 매번 만족스러운 결과를 낳았던 것은 아니다. 그 정벌 중 만족스러웠던 것은 세종 대에 거행한 대마도와 파저강 정벌뿐이다.[71]

건주위 정벌은 조선과 명나라가 연합해 여진을 공격하였는데, 두 차례에 걸쳐 거행하였다. 1467년의 정벌은 명의 협공 요구가 있어 참여했지만 명군은 오지 않았다. 윤필상 등이 기병과 보병 총 1만 명을 이끌고 압록강을 건너 건주위 여진을 급습하여 120명을 사살하는 전과를 내었다. 1479년의 정벌도 명이 건주위를 공격할 때 지원군으로 참여하였는데, 명군이 공격한 직후에 윤필상이 기병 950명을 이끌고 도강하여 여진 15명을 참수하고 2명의 귀를 베어 왔으며, 조선인 포로 15명, 중국인 포로 여자 7명을 되찾았다.

---

71) 대마도 정벌에서는 2장에서 이미 언급하였으므로 여기서는 생략한다. 파저강 정벌에서는 세종의 두 차례 여진 정벌 중 제1차 정벌이다. 제1차 정벌(1433년 4월10일~4월19일)에서는 남녀 포로 236명, 사살 170명, 말과 소 170마리를 노획하는 전과를 거두었고, 조선쪽의 피해는 전사 4명, 부상 4명의 미미한 것이었다. 제2차 정벌(1437년 9월7일~9월16일)에서는 살상과 생포가 40명, 조선은 전사 1명이었다.

위의 1차 정벌조차 1만 명의 대군을 끌고 움직인 것에 비한다면 120명의 사살은 너무나 미미한 전과이다. 2차 정벌도 1천명의 기병을 움직였지만 전과가 미미한 것은 마찬가지다.

이마거 정벌은 올적합에 속하는 이마거 1천여명이 1491년(성종 22) 1월에 함경도 조산보(造山堡)를 침략한 일이 발단이 되어 시행되었는데, 전과는 없었다. 대규모 정벌로는 마지막 정벌이고 여진이 조선군을 두려워 도망가는 바람에 교전조차 이루어지지 않았다는 평가가 있을 만큼 조선의 위용을 떨친 정벌이라고 평가받았지만, 이는 견강부회에 가까운 해석이다.

서북오랑캐 정벌에서는 1491년(성종 22)에 실시하였는데, 건주위 여진이 만포 북쪽의 고산리를 침공하자 이를 맞아 승리를 거두었다. 적 39명의 목을 베는 전과를 거두었다. 이는 사실 정벌이라기보다는 들어오는 적을 맞아 싸운 수비였다.

1510년(중종 5) 삼포왜란 정벌은 삼포에 거주하던 일본인들이 대마도의 병선 수백 척을 끌고 와서 영등포·제포·부산포를 공격하자 이에 대응하여 도원수 유순정(柳順汀), 부원수 안윤덕(安潤德) 등이 군사 4,900명을 이끌고 반격하여 전선 5척을 침몰시키고 왜구 298명을 참획하였으나 조선의 피해도 적지 않아서 민간인 사망자가 272명이며, 소실된 가옥이 796채였다.

이상과 같이 7차례의 정벌들은 같은 규모도 아니고 전과(戰果)도 달랐다. 세종 대의 정벌을 제외한 나머지 정벌들의 전과는 극히 미미하였다. 그럼에도 불구하고 국조정토록에서 이러한 정벌들을 같은 형식으로 기재하고 있는 데에는 나름의 의도가 있었던 것 같다. 그 중 하나는 세종 대 뿐 아니라 이후 중종 초까지 100년 간 지속적으로 대대적인 정벌이 있다는 사실을 현시하고 있다는 점에 주목할 필요가 있다. 그것도 북쪽의 여진과 남쪽의 왜에 이르기까지 조선의 번병(藩屛)을 무력으로 제압한 군사(軍事)를 중시하는 국가였다는 것이다.

군사의 중요함을 표시하는 용어로 실록에는 "군국중사(軍國重事)"라는 말이 비교적 많은 빈도수로 나오는 데, 나라의 통치원리로 군을 통솔하는 것을 우선시하였다는 것을 말한다. 이 말은 특히 세종이 입에 달고 다니던 말이었다. 한 가지 예로 세종 때 강화의 목장을 쌓는 군사의 수효와 기일에 대해 경기감사가 아뢰는 자리에서 강화도에 목장을 설치하면서 그곳에 사는 3백호의 사람들을 이주하는 것을 의논하는 자리에서, 세종은 "사람을 귀하게 여기고 가축(家畜)을 천하게 여겨야 된다고 말하면 나도 또한 경중(輕重)의 구분이 있어야 된다고 생각하는데, 하물며 말에 관한 행정(行政)은 심히 중대하여 국가의 안위(安危)가 여기에 달려 있으니, 3백 호(戶)의 이사(移徙)만 중하게 여기고 군국(軍國)에서 힘입는 만세의 이익은 가볍게 여길 수 있겠는가."라고 말한 대목에서 그의 입장이 분명하다.[72] 그의 말에 따르면 민생도 중요하지만 더 중요한 것은 군국에서 힘입은 만세의 이익이라는 것이다.

앞서 살펴보았듯이 15세기 정벌의 이상화는, 어떤 이유이든 16세기 사림 정권의 집권 이후 갈수록 문치주의만을 표방하는 정국의 움직임에 대한 반론의 성격이 있었음이 틀림없다. 편찬자의 의도는 조선후기의 지식인들에게도 그대로 이어졌다. 이전의 연구에서 거론된 바 있는 두 가지 예를 다시 들어보도록 하자.[73] 성해응(成海應, 1760～1839)은 「건주정토록(建州征討錄)」의 서두에서 다음과 같이 말한다.

---

72) 『세종실록』 권37, 세종 9년 8월 26일.
73) 정해은, 앞의 논문, 29쪽 참조.

"국초에 무력이 강성하여 장수에게 명해 군사를 내어 이끌거
리면서 용맹스럽게 남쪽으로는 대마도를 토벌하고 북으로는 야
인을 토벌하여 누차 특별한 공적을 이루니, 성세(聖世)에 정벌이
왕성했음을 다 상고해낼 수 있다. 중엽 이후로 드디어 병사(兵
事)를 꺼리게 되었다."[74]

성해응이 지적하는 중고(中古)란 대체로 16세기를 말하는데, 그
때 이후로 병사(兵事)를 꺼리게 되어 지금에 이르렀다고 현실을 비판
하면서, 국초인 15세기에 나라가 강성하여 수많은 정벌 사업을 벌일
수 있었다는 점과 대비하고 있다. 이는 1789년(정조 13) 정약용(丁若
鏞, 1762~1836)이 내각에서 치른 대책문에서 "우리 나라 병력이 중
고(中古)에는 그런대로 강성하여 과거에 건주위와 이마거도 정벌했
습니다."[75]라고 하였던 말과 공명한다. 맥락에 따라 정도의 차이는
있지만 조선후기의 지식인들은 정벌이 있었던 세종시대를 강성한
국방력을 가지고 있었던 하나의 이상화된 역사 공간으로 인식하였
음을 확인할 수 있다.
　국조정토록에서 형성되었던 이상화된 오국(吾國)의 이마고는 사실
상 또다른 문화적 틀을 도입한 결과이기도 하였다. 위의 범례에서
언급하고 있는 강목은 『자치통감강목(資治通鑑綱目)』을 뜻한다. 이
책은 주희가 강목 형식을 이용하여 정통론(正統論)을 적용하였으며
춘추필법에 의거해 용어를 통해 포폄을 하였다.[76] 그리고 "서례"는
『자치통감강목』의 앞에 실려 있는 범례를 가리키며, 이 범례에서는
정통론에 입각하여 통계(統系), 명호(名號), 즉위(卽位), 정벌(征伐), 폐

---

74) 『연경재전집(硏經齋全集)』 외집(外集) 권39, 전기류(傳記類), 건주정토록.
75) 『다산시문집』 권8, 대책(對策), 지리책.
76) 정구복, 앞의 논문, 216쪽 참조.

출(廢黜), 파면(罷免), 등 여러 조항으로 나누어 각각에서 포폄을 드러내는 용어를 매우 다양하고 치밀하게 사용하였는데, 이 책과 관련된 것은 「정벌」 조이다.

이 책에 대한 『자치통감강목』 범례의 정벌 조 중 관련 부분을 살펴보면 다음과 같다.

> "무릇 정통(正統)에서 신하로서 참월하여 반란을 일으킨 데에 병사를 사용했으면 '정(征)' 이나 '토(討)'라 하고, 이적(夷狄) 또는 그 신하가 아닌 경우에는 '벌(伐)'이라고 하고 공(攻)이라고 하며 격(擊)이라고 한다."

『국조정토록』에서 이용하고 있는 '우리 군사/외적', '정토(征討)]/구반(寇叛)'의 대립 쌍으로 형성된 범주 짓기는 자치통감강목의 경우에 비한다면 단순하다. 고작 그 포폄을 위해 사용된 용어도 정(征), 토(討), 구(寇), 반(叛), 습(襲), 전(戰), 참(斬), 노(虜)의 여섯 가지에 불과하다. 정토는 정통 왕조에서 신하가 참월하여 반란을 일으켰을 때에만 사용하는 용어이다. 이적인 경우나 그 신하가 아닌 경우에는 벌, 공, 격 등의 용어를 사용한다.[77]

이러한 용어를 조선에 대해 거론하자면 사실상 적용할 수 있는 용어가 적당치 않다. 사실상 강목은 중국 왕조의 역사를 기록한 것이므로 조선은 해당 사항이 없기 때문이다. 그럼에도 불구하고 굳이 정토와 같은 용어를 사용하였던 것은 조선이 대마도의 왜나 여진족을 신하의 범주에서 이해하였다는 것을 알 수 있다.

그리고 자치통감에 따르면 구(寇)는 "순리를 범하는 것을 구(寇)라

---

77) 김혁, 「국조정토록과 국경을 지키는 방법」, 김혁 역주, 『국조정토록』, 국방부군사편찬연구소, 2009,

고 한다. 무릇 중국에 주인이 있으면 오랑캐인 경우 '입구(入寇: 들어와서 도적질하다)'"고 정하고 있으며, 반(叛)은 이쪽을 버리고 저쪽으로 갈 경우에 쓰도록 되어 있다. 그리고 습(襲)은 "대비하지 않았을 때 기습한다."고 쓴다. 전(戰)은 "병사를 싸우게 하는" 데 사용하는 것으로, 참(斬)은 "그 죄인을 잡은 것을 이적이거나 신하가 아닌" 경우에 사용하거나 노(虜)는 그 군장(君長)과 장수(將帥)를 잡았을 경우에 집(執), 금획(禽獲), 득(得)의 용어와 함께 사용하는 용어이다.

국조정토록에 반영된 편찬자의 의도 중 하나는 이전 시대의 정벌을 화이론의 틀 속에서 이해하고자 한 것이었음이 확인된다. 이전의 장에서 언급하였듯이 소중화주의는 선초부터 조선을 중심으로 한 동북아시아의 질서를 표상하여 왔던 것이고, 세종 조에는 용비어천가에서 이러한 의식의 일단을 드러내고는 있다. 하지만 그것은 어디까지나 은유적인 것이지 직설적인 것은 아니었다. 위에서 살펴본 자치통감강목의 이념적 틀은 이를 위한 좋은 도구로 활용될 수 있기는 하지만 여기에는 중요한 위험성이 있다. 명으로부터 오해받기 십상이다. 조선이 화(華)를 표방한다고 드러내는 것은 결코 적은 일이 아니었을 것이다.

사실상 거의 동시대에 15세기의 정벌을 다룬 다른 병서의 형식을 보면 이와 같이 강목체를 빌어 화이론에 입각하여 책의 내용을 꾸민 적은 없었다. 이것은 명나라 쪽에서 보게되면 불온성을 의심할 만한 내용임에 틀림없다. 『동국통감』의 경우도 중국 및 북방족과 벌인 전쟁을 담고 있기 때문에 선조가 명나라 사신에 공개하지 말도록 지시하였다고 한다.78) 그 뿐 아니라 조선초기에 조선의 기준에서 제작하

---

78) 정해은, 앞의 책, 162쪽 참조.

였던 "향력(鄕曆)"을 중국 사신이 보지 못하도록 사행을 거치는 고을에서 숨기게 한 사실도 사실상 조선정부가 이런 일에 얼마나 민감하였는지를 보여준다.[79] 독자 노선도 아니고, 조선을 화의 반열에 올려놓은 국조정토록을 명이 엄존하던 시절에 공식적으로 출간할 수 없었던 것이 이해할 수 없는 일은 결코 아니다.

이 책의 편찬자에 대해서는 이미 노영구의 추론이 있었다. 그는 이 텍스트의 편찬자를 홍문관으로 추정하며, 그 근거로 다음과 같은 사항을 제시하고 있다.[80]

첫째, 『국조정토록』의 세주에서 인용된 『고려사(高麗史)』, 『천문지(天文志)』, 『병정(兵政)』 등은 당시 민간에서 쉽게 구해 볼 수 있었던 책이 아니다.

둘째, 직접 인용된 서적 이외에 주석 방식에 이용된 다양한 관련 서적 등은 『승정원일기』나 『세종실록』으로 추정되며 이러한 연대기 자료 역시 민간에서 쉽게 접근할 수 없었다.

셋째, 여진 지역에 대한 높은 수준의 지리 정보는 일반적인 지리지가 아닌 군사 목적 상 매우 상세한 지도와 지리지가 책의 편찬 과정에서 이용되었을 가능성이 높다.

넷째, 그 밖에 주석에 붙어 있는 명나라 관직이나 제도, 여진 부족에 대한 정보 등은 민간에서 보유할 수 있는 지식이 결코 아니다.

다섯째, 국조정토록의 편찬 의도는 16세기 중반이후 등장하였던 사림파의 도학적 역사의식과 일치하며 당시가 이들 사림파가 중앙관계에 진출하던 시기였다는 것은 이런 사실에 대한 신빙성을 높인다.

---

79) 김혁, 「역서의 네트워크: 왕의 시간과 일상생활」, 『嶺南學』 18, 2010.
80) 노영구, 앞의 논문, 17~20쪽 참조.

노영구는 이 책이 편찬을 위한 자료 이용이 자유롭고 편찬 의식이 높은 수준에 이르렀다는 점과 편찬 방식이 당시 집권층인 사림파의 도학적 역사의식과 일치한다는 점을 들어 편찬자를 홍문관의 사림파로 추정한다. 여기에는 여전히 중대한 문제가 남는다. 이 책이 홍문관에서 편찬된 것이라면, 어째서 편찬자는 자신이 누구인지, 그리고 무슨 이유로 이 책을 편찬하였는지 밝히고 있지 않은 것일까? 이 책이 당시 사림파의 정계 진출이 활발하였던 시점에 출간된 책이고 사림파의 이념을 반영하고 있다면, 굳이 사찬으로 편찬될 이유는 없지 않은가?

여기서의 중심 문제를 한마디로 정리하자면, 편찬자가 홍문관의 사림파가 맞는가 하는 점이다. 홍문관 소속이었다는 노영구의 말은 꽤 신빙성이 있다. 이 책에서 주 전거로 사용하고 있는 승정원일기는 누구나 열람할 수 있던 책은 아니었다. 홍문원의 관원이었다면 그는 어째서 자신의 편찬 사실을 굳이 숨겼던 것일까? 명의 눈치를 보아서 간행하지 못하였다는 개연성은 있지만, 그럼에도 불구하고 간행은 안하고 보여주지 않았기 때문에, 이 점에 대해 선뜻 동의할 수는 없다. 그렇다고 이 책이 편찬자를 드러내지 못할 정도로 결정적인 내용이라고 보기도 어렵다. 다만 여기서 생각할 수 또 다른 가능성은 편찬 의도에 당시 정국을 장악한 집권 세력과의 알력 때문은 아니었을까 하는 추정이 가능할 것이다. 정해은은 바로 이 점에 주목하여 이 같은 알력에 주목하여 "주문"이라는 표현을 사용하였다는 것을 앞서 밝힌 바 있다.

정해은이 이 책의 의미를 당시 사회에 대한 "주문"이라고 본 것은 이 책이 관찬이 아닌 사찬(私撰)이었다고 본 데에 근거한다. 사찬할 수밖에 없었던 사정에는 당시 정부의 공식적인 입장과 차이가 있었을 것이라고 가정하였기 때문이다. 이와 같이 편찬자의 의도를 정확히 예측할 수 없었던 것은 이 책은 서문도, 발문도 실려 있지 않아 편찬자가 누구인지, 따라서 편찬 의도를 정확히 파악할 수 없게 하였기 때문이다. 이는 춘추관에 속한 어느 관원이 사적으로 편찬하고, 자신을 은폐하고자 하였다는 추론에 이를 수 있게 하는데, 그렇다면 자유롭게 국가의 힘을 이용할 수 있었던 편찬자는 어떤 목적으로 자신의 정체가 드러날 것을 염려하여 복면을 쓰고 이 책을 사사롭게 편찬하였던 것일까?

이 문제에 대해 이전의 해제에서 필자는 문제로만 제기하였을 뿐, 이에 답할 만한 근거를 찾을 수가 없다고 밝힌 바 있다.[81] 지금도 이를 보완할 수 있는 새로운 자료를 새로 발굴한 것은 아니다. 다만 이 글에서는 편찬자의 의도가 당시 집권층의 의도와 분리되어 있다는 정해은의 추론에 주목하여 앞서의 연구를 토대로 이 작은 가능성을 조금 더 넓혀 보고자 하였을 뿐이다.

이를 정리하자면 다음과 같다. 세종 시대의 '소중화주의'에는 두 측면이 공존한다. 한편으로는 여진과 대마도에 대한 자소(字小)에 의한 감화도 강조하지만 다른 한편으로는 군사적 위력도 강조하고 있는 것이다. 굳이 비중을 묻는다면 세종은 군사적 위력을 바탕으로 하고 그 위에 소프트 파워를 작동시키고 있다. 하지만 16세기 조광조의 주장은 소프트 파워에만 의존하여 매력국가를 만들어 그것으로 주변의 여진과 왜구를 감복시키고 교화시킬 수 있다고 여긴다. 맹자의 학설을 그대로 받아들인 결과이다.

16세기 국조정토록의 편찬자는 15세기의 정벌을 이상시하여 그곳

---

81) 김혁 역주, 『국조정토록』, 국방부군사편찬연구소, 2009,

에서 자신의 모습을 찾고자 하였다. 이는 세종 대에 군국(軍國)을 바탕으로 한 소중화주의를 적극적으로 계승한 것으로서, 사림파의 또 다른 소중화주의와 충돌한다. 이런 입장에서 편찬자의 의도를 보면, 사림파가 금과옥조로 여기는 주자의 자치통감강목으로 15세기의 정벌을 틀 지운 것은 그 자체로 사림파의 견해에 대한 반론이면서 세종대의 소중화주의를 계승하고자 한 의도라고 여겨진다. 이 때문에 중종 대의 어느 홍문관 관원이 복면을 쓴 채 이 책을 사사롭게 편찬하지 않을 수밖에 없었던 것은 아닐까?

4. 마무리: 국경을 지키는 방법

이 글을 작성하기 시작하였을 때만 하여도 나의 목적은 소박하였다. 국조정토록을 소개하고 그 의미를 밝히는 정도에 그치고자 하였다. 국조정토록은 15세기의 정벌이 주제이므로, 이를 다시 화이관에 입각한 '정토(征討)'로 개념화하여 역사서로 편찬하고 형상화하였던 편찬자의 의도에 대해 심문하는 정도로 생각하였다. 책의 제목이기도 한 정벌이라는 용어가 무엇보다 주목되었고, 이 말에 포함된 화이관의 의미가 궁금하였다. 화이관은 중화와 이적의 이분법으로 구성된 세계관이다. 화(華)의 중심에 한족인 중국이 놓여지고, 변방국이 이(夷)의 자리에 배치되는 것이 통상인데, 이 책에서는 이(夷)인 조선이 화의 자리를 차지하고, 여진족과 대마도의 왜(倭)가 이의 자리로 재배치되고 있다. 이는 도대체 무엇을 의미하는가?

이는 『국조정토록』이 16세기의 조선이 15세기를 바라보는 일종의 실천적 제안이라는 점을 보여준다. 이 책의 목적이 사실을 적나라하게 보여주고 균형 감각 속에서 이전 시대를 조망한 것이라기보다는 일정한 변형을 가해 자신의 논리를 강조하는 쪽으로 치우쳐 있다는 점에서 엄밀히 말해 이 책은 전통적인 역사서가 아니다. 여기서의 편집 방법은 다분히 국조보감에서 전대의 선례만을 취사선택하여 귀감으로 삼으려는 전통적인 방식을 따르고 있다는 점에 주목할 필요가 있다. 이를 통해 16세기 당시 우리나라의 자의식을 그 이전 시대의 활발한 군사 활동에서 찾으려 하였다는 의도는 분명히 읽을 수 있다.

사실상 국경을 지키는 방법에 무력만이 유일한 해결책일 수는 없다. 사실상 세종이 정토한 결과 얻은 것이 무엇인지 냉정히 생각해 보면, 여진이나 대마도 왜 어느 쪽에서도 현실적으로 얻어낸 것은 별로 없었다. 세종의 군사 활동이 갖는 한계는 이미 명과 일본의 국제 관계에 묶여 있었다. 국경을 넘어 여진의 본거지나 대마도까지 적극적으로 진출하여 영토를 점령하여 복속시키거나 식민을 하는 일은 당시 국제 관계에서 불가능하였다. 그러한 군사 활동이 지나치다고 판단될 경우 이웃 나라 특히 명의 황제나 일본에서 간과하지 않았을 것이다. 세종의 군사 활동은 처음부터 자국의 위력을 잠시 보여줌으로써 국경을 안정시키는 일 정도에 그쳤야 했을 것이다. 사실상 이같은 한계는 세종의 정벌 이후에도 그들의 국경 침략이 그치기는커녕 준동이 더 심해져 16세기를 넘어 급기야 17세기까지 이어져 일본과 금의 조선 침략으로 이어졌다는 역사적 사실에서도 확연히 드러난다.

그리고 『국조정토록』 편자의 시각이 반드시 세종 시대가 군사에만 편중하였다고 주장할 수 있는 근거도 빈약하다. 하지만 15세기 조선을 중화의 한복판에 놓고 이해하고자 하는 의도는 다분하였다. 그런 점에서 세종 시대의 소중화적 정체성이 당대까지 이어지고 있다는 것을 확인할 수 있다.

이와 직접 관련되어 있으면서도 별도로 생각해 볼 점은 세종 시대의 소중화적 정체성이 과연 어디에 근거를 두고 있었는가 하는 점이다. 지금까지 많은 학자들이 세종 시대의 번영에 주목하는 것은 군사 활동이 아니라 오히려 한글 창제, 과학 기술의 발명 등 문화적 번영이었다. 하지만 이 때 문화라는 것이 과연 어떠한 성격인가? 과연 무엇을 위한 문화였는가? 사실상 이 문화적 업적들은 다분히 제도적인 것이었던 것으로 보인다. 사실상 이와 같은 실용 논리 속에서 만들어진 문화는 군사 활동과 구분 지어 생각할 특별한 이유는 없다.

세종이 무력에 깊은 관심을 가지고 있었으며, 그의 성격을 지배하고 있었다는 것은 여러 기사에서 확인된다. 그가 이후 전형적인 문치주의를 표방하도록 주문받은 왕들의 성향과는 다른 점이 있다. 그는 태조 이래의 전통 속에서 "군국(軍國)"이 바탕이 되지 않으면 번리 종족을 통치할 수 없다고 생각하였기 때문에, 하드 파워를 중시하여 국방력을 모든 정책의 앞에 세웠다는 점을 상기한다면, 그의 시대의 문화가 백성들과 공유점을 형성하기 위해 의도된 것이라기보다는 국가 만들기의 일환으로 이해하는 쪽이 더 타당할 것이다.

16세기에 이르러 조광조 정권이 국왕에게 국경 문제에 대해 건의하고 있는 내용에서 읽을 수 있는 것도 일종 문화 정치라고 볼 수 있을 것이다. 왕 자신이 덕치를 실현할 수 있는 성왕이 되어 신민에게 자발적인 복종을 유발할 수 있는 매력으로 통치하는 체제를 말한다. 이는 세종의 문화 정치와는 내용상 차이가 큰 것이다. 외견 상 왕에게 도덕적 위상을 부여하고자 하는 일은 비현실적인 일로 비쳐지기 십상이지만, 국가 권력의 관점에서 보면, 이는 폭력을 넘어 권위를 통해 통치를 안정시키려는 시도로 볼 수 있다. 권력이 스스로 안정적이고 장기화하기 위해서는 권위로의 발 돋음은 당연한 수순이었다고도 해석할 수 있다. 이때 조광조의 제안은 국왕 스스로가 권위를 갖춘 인물로 거듭나는 일이었다.

결과적으로 사림파의 관점과 태도가 잘못이라는 것은 그 이후 현실이 잘 보여준다. 조선은 교린국이었던 일본군의 위협적인 공격에 천신만고 끝에 간신히 살아났는가 하면 자신의 번병 민족이었던 여진족에 침략당하여 심지어 정복당하는 치욕을 겪는다. 이와 같은 실패의 원인은 일본과 여진족이 차례로 종족을 통일하여 힘을 증가시켰던 데에도 원인이 있지만, 그 보다는 국제질서를 읽지 못하고 하드 파워에 등한시 한 채 오직 국내외 정치, 특히 국경 정책에서 도덕적 권위에만 의존하려하였던 것은 너무나 순진한 발상이었다. 현실 세계에서 권위의 작동이란 받아들이는 쪽이 권력의 포망에 걸려 든 뒤에 작동하는 마술과 같은 것이어서, 이러한 기도가 국내 정치는 모르겠지만 전혀 이질적인 권력체인 타민족에 통할 리 만무하였다. 어쨌든 이 유예의 시간 동안 국경은 표류하였고, 국경을 마주하고 있던 상대국들을 뭉치게 할 수 있는 틈을 주었다는 것은 변명할 여지없는 그들의 무능이었다.

16세기의 조선 정치에서 도덕적 명분이 강한 정치체제를 현실에서 실현하고자 하였던 일을 17세기의 결과적 실패로부터 이해하고자 하는 것은 지나친 결과주의이다. 오히려 15세기의 소중화 질서에 대한 현실적 자신감이 당시까지 이어져왔으며, 이를 꺾을 만한 뚜렷한 사건이 당시까지 노출되지 않았다는 것을 고려한다면 그들의 이상론이 공허한 것만은 아니었다고 보는 쪽이 더 타당하지 않을까? 이때 『국조정토록』이 보여준 세계는 조광조 정권의 성격과 길항하면서도 자신에 대한 자부심이라는 측면에서 상상계를 공유하고 있으며, 임진란 이전까지 지속되고 있다고 보는 쪽이 더 합리적인 해석은 아닐까?

이러한 관점에서 보면 이후 여진족이 세운 후금이 명을 멸망시키는 과정에서 조선에 유혹해 왔을 때 그들에게 쉽게 동조할 수 없었던 일단에는 명에 대한 의리뿐만 아니라, 유산으로 이어져 온 자신에 대한 자부심도 한 몫 하였을 것이다. 조선 전기에도 명에 대해 다른 나라로 보고 그 안에서 전략적으로 자기 이익을 고수하려는 상대화된 거리감은 엄존하였던 조선이 임진왜란 때 도움을 받은 적이 있다는 사실 하나만으로 죽음으로 의리를 지켰다고 하는 설명은 역사적 문리에 맞지 않는다. 계산기를 두드리며 지극히 현실적인 타산 위에서 현실적인 생활인이 어느 날 자신이 받은 은혜만으로 목숨을 내놓는 순정의 사람이 되겠다고 하면 누가 믿겠는가? 현실을 떠난 명분은 없기 때문에, 당시 조선에게 명의 멸망은 현실계의 상실뿐만 아니라 상상계의 상실도 의미하는 것이었으며, 이는 자신의 정체성에 대한 밀도 변화를 의미하는 것이었다.

이런 관점에서 보면 조선후기의 소중화주의가 여진족 정권에게 당한 수치에 대한 복수심의 결과만은 아니었던 것 같다. 17세기 자신이 당한 수치를 씻고자 하는 복수심이 주된 시대적 정동으로 사람들을 지배하고 있었던 것은 분명하지만, 그 충동이 당시의 소중화주의의 모든 것을 설명해주기에는 부족하다. 이미 멸망한 중국의 뒤를 우리가 잇고 있다는 소중화주의는 오늘날의 시각에서는 매우 기괴하고 과장되며, 그래서 오히려 빈약하게 비칠 수도 있지만, 그것은 어디까지나 단순한 충동이라기보다는 자기를 중심으로 엮은 또 다른 세계관이며, 여기에는 역사, 지리, 사상과 결부된 독특한 당대 지식인들의 조선에 대한 자기의식이 비교적 체계를 갖추어 반영되어 있다. 일단 그에 대한 윤리적인 평가는 뒤로 하더라도, 이것 역시 제한된 현실적 환경 아래에서 만들어진 또 다른 상상계인 것만은 틀림없다. 이 상상계에는 15세기를 거쳐 16세기로 이어져 왔던 소중화적 정체성이 섞여 들어와 있었던 것이 분명하다.

이와 같이 조선에서의 소중화 의식은 한반도의 지정학에 말미암은 특수한 결과로 비친다. 이는 15세기에 형성되어 16세기를 거쳐 조선후기로 연속적으로 이어져 온 것으로, 물론 각 단계에서 소중화적 정체성은 특성을 달리하며, 국제 정세에 조응하고 있다. 간략히 정히하면 조선-번리의 세계라는 현실적 근거를 가지고 14세기 후반 건국으로부터 15세기에 걸쳐 형성된 소중화적 정체성은 16세기에 동아시아 국제 정세의 변화 속에서 현실적 근거가 되는 번리 종족들과의 관계가 흔들리면서 무력적 제압과 덕화로 극단화되며 점차 분열되다가, 급기야 17세기 이후에는 명의 멸망과 함께 이념적인 소중화의 극단적인 모습으로 남게 되었다.

은자들은 누구나 다른 사람들이 알아주지 않아도 아랑곳 하지 않는다는 높은 자존의식을 특성으로 한다. 그들이 세상과 절연하고자 하는 의도는, 세상으로 나아가 세상을 지배하고자 하는 욕망과 윤리적 경계를 이룬다. 어느 날 때가 와서 자신을 알아주는 군주를 만나면 권력에 접근할 수 있다는 의식 때문에, 그들은 누구에게도 고개를 숙이지 않으며, 같은 이유 때문에 누구에게도 고개 숙여 배울 수도 없다. 하지만 이들의 자존이 현실계에서 망상일 수 있는 것은 자존이란 명예의 거울상이기 때문이다. 명예는 다른 사람의 인정을 필요로 하며, 자존은 다른 사람의 인정 속에서만 형성되는 통례이다. 하지만 은자들의 자존은 권력으로부터 멀어짐으로써 오히려 명예를 획득하고자 하는 방식을 취한다.

이는 이 글의 앞머리에서 제기한 최초의 문제로 다시 돌아가 생각해 볼 필요를 느끼게 한다. 어째서 우리는 500년 전에 간행된『국조정토록』이라는 책 제목만으로도 우리의 위대성을 희구하는 듯한 충동을 참을 수 없었던 것일까? 이 충동은 오늘날 우리가 세계 속에서 자신을 확인하려는 욕망과, 우리의 범주로부터 벗어나려는 충동이 동시에 존재하고 있음을 말해준다.

우리가 존재한다는 사실은 단순히 국민교육의 세뇌에 의해 이루어진 결과만은 아닐 것이다. 그것은 대한민국을 영토, 인구, 경제 등 수 많은 요소로 모두 다 분해해도 여전히 남아있을 무언가가 우리에게 엄존한다는 의미는 아닐까?

그것은 개개인이 자신의 생존과 생활과 긴밀하게 연결된 사회적 위치에서 비롯된 것이라는 생각을 하지 않을 수 없다. 다른 어느 곳도 아닌 대한민국이라는 '장소'에 살고 있는 한 피할 수 없는 상상계의 작동은 이곳에 전하여져 온 역사적 유산이며, 이는 현실적으로 개개인의 내부에 겹쳐져 우리로 형성되어 있다는 것은 부정할 수 없을 듯하다.

하지만 여기서의 문제가 그저 우리가 그런 방식으로 존재하였다는 숙명을 확인하는 정도에 그치는 것은 아닐 것이다. 우리가 다른 중심에서 생겨난 우리를 제대로 인식하지 않고, 상상 세계에서 생겨난 방식으로 자신과 타자를 인식한다면 현실을 오인하게 되고, 그 현실적 결과는 매우 참혹할 수 있다는 것을 역사를 통해 배우게 된다. 어린 시절 형성된 자기중심의 상상계는 자신이 살아가는 근거가 되는 것은 분명하지만, 그곳에만 머무는 한 그 자폐로 인한 비극은 정신 분열로 끝나 자신은 물론 이웃한 모든 사람들을 파국으로 내몰게 된다. 이는 대표적으로 20세기 독일의 나찌 정권을 보면 확연히 드러난다.

성장한다는 것은 자기에 대한 과장된 의식으로부터 벗어나서, 현실의 교환 관계 속에 자신의 위치를 적정하게 비정한다는 것을 뜻한다. 우리가 우리의 존재를 가볍게 보는 것만큼이나, 과장하는 것도 사실상 유아기의 상상계에서 벗어나지 못하였다는 명백한 증거이다. 그 적정성은 결국 타자와의 관계 속에서 형성되며, 통제되지 않는 국가적 위대성의 망상을 버릴 때 국가적 위대성은 다가온다. 우리는 우리의 존재의 밀도만큼 나아가야 한다. 모자라지도 않고 넘치지도 않을 만큼 우리에게 부여된 위치 안에서 중용적인 적실성이 무엇인지 탐색하는 것이 우리 자신의 밀도를 높이는 유일한 방도라는 것은 두말할 필요도 없다. 이 도상에는 아울러 나와 우리가 통합되는, 우리 나라에서 우리나라로 이끄는 민주화의 실질적 노정이 준비되어 있음은 물론이다.

참고문헌

『국조정토록(國朝征討錄)』(김혁 역주, 국방부군사편찬연구소, 2009), 『성호사설(星湖僿說)』, 『연경재전서(研經齋全書)』, 『조선왕조실록』

계승범, 『조선시대 해외파병과 한중관계』, 푸른역사, 2009

김종학, 『개화당의 기원과 비밀외교』, 일조각, 2017

박원호, 『명초조선관계사연구』, 일조각, 2002

임지현 엮음, 『근대의 국경 역사의 변경』휴머니스트, 2004

임지현·이성시 엮음, 『국사의 신화를 넘어서』, 휴머니스트, 2004

정해은, 『한국 전통병서의 이해』, 국방부 군사편찬연구소, 2004

최정운, 『5월의 사회과학』, 풀빛, 1999

가라타니 고진, 조영일 옮김, 『세계사의 구조』, 도서출판 b, 2012

니시카와 나가오, 한경구 역, 『국경을 넘는 방법』, 일조각, 2006.

임마누엘 칸트, 오진석 옮김, 『영원한 평화를 위하여』, 도서출판 b, 2011

조지프 나이, 홍수원 옮김, 『소프트파워』, 세종 연구원, 2004

Marcel Henaff, translated by Jean-Louis Morhange with the collaboration of Anne-Marie Feenberg-Dibon, *The Price Of Truth:Gift, Money, and Philosophy*, Stanford University Press, 2010.

Roberto Esposito, *Communitas*, Stanford University press, 2009

김혁, 「조선후기 단오부채(節扇)의 생산과 가치 순환」, 『고문서연구』 36, 2010.

김혁, 「역서의 네트워크: 왕의 시간과 일상생활」, 『嶺南學』 18, 2010.

김혁, 「駕洛三王事蹟考의 간행과 金海金氏의 '문화의 정치'」, 『규장각』 50, 2017

김혁, 「국조정토록과 국경을 지키는 방법」, 김혁 역주, 『국조정토록』, 국방부군사편찬연구소, 2009

노영구, 「『국조정토록』 편찬의 특징과 자료적 가치」, 『장서각』 18, 2007

유봉영, 「왕조실록에 나타난 이조전기의 야인」, 『백산학보』 14, 1973

이규철, 「1419년 대마도 정벌의 의도와 성과」, 『역사와 현실』 74, 2009

이장희, 「임란 전의 西北邊界 정책」, 『백산학보』 12, 1972

정구복, 「『국조정토록』의 자료적 성격」, 『장서각』 9, 2003

정다함, 「조선초기 야인과 대마도에 대한 번리·번병 인식의 형성과 경차관의 파견」, 『동방학지』 141, 2008

정다함, 「'事大'와 '交隣'과 '小中華'라는 틀의 초시간적인 그리고 초공간적인

맥락」, 『한국사학보』 42, 2011

정다함, 「『龍飛御天歌』에 나타난 조선왕실의 "小中華"적 정체성 창출과 타자 인식」, 『한국사학보』 57, 2014.

정해은, 「16세기 동아시아 속의 조선과 『國朝征討錄』의 편찬」, 『장서각』 29, 2013

최정운, 『한국인의 발견』, 미지북스, 2016

한성주, 「朝鮮前期 '字小'에 대한 고찰-對馬島 倭人 및 女眞 勢力을 중심으로-」, 『한일관계사연구』 33, 2009.

허태용, 『조선후기 중화론과 역사인식』, 아카넷, 2009

로제 샤르티에, 「텍스트, 출판, 독서」, 런 헌트 엮음, 조한욱 옮김, 『문화로 본 새로운 역사』, 소나무, 1996

조선통신사의 길과 한일문화교류

박화진(부경대학교 사학과)

1. 머리말

최근(2017년 10월 31일) 조선통신사관련 기록물이 유네스코 세계기록(기억) 유산으로 등재되는 경사가 있었다. 대한민국에서는 16번째로 유네스코에 등재되었으며 한일공동 양국 공동등재로는 처음이라고 한다. 정부 차원에서가 아니라 일본과 한국 양측 모두, NPO 및 부산문화재단이라는 시민단체를 중심으로 유네스코 등재사업을 위한 여러 가지 노력들이 전개되어 왔다는 점, 그리고 부산을 중심으로 유네스코 등재사업이 준비되어 그 성과를 거둔 점에서는 부산 인문학 최초의 쾌거라고 말할 수 있지 않을까 생각한다. 나아가 부산 해양문화를 바탕으로 한 해양인문학의 한 성과라고도 높이 평가할 수 있지 않을까.

이에 유네스코 세계기록(기억) 유산에 등재된 조선통신사 관련기록물을 중심으로, 전근대 조선후기 한일 양국에 평화의 길을 수놓았던 조선통신사의 길을 비롯하여, 에도시대 일본 서민문화에 지대한 영향을 미쳤던 조선통신사 문화교류 등에 대해 살펴보고자 한다.

본론에 들어가기 앞서 유네스코 세계기록(기억) 유산에 등재된 조선통신사 목록에 대해 조금 소개하기로 한다. 한국측 등재 신청목록 총 63건 124점, 일본측 등재목록 48건 209점으로, 한일 양국 총 목록 숫자는 111건 333점이다. 내용상 분류는 외교 기록·여정의 기록·문화교류의 기록으로 3가지로 나뉘어지며, 그 선정 대상 기준은 첫 번째는 유네스코 기록유산 등재조건에 부합하는 자료로서 진정성과 유일성을 지닐 것, 두 번째는 공공기관에서 보관관리하고 있을 것, 세 번째는 개인문집 소재 사행록은 제외할 것이었다.

여기서 한국측 등재신청 목록 총 63건 124점의 구성은 다음과 같다. 외교기록 2건 32점, 여정의 기록 38건 67점, 문화교류의 기록 23건 25점이며 그 소장처에 대해 살펴보면 고려대도서관, 국립고궁박물관, 국립중앙도서관, 국립중앙박물관, 국립해양박물관, 국사편찬위원회, 부산박물관, 서울대학교 규장각, 충청남도 역사박물관 등을 들 수 있다.

2. 조선통신사의 길

1) 조선통신사 개관

조선후기의 통신사, 즉 조선왕조와 임진왜란이후 일본의 실권자로 등장한 에도막부와의 사이에 왕래한 외교사절단 조선후기 통신사의 길에 대해 살펴보고자 한다. 이는 한양에서부터 출발하여 쓰시마에 상륙하여 당시 정치적 수도 에도까지의 행렬 동안에 많은 문화교류와 서민들의 문화에의 영향이 많이 남아있기 때문이다. 아래 <그림 1>은 조선통신사가 일본내 들렀던 지역을 위주로 나타낸 조선통신사의 길이다.

조선후기 통신사행은 1607년부터 1811년에 이르기까지 모두 12차례 파견되었다. 초기 3회(1607·1617·1624년)는 임진왜란때 전쟁포로로 끌려갔던 우리민족을 귀환시키기 위한 회답겸쇄환사라는 명칭으로 불리웠으며 제4회(1636년)부터 제12회(1811년)까지 (조선)

통신사라 불리우게 되었다. 이 12차례에 걸친 조선통신사행의 구성에 대해 정리한 것이 아래의 <표 1>이다. 지면상의 관계로 모든 조선통신사행의 길에 대해 살펴보기는 어려우므로 여기서는 조선통신사행 중 가장 복잡다양한 문제들이 야기되었던 제8회차 <신묘 조선통신사>에 초점을 맞추어 그 국내 및 일본내 여정에 대해서 살펴보기로 한다.

<그림 1> 조선통신사의 길-참조: 『마음의 교류 조선통신사』, p.33.

<표 1> 조선후기 통신사행의 구성

	연대		삼사 성명 (정사·부사·종사관)	사행 목적	인원	사행록(저자)
	서기	조선왕조				
		에도막부				
1	1607	선조40	呂祐吉·慶暹·丁好寬	수호· 회답겸쇄환	504	海槎錄(慶暹)
		慶長12				
2	1617	광해군9	吳允謙·朴梓·李景稷	大坂평정· 회답겸쇄환	428	東槎上日錄(吳允謙), 東槎日記(朴梓),扶桑錄 (李景稷)
		元和3				

3	1624	인조2 寛永1	鄭岦·姜弘重·辛啓榮	3대쇼군 家光의 계승축하·회답 겸쇄환	460	東槎錄(姜弘重)
4	1636	인조14 寛永13	任絖·金世濂·黃㦿	태평성대의 축하?	478	丙子日本日記(任絖),海槎錄(金世濂),東槎錄(黃㦿)
5	1643	인조21 寛永20	尹順之·趙絅·申濡	家綱(家光 아들)의 탄생축하	477	東槎錄(趙絅),海槎錄(申濡),癸未東槎日記
6	1655	효종6 明曆1	趙珩·俞瑒·南龍翼	4대쇼군 家綱의 계승축하	485	扶桑日記(趙珩),扶桑錄(南龍翼)
7	1682	숙종8 天和2	尹趾完·李彦綱·朴慶後	5대쇼군 綱吉의 계승축하	473	東槎錄(金指南),東槎錄(洪禹載)
8	1711	숙종37 正德1	趙泰億·任守幹·李邦彦	6대쇼군 家宣의 계승축하	500	東槎錄(任守幹),東槎錄(金顯門)
9	1719	숙종45 享保4	洪致中·璿黃·李明彦	8대쇼군 吉宗의 계승축하	475	海槎日記(洪致中),海游錄(申維翰),扶桑紀行(鄭后僑),扶桑錄(金潝)
10	1748	영조24 延享5	洪啓禧·南泰耆·曹命采	9대쇼군 家重의 계승축하	475	奉使日本時見聞錄(曹命采),隨使日錄(洪景海),일본일기
11	1763	영조40 宝曆14	趙曮·李仁培·金相翊	10쇼군 家治의 계승축하	477	海槎日記(趙曮),癸未使行日記(吳大齡),癸未隨槎錄·日本錄槎上記(成大中),日東壯遊歌(金仁謙)
12	1811	순조11 文化8	金履喬·李勉求 (종사관폐지)	11대쇼군 家齊의 계승축하	328	辛未通信日錄(金履喬),東槎錄(柳相弼),島遊錄(金善臣)

* 조선통신사문화사업회, 『조선시대 통신사 행렬』해제, pp.28-29참조

신묘통신사, 즉 제8차 통신사행은 에도막부 제6대 쇼군 도쿠가와 이에노부(德川家宣) 쇼군직 승계를 축하하기 위하여 파견되었다. 총 인원은 정사 조태억(趙泰億)을 비롯하여 부사 임수간(任守幹), 종사관 이방언(李邦彦) 등 삼사를 비롯한 500 명으로 1711년 5월 15일 홍정 전(興政殿)에서 숙종을 알현한 이후 한양을 출발하여 6월4일 동래로 입성하여 항해에 적합한 날씨를 기다려, 7월 5일 바다를 건너 드디 어 쓰시마에 도착하게 되었다. 쓰시마번의 번주가 머무는 부나이(府

內:현 嚴原)에 잠시 머물며 외교문서 및 의례 등에 대한 최종 교섭절차를 거친 다음 동쪽으로 진행하여 오사카를 거쳐 10월 18일, 최종 목적지 에도(江戶)에 입성하였다.

그리하여 11월 1일 에도성에서의 국서 전명식을 마치고 11월 19일 귀로 길에 나서 이듬해(1712년) 쓰시마를 거쳐, 1712년 2월 25일 동래부 좌수영 남천으로 귀국하였다. 동 3월 9일 한양으로 돌아오기까지 시간적으로는 모두 289일, 이동 거리로는 수륙노정 모두 합쳐 574여 리에 이르는 긴 노정의 사행이었다.

일반적으로 조선후기 일본으로 파견하는 통신사의 경우 에도막부로부터의 요청을 받아 대개 다음과 같은 절차를 받아 전개되었는데, 특히 쓰시마번은 에도막부의 지시와 의향을 검토하여 대개 여섯 차례에 걸쳐 차왜를 파견, 통신사 내빙을 위한 실무 준비를 하였다. 이 구체적인 외교실무는 쓰시마번이 파견한 참판사(조선측은 차왜라 부름) 등에 의해 이루어졌는데, 전 쇼군 서거소식을 알리는 <관백고부차왜(關白告訃差倭)>를 비롯하여 신 쇼군 즉위 소식을 알리는 <관백승습고경차왜(關白承襲告慶差倭)>, 이어 통신사 내빙을 요청하는 <통신사 청래차왜(通信使請來差倭)>, 통신사를 호위하여 부산에서부터 모셔가기 위해 파견된 <통신사 호행차왜(通信使護行差倭)>, 마지막으로 모든 일정을 마치고 쓰시마에서 동래로 귀국하는 통신사행을 호위하기 위해 파견된 <통신사 호환차왜(通信使護還差倭)> 등 모두 다섯 차례에 걸쳐 도래했다. 이 외에 때때로 통신사 파견과 관련하여 제반절차등에 대해 의논하는 <통신사의정차왜(通信使議定差倭)>, 통신사행 파견 바로 직전 해에 파견되는 <내세당송신사차왜(來歲當送信使差倭)>등의 차왜가 간혹 도래하기도 하였다.

한편 신묘통신사행의 출발에 이르기까지의 과정의 첫 단계로서 먼저 일본측의 통신사 파견을 요청하는 일본측의 사자, 즉 차왜파견 과정에 대해 정리한 것이 다음의 <표 2>이다.

<표 2> 신묘통신사행 초빙을 위한 차왜파견 과정

사항	연월일		내용
조선어용 노중임명 (관례조사)	1709	4.10	에도막부 제5대쇼군 도쿠가와 이에즈나() 서거
		4.12	老中 河內守, 쓰시마번주(宗義方:~1718년)에게 조선어용 임명
		4.23	로츄 쓰치야 사가미노카미(土屋相模守), 조선어용 노중으로 재임
		4.24	로츄 쓰치야, 쓰시마번 에도가로 호환과 통신사 초빙 선례 문의
		5. 1	6대 쇼군 도쿠가와 이에노부() 즉위
		5. 2	쓰시마번 에도가로, 로츄 쓰치야의 관리 면담.
		5. 6	서책3권(明曆信使抜書·天和信使抜書·天和信使登城関連書付)제출
고부차왜 (告訃差倭)	1709 ~ 1710	05.21	告訃差倭로서 **히구치 나이키**(樋口内記) 등 조선국에 파견
		10.16	조선측 조위사의 영접사자, 쓰시마로부터 초량왜관 도착
		1.12	조선측 조위사 卞廷郁·鄭晩益 89명,부산포 출발(쓰시마 도착)
		1.25	조선측 조위사 일행 쓰시마 번주의 다례 참석
		2월	万松院 연회(2/5)·中宴席(2/18)·以酊庵연(2/21)
		3. 6	出宴席 베품
		3.19	귀국선박에 승선
고경차왜 (告慶差倭)	1709	7. 7	告慶差倭 사절단 대표자 결정과 以酊庵의 서계작성
		9. 9	告慶差倭 사자,杉村三朗左衛門 등 파견
		10.11	조선 접위관李廷濟(홍문관修撰),韓白玉·李久叔(馳走判事) 來府
		11. 3	조선측 접위관 참석 하에 大廳에서 茶禮 설연
		11.16	부산첨사 封進宴 설연
		12. 2	조선왕조의 답서 도착하여 스기무라 사부로좌에몬에게 전달
		12.15	대청에서 出宴席 베풀어짐
		12.26	고경차왜 스기무라 사부로좌에몬 등 쓰시마로 귀국함
청래차왜 (請來差倭)	1710	2.12	쓰시마번 사자 스기무라 사이나이(杉村采内), 에도로 출발
		3. 4	스기무라 에도 도착, 조선어용 노중쓰치야 방문(3/6)
		3.28	에도출발, 쓰시마 도착(5/3)
		5.23	통신사 청래차왜, **히구치 사좌에몬**(樋口佐左衛門) 등 파견
		7~8	초량왜관에서 다례연(7/11),봉진연(8/12),출연석(윤 8/23)
		8.12	초량왜관에서 봉진연
		+8.23	조선국 예조의 회신을 받음
		9. 6	통신사청래차왜 사자 히구치 초량왜관 출발, 쓰시마로 향함
호행 차왜 (護行 差倭)	선도 사자 파견	1709 8.28	平田隼人, 호행차왜 정관(영접참판사) 임명
		8.17	嶋雄八左衛門寺田一郎兵衛, 호행차왜 재판역으로 임명됨
		1710 10.29	이테이안(以酊庵), 조선국에 보낼 문서작성(예조참의/동래부/부산첨사/초량왜관 관수/초량왜관 橫目方/ 御用 관련 문서)
		11. 9	**시마오 하치좌에몬**, 조선국에 지참할 서한 받음

호행 차왜 파견		11.16	시마오 하치좌에몬, 쓰시마 이즈하라 출발	
		12 .9	시마오 하치좌에몬, 바다를 건너 초량왜관 도착	
		12.25	다례연 개최(일본측 서한,조선측 접위관에 전달함)	
		8.20	호행차왜의 都船主(吉川六郎左衛門)・封進(勝井辯右衛門) 임명	
		10.17	호행차왜 수행인원 임명	
		12. 4	정관 담당의사(吉松道堪) 및 향촌급인 6명 추가임명	
	1711	1. 9	통역관(加瀨侍五郎) 등 추가임명	
		1.18	호행차왜 정관 등, 쓰시마 번주 개최 하사연에 참석	
		1.21	호행차왜의 승선구성 발표	
		1.23	以酊庵 작성 외교문서를 건네받음	
		1.25	쓰시마 번주, 호행차왜 정관에게 예복을 하사함	
		1.27	통신사 명단 소식 전해옴(한양→동래부→왜관→쓰시마)	
		2.11	호행차왜단 출발(嚴原→豊浦→佐次宰→鰐浦)	
		2.26	호행차왜단, 와니우라에서 바다를 건너 草梁倭館 도착	
		2.27	호행차왜, 동래부 역관과 면담	
		2.28	부산첨사, 호행차왜 도착을 축하함	
		2.30	동래부사, 호행차왜 도착을 축하함	
호환차왜 (護還差倭)	1711	7. 9	정관(大浦忠左衛門)・도선주(中原伝藏)・봉진(大浦伊兵衛) 임명	
		11.12	정관의 수행원 5명 추가 임명	
	1712	2. 1	정관 담당의사(堀江東房) 및 기타 수행원 임명	
		2.15	호환차왜단, 쓰시마번주를 알현하고 서지혈판 행함	
		2.17	호환차왜단의 정관, 조선국으로 가져갈 문서・별폭 수령	
		2.18	호환차왜단, 통신사행을 호위하여 쓰시마를 출발함	
		2.25	호환치왜단 초량왜관에 도착	
		4. 9	연향대청에서 다례연	
		4.24	연향대청에서 봉진연	
		5. 9	연향대청에서 연석	
		6.23	호환차왜단 초랴왜관 출발	
		6.29	호환차왜단 후나이 도착	

* 차왜(差倭)를 일본에서는 참판사(參判使)라고 불리웠다.

2) 신묘통신사행의 길

(1) 국내노정

1711년(숙종37년:正德1년) 5월 한양을 출발하여 이듬해 1712년 3월 한양입성에 이르기까지 약 11개월에 걸친 제8차 통신사행은 에도막부 제6대 쇼군 도쿠가와 이에노부(德川家宣)의 즉위를 축하하기 위하여 파견되었다. 총인원은 정사 조태억(趙泰億)을 비롯하여 부사 임수간(任守幹) 및 종사관 이방언(李邦彦)등 삼사를 비롯하여 모두 500명으로, 오사카체제 129명(역관3·중관26·하관100명), 에도파견 371명이었다. 총 500명의 구성은 삼사를 비롯하여 상상관3명, 학사 1명, 상판사 3명, 의사 1명, 상관42명(역관 8명 포함), 중관 170명, 하관 274명, 선발대 3명(쇼군에 진상할 말·매의 호송)으로 구성되었다.82)

1711년 5월 15일 홍정전(興政殿)에서 숙종을 알현한 이후 한양을 출발하여 이듬해(1712)년 2월 9일 쓰시마를 거쳐 3월 9일 한양입성에 이르기까지 시간적으로는 모두 289일, 이동 거리로는 수륙노정 모두 합쳐 574여 리에 이르는 긴 노정의 여행을 하게 되는데 국내노정과 일본노정으로 나누어 살펴보기로 한다.

우선 여기서는 1711년 5월 15일의 한양 출발부터 동래부에 도착하는 7월 5일의 국내노정에 대해 주요구간을 중심으로 검토하기로 하자. 분석대상은 부사 임수간의 사행기록『동사일기』및 일본측 기록『통항일람(通航一覽)』등을 참고로 날짜별로 언급하기로 한다.

5월 15일 사폐(辭陛:임지로 떠나는 신하가 임금에게 하직을 아뢰

---

82) 「今度來聘之朝鮮人江戸通り大坂殘人數之覺」『正德信使記錄第十一册』
통신사 총인원에 대해 쓰시마번의 『正德信使記錄第十一册』에는 모두 500명이라고 기록하고 있다. 한편 이 1711년 신묘통신사 인원에 대해서는 당시의 기록들간에 다소 차이가 보인다. 임수간·이방언의 『동사록』에 의하면 '六船員役四百八十一員', 김현문의 『동사록』에는 '元額摠數四百九十七員名'으로 되어있다. 그리고 일본측 기록의 경우, 『朝鮮聘禮事』(新井白石)에서는 중관·하관의 성명과 더불어 '右中官百四十四人, 右下官百七十七人,合三百六十八人,大坂留中官二十六人,下官百人,都合四百九拾四人', 『通航一覽』(卷之67)에서는 정사이하 上官氏名 기록하에 중관 170명, 하관 274명 합계497명으로 전자와 후자 사이에 약 3명의 차이가 나지만, 福岡藩 『黑田文書』의 「朝鮮人來聘記」(卷之2)에서는 '四百九拾七人', 長州藩 『毛利家文書』 「朝鮮信使來聘並歸帆御記錄」(卷6)에서는 '朝鮮人上下人數之覚 都合五百人(都合人數四百九拾七人、三使共、外に次官一人·中官一人·下官一人 先發)'이라 기록되어 있다. 이들 기록 중에 통신사 수행원의 숫자가 497명이 가장 많은데다, 御馬·御鷹 호송을 위해 미리 파견되던 선발대 3名을 포함하여 고려한다면, 500명이라는 기록이 가장 합당할 것 같다. 三宅英利씨도 500명 설을 취하고 있다(『近世日朝関係史の硏究』,文献出版社,1986.pp.389-390).

는 것)하여 길을 떠나 비가 내리는 속에 한강에 도착하여 일가 친척들과 친우들의 송별을 받으며 양재(良才)역에 투숙하였다. 16일 판교(板橋)에서 점심을 먹고 다시 길을 떠나 저녁 용인(龍仁)에서 도착하여 머물렀으며, 17일엔 죽산(竹山)에서 잤는데 투숙 향청(鄕廳)이 매우 넓어 기뻤다고 표현하고 있다. 18일 무극(無極)에서 점심을 먹고 숙박은 숭선(崇善)에서 하고, 19일 황금곡(黃金谷)과 금천(金遷)을 들러 충주(忠州)에 투숙, 20일 늦게 안부(安富)에 도착하여 그대로 유숙하고, 21일 새재(鳥嶺)를 넘어 용추(龍湫)·삼관(三關)을 거쳐 문경에 투숙하였다. 22일 유곡(幽谷)에서 점심을 먹고 저녁무렵 용궁(龍宮)에서 잤는데 객사가 높고 광활하며 앞에 강을 접하고 있어 더위를 잊을 수 있어 상쾌하였다고 표현하고 있다.

23일 낮에 예천(醴泉)에 이르러 유숙하면서 쾌빈루(快賓樓)에 올라가 비장들에게 활쏘기를 시켰으며, 24일 풍산(豊山)에서 점심을 먹고 저녁 무렵 안동(安東)에 도착하여 머물며 이튿날 25일까지 유숙하였다. 정사(조태억) 등과 더불어 진남루(鎭南樓)에서 마상재를 구경하였는데 외지로부터 구경온 사민(士民)들이 무려 수천 명이나 될 정도로 성황을 이루었으며 이어서 기악(妓樂)과 강무당(講武堂)에서의 활쏘기 등도 베풀어져 밤늦게 헤어져 귀가했다. 26일 아침 안동을 떠나 영호루(暎湖樓)에서 기악과 주찬(酒饌)을 대접받고 점심은 일직역(一直驛)에서 먹고 저녁엔 의성(義城)에서 자게 되었는데, 종사관과 함께 문소루(聞韶樓)에서 펼쳐진 풍악을 관람했는데 특히 청송(靑松) 기생 두명의 뛰어난 칼춤에 감탄을 금치 못하였다. 27일 비를 맞으면서 의성(義城)을 출발, 청로(靑路)역에서 점심을 먹고 저녁 의흥(義興)에서 숙박, 28일 40리를 가 신령(新寧)에서 유숙하였다.

29일 영천에서 유숙하였으며 관찰사 유명홍(兪命弘)에 의해 조양

각(朝陽閣)에서 전별잔치가 베풀어져 마상재를 보면서 즐겼음을 알수 있다. 30일 비를 맞으며 나아가 모량(毛良)역에서 점심을 먹고 불어난 물을 간신히 건너 경주에 도착 유숙하게 되는데, 읍민이 잔폐하여 공궤가 형식을 채 갖추지 못해 하졸들 태반이 먹지 못했다.

6월 1일 경주에 하루 더 묵으면서 군관들에게 활쏘기를 시키고 늦으막하게 전별 주연이 베풀어져 참석하고 봉황대 등에 올랐다가 밤늦게 돌아와 잤으며, 2일 경주를 출발하여 봉황대·첨성대 구어역·좌병영·북문루 등을 거쳐 울산에 들어와 유숙하였다. 3일 울산을 떠나 진남루를 올랐다가 저녁 용당역 촌사(村舍)에서 자고 다음날 4일 동래부로 향하여 동래부 관문 5리 밖에서부터 장막을 치고 기다리는 동래부사 이방언의 접대를 받아 국서를 용정자에 담고 의장을 갖추어 풍악을 올리며 객사로 들어갔다. 다음날 5일도 동래에 유숙하다가 6일 동래를 떠나 부산에 도착했다. 그 영접의식은 동래부와 같았는데 10여개 읍에서 온 출참(出站) 수령 및 각 진의 변장(邊將)들이 아침배례·문상례(問上禮)를 행한 다음 서헌에서 숙박하였으며, 드디어 7월 5일 배가 쓰시마를 향하여 출항할 때까지 약 한달 남짓 바람을 기다리며 부산에 머물렀음을 찾아 볼 수 있다.

1711년 5월 15일부터 일본으로 떠나는 7월 15일까지를 간단히 정리한 것이 다음의 <표 3>과 <그림 2> 신묘통신사행의 국내 여로이다.

<표 3> 신묘년(1711년) 조선통신사행의 국내 여정

일시	날씨	숙박여부		부사 임수간의 부산행로
5.15	비	良才驛	○	辭陛하여 길을 떠남(한강에서 송별회)
5.16	비	板橋		公兄등의 대접소홀에 대해 鄕色이하 곤장가함/장모산소 참배(판교)
		龍人	○	
5.17	맑음	竹山	○	투숙하는 향청의 넓음에 흡족해함
5.18	맑음	無極		포천현감 박상순의 해괴한 짓에 대해 색리2명 처벌함
		崇善		
5.19	비	충주	○	강물로 인해 길이 침수하여 木道 지름길 이용함
5.20	흐림	安富	○	좀 늦게 안부에 도착, 새재(鳥嶺)을 넘지 못함
5.21	맑음	鳥嶺		漱玉亭의 폭포, 鳥嶺의 용추, 三關을 구경
		聞慶	○	
5.22	비	幽谷		본관의 支待. 객사의 높고 광활함에 기뻐함
		龍宮	○	
5.23	비	醴泉	○	고을원(申釐)의 지대, 쾌진루-비장들의 활쏘기
5.24	맑음	豊山		정사와 함께 진남루에서 마상재 구경/강무당에서 활쏘기
		安東	○	
5.26	흐림	一直驛		영호루의 주찬과 기악/종사관과 함께 문소루에서 풍악을 즐김
		義城	○	
5.27	비	靑路역		이성곤의 지대
		義興	○	
5.28	비	新寧	○	정사와 함께 西軒에 앉아 담론함
5.29	맑음	永川	○	朝陽閣-전별잔치, 마상재를 즐김
5.30	비	毛良역		읍이 잔폐하여 공궤 부실로 하졸 태반이 굶다
		慶州	○	
6.1	맑음	慶州	○	군관에게 활쏘기 시킴/풍악·전송 잔치-鳳凰臺
6.2	맑음	仇於驛		봉황대·첨성대·좌병영·북문루를 지남
		蔚山	○	
6.3	비	鎭南樓		용당역 관사가 정결하여 상쾌하였다
		龍塘역	○	
6.4	맑음		○	관문 5리 밖에서 동래 부사 이방은, 장막을 치고 국서를 맞이함
6.5	맑음		○	정원루에서 종사등을 만나고·동헌에서 활쏘기 구경
6.6	비	동래 부산		도해선을 살피고 영가대에서 항구를 돌아봄
6.7	흐림			
6.9	맑음			막부 관백 왕호회복 요구에 대한 조정의 허락
6.13	맑음		○	영가대에서 삼사 비장들에게 승선연습
6.14	맑음			정사와 함께 금정산성을 돌아봄
6.15	맑음			삼사-영가대의 달구경과 기악을 즐김/동래부사의 방문/당역 崔尙 첩 加定으로서 도착
6.16	맑음			水使 주관하의 賜宴, 이웃고을 妓樂까지 참가

6.17	맑음	차왜의 선물-술·龍眼·正果
6.26	맑음	예단마 및 鷹連馬醫 안영민과 차왜이하 대기
6.29	맑음	정사와 함께 開戌樓에 올라 登樓부를 차운함
7.1	비	큰비로 망궐례 중지
7.2	비	開雲鎭으로 옮김
7.3	맑음	삼사, 개운진 뒤 跨海亭에 올라 활쏘기 구경
7.4	맑음	삼사, 재차 과해정에서 활쏘기 구경과 풍악을 베풀어 기생들의 칼춤 구경함-人定時에 승선
7.5	맑음	묘시 초에 삼사들 각각 복선을 타고 출발 (단 부사의 선박 중 복선 파괴로 개운진으로 환박함)
**7.7	맑음	부사,좌수사와 종일 술을 마심
7.8	맑음	왜인 도선주 平尙成이 호행차 다시 나왔음
7.9~ 14	맑음/ 비	바람을 기다림
7.15	맑음	묘시 초 발선(왜인도선주 이하 선박7척 출발),밤(5更)사스나 도착

* 일시는 한양 출발에서부터 동래부 도착까지의 1711.5.15~7.5일까지를 가리킨다.
** 7월5일부터 7월15일까지는 부사선박 일행(약 160명 전후예측)의 부산출발까지 일정

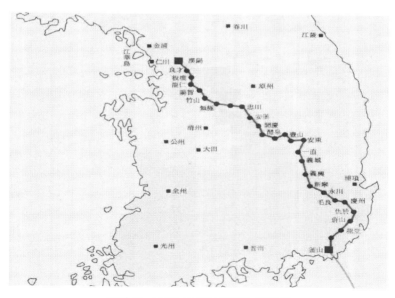

<그림 2> 신묘년 조선통신사행의 국내여로

(2) 일본 노정

1711년 7월 5일 정사 선박을 비롯한 신묘통신사행 선박이 일제히 동래부 부산포를 떠나 출발하여 당일 쓰시마 사스나에 도착하였다. 그러나 부사 임수간 일행 약 160여 명이 탄 선박이 도중에 파손되는 바람에 수리를 위하여 부산포로 회항하게 되었다. 이어서 7월 15일 배를 고쳐 뒤늦게 출항하게 된 부사단 일행도 무사히 사쓰나에 도착, 기다리고 있던 신묘통신사행에 합류할 수 있게 되었다. 그리하여 신묘통신사행 497명(500 명 중 선발대 3명을 제외함)이 사쓰나에서 쓰시마번주가 거처하는 후나이로 이동하여 머물면서 최종적 외교 절차에 대한 점검과 동시에 다음 행선지 잇끼로 떠날 수 있는 항해여건을 살폈다.

여기서는 정사 조태억 일행이 쓰시마에 도착한 7월 5일부터 최종 목적지 에도에 이르는 10월 18일까지의 일본노정에 대해 다음과 같이 크게 (1)쓰시마 체재, (2)쓰시마~오사카, (3)오사카~에도로 향하는 세 시기로 나뉘어서 살펴보고자 한다. 쓰시마 체재기간은 1711년 7월 5일부터 8월 9일까지의 한달 정도이며, 쓰시마에서 오사카까지의 노정은 8월 9일부터 9월 16일까지의 배를 이용한 바닷길이고, 오사카에서 에도까지의 여정은 9월 16일부터 10월 18일까지의 육로노정이었다. 이 때 통신행 중 129명(차관3,중관26,하관100명)이 오사카에 체재하고, 삼사를 비롯한 수행원 371명(삼사,상상관3,상판사3, 제술관1,상관35,차관8,중관144,하관171)이 에도를 향하게 된다 .

① 쓰시마 입국

1711년 7월 5일 삼사를 비롯한 통신사행 일행은 부산을 출발, 바다를 건너 쓰시마 사쓰나우라(対馬佐須奈浦)에 입항하게 되었다. 다만이 때 부사 임수간의 선박의 치목(舵木)이 영도 30 리 부근에서 풍파로 부서져 조종할 수 없게 되어 다른 통신사행 선박 5척과 헤어져 다시 부산포로 환박하게 되었다. 부사는 동래부 개운진에 머물며 배를수리하여 7월 15일 묘시(卯時) 초에 출항하니, 왜인 도선주 이하 대소선을 합하여 7척이 돛을 올려 발선하여 이날 밤 5경에 쓰시마의 사스나포에 정박하여 다른 통신사 일행에 합류할 수 있게 되었다.[83]

이튿날 7월 16일 부사 선박의 일행이 전날의 항해로 모두 피곤하여 하루 더 사쓰나우라에 머물고, 17일 해뜰 무렵 발선하여 오우라(大浦)·와니우라(鰐浦)·이즈미우라(泉浦)·도요우라(豊浦) 등을 거쳐니시도마리우라(西泊浦), 18일은 배안에서 유숙하여 드디어 19일, 쓰시마번 번주가 거주하는 죠카마치(城下町) 후츄(府中:현 嚴原, 일명 府內라고도 부름)에 도착하여 쓰시마번 번주 및 장로 승(長老僧)의 영접을 받아 국서를 받들고 고쿠혼지(國本寺:보통 이테이안-以酊庵-으로불리움)로 들어가 머물었는데, 번주 등의 접대가 매우 후대하였다고한다.

한편 갑작스런 날씨변화와 풍파로 인하여 매어둔 통신사 복선이파손되어(22일) 보수를 하던 중, 쓰시마 번주 저택에서 열린 연례에참석하고(26일), 에도로 향할 여러 가지 제반 준비와 출항에 적합한바람을 기다리던 중, 드디어 8월 9일 진시(辰時)에 쓰시마를 떠날 수

---

83) 임수간, 「동사일기」 『해행총재』 IX, pp.161~166.

가 있게 되어 쓰시마 번주의 배를 비롯한 크고 작은 호행선이 거의 1백척이나 되었다고 한다.

② 쓰시마에서 오사카까지

8월 9일 유시(酉時)경 잇끼시마(壹岐島)의 가자모토우라(風本浦)에 도착했는데 영접하는 왜선도 또한 1백척이 넘었다고 한다. 다만 항구의 물이 얕아 작은 배를 연결하여 부교(浮橋)를 만들어 위에 판자를 덮고 못을 박아 평지처럼 만든 것이 거의 수십 보에 이르렀다고 한다. 이 곳의 준비된 관소는 모두 새로 지어 깔끔하고 수백 간이나 되는 넓은 곳으로 그릇 등도 매우 깨끗하였다고 한다. 이튿날(10일) 아침 잇끼(壹岐)의 번주(마쓰우라 히젠노카미松浦肥前守)가 하인을 시켜 삼합(三榼)·마른 도미·다시마 및 술 등을 보내왔다. 이 후 계속하여 동풍 등이 부는 바람에 배를 출항할 수 없어 계속 머물며 기다리는데, 때때로 아메노모리 (雨森東)·마쓰우라 (松浦儀) 및 그 제자들이 찾아와 제술관·사자관들과 함께 시를 지어 나누며 시간을 보내었다. 8월 17일 서풍이 불자 가자모토우라를 출발, 아이노시마(藍島)로 향하는데 역풍이 불어 만만치 않았으나 강행하여 마중 나온 수백 척에 이르는 예선(曳船)들의 도움을 받아 겨우 정박할 수 있었다. 도중에 풍우로 인해 쓰시마 번주 선박을 비롯한 호송 왜선, 제2·제3 복선들의 표류 사고가 있어 걱정함을 금치 못했으나 며칠 뒤(19일) 무사히 아이노시마로 정박해 합류하게 되었다. 그리고 이 곳 아이노시마의 통신사 관사가 잇끼 지역보다 화려하고 웅장하였으며 병풍 등의 기물들도 매우 사치스러웠다고 한다.

바람을 기다려 26일 출항을 개시하였으나 여의치 못하여 도중에 포기하고 겨우 29일 새벽에 발선하여 아카마세키(赤間関:下関)에 도착, 나가토(長門) 번주의 인도하는 1백여척의 영접을 받아 선창에 무사히 배를 정박하고 에도막부의 명으로 베풀어진 연향에 참석하고, 객사(아미타사:阿彌陀寺)로 가 쉬는데 객사 및 침구 등 제반 기물에 이르기까지 아이노시마보다 더 사치스럽고 화려하게 준비되어 있었다.

9월 1일 망궐례를 행하고 바람 및 조류 등이 모두 순조로워 출선하여 이날 밤은 배 위에서 유숙하고 이튿날(2일) 초경 이후 가미노세키(上關)에 정박하여 5일까지 머물렀다.

9월 6일 사시(巳時) 초에 배를 출발하여 밤에는 배 위에서 자고, 7일 해 저물 무렵 가마카리(鎌刈)에 도착하였는데 이곳은 아키(安芸) 번주 소속으로 8일까지 유숙하였는데 9일 아침 번주가 하인을 보내어 문안하고 술·생선 등 몇가지 음식을 보내어 왔다. 9일 진시(辰時)에 배를 출발시켜 나아가 2경 무렵 도모노우라(鞆浦)에 도착, 객사는 후쿠젠지(福禪寺)였는데 바다를 바라보는 경치가 심히 아름답고 주변 시가지가 번화한 상점들로 매우 성대함을 지적하고 있다. 이튿날(10일) 아침 이 곳은 빈고(備後) 지역으로 번주 아베 비츄노카미 마사아키(阿部備中守正邦)가 술·떡·과일·생선 등 음식을 보내주었다.

9월 11일 미시(未時) 말에 우시마도(牛窓)에 도착하니 이 곳의 영주(備前)가 하인을 보내어 문안하고 역시 술·떡·과일·생선 등 음식을 보내어 왔으며 시가지 모습이 도모노우라에 비해 더욱 성대하고 관사인 차옥(茶屋)을 비롯한 접대가 극진하고 성대했었다.

9월 12일 아침식사를 하고 출선하여 무로쓰(室津)에 도착하여 하리마(播磨) 번주의 문안과 술·떡·과일·생선 등의 찬물(饌物)을 받았으며 14일 아침 떠나, 밤 3경 무렵 효고(兵庫)에 도착하여 객사에 들었는데 공진하는 음식이 가장 풍성하였다고 한다. 이 지역의 번주 마스다이라 도오토카미(松平遠江守忠喬)가 하인을 보내 문안하고 담배와 술·생선 등의 찬물(饌物)을 보내어 왔다.

9월 15일 아침 사시 말에 배를 띄워 나아갔는데 니시노미야(西宮)성 이후부터 물이 얕아져 조수를 기다려 하구에 들어가 정박하고 있다가 왜선에 옮겨타 16일 오사카성(大坂城)으로 들어가, 신시(申時) 경 선창에 정박했다. 저녁 무렵 객사 혼간지(本願寺)에 도착하였는데 특별히 접대하라는 에도막부의 명령으로 맞이하는 채선(彩船)이 더없이 화려하고 이곳에 나와 맞이하는 접대 관반(館伴) 미노노카미 나가야쓰(美濃守長泰)의 예모 또한 매우 공손하였으며 에도로부터 승 조연(僧 祖緣)도 와서 호행하며, 지나치는 좌우 시가지의 크고 화려한 풍경과 관람객의 모습이 정숙한 속에서 물밀듯이 모여든 번성함 등에, 통신사 일행은 상하 모두 상쾌함을 느껴 먼 바닷길의 객고를 위로받는 듯 하였다. 여기서 관반 및 오사카 부교(大坂奉行)·에도 사자(伊豫守賴殷) 등의 문안을 받고 연회에 참석하며 또한 외교 의례에 관한 논의를 하는 등 25일까지 바쁜 일정을 보내다가 26일 출발하였다.

그러나 강바닥이 얕아 배가 지나가기에 힘들어 곳곳에서 막히는 바람에 날이 저물어 배 안에서 지내고 27일 포시(哺時) 무렵이 되어서 요도우라(淀浦)에 도착, 드디어 배에서 내려 교자를 타고 객사에 도착하니 마쓰우라 단바노카미(松平丹波守光通)가 삼합을 보내어 문안했다.

③ 교토에서 에도까지

9월 28일 진시(辰時)에 출발하여 짓쇼지(實相寺)에 도착하여 삼사 등은 공복으로 갈아입고 교토로 들어가는데 길가에서 구경하는 사람이 몇 천만 명인지 알 수 없을 정도로 인산인해를 이루고 있는데도 떠들지 않고 숙연한 분위기였다고 한다. 객사는 혼고쿠지(本國寺)였는데 문앞에서 관반 혼다 이키노카미 야스노부(本多隱岐守康慶)의 영접을 받았으며 이 지역 야마시로(山城)의 번주 마쓰다이라의 선물 말린 도미와 다시마·궐존(蕨尊) 등 예물을 보내어왔다. 10월 1일까지 교토애서 머물렀다.

10월 2일 여명에 출발, 낮에 오쯔(大津)에서 점심을 먹고 저녁에 모리야마(守山)에 도착하여 유숙하였다. 3일 아침 출발하여 오후에 두 차례정도 찻집(茶屋)에서 휴식하였다가 밤 늦게 사와죠(佐和城)에 도착하였는데 숙소는 숭안사(崇安寺)였다. 번주 이이(井伊掃部頭)는 에도 출장 중으로 그 직속 관원이 삼합을 보내어 왔다.

10월 4일 평명(해뜰 무렵)에 일찍 출발하여 두 개의 큰 고개를 넘어 저녁 무렵 오가키(大垣)에 도착하니 번주 도다(戸田釆女正)가 삼합을 보내었다. 5일 역시 평명에 출발하여 수십 리를 가니 비가 내려 왜인 일행이 우비를 마련하여 주었으며 도중에 세 개의 다리(舟橋)를 건너는데 다리는 모두 배를 잇대고 판자를 깔아 양쪽 머리를 굵은 철사로 매어 만든 다리였다. 또 오기카와(起川)의 주교를 건넜는데 길이가 거의 1천여 보나 되었으며 전창사(全昌寺)에서 점심을 먹고 비를 맞으며 진행하여 밤이 깊어서 나고야(名古屋)에 도착했다. 도중에 여러 차례 번주 오와리 츄나곤(尾張中納言吉通)의 주효 및 삼합 등의 예물이 있었다. 숙소 세이코인(性高院)에 머물며 3경 무렵 에도막부의 명령으로 연회가 베풀어져 쓰시마 번주 및 두 장로등이 참석했다.

10월 6일 진시에 출발하여 하루 종일 90리 정도 나아가 한 밤 중에 오카자키(岡崎)에 도착, 번주 미즈노(水野監物)가 관소에 와 문안하고 삼합 등을 보내어 왔다. 7일 해뜬 뒤 출발하여 점심은 아카사카(赤坂)에서 먹고 마키노 다이가쿠(牧野大学)가 삼합을 보내어 오고, 저녁무렵 요시다(吉田)지역의 숙소 오진사(悟眞寺)에 유숙했다.

8일 평명에 출발하여 아라이(荒井)에서 점심을 먹었는데 번주 도이 야마시로노카미(土井山城守) 역시 문안과 삼합을 보내었으며 밤에 하마마쓰(浜松) 객사에 이르렀다. 역시 이 곳의 번주 마쓰다이라 호키노카미(松平伯耆守)가 문안하고 삼합을 보내왔다. 밤새도록 큰 비가 내려 다음날 아침까지도 그치지 않았으므로 조금 늦게 출발하여 덴류가와(天龍川)를 건너는데 모두 배로 만든 부교(浮橋)였다. 미쓰케에서 점심을 먹으니 역시 호키노카미가 또 삼합을 보내었다. 초경(初更)무렵 가케가와(掛川)에 도착하여 숙박하는데, 번주 오가사와라 야마시로노카미(小笠原山城守長寬)가 와서 문안하고 삼합을 보내었다.

10월 10일 아침 출발하여 수십 리를 지나 가네다니(金谷) 고개를 넘어 몇 십리를 더 나아가 가네다니역에 도착하니 앞의 큰 강에 물이 불어 도저히 건널 수가 없어 11일까지 그대로 유숙하였다.

12일 아침 식후 출발하여 오이카와(大井川)를 건너 낮에 후지에다(藤枝)에 도착하여 동운사(洞雲寺)에 숙소를 정했다. 이 곳의 번주 나이토 기이노카미(內藤紀伊守一信)가 와서 문안하고 삼합을 바쳤다. 13일 출발하여 우즈자카(宇津坂) 및 아부가와(阿部川)을 건너 나아가 스루가와 호타이지(駿河 寶泰寺)에 이르러 공복차림으로 3관반(遠藤下野守胤親·飛驒守三政·戶田靭負光輝) 및 에도로부터 온 사자 나가사와 잇끼노카미(長澤壹岐守)등과 접견하고 연회에 참석했다. 이날 에지리(江尻)로 가서 머물렀다

10월 14일 새벽 출발하여 세이켄지(淸見寺)·후지카와(藤川)를 지나, 낮에 요시와라(吉原)에서 도착하여 번주 마키노 사누키노카미(牧

野讚岐守英成)의 문안과 삼합을 받아 여기서 점심을 먹고 멀리 보이는 후지산을 구경했다. 식사 후 다시 출발하여 미시마(三島)에 유숙하였는데, 역시 번주 와키자카 아와지노카미(脇坂淡路守)의 문안과 삼합을 받았다. 15일 새벽 망궐례를 하고 평명에 떠나 하코네 고개(箱根嶺)를 넘어 고개 위 큰 호수가에서 점심을 먹고 출발하여 오다와라(小田原)에 도착하여 유숙했다. 하코네 및 오다와라 관할 영주 오쿠보 카가노카미(大久保加賀守)의 융성한 접대가 있었다.

10월 16일 비를 무릅쓰고 평명에 출발하여 두 개의 큰다리를 건너 오이소(大磯)촌에서 점심을 먹었는데 마쓰다이라 사베에도쿠(松平左兵衛督直常)의 삼중을 받았다. 저녁에 주교(舟橋)를 건너서 후지(富士)역을 거쳐 밤에 도쓰카(戶塚)에 도착하여 머물렀다. 번주 이나바 이요노카미(稻葉伊予守恒通)가 회중(檜重)을 보내어 왔다. 17일 늦게 떠나 시나가와(神奈川)을 지나서 저녁에 가와사키(川崎)에 도착하여 유숙했는데, 번주 미네스카 비타노카미(峰須賀飛驒守)의 회중을 보내어 오고 아라이 하쿠세키(新井筑後守白石)가 에도로부터 와 전일 시집서문을 지어 보낸 일에 대한 인사를 했다.

10월 18일 비를 무릅쓰고 평명에 출발하여 사시에 시나가와(品川)에 도착하여 혼코지(本光寺)에 관소를 정하여 공복을 갖추어 입었다. 번주 가토 도토우미노카미(加藤遠江守)가 회중을 보내어 왔다. 미시가 끝날 무렵 출발하여 마침내 최종 목적지 에도(江戶)로 입성, 여러 거리와 성문을 지나 2경 무렵에 에도 객사 히가시 혼간지(東本願寺)에 도착하였다. 히가시 혼간지 문 밖에서는 2명의 관반, 즉 사나다 데와노카미(眞田出羽守信房)·사카이 슈리다이부(酒井修理大夫忠音)의 영접을 받으며 들어갔는데 에도 막부의 사자 시나카와 부젠노카미(品川豊前守伊氏) 및 지대관 다섯 명과 쓰시마번의 봉행들이 들어와 인사를 하였다.

이후 통신사행(371명)은 에도에 머물면서 국서 전명 준비체제에 돌입하는데, 처음 에도막부는 에도성에서의 국서전명식(進見)을 10월 29일로 잡았으나 28일부터 연이어 비가 내리는 바람에 연기하여 11월 1일로 시행하기로 하였다. 이어서 11월 3일 쇼군 배려하의 향연(賜宴), 11월 5일 마상재, 11월 8일 회답국서 수령(辭見) 등의 일정을 끝내고, 드디어 11월 19일 에도를 떠나 귀국의 길에 오르게 된다. 신묘통신사행의 10월 18일부터 11월 19일에 이르는 국서전명식 및 에도체제 중의 모습에 다음의 제3절 에도문화 속의 조선통신사 문화교류에서 언급하기로 하고, 이 절에서 살펴보아온 7월 5일 쓰시마 상륙부터 10월 18일 에도 도착까지의 일본노정에 대해 간단히 다음의 <표 4>로 정리하였다. 또한 통신사행의 일본 노정지역을 구체적으로 표시한 것이 다음의 <그림 3> 신묘년 조선통신사 일본여정도이다

<표 4> 신묘 조선통신사행 일본내 노정과 지역 대명의 부담(1711.7.5~1711.11.17)

도착일시	地 名		宿 泊	御馬走人	城 地
7.5	対馬	佐須奈浦	○	宗対馬守	対馬 府中
7.17		西泊浦	○		
7.19		府中	○		
8.9	壱岐 風本		○	松浦壱岐守	肥前 平戸
8.17	筑前 藍島		○	松平右衛門佐	筑前 博多
8.29	長門 下関		○	松平民部大輔	長門 萩
9.2	周防 上関		○	同 上	同 上
9.7	安芸 鎌刈		○	松平安芸守	安芸 広島
9.9	備後 鞆浦		○	阿部対馬守	備後 福山
9.11	備前 牛窓		○	松平伊予守	備前 岡山
9.12	播磨 室津			榊原式部大輔	播磨 姫路
9.14	摂津 兵庫		○	松平遠江守	摂津 尼ヶ崎
9.16	摂津 大坂		○	岡部美濃守	和泉岸和田

9.27	山城 淀	○	松平丹波守	山城 淀
9.28	京都 本國寺	○	本多隱岐守	近江 膳所
10.2	近江 大津		谷播磨守	丹波 山家
10.2	近江 守山	○	松平和泉守	伊勢 亀山
10.3	近江 八幡		市橋下総守	近江 水口
10.3	近江 彦根	○	井伊掃部頭	近江 彦根
10.4	美濃 今須		同 上	同 上
10.4	美濃 大垣	○	戸田采女正	美濃 大垣
10.5	美濃 起		尾張中納言	尾張名古屋
10.5	尾張 名古屋	○	同 上	同 上
10.6	尾張 鳴海		同 上	同 上
10.6	三河 岡崎	○	水野監物	三河 岡崎
10.7	三河 赤坂		牧野大学	
10.7	三河 吉田	○	同 上	
10.8	遠江 荒井		土井山城守	
10.8	遠江 浜松	○	松平伯耆守	遠江 浜松
10.9	遠江 見付		同 上	同 上
10.9	遠江 掛川	○	小笠原山城守	遠江 掛川
10.10	遠江 金谷	○	同 上	同 上
10.12	駿河 藤枝	○	内藤紀伊守	
10.13	駿河 駿府		遠藤下野守・斎藤飛騨守・戸田靭負	
10.13	駿河 江尻	○	鍋島紀伊守	
10.14	駿河 吉原		牧野讃岐守	
10.14	伊豆 三島	○	脇坂淡路守	
10.15	相模 箱根		大久保加賀守	相模 小田原
10.15	相模 小田原	○	同 上	同 上
10.16	相模 大磯		松平左兵衛督	
10.16	相模 戸塚	○	稲葉伊予守	
10.17	武蔵 川崎	○	峰須賀飛騨守	
10.18	武蔵 品川		加藤遠江守	
10.18	江戸淺草本願寺	○	酒井修理大夫・真田伊豆守	

* 1711년3월29일 발포 <道中筋御馳走御用>(『通航一覽』卷37朝鮮國部13, pp.470-471)
* 江戸의 淺草내 宗対馬守의 숙소-崇福寺, 2長老의 숙소-大松寺・清光寺, 接待담당宿坊-報恩寺

<그림 3> 신묘년 조선통신사 일본여정도

3. 에도문화 속의 조선통신사 문화교류

1) 에도막부 지배층을 매료시킨 조선통신사 문화교류

(1) 쇼군도 즐겨 감상한 마상재

에도시대(1603~1867년) 12차례 파견된 통신사행의 경우, 그 지나가는 각 지역을 비롯하여 대도시(오사카 및 에도) 연로 상에도 시민들은 인산인해를 이루어 이 일생일대의 대축제에 참가하여 뜨거운 환호를 아낌없이 보냈던 것 같다. 이러한 열풍은 에도바쿠후 최고 실권자 쇼군(將軍)을 비롯한 로츄(老中:장관급) 등 고위 관료직의 마상재에 대한 아낌없는 찬사와 열렬한 애호 속에서도 잘 찾아볼 수 있다. 이야말로 바로 조선시대 일본 속에 분 한류가 아닐까?

여기서 제8차 신묘통신사행시의 마상재-1711년 11월 4일 에도성 다야스문(田安門)에서 시연된-에 대해 살펴보기로 하자. 아래의 <그림 4>~<그림 6>은, 지기택(池起澤:당시 34살)과 이두흥(李斗興:당시 29살)에 의해 시연된 마상재 곡예, 마상립(馬上立)·마상도립(馬上倒立)·마상도예(馬上倒曳)·마상좌우칠보(馬上左右七步)·마상횡와(馬上橫臥)·마신상앙와(馬腎上仰臥)·마협은신(馬脇隱身)·쌍마(雙馬) 8가지

중의 세가지 장면을 묘사하고 있다. 그리고 <그림 7>~<그림 8>은 마상재가 행해진 에도성 다야스문 조선마장과 에도성 전체개관을 나타내고 있다.

<그림 4> 마상립 장면   <그림 5> 마상도립 장면   <그림 6> 쌍마장면

* <그림 4>~<그림 6>출처:『마음의 교류 조선통신사』, p.107.
   <그림 7>~<그림 8>출처:『嘉永・慶応江戸切絵図(尾張屋清七板)』, pp.5~7

<그림 7> 에도성 다야스문 조선마장   <그림 8> 에도성 전체개관

(2) 무사들의 필수장식품 인롱

에도 시대 제작되었던 고귀한 공예품이나 일반 민예품들 중에는 조선통신사 문화교류의 영향을 알려주는 작품들이 적지 않다. 위에서 살펴본 바와 같이 에도시대 지배계급이었던 무사들의 빼놓을 수 없는 장신구 중의 하나였던 인롱(허리에 차고 다니는 작은 용기로서 약 등을 넣어 다녔음)이나 문장을 쓸 때 필수적으로 필요한 벼루(연적) 등의 작품 속에 나타난 조선통신사행은 바로 에도시대 지배계급에 미친 한류열풍을 지적할 수 있을 것이다.

아래에 소개하는 인롱들은 한눈에 고귀한 민예품임을 알 수 있을 정도로 그 제작기술이 매우 우수한 장인에 의해 정성울 다해 만들어진 것임을 알 수 있다. 칠기 바탕에 섬세한 작법으로 자개세공을 가한 것들로 일본 에도시대 지배계층인 무사계급들의 사랑을 받았던 공예품들이었다.

<그림 9> 및 <그림 10>은 에도시대 대단한 한류 열풍을 일으켰던 조선통신사행의 마상재를 묘사한 인롱들이다. <그림 9>는 두 마리 말의 등 위에서 곡예를 펼치는 '쌍마(雙馬)' 모습을 묘사하고 있고, <그림 10>은 말 등 위에서 거꾸로 매달려 물구나무서기를 하는 '마상도립(馬上倒立)'의 모습을 표현하고 있다. <그림 11>~<그림 12>는 마키에 양식(옻칠 공예의 하나로 옻칠이 마르기 전에 금·은 가루나 색가루를 뿌려 기물 표면에 무늬를 나타내는 일본 특유의 공예 양식)에 자개세공을 가한 조선통신사행렬 모습을 나타내고 있는 인롱들이다. <그림 11>은 조선통신사행의 정사 가마 일행의 모습, <그림 12>는 조선통신사행 중에 형명기를 든 사람과 나팔을 부는 일행의 모습을 나타내고 있는데, 모자와 나팔 등에 자개세공을 가미하여 호

화롭게 묘사하고 있다.

<그림 13>~<그림 14>는 마키에(蒔絵) 양식에 자개세공을 가미한 벼루함과 그 뚜껑으로서, <그림 13>은 조선통신사행의 제일 선두에 서는 형명기를 든 일행(형명기를 든 통신사, 형명기를 받치고 있는 통신사, 나팔을 끼고 담배를 문 통신사, 그리고 말을 모는 일본인)의 모습을 나타내고 있다. <그림 14>는 벼루함으로서 상단 중앙에 보이는 도리이(鳥居,신사 입구에 세우는 두 기둥의 문), 그리고 물결치는 바다와 3척의 대형 선박을 비롯한 선박들, 좌측 하단의 성 앞에서 배를 타려는 조선통신사 일행 등의 모습등이 묘사되어 있다.

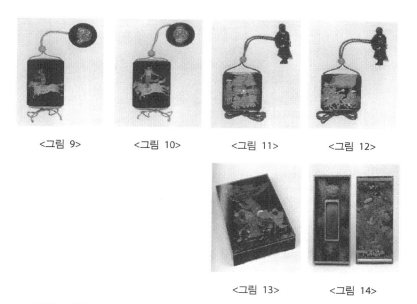

<그림 9>　　　<그림 10>　　　<그림 11>　　　<그림 12>

<그림 13>　　　<그림 14>

* 그림출처:『마음의 교류 조선통신사』, p.175.
　(9)~(10) 조선통신사도 인롱(朝鮮通信使圖印籠) 마상재(馬上才)
　(11) 조선통신사도 인롱(朝鮮通信使圖印籠) 정사(正使)
　(12) 조선통신사도 인롱(朝鮮通信使圖印籠) 악대(樂隊)
　(13) 마키에 나전 조선통신사도 벼루함 뚜껑(蒔絵螺鈿朝鮮通信使圖硯滴蓋)
　(14) 마키에 나전 조선통신사도 벼루함

(3) 조선인가도의 의의

1600년 도쿠가와 이에야쓰(德川家康:에도막부의 창건자)가 천하 패권을 다투었던 세키가하라 전쟁(関が原戰爭)에서 승리한 후 이 길을 통하여 교토로 상경한 이후부터 이 길은 길례(吉禮)의 길이라고 하여 역대 에도막부의 쇼군이 교토로 상경할 때는 반드시 이 길을 통과하였다. 그리하여 에도막부는 나가사키 데지마의 네덜란드 상관장 일행이나 류큐(琉球)사절단 일행 등에 대해 이 길의 사용을 불허하였으나 오로지 조선통신사 일행에게만 경승으로 유명한 이 길의 통과를 허락하였던 것이다.

이것은 당시 에도막부가 조선과의 국교에 대해 얼마나 정중하고 예의를 다하였는지를 잘 알려주는 사례이며, '조선인 가도'는 실로 대표적인 전근대 한일 우호의 길이었다.

통신사 일행은 교토를 떠나 오우미 지역(近江國)에 들어서면 오쓰 (大津)에서부터 비야호 연변의 옛길을 따라 세타(瀨田)→가라바시(唐橋)→구사쓰(草津)→모리야마(守山)→야쓰(野州)→오우미 하치만(近江八幡)→아쓰치성(安土城)→노토가와마치(能登川町)→히코네(彦根)→도리이 모토마치(鳥居本町)까지 나아가, 다시 윗길의 나카센도와 합류하여 에도로 향하였던 것이다. 에도시대 명승지로 유명했던 비야호 동쪽 오우미의 교통로는 두 개의 간선도로, 내륙지방을 통과하는 윗길(上街道 또는 中山道)과 비야호 연안을 통과하는 아랫길(下街道)로 나뉘어졌는데, 이 중에 통신사 일행이 통과하던 비야호 연안의 아랫길이 바로 오늘날 '조선인 가도'라 불리우는 길이다. 조선인 가도는 오우미 아랫길의 야쓰(野州)에서부터 도리이 모토마치(鳥居本町)에 이르는 약 40킬로미터의 가도로서 옛날부터 이 곳 지방민들의 길이자 비야호 순례의 길이기도 하였다.

<그림 15> 나가센도(中山道)와
오우미의 조선인가도>

<그림 16> 비와호지도(琵琶湖之圖)

* 그림출처: <그림 16> 円山応震,<비와호 지도(琵琶湖之圖)> - 『마음의 교류 조선통신사』, p.85.

2) 에도민중들을 매료시킨 조선통신사 문화교류

(1) 민예품 속의 조선통신사 문화

꽃놀이용 찬합이나 접시 같은 민예공예에 이르기까지 조선통신사를 의식하며 작품이 만들어졌다는 사실은 일본 서민문화 속으로 널리 보급되어진 조선통신사 문화교류를 찾아볼 수 있는데, <그림 17>~<그림 18>은 에도시대 후기 공예품의 하나로 즉 꽃놀이용 휴대용 찬합이다. 사게쥬(提重)라 불리우는 이 찬합은 대개 술병 2개와 작은 접시를 비롯한 도시락들이 포함되어 있는데, 특히 여기서 주목할 점은 찬합 윗면의 마키에(칠공예의 하나로, 옻칠을 한 위에 금·은 가루나 채색가루를 뿌려 기물의 표면에 무늬를 나타내는 일본 특유의 공예) 에 그려진 용두선(龍頭船)과 삼사로 추정되는 인물, 청도기로 보이는 깃발 등이 그려져 있어 조선통신사행을 암시하고 있다. 또한 <그림 19> 남색물감 장방형 접시(1800~1840년대 아리타(有田)산 도자기 작품으로 추정) 속의 용두선과 선내의 책을 읽는 토우진(唐人)의 모습도 조선통신사를 암시하고 있다고 추정된다.

왜냐하면 제12회차 조선통신사행 정사 김이교(正使 金履喬) 일행의 선박을 묘사하고 있는 <그림 20>의 선박이 용두선으로 묘사되어 있기 때문이다. 본래 조선통신사 선박이 용두선은 아니었으나 일본인들에게는 용두선으로 인식되었던 것 같다.

<그림 17>

<그림 18>

<그림 19>

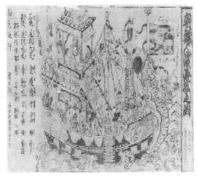

<그림 20>

* 참조: <그림 17>~<그림 18>: 『마음의 교류 조선통신사』, p.176
    <그림 19>: 『마음의 교류 조선통신사』, p.177
    <그림 20>: 『마음의 교류 조선통신사』, p.177

(2) 마쓰리 속의 조선통신사행렬

조선사통신사행렬을 묘사한 그림으로 널리 알려진 ≪조선인내조도≫는 에도시대 유명한 육필(肉筆) 우키요에 화가 하네가와 도에이(羽川藤永)의 작품으로서 1748년(寬延 1) 제10차 통신사행을 직접 보고 묘사한 그림으로서 오랫동안 알려져 왔다. 일찍이 일본 교과서에도 소개된 바 있는 조선통신사의 실태를 전하는 회화 사료로서 매우 유명한 그림이다. 그림의 내용은 에도성의 국서전명식을 마치고 숙소 아사쿠사 혼간지(淺草本願寺)로 돌아가기 위해, 에도 번화가 혼마치(本町) 2쵸메(丁目)—현 니혼바시(日本橋)—를 지나가는 위풍당당한 이국적 정취의 조선통신사 행렬 모습이다.

이 그림을 자세히 보면 기존의 다른 조선 통신사 행렬도와 다른 점들을 찾아볼 수 있다. 첫째 원래 조선통신사 행렬 선두에는 벽제(辟除:지위 높은 사람의 행차때 잡인의 통행을 막아 길을 치우던 일)의 상징으로서 청도기(淸道旗)가 휘날리고 있는데 여기서는 형명기가 선두에 위치하고 또 깃발 구조도 일본식이라는 점이다. 둘째 선두의 북의 위치와 모양이다. 악대는 조선통신사 행렬의 매우 주요한 부분인데, 이 그림에서처럼 막대기에 매달아 어깨에 지고 가는 대규모 북은 조선통신사 행렬 관련 기록화에서 찾아 볼 수 없으며 조선통신사 악대는 저렇게 큰 북을 사용하지 않았다는 점이다. 셋째 정사로 상징된 인물이 수염하나 없는 어린아이이며 정사 가마가 일본 마쓰리의 미코시(神輿:신을 봉안해 놓은 가마) 모양이며 또 원래 정사 가마는 일본인이 메고 있는데 여기서는 조선인이 메고 있다는 점이다.

최근 이 그림은 조선통신사 행렬을 직접 묘사한 것이 아니라, 에

도시대 3대 축제 중의 하나인 산노마쓰리(山王祭) 속에 융합되어진 조선통신사 행렬 재현모습이라고 해석되고 있다. 이것은 바로 조선 통신사 문화교류가 에도시대 일본 서민의 삶의 낙으로 삼던 축제에 까지 스며들어 '한류붐'을 일으켰던 발자취를 명백히 보여주고 있음을 알 수 있다.

<그림 21> -출처: ≪조선인내조도≫-『마음의 교류 조선통신사』, p.126

<그림 22>　　　　　　<그림 23>　　　　　　<그림 24>

4. 맺음말

조선후기 1607년부터 1811년에 이르기까지 약 210여년 동안에 걸쳐 12차례 일본으로 파견되었던 조선통신사행은 한일 양국의 외교적 갈등을 잠재웠던 평화의 길이었다고 평가할 수 있을 것이다. 한일 양국은 특히 일본 에도막부는 조선통신사행의 준비를 위해 모든 성의를 표하였으며, 에도막부시대 일본 지배층을 비롯한 서민들은 조선왕조의 학문과 문화에 깊이 매료되고 있었음을 살펴볼 수 있다.

이른바 조선후기 일본 속의 한류열풍이라고 말할 수 있으니 현재 일본 전국 각지에 조선통신사가 지나갔던 지역이외에도 조선통신사와의 학문적 교류를 나타내는 필담 창화집을 비롯하여 조선통신사 인형 등 정교한 민간 공예품 등 수많은 문화재가 현재 전래·보존되고 있다. 이외 조선통신사 관련 축제, 음식문화·무용 등에 이르기까지 무형문화재 형태로 남아있는 것도 적지 않다.

전근대 동북아 사회에 있어 서민레벨에 이르기까지 이렇게 활발하게 전개되었던 국제적 문화교류는 좀처럼 찾아보기 어렵다고 말할 수 있을 것이다. 최근(2017년 10월 31일) 조선통신사 관련 기록물이 유네스코 세계기록 유산으로 등재되는 경사는, 향후 21세기 동아시아 사회의 평화와 발전을 위한 기초작업이 될 것이며 나아가 시민레벨에서의 국제 문화교류, 다방면에 걸친 정치·경제·사회·문화 측면에서 심대한 시너지 효과를 가져올 것으로 기대되고 있다.

실로 바다를 건너, 파도를 넘어 활발한 문화교류를 전개해온 조선통신사 문화야말로 21세기 해양인문학의 기본정신이라고 말할 수 있지 않을까하고 생각하는 바이다.

<한국 기록유산 등재 한국 목록>

총 63건 124점

Ⅰ. 외교기록 (2건 32점)

NO	건 명	사행연도	제작자	제작연도	수량	소장처	비고
1	通信使膳錄		禮曹	1641-1811	14	서울대학교 규장각	
2	邊例集要		禮曹 典客司	1841 以後	18	서울대학교 규장각	

Ⅱ. 여정의 기록 (38건 67점)

NO	건명	사행연도	제작자	제작연도	수량	소장처	비고
1	慶七松海槎錄	1607	慶暹	1607	1	국립중앙도서관	
2	吳秋灘東槎上日記	1617	吳允謙	1617	1	국립중앙도서관	
3	李石門扶桑錄	1617	李景稷	1617	1	국립중앙도서관	
4	東槎日記	1617	朴榟	1617	1	서울대학교 규장각	
5	姜弘重東槎錄	1624	姜弘重	1624	1	국립중앙도서관	
6	任叅判丙子日本日記	1636	任絖	1636	1	국립중앙도서관	
7	金東溟海槎錄上·下	1636	金世濂	1636	2	국립중앙도서관	
8	金東溟槎上錄	1636	金世濂	1636	1	국립중앙도서관	
9	黃漫浪東槎錄	1636	黃㦿	1636	1	국립중앙도서관	
10	趙龍洲東槎錄 申竹堂海槎錄上	1643 1643	趙絅 申濡	1643 1643	1	국립중앙도서관	
11	申竹堂海槎錄 癸未東槎日記	1643 1643	申濡 작자미상	1643 1643	1	국립중앙도서관	
12	南壺谷扶桑錄上·下	1655	南龍翼	1655	2	국립중앙도서관	
13	南壺谷聞見別錄	1655	南龍翼	1655	1	국립중앙도서관	
14	洪譯士東槎錄	1682	洪禹載	1682	1	국립중앙도서관	
15	金譯士東槎日錄	1682	金指南	1682	1	국립중앙도서관	
16	申靑川海遊錄上·中·下	1719~20	申維翰	1719	3	국립중앙도서관	
17	扶桑錄	1719~20	金潝	1719	2	국립중앙도서관	
18	隨槎日錄	1747~48	洪景海	1747	2	서울대학교 규장각	
19	奉使日本時聞見錄	1747~48	曺命采	1748	2	서울대학교 규장각	
20	趙濟谷海槎日記一~五	1763~64	趙曮	1763	5	국립중앙도서관	
21	日觀記	1763~64	南玉	1763	4	국사편찬위원회	
22	日觀唱酬	1763~64	南玉	1763	2	국립중앙도서관	
23	日觀詩草	1763~64	南玉	1763	2	국립중앙도서관	
24	日本錄	1763~64	成大中	1763	2	고려대도서관	
25	乘槎錄	1763~64	元重擧	1763	5	고려대도서관	

26	槎錄	1763~64	閔惠洙	1763	1	고려대도서관	
27	溟槎錄	1763~64	吳大齡	1763	1	국립중앙도서관	
28	癸未隨槎錄	1763~64	卞琢	1763	1	국립중앙도서관	
29	日東壯遊歌	1763~64	金仁謙	1763	4	서울대학교 규장각	
30	辛未通信日錄	1811	金履喬	1811	3	충청남도 역사박물관	
31	淸山島遊錄	1811	金善臣	1811	1	국립중앙도서관	
32	東槎錄	1811	柳相弼	1811	1	고려대도서관	
33	仁祖2年通信使行列圖	1624	작자미상	1624	1	국립중앙도서관	
34	仁祖14年通信使入江戸城圖	1636	작자미상	1636	1	국립중앙박물관	
35	肅宗37年通信使行列圖	1711	俵喜左衛門	1711	4	국사편찬위원회	
36	槎路勝區圖	1748	李聖麟	1748	1	국립중앙박물관	
37	倭館圖	1783	卞璞	1783	1	국립중앙박물관	
38	國書樓船圖	미상	작자미상	미상	1	국립중앙박물관	

Ⅲ. 문화교류의 기록 (23건 25점)

NO	건명	사행연대	제작자	제작연대	수량	소장처	비고
1	金世濂等筆跡(詩)	1636	金世濂 等	1636	1	국사편찬위원회	
2	兪瑒筆跡(詩)	1655	兪瑒	1655	1	국사편찬위원회	
3	李明彦筆跡(詩)	1719~20	李明彦	1719	1	국사편찬위원회	
4	朝鮮通信使詩稿	1811	皮宗鼎	1811	1	국립해양박물관	
5	金義信書帖	1655	金義信	17세기	1	부산박물관	
6	秦東益筆行書	1811	秦東益	19세기	1	부산박물관	
7	達磨折蘆渡江圖	1636	金明國	1640년대	1	국립중앙박물관	
8	墨梅圖	1763~64	卞璞	1764	1	부산박물관	
9	石蘭圖	1763~64	金有聲	1764	1	부산박물관	
10	鷹圖	1811	李義養	1811	1	부산박물관	
11	山水圖	1811	李義養	1811	1	부산박물관	
12	山水圖	1811	李義養	1811	1	부산박물관	
13	山水圖	1811	松菴	1811	1	부산박물관	
14	花鳥圖	1811	李義養	1811	1	국립해양박물관	
15	花鳥圖	1811	槐園	1811	1	부산박물관	
16	朝鮮通信使奉別詩稿	1811	松崎慊堂 等	1811	1	국립해양박물관	
17	趙泰億像	1711	狩野常信	1711	1	국립중앙박물관	
18	芙蓉雁圖屛風 1雙	1747~48	狩野宴信	1748	2	국립고궁박물관	
19	源氏物語團扇屛風	18세기	長谷川光信	18세기	1	국립고궁박물관	
20	牧丹圖屛風	1811	狩野師信	1762	1	국립고궁박물관	
21	義軒・成夢良筆行書	1719~20	義軒, 成夢良	18세기	1	부산박물관	
22	朝鮮通信使 酬唱詩	1682	山田復軒 等	1683	1	국립해양박물관	
23	東槎唱酬集	1763~64	成大中 等	1764	2	국립중앙박물관	

수중고고학의 개념과 발달사

김도현

Ⅰ. 수중고고학 – 왜 연구해야 하는가?

우리는 어릴 때부터 "삼면이 바다로 둘러 싸여 있는 우리나라는 해양국가로서 …" 라는 문구를 많이 들어왔으며, 즐겨 쓰고 있다. 하지만 많은 섬들과 발달된 해안선, 넓은 대륙붕을 가진 해양 국가임을 내세우면서도, 해양 의식 수준과 사고방식, 나아가 구체적인 정책, 제도 등은 일반적인 기대보다 뒤떨어져 있다. 특히 수중고고학 조사·탐사, 발굴 기법 등은, 자연과학 또는 공학적 사고를 필요로 하고, (대부분) 관련 분야들과의 공동 연구나 협조가 종합적으로 이루어져야 하지만, 이를 소홀히 하는 경우도 많다.

특히 유럽(미국과 호주도 포함)에서는 오래 전부터 난파·침몰선, 자연 현상이나 환경 변화로 인하여 가라앉거나 물에 잠긴 고대 도시·항구, 호수가 선사주거지와 내수면 등에서 수중고고학 발굴조사로 볼 수 있는 행위가 시도되고 행하여져 왔다. 1940년대 초, 프랑스의 쿠스토(J.-Y. Cousteau)와 가냥(E. Gagnan)에 의한 스쿠버(SCUBA)의 실용적 개발은, 잠수 인구의 저변 확대를 가져오게 되었고, 자연스럽게 수중 활동이 확산될 수 있는 계기가 되었다. 하지만 수중고고학이 학문(고고학)적으로 체계화되는 것은, 1950년대 이후의 일로 본다.[84] 이는 수중고고학을 학문적인 체계라는 관점에서 파악한 것

---

84) Babits and Tilburg 1998, p.1.

이며, 실질적인 수중고고학의 시작 시기를 구체적으로 단정 짓기는 어렵다.

우리나라에서는 1973년 이 충무공 해전유물 탐사를 시작으로, 1975~1976년 안압지 발굴조사 중의 나무배 발굴, 잇따른 신안해저 유물 발굴·인양 등, 1970년대에 들어서면서부터, 수중 매장 문화재와 문화유산에 대한 관심이 고조되었다. 이후 여러 곳에서 수중 유물과 침몰선들이 발견되고, 발굴조사가 수행되어왔으며, 자연스럽게 수중고고학(Underwater archaeology)이라는 용어를 사용하게 되었다.85) 하지만 우리나라에서 수중고고학 탐사나 발굴조사가 시작된 지 어언 40년이 흐른 지금도, 수중고고학이 학문적으로 정립되지 않았다. 그러므로 그간의 발굴조사 성과를 정리·분석하고, 외국의 주요 사례들과 비교·검토하여 수중고고학의 발달과정과 현황을 정리해 볼 필요가 있다. 아울러 연구 방법·방향 등을 제시할 수 있다면, 우리나라 수중고고학의 발전에 도움이 될 수 있을 것이다.

수중고고학 연구의 특성으로는, 자연 환경과 인위·사회적 요소를 들 수 있다. 그 중, 자연 환경을 우선적으로 고려해야 한다. 대부분의 연구 대상이 수중 환경에 존재하기 때문이다. 따라서 수중 환경 특성을 이해함은 물론, 해양에 대한 일반적인 지식뿐만 아니라, 필요에 따라 전문적 지식과 사고가 뒷받침되어야 한다. 바다는 매우 넓고, 인간이 직접 도달할 수 없는 깊은 수심이 대부분이다. 장기간에 걸친

---

85) 국립해양유물전시관 2003(초판 1995), 『바다로 보는 우리 역사』, p.11.
　　'수중고고학이란 바다나 강, 호수 등에 가라앉은 옛 유적이나 유물을 발굴하여 당시의 문화상을 복원하는 학문으로서 수중이라는 특성 때문에 육상 고고학과 구분된다.'
　　국립해양유물전시관 2004, 『신안선 보존·복원 보고서』, p.2.
　　'수중고고학은 물 속에 잠겨 있는 유적·유물을 통해 문화발전과정을 새롭게 이해하는 중요한 학문입니다. 유럽에서 본격적으로 시작된 수중고고학은 1970년대 중반에 이르러, 신안 해저발굴을 계기로 우리나라에 도입되었습니다.'
　　이충무공 해전유물 탐사는 1973년에 시작되었다.

해수면의 변화(주로 상승), 해저 지형 변화나 퇴적 등도 고려되어야 하며, 기상·기후 조건에 따른 제약도 따를 수 있다. 특히 우리나라의 발굴조사에 있어서, 대부분 수중 시야가 나쁘고 강한 해·조류로 인한 제약이 따르는 경우가 많다. 그러므로 조사 방법에 있어서도, 이러한 환경과 제약을 극복할 수 있는 기술·기법이 필요한 것이다.

바다에 대한 올바른 인식과 전문적 지식의 부족이, 수중고고학 발전에 걸림돌이 되는 것으로 생각된다. 수중 환경에서의 고고학적 조사는, 수중이라는 특수한 자연 환경 때문에, 자연과학이나 공학의 뒷받침이 필요하다. 나아가 관련 분야의 전문가는 물론 연구자가 필요하다. 아울러 우리의 실정과 상황에 맞는 기술·기법의 적용과 개발이 따라야 할 것이다.

또한 수중발굴을 진행하는 과정에서, 나라간의 소유권 분쟁이 발생할 수도 있고, 이는 영해의 확장 의도와 맞물려 심각해 질 수도 있다. 자연스레 수중의 고고·역사학적 가치가 있는 침몰선의 발굴조사는 해상력, 외교력 등의 우위로 연결될 수도 있다. 경우에 따라 국력의 과시 또는 팽창을 위해 수중 발굴이 고려되는 적도 있었다.

고고학적 연구·조사의 대상이 존재하는 환경은, 바다와 육지로 크게 구분 지울 수 있다. 본고에서는 바다와 육지의 수중 환경에 존재하는 대상을 주로 다룰 것이다. 다시 말하여, 바다의 수중은 물론 육지의 수괴(연못·호수, 저수지, 하천 등의 내수면)의 수중 환경도 모두 포함되는 것이다.[86]

우리나라의 수중고고학은 특정 분야나 주제에 대한 연구 결과들은

---

86) Muckelroy 1978, pp.9~10
    바다의 수중 환경은 광범위하며 발굴조사 사례들이 많고, 연구 또한 활발하다. 난파·침몰선 사례 또한 그러하다. 따라서 본 연구도 이를 위주로 한다.

더러 있으나, 기초적 연구는 다소 부족하였다고 본다. 특히 기술·기법에 대하여는 소홀히 한 경향이 있다고 본다. 이는 수중 환경의 특성을 간과한 결과이기도 하며, 편협적인 연구나 결과를 유발할 수도 있는 것이다. 따라서 본 연구에서는 수중이라는 특수한 환경과 발굴조사의 기술·기법은 물론, 앞서 언급한 특성들에 대하여 사례 별로 비교(정리)·분석코자 한다.

그러므로 본고에서는 먼저 수중고고학의 정의 및 그 영역과 대상 등에 대하여 알아볼 것이다. 학자에 따라서 수중고고학을 각각 다르게 정의하고 있는 것이 현실이지만, 다양한 견해의 공통분모를 확인하고, 현재의 상황에서 유용한 정의를 도출해 보고자 한다.

다음으로 수중고고학이 발전되어 온 과정을 알아볼 것이다, 그 발전 과정에서 필연적으로 많은 영향을 주어왔고, 수중고고학의 기원이라고도 생각할 수 있는 해난구조(salvage)[87] 분야도 함께 살펴보았다. 즉, 오래 전부터 해난구조 즉 재물·보화·유물 등의 인양 노력과 시도는, 수중고고학 분야에 대한 관심을 불러일으킨 계기가 되었음은 물론, 발전을 촉진하였다고 볼 수 있기 때문이다.

또한 외국에서 수중고고학이 발전한 과정을 살펴보기 위하여 - 물론 난파·침몰선[88]이 많은 부분을 차지하겠지만 - 수중고고학 발전

---

[87] Dean et al. 1995, p.20
구제고고학에서의 구제 의미가 아닌 바다에서의 해난구조라는 뜻이다.
"Not to be confused with the term 'salvage archaeology,' a North American term which equates with the British Expression 'rescue archaeology'."

[88] 오래 전 인류가 바다나 강을 수송 수단의 매개체로서 이용할 무렵에 사용하였던 뗏목이나 선박들은 주로 나무를 이용하여 만들었다. 정확한 해도가 없고 항해술이 발달되지 않았을 당시에는, 많은 선박들이 좌초되거나 풍랑으로 침몰하였다. 이 같은 목선의 구조는 취약하여 해난을 당할 경우, 크게 파손되어(난파) 화물 등과 함께 흘러가다 침몰하게 됨으로, 이를 난파선(wreck)이라고 표현하였다. 하지만 산업혁명을 전후하여 발명된 증기기관과 제철·제강 등, 공업 기술의 발달에 따라 - 목선에 비하여 쉽게 파괴되지 않는 - 철(강)선이 등장하게 되었으며, 이 후 조난을 당하더라도 침몰선이라는 용어를 주로 사용하는 경우가 많아지게 되었다. 이렇듯 경우에 따라서는 난파선과 침몰선의 뚜렷한 구분은 어려울 수도 있으나, 조난의 동기·과정·결과 등을 고려한 의미를 이해하는데 참

의 중요한 계기가 된 대표적인 사례들에 대하여 정리해 보았다 특히 유구·유적의 특성을 고려한 사례 및, 최근 과학·기술의 발달로 가능하게 된 심해 탐사 분야도 포함하였다. 이는 수중고고학과 관련된 여러 분야서 나타나는 최근의 세계적 추세를 이해하는 데 도움이 될 것이다. 아울러 우리나라의 수중고고학의 역사도 간략히 정리하였다. 다소 산만한 내용이 될 수 있지만 이러한 검토는, 우리나라 수중고고학의 현실을 고려할 때, 반드시 필요하다고 본다.

II. 수중고고학의 영역 및 대상

수중고고학을 정의하기 위해서는, 영역 구분과 연구 대상을 함께 이해하면서 사용되고 있는 용어들을 먼저 알아야 한다. 또한 정의와 관련된 주요 개념은 수중(underwater)·해양(marine or maritime)·해사(nautical, 주로 항해 등과 관련되어) 그리고 고고학을 들 수 있다 (Muckelroy 1978, **그림** 1).[89] 옥스퍼드대 출판부의 『선박·해양 용어

고하기 바란다.
Babits and Tilburg 1998, p.17.
'수중에 침몰된 선박은 일반적으로 난파선(shipwrecks)이라고 부르며, 난파(難破, wreck)는 파손·파괴의 의미를 지닌다. 실제 파손된 선체의 잔해나 흐트러진 동반물은 원형을 잃어버려 그 맥락이나 배경(context)을 정확히 추정하기는 어렵다. 하지만 이들의 연구가 매우 필요하고 귀중한 결과를 가져올 수도 있다.'

89) 본문에서는 목적이나 내용을 고려하여 수중고고학으로 표기하지만, 학자나 경우 - 대상, 연구 방법 및 결과 등에 따라 달리 표기할 수 있음을 알려둔다. 즉, 수중(underwater)은 바다와 바다가 아닌 육지의 수괴 - 연못·호수, 저수지, 강, 습지 등의 내수면 물 속도 포함된 것이고, 해양·해사 (maritime)는 바다와 이 곳에서 일어날 수 있는 모든 행위도 포함하는 광범위한 의미로 사용될 수 있으며, 해사(nautical)는 선박과 항해 - 이와 연관되는 해상 활동이나 사건, 장소까지 포함될 수 있는 것이다.
Bass 1966, pp.15~22; Dean et al. 1995, p.20; Green 2004, pp.2~12 참조.
Muckelroy 1978, p.4.
"...해양고고학(maritime archaeology)은, '바다에서의 인간 활동과 그들이 남긴 잔존물에 대한 과학적 연구 (the scientific study of the material remains of man and his activities on the sea)'로 정의할 수 있다.."

집』90)에는 해양·수중고고학(marine and underwater archaeology)이란 용어만 기재하였다. 드물게는 박사학위 논문에 고고해양학(Archaeological oceanography)이란 표기가 있었으되, 이는 전공과 내용에 따른 제한된 개념으로 사용된 것으로 볼 수도 있다.91)

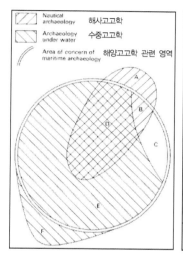

구분	영역 (구분, 선체 위주) 설명
A	해사고고학 영역 중, 바다 경관이 아닌 곳에서 발견되는 선박. 묻혀 있는 경우가 많음.
F	수중고고학 영역 중, 해양 활동과 직접적인 연관이 없는 유적. 해수면 아래로 가라앉은 지표면.
D	수중고고학의 영역은 해양고고학의 영역과 많은 부분이 중첩되지만, 특히 해양의 기술적인 부문과 함께 고려될 수 있는 부분이다.
E	수중고고학 영역.
B	해양고고학 영역 중, 고 선박 그 자체로 바다(수괴)가 아닌 환경에 있는 경우. 예를 들어 해안 가에 좌초되거나, 그 환경이 육지화 된 곳의 선박.
B & C	상기와 같은 환경에서 발견되는 선박이 아닌 과거의 해양 활동으로 인한 유적.

도표 범례:
- Nautical archaeology 해사고고학
- Archaeology under water 수중고고학
- Area of concern of maritime archaeology 해양고고학 관련 영역

<그림 1> 해양, 수중·해사(海事) 고고학 영역과의 관계 (Muckelroy 1978).

Wikipedia, the free encyclopedia (http://en.wikipedia.org/).
수중고고학의 연구 대상은 난파·침몰선(또는 항공기)을 위시하여, 호수가(위) 주거지, 항구나 교량 등 수리 구조물의 자취 또는 한때 육상의 인간 생활 터가 해수면의 상승 또는 다른 현상에 의하여 물속으로 가라앉은 곳 등이 포함된다.
먹클로이(1951~1980)는 짧은 삶에도 불구하고, 수중고고학의 학문적 체계 정립에 큰 업적을 남겼다. 테이호(Loch Tay)에서 연구를 위한 잠수 중 익사하였다 (…drowned in a diving accident).
90) Dear and Kemp 2006(1st ed. 1976 / paperback ed. 2006), pp.338~340.
91) Coleman D.F., 2003.
비록 보는 관점에서 다를 수도 있겠지만, 수중고고학 연구 환경의 이해를 위한 기초적이고도 주된 관련 학문이 해양학임을 시사한다고도 볼 수 있겠다.

수중고고학의 연구 대상(주석 77 및 **그림 1** 참조)은 난파·침몰선일 경우가 많고, 발굴조사 사례 또한 풍부하다. 이는 인류가 오래 전부터 바다나 강, 호수 등에서 배를 사용하여왔기 때문일 것이다. 또한 환경에 따라 보존 상태가 육상보다 양호하여, 선체와 함께 발견되는 모든 잔존물[92]의 고고학적 가치와 중요성이 더할 수 있다.[93] 즉, 선체와 파편(주변 잔류물 포함)은 물론 함께 발견되는 화물, 기물, 선용품, 장비, 선원·승객의 유해, 소지품, 사용품, 생활 흔적 등이 중요한 연구 대상이며, 고대 교역과 해사, 문화, 생활상 등의 연구에 귀중한 자료가 된다.

이러한 난파선들에 대한 연구는 시간의 흐름과 환경의 특성과 변화를 고려하여 종합적으로 이루어져야 한다. 난파선은 다양한 환경에서 발견되며, 난파 후에는 자연적 또는 인위적인 요인에 의하여 변형되기에 더욱 더 그러하다. 이러한 변형에 대하여 먹클로이(Muckelroy 1978)는 기본적인 흐름도를 제시하였고(**그림 2**), 이후 워드 등(Ward, Larcombe and Veth 1999)은 환경 요인 등을 추가로 고려하여 발전된 흐름도를 제시하였다(**그림 3**).[94]

더욱이 여러 자연 환경 요인에 따른 퇴적과 침식의 변화로, 보존·잔존 상태와 분포가 달라진다. 이러한 자연 환경 요인들을 고려하여, 헨더슨(Hendersen 1986)은 먹클로이의 분석 사례[95]를 인용하면서 호주 환경에 맞게끔 제시하였다.[96]

---

92) Babits and Tilburg 1998, p.27.
93) Ruppe and Barstad 2002, p.14.
94) Ward et al. 1999, p.561.
95) Muckelroy 1978, p.164.
96) Henderson 1986, pp.10~11.

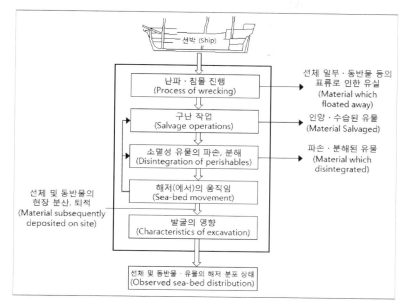

<그림 2> 자연·인위적 영향으로 인한 난파선 변화 단계 흐름도 (Muckelroy 1978).

사고 선박이 난파·침몰되어, 선체와 동반 유물이 파손, 유실, 분해(훼손) 등의 과정을 거치며, 해저에 산포, 안정화된 상태로 발견, 발굴조사 되는 진행 과정의 흐름도. 이러한 일련의 과정은 하나의 시스템으로 이해 될 수 있으며, 선박의 특성과 시간의 흐름에 따른 변화를 거친 후, 발견되며 고고학적 발굴조사를 통하여 그 실체를 파악 해석할 수 있다. 이 같은 난파·침몰선의 변화 과정 시스템의 한 테두리 안에서, 선박 자체의 자료와 외부의 영향 등을 고려하더라도, 발굴조사·연구자에 따라 얻을 수 있는 지식(연구결과)은 달라질 수 있다 (Clarke 1968, 44). 마찬가지로, 굵은 선 사각 내의 요소들만의 이해도 연구에 있어서는 부분적일 수 있다. 따라서 좁은 시각을 통한 국부적 연구를 극복하고, 다양한 요소와 분야를 아우르는 연구가 필요하다.

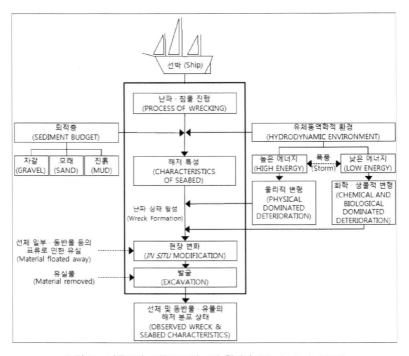

<그림 3> 먹클로이 흐름도(그림 2의 확장판 (Ward et al. 1999))..
{An expanded version of Muckelroy's(1978) flow diagram}.

난파·침몰선(a), 퇴적 환경(b)과 유체동역학적 환경(c)들을 구분 지어 나타내면서, 난파선 변화의 주요,
단계별 과정을 나타낸다.

  우리나라에서는 자연 환경 요인들을 고려하면서 고선박을 분석·
연구한 경우가 부족하였다고 본다. 물론 현재까지 바다와 강에서 발
굴조사된 난파·침몰선 사례는 12건(고려 한선 10척, 외국선인 벽파
리 통나무배와 신안선 참조)에 불과하여, 자연 환경 요인에 대한 비
교·분석이 어려울 수도 있겠다. 하지만 이들에 대한 자료화[97]를 시

---

97) 최근에 이르러 GIS(Geographic Information System) 환경에서의 자료 정리 및 분석 등에 관한 기
    법을 많이 적용하고 있으며, 1990년대 이후부터 수중고고학의 자료 분석 및 연구에 중요한 역할을
    하고 있다. GIS를 지리정보 체제(계)로 번역하고 있으나, 단순한 지리정보라기보다는 경관 및 유물

작으로, 향후 우리 실정에 맞는 조사·연구 방안을 개발해야 할 것이다. 아울러 먹클로이의 분석 사례에 대한 한계성을 이해하고,[98] 헨더슨이 자국(호주)에 맞는 요인들을 추가 제시하듯이, 우리나라 해역의 특성을 고려하여야 될 것이다.

난파·침몰선은 우연히 발견되는 경우가 많지만, 고문서·문헌 등을 추적, 연구하여 계획적으로 찾을 수도 있다. 발견된 후에는 적합한 방법으로 기본적인 조사가 이루어지며, 사진이나 도면 등으로 기록하고 자료화한다. 그리고 전체 발굴(Total excavation)의 결정은 고고학적인 가치와 중요성을 기준으로 한다. 또한 대상 침몰선의 사전 조사 흔적, 침몰 이후의 훼손 정도 등을 고려하되, 발굴조사에 많은 인원, 장비, 시간과 경비가 소요되더라도, 다음과 같은 점들을 유의해야 할 것이다.[99]

- 퇴적물(모래나 뻘 등)의 상태: 보존 상태를 파악하는 중요한 자료,
- 연대 등의 고고학적 가치성과 똑같은 형태의 발굴 사례 여부,
- 위치와 발굴의 용이도,
- 자금과 발굴단 구성 가능성 및 기타 등.

우리나라 해저에서 난파·침몰선이나 유물들 외에, 수몰된 유구나 유적의 발굴조사 사례는 없었다.[100] 하지만 앞으로 언젠가는 발

등을 포함한 조사, 탐사 및 발굴에서 얻어진 종합적인 정보들을 저장, 취합, 분석 등을 가능케 하는 체계로 이해하여야 할 것이다. 본 논문에서는 영문 GIS로 표기한다.
김수정·유해수 2004, p.89.
'최근 고고학계에서 유적지의 공간적으로 관련된 자료들을 저장하고 분석하기 위해서 GIS 프로그램을 사용하기 시작하였다. GIS는 공간적인 참고(지도) 자료를 저장하고 시각화하며 분석하는 컴퓨터 시스템이다. 이는 유물과 유적의 공간적인 관련된 자료를 처리하기 위해 적절히 응용되고 있다....'

98) Muckelroy 1978, p.165.

99) Woods and Lythgoe 1971, pp.249~250, 252~253.
Babits and Tilburg 1998, p.19.
최항순 2006, p.195.
'.... 그러나 역사의 중요성에도 불구하고 배에 대한 문헌 기록이 별로 남아 있지 않아 안타깝다.'

견될 수도 있을 것이다. 아울러 유럽의 호수가 주거지(Menotti 2004; Dixon 2004) 등과 같이, 내수면 등지의 수중에서도 유구나 유적이 발견될 가능성은 있다고 본다.

III. 수중고고학 발달사

오래 전부터 해난 사고로 인한 선박의 좌초, 난파, 침몰 현장에서, 쓸 수 있는 자재, 선적품, 값진 보화 등의 회수 - 구난 작업(해난구조, Salvage)이 행하여져 왔고, 기술 발전에 따라 회수되는 부분과 수량은 늘어났다. 하지만 많은 선체와 동반물 등은 해저에 남아 있게 된다. 이러한 잔존물은 고고·역사학적 가치를 지니게 되었고, 나아가 귀중한 수중 문화유산으로 인식되면서, 자연스럽게 수중고고학이 태동되었다고 본다. 따라서, 해난구조의 역사를 간략히 알아본 후, 수중고고학의 발달사를 정리한다.

1) 해난구조의 약사 및 기술 발달

해난구조가 언제, 어디서, 어떻게 하여 시작되었는지에 대해 정확한 역사적 기록은 없다. 그러나 인간이 바다나 강을 수송의 매개로 이용하기 시작한 이후, 선박, 뗏목 등 많은 수송 수단들이 조난을 당

---

100) 문화재관리국 1985, p.41.
　　'해양고고학에 있어서의 조사 대상은 항상 해저에 있으며, 그 성격은 육상의 유적이나 유물과 꼭 같다. 즉 인위적으로 구축되거나 제작된 유구와 다른 곳에서 제작된 기물인 유물이 있었을 수 있다. 그러나 우리나라 연안 해저에 수몰된 유구는 거의 없는 것 같으며,…'
　　이러한 견해 -…수몰된 유구가 거의 없는 것 같으며, - 에 대하여, 당시까지는 거의 발견은 되지 않았지만, 앞으로 이러한 유구나 유적이 발견될 수도 있다라는 가능성을 제시하고 싶다.
　　Henderson 1986, p.10.
　　Woods and Lythgoe 1971, p.235.

하였다. 정확한 해도가 없고 항해술이 발달되지 않았을 당시, 나무로 만든 많은 선박들이 좌초되거나 풍랑으로 인하여 침몰되었다. 이같은 목선의 구조는 취약하여, 해난을 당할 경우 난파선(Wreck, **그림 4**)이라는 말이 단적으로 표현하듯이, 파도에 의해 크게 파손되어 화물과 함께 조류를 타고 흘러가는 것이 보통이었으므로, 실질적인 해난구조는 어려웠다. 해안 가까운 곳이나 아주 잔잔한 외항에서의 조난과 같은 제한된 경우에 한하여, 극히 간단한 구조 작업이 해변 주민들에 의하여 행해지는 것이 고작이었다. 또한 구조 기술의 단순함(인력, 수동)으로 많은 시간과 노력이 소요되었으며, 과학적 구조 기술이 발달되지 않았기 때문에, 사고 발생 시 인명이나 재산의 손실이 컸다. 그리고 마땅한 잠수장구가 없었기에 맨몸 잠수에 의존했으며, 선박의 부력 복원을 위해 적재(화)물을 버렸고, 인양은 주로 조석에 의존할 수밖에 없었다.

더욱이 봉건제도 혹은 절대 군주 통치 하에서, 행정력이 미치지 않는 변방의 해안에서는, 주민들이 해난물을 절취하고 일부러 해난을 유발시키는 경우도 빈번하였다. 따라서 실질적인 근절은 이루어지지 않았지만, 각 국에서는 이런 악습을 없애기 위하여 이 같은 행위를 금지하거나, 해난구조에 대한 보수를 지불하는 등의 법을 제정하기 시작한 것이, 해난구조에 대한 법적인 모체가 되었다고 볼 수 있다. 또한 고대 이집트, 로마 또는 스페인의 금, 은, 보석 등을 실은 배들이 해전 등으로 인하여 침몰하였으며, 함께 가라앉은 배의 금·은 보화, 재물들을 건지려는 인류의 야망과 노력이 있었고, 나아가 좋은 뜻을 가지거나 나쁜 마음을 먹고, 경제·고고학적 가치가 있는 물건의 회수에 많은 사람들이 큰 관심을 가져왔다. 이러한 야망과 행위들이 해난구조의 기원이 되었을 것이다. 아울러 바다를 접하는 여러 나라들에서는, 이러한 난파선과 적재물에 대한 보호를 하고 제재를 가하기도 하여왔으며, 더욱이 최근에는 자국 또는 국가 간의 협의 등을 통하여, 보존이나 유산의 보호에 더욱 더 노력을 기울이고 있다.[101]

또한 산업혁명을 전후하여 발명된 증기기관과 제철·제강 등의 공업 기술 발달에 따라, 해난(海難)에도 쉽게 파괴되지 않는 철(강)선이 등장하게 되고, 목선 시대에는 기대하지 못했던 해난선 자체의 예인이나 인양이 가능하게 되었다. 이와 더불어 근대의 해난구조에서는, 이전보다 긴 시간 깊게 잠수할 수 있는 잠수 장비의 출현과 구조 기술의 개발이 자연스럽게 이루어졌다.

<그림 4> 난파선(Shipwreck, 1759년의 캔버스 유화, 96 x 134.5 cm).
{Groeninge Museum, Bruges Joseph Vernet (1714~1789)}.
해난사고 - 특히 해안가에서 좌초되었을 때의 인명구조와 선체의 난파를 잘 보여주는 고전적인 그림이다.

---

101) UNESCO 2001 Convention on the Protection of the Underwater Cultural Heritage and etc.

근대 해난구조의 역사적 최초 기록은, 1782년 8월 포츠머스(Portsmouth) 정박지에서, 800명 이상(약 1,200명으로도 추정, wikipedia)의 희생자를 내며 침몰한 로얄죠지호(*Royal George*)에 대한 인양 작업(**그림 5**)으로 볼 수 있다. 1840년까지 여러 차례 인양을 시도했으나 실패하고, 결국 폭약으로 선체를 해체시켰다. 근대적 잠수기인 1836년에 이르러, 시베(A. Siebe) 등의 재래식 중량 잠수구가 개발됨으로써, 침몰선에 실렸던 물건들을 건져낼 수 있었다.

<그림 5> 로얄죠지호 구난 작업 (McKee 1982, Photo: National Maritime Museum).

트래이시(W. Tracy)의 실패로 끝난 1973년 인양 시도. 1545년 메리로즈호{*Mary Rose*} 인양 시도에 제시된 방법과 유사 - 대형선 두 척의 부력을 이용. 그 원리와 기법은 지금도 적용된다.

이후 여러 종류의 펌프와 공기압축기 등의 발명으로, 침몰선 구조 기술의 발달이 뒤따랐다. 물막이 방수벽(Cofferdam), 우물통(Caisson), 폰툰(Pontoon) 등도 널리 사용되기 시작하였으며, 해난구조는 과학적 기술이 요구되는 매우 복잡한 기술 분야로 발전하게 되었고, 이러한 기술들은 여러 수중고고학 발굴조사에 적용된다.

2) 수중고고학의 약사 (Muckelroy 1978; Throckmorton 1987 & etc.)

근래에 들어 본격적으로 연구가 시작된 수중고고학의 역사는, 이미 15세기 중엽으로 거슬러 올라 갈 수 있다. 고대 그리스와 로마 예술품 수집·애호가였던 콜로나 추기경(Cardinal Colona)은, 로마 근처의 네미 호수(Lake Nemi) 바닥에 로마 선박 두 척이 1세기 경에 많은 재화와 예술품을 실은 채 가라앉았다는 소문을 들었다. 그는 1446년에 알베르티(L. B. Alberti)로 하여금 소문의 선박들을 찾게 하였으며, 10길(Fathom, 1 fathom = 183cm) 수심에서 이들을 발견하고, 이 중 한 척을 인양코자 하였으나, 당시로서는 깊은 수심과 기술 부족으로 실패하였다. 그 이후, 1535년 페마르치(F. Pemarchi)의 자신이 만든 잠수 기구를 이용한 조사, 1827년경의 잠수종 사용, 1895년 로마 골동품 상인 보르기(E. Borghi)의 작업 등, 이 배들과 유물들의 인양에 대한 시도들의 결과로, 19세기에 잠수부들이 유물 몇 점을 인양하였으며, 1895년 이탈리아 정부의 주관 아래 작업이 이루어지면서, 상당량의 나무판자들이 인양되었다. 1928년에 이르러서 무솔리니(Mussolini)는 정부가 이 배들을 인양해야 한다고 결정하여, 4년에 걸쳐 대규모의 공사로 물을 퍼내고 발굴을 하였다 (Stafford 1999, mnsu.edu).[102] 발굴 노출된 배는 보존이 잘 돼있었고, 해체하여 로마의 보존소로 운반하기 전에, 고고학자들은 선체를 연구할 귀중한 기회를 가지게 되었다. 두 척 모두 크고 화려하였으며, 길이가 70미터 이상으로(71.3, 73.2m), 앞판은 모자이크 식의 유색 대리석으로 되어 있었고, 온수 목욕 시설, 대리석 원주, 장식품, 호화스런 물건들이 발견되었다. 아마도 이 선박은 로마의 지도자나 상류층의 유람선으로 추측되었다. 하지만 1944년 독일군에 의하여 이 선체는 불타버렸고, 축소 모형만 남아있어 연구에 이용되다가 최근 복원 작업을 하였다.

이후 또 다른 관점에서, 수중고고학 및 발굴에 관심을 보인 것은 1775년 영국의 골동품 수집가들이 로마 근처 티베르(Tiber)강에서 유물을 발굴토록 후원한 사실일 것이다. 이곳에서 그리스 잠수부들이 잠수종을 사용하여 3년 간 작업하였으나, 큰 성과는 얻지 못하였다. 수 세기에 걸쳐 퇴적된 강바닥의 뻘을 제거할 만한 기술이 없었기 때문이었다. 이후 한동안 관심은 식어져 미미한 상태였고, 지중해에서 귀중한 청동상 등이 간간이 인양되었다.

18세기 초 이탈리아 리보르노(Livorno) 근처에서 호머(Homer)와 소포클레스(Sophocles)의 청동상을 인양하였고, 몇 년 뒤 그리스 코린트(Corinth) 만에서 제우스 청동상(Zeus of Livadhostro)이 그물에 걸려 인양되었다. 1832년 투스카니(Tuscany) 해안 피옴비노(Piombino) 근처에서, 현재 루브르(Louvre) 박물관에 보관되어 있는 아폴로 청동상을 인양하였다. 당시에는 인식 부족으로, 우연히 인양된 많은 유물들을 녹이거나 부수어 고철로 팔곤 하였다.

1853~4년 겨울, 스위스 취리히 호수(Lake Zurich of Ober-Meilen)의 수면이, 여느 때보다 건조한 기후 때문에 현저히 낮아졌을 때,

---

102) Thorndike 1980, p.101.; Carlson 2002.; Davis 1995, pp.603~604.;
Ruppe and Barstad 2002, p.18.

(발견된) 선사 말뚝 주거지(Sunken pole-dweller cultures, lake-dwelling phenomenon, 이후 '호수가 주거지'로 표기함가 발견된 것을 계기로, 유럽은 여러 호수들에 관심을 가지게 되었다. 1860년대 초에 이미 100여 곳에 대한 보고가 있을 정도였으며, 그 이후 지금까지 많은 발굴조사와 연구가 이루어져 오고 있다.

애플리(J. Aeppli, school teacher)의 노력으로 발견한 취리히 호수가 (호숫가) 주거지 유물과 유구 등은, 취리히의 골동품 협회 (Antiquarian Association)에 보고되었고, 협회장 켈러(Dr. F. Keler, local naturalist)에 의하여 1854년 말, 유적지에 관한 세부적인 보고서가 처음으로 발간되었다. 그는 스위스 서부의 또 다른 비엔느(Bienne) 호수가 주거지와 함께, 이러한 곳들이 단순한 어부들의 움막(Isolated fishermen's huts)이 아닌 주거지의 형태(Proper settlement)라고 해석하였으며, 이러한 주거지가 호수 가장자리의 얕은 물 위에 지어졌다는 가설(Keller's theory)을 제시하였다. 지질학자인 몰롯(A. von Morlot)은 자신이 직접 만든 잠수 헬멧(A bucket as a self-made diving helmet)을 사용하여, 로잔(Lausanne) 박물관의 트로욘(F. Troyon)이 보트 위에서 도와주는 가운데, 1854년 5월 22일, 모르게스(Morges) 근처의 제네바 호수(Lake Geneva)에 잠수하였다{그림 6 a)}. 블로(Jean-Yves Blot 1996)는 이를 두고, 잠수를 이용한 선구자적인 고고학적 조사라고 표현하였다. 트로욘은 몇 년 뒤(1860) 발간한 보고서에서 켈러의 가설에 동조하였다. 켈러 이후 70년 이상, 일반인들의 낭만적 추구 성향 때문일 수도 있지만, 물 위에 지어졌다는 것에 대한 이의를 제기하는 경우가 없었다.

호수가 주거지에 대한 연구를 시작한지 약 반 세기가 지나도록, 거의 대부분의 고고학자들은 수중의 잔존물들은, 주거지가 물 위에 있었음을 보여주는 것이라고 전적으로 믿어왔다. 심지어 지질학자나 식물학자들까지도 호수의 수위는 상당 기간 큰 변화 없이 안정되어 있었다고 생각하였다. 라이너트(H. Reinerth)의 콘스탄체(Constance) 호수에 있는 시플링겐(Sipplingen, 1921)과 운터울딩겐(Unteruhldingen, 1929)의 주거지에 대한 연구에서, 켈러의 가설과는 좀 틀리지만, 말뚝 아래 부분은 계절에 따라, 또는 주기적으로 잠기곤 하였다는 타협적 견해를 주장하였다. 이는 스위스 고고학자들은 물론, 식물학자들에게 자극을 주었지만, 일부는 반박을 하기도 하였다. 그 이후 과학적 근거를 바탕으로, 라이너트(1932), 파레트(Paret 1942)와 보그트(E. Vogt 1955) 등은, 물속의 말뚝들로 이루어진 기초 위에 지어진 것이 아니라, 호수 가장자리의 물로 접근하기 용이하고 가까운 땅에 지어진 것이라고 주장하였다 {**그림 6** b)}. 특히 보그트는 노(hearths)의 발견 층별 위치와, 말뚝의 부위 별 보존 상태의 차이점에 착안하여, 논리적으로 (이를) 증명코자 하였다. 여러 호숫가 주거지의 층서 구분, 환경 요소와 연대 측정 등을 통하여 많은 학자들이 이러한 주장을 이견 없이 받아들이고 있다. 하지만, 최근 들어 개발에 따른 전체 또는 구제 발굴을 통하여, 비록 켈러의 개념과는 차이가 있겠지만, 극히 일부에서 물 위에 말뚝 기초를 이용한 주거지가 발견되었음도 유의해야 할 것이다.

취리히 호수가 주거지의 발견은, 수중고고학이라는 학문의 태동을 가져오게 된 계기들 중 하나라고도 볼 수 있으며, 이 후 유럽 여러 나라에서 호수가 주거지를 중요한 연구 대상들 중의 한 분야가 되었다. 이는 빙하 등의 환경적 요인으로 인한 호수들이 많았기 때문이며, 그 발견도 기후 변화로 인한 수면 하강 때문이었다. 아울러 개발에 따른 유적지나 경관의 훼손에 각별히 주의를 기울이고, 범

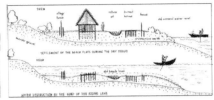

a) 몰롯의 제네바 호수 잠수 (Blot 1996).　　　b) 파레트의 주장 (Rackl 1968).

<그림 6> 제네바 호수 잠수와 스위스 호수가 주거지.

a) 최초의 고고학적 잠수가 1854년 5월 22일 제네바 호수에서 이루어졌다. 하지만 '잠수하는 고고학자 (diving archaeologist)' 몰롯이 성공하였는지는 의심스럽다. 그가 고안한 잠수 헬멧은 상체를 바로 세운 자세에서만 작동 가능한 것으로 보여, 수중 시야가 좋지 않은 호수 바닥을 제대로 살피기에는 어려워 더듬는 수준이었을 것이며, 단지 몇 개의 돌만 주웠을 것이다. (단지 그는 배 위에서 웃으며 기다리고 있는 친구들 - 트로욘과 포렐(Forel)에게 돌 몇 점만 가져다 주었다. Menotti 2004).
블로는 이를 '잠수를 이용한 선구자적인 고고학적 조사'라고 표현하였다 (Morlot is sometimes said to have pioneered archaeological research by diving.).
b) 파레트의 주장에 따른 스위스 호수가 주거지의 기원에 대한 추정도.

유럽적인 학술적 협조 체계를 이루어가고 있다. 또한 과학 기술의 발달과 이의 적용은 수중고고학 발전에 크게 이바지할 수 있으며, 관련 분야와의 공동 연구가 학문 발전을 가속화시킬 것이다.

또한 서반구 최초의 대규모 수중 발굴조사는, 20세기 초엽 멕시코 유카탄 메리다(Merida)에 있던 미국 영사 톰슨(E. H. Thompson)에 의하여 이루어졌다. 즉, 마야 문명의 가장 중요한 도시들 중 하나인 치첸이트차(Chichen Itza)의 폐허를 포함한 땅 일부를 사들이고, 미국골동품협회(American Antiquarian Society)와 하버드대학 피버디 (Peabody) 박물관의 후원으로, 이 지역의 많은 유적지에 관한 조직적 탐사가 1904~1927년에 걸쳐 이루어졌다. 이 지역 사원들 중 한 곳 근처에 직경 27.4미터, 수심 약 20미터의 커다란 석회암호가 있었으며, 주민들은 이곳을 '제물의 연못(Well of Sacrifice; Cenote)'이라 부르고, 많은 보물이 있다고 전해져왔다(**그림** 7).

1904~1907년에 준설(Dredging) 위주로 발굴하다가, 1908~1909년에는 잠수 작업(**그림 8** c)}도 병행하였다. 이후 1927년까지 간헐적인 발굴조사가 진행되었다. 수중 시야가 나빠 손으로 더듬어서 향덩어리, 도기로 된 향로, 사발, 접시, 꽃병, 도끼, 창촉, 화살촉, 구리, 끌, 편편한 동판과 몇 개의 인골을 찾아내었다. 80만 불에 달하는 금종, 상징물과 판, 장식물, 구슬과 비취로 된 귀걸이 등의 값진 물건도 인양하였다. 이러한 유물에 대한 분석을 통하여, 마야인들은 북으로 아즈텍족(Aztec tribes), 서쪽으로 멕시코 계곡(Valley of Mexico), 그리고 남으로는 콜롬비아, 코스타리카와 파나마까지 교역하였음을 알 수 있었다. 또한 그는 발굴품으로 돈을 벌 목적이 아니었으며, 고고학 초창기에 많은 공헌을 하였다. 그의 모든 발굴품들은 하버드대학 피버디 박물관에 기증되었고, 1960년 멕시코로 반환할 때까지 이 박물관에서 전시하였다.

이 연못 남쪽으로 사원의 흔적이 있었으며, 이곳에서 인간 제물을 바쳤을 것이다. 더 많은 건축물의 유적은 1967년에 이르러 발굴되었다. 1954년 멕시코의 잠수사들(Frogmen)이 스쿠버 장비를 가지고 다시 왔지만. 수중 시야가 나쁘고 조명 장치의 미비함 등으로, 스쿠버 장비만으로는 발굴이 불가능하다고 판단하였다. 1960~1961년에, 국립인류역사원(INAH: National Institute of Anthropology and History)의 지휘 아래, 여러 단체들의 공동 작업으로, 다시 발굴을 시도하여 많은 유물을 발굴하였으나, 적절한 층서 자료를 얻을 수 없었고, 에어리프트가 정교하고 섬세한 유물들에 손상을 입힐 우려 때문에 중단되었다. 1967년 다시 재개하였으며, 이때에는 존슨(K. Johnson)의 재정 후원과 15개 미국 회사들의 협력을 얻어 탐사단(Expeditions Unlimited, Inc.)을 구성하였다. 수중 시야를 좋게 하기 위하여 화학적인 처리방법{**그림** 8 e)}도 시도하였다. 두 달 반에 걸친 이 작업으로, 연못의 물을 퍼내는 것은 비경제적이고, 대신 물을 맑게 정화시키고, 에어리프트의 올바른 사용이 바람직하다고 제시하였다.

a) (Bass 1966).

b) (T. Proskouriakoff, courtesy Peobody Museum).

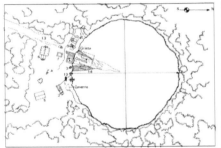

1 derrick and hoist,
2 compressors,
3 winch,
4 compressor tanks,
5 store,
6 house,
7 foundations of old temple,
8 more foundations,
9 & 10 houses,
11 camp mess,
12 air-lift pipe,
13 road,
14 Thompson's trenching.

c) 현장 평면도 (Coggins 1992).

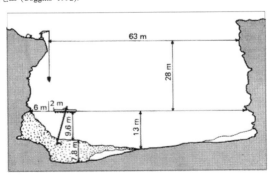

d) 현장 단면도 (UNESCO 1972).

<그림 7> 치첸이트차 유적지 '제물의 연못'.

a) 톰슨과 준설 바가지 인양 장치.　　b) 준설 작업 모습.

c) 1908～09년의 중량 헬멧 잠수부.

d) 에어리프트(Air-lift)와 금 쟁반(NGS): 에어리프트의 배출수가 하얗게 보인다. 직경 약 23cm 금 쟁반.

e) 수중 부유물의 침전을 위한 화학제 살포
(Abbott et al. 1974, NGS)

f) 석제 재규어(Abbott et al. 1974, NGS) 재규
어는 마야 세계에서 무서운 힘의 상징으로
신성시하였다.

<그림 8> 치첸이트차 제물의 연못 발굴조사 (Coggins 1992).

20세기 초에 이르러, 지중해에서 그리스와 터키의 어부, 해면채취 잠수부(Sponge diver: traditional hard-hat diver, **그림 10**)들[103])에 의하여 난파선의 흔적들이 발견되면서, 지중해의 수중 유물에 대한 관심이 높아졌다. 지중해의 많은 고대 난파선들에 대한 귀중한 정보들을 이들 잠수부들이 제공하였다.

---

103) 칼림노스(Kalymnos)는 에게해(Aegean Sea)의 50여 개 섬들로 이루어진, 그리스 도데칸노소스 (Dodekanesos) 중의 매우 작은(약 8×16km) 섬이다. 지난 세기 동안 해면 채취는 그리스 여러 섬들의 주요 수입원이었으며, 칼림노스는 해면 잠수업의 중심지로 알려졌다. 남동 지중해는 높은 수온으로, 해면의 최적 서식지이고 최상급이 생산된다. 해면이 언제부터 어디에 사용되었는지는 분명치 않지만, 목욕할 때 사용했다는 오래 전 기록(Plato, Homerus)이 있다. 따라서 칼림노스 해면 채취 잠수의 기원 또한 고대로 거슬러 올라간다. 이 섬의 가장 오래된 직업으로 볼 수 있으며, 해면 잠수는 이 섬에 사회·경제적 발전을 가져왔었다. 하지만 1800년대 후반부터 중량 잠수 헬멧을 사용하면서부터, 감압병으로 인한 신체적 장애와 치명적 사고가 발생하여, 사회적 문제가 되기까지 하였다 (Warn 2000).

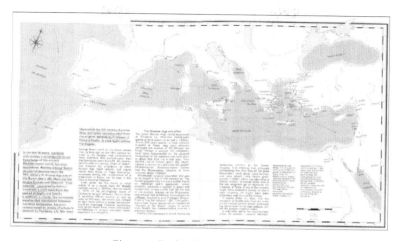

<그림 9> 고대 지중해 (Throckmorton 1987).

지중해 해저에는 오래 전부터 잃어버린 수많은 배들과 동반물들이 흩어져 있다. 이들의 발견과 과학적 발굴조사는 과거에 대한 우리의 지식을 넓혀주었다.

그림 10 지중해의 수산물(해면) 채취 잠수 (Throckmorton 1987; divingheritage.com).

a) 터키 해면 채취선(1903년 사진). 작은 배에서 대빗(davit)을 이용하여, 많은 무더기의 해면을 들어올린다. 대빗의 크기와 채취물의 많은 양을 보면 곧 전복될 것처럼 보인다. 해면 채취 잠수부 (sponge diver)가 발견한 안티키테라(Antikythera)에서도 이 같은 배를 사용하였다. 해면잠수부들은 수심 약 55미터까지도 잠수하였으며, 당시의 시원적 잠수기와 잠수병 등을 고려할 때 매우 놀라운 일이다

b) 그리스 연안 (Thorndike 1980). 헬멧을 착용한 해면잠수부가 도움을 받으며 배 위로 오르려 하고 있다. 지중해에서 많은 난파·침몰선들이 이들의 작업 중에 발견되었다.

암포라(amphora) 수
습과 발굴조사.
오래 전부터 해면
채취 잠수부들은 고
고학자들의 초창기
선구자적 수중 발굴
에 많은 도움을 주
었다. 울루부룬(Ulu
Burun)의 BC 14세
기 난파선 등도 마
찬가지다.

c) & d) 야시아다(Yassi Ada)의 터키 해면 잠수부 (Throckmorton 1987).

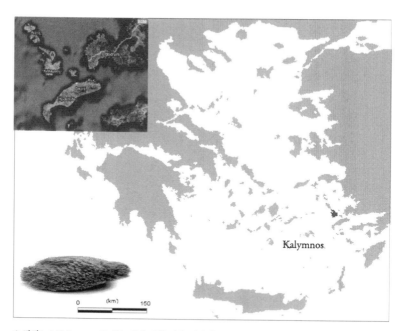

e) 칼림노스(Kalymnos, 그리스 해면 채취 잠수 산업의 중심지).

그림 2-10 계속 (지중해의 수산물-해면 채취 잠수).

g) 스칸달로페트라(skandalopetra).
겨드랑이에 낀 흰색 판.

f) & g) 오래 전에는 맨몸 잠수(skin diving)로 해면을
채취하였다. 원통형의 장구 밑 부분에 유리판을 대
고 해저의 해면을 찾았다. 해면을 발견하면 잠수부
는 장구를 타고 물 속으로 내려간다.
일반적으로 발가벗은 채, 스칸달로페트라로 알려진
15kg 가량의 편편한 돌 추를 지니고, 해저까지 빠르
게 내려가서, 해면을 잘라 망태기에 담아 올린다 (g).
그들은 심폐 기능에 따라 차이는 있겠지만, 3~5
분 동안에 약 30미터를 잠수한다.

f) 오래 전의 해면 채취 잠수.

h) 부두에 하치 된 해면 더미 (Warn 2000).
　 1910년의 타르폰 스프링스(Tarpon Springs)
　 의 해면 부두(Sponge dock).

i) 근자의 칼림노스 가게에 전시된 해면
　 (wikipedia).

<그림 10> 지중해의 수산물(해면) 채취 잠수 (Throckmorton 1987; divingheritage.com)..

　　1900년 부활절을 며칠 앞두고 그리스 안티키테라(Antikythera) 섬
절벽 해안에서 우연히 바다의 값진 유산을 발견하였다. 스타디아티스

(E. Stadiatis)라는 해면채취 잠수부가 수심 55미터에서 우연히 유물을 발견하고, 그 중 청동상(**그림 10** b)의 팔은 들고 올라왔다. 선장이자 잠수반장인 콘도스(D. Kondos)가 직접 잠수하여 확인한 뒤, 아테네로 보고하였다. 그리스 정부는 비잔티노스(G. Byzantinos) 교수의 지휘 아래, 그 해 11월부터 해군함정 등을 지원하여, 콘도스 일행들이 9개월 간 탐사, 발굴토록 하였으나, 잠수부들의 교육 수준 때문에 올바른 고고학적 발굴은 되지 못하였다. 또한 감압병으로 인하여 한 명이 사망, 두 명이 불구가 되는 값비싼 희생이 뒤따랐다. 이미 1878년 소르본 대학의 폴 베르(P. Bert) 교수가 대기압보다 높은 압력에서 호흡할 경우, 혈액 속에 녹아든 기체에 의한 잠수병(Divers' illnesses)에 대하여 발표하였다. 1900년대 초에는 최초의 감압표가 발표되었다. 하지만 안티키테라의 희생자들에게는 도움이 되질 못하였다.

이때 확인된 배는 기원전 1세기 경에 침몰한 로마 선박으로 추정되었다. 테일러(J. du P. Taylor)는 이 발견을 침몰된 고선박에 대하여 뚜렷한 목적을 갖고 의도적으로 인양한 최초의 경우라고 표현하였을 만큼[104] 수중고고학의 획기적 전환점이 되었다. 발굴품 중에는 기원전 4세기 경의 작품으로 추정되는 청년상(靑年像), 청동신상(靑銅神像)과 운동가상(運動家像)이 있었고, B.C. 5세기 경의 작은 청동상 2개와, 훨씬 이후 시기의 대리석 조각도 포함되어 있었다. 한 배에 5~6세기에 걸친 작품들이 실려져 있었으며, 연구 결과 이 배는 로마 선박으로서 아테네를 경유하여, 작품들을 기반석으로부터 뜯어내어 적재한 것으로 추정하였다. 작은 발견품 중에는 톱니바퀴, 청동문자판 등이 있었는데, 천문관측기구임을 알 수 있었다. 복원 결과, 이 기구는 헬레니즘 그리스 시대 과학 기술의 불가사의를 풀 수 있는 단서가 될

---

104) Taylor 1966, p.35.

수 있었고, 1959년 예일대학 교수 프라이스 박사(Dr. D. J. de S. Price)는 "이 같은 기구는 지구 어느 곳에서도 발견되지 않았다."라고 하였다. 1953년 꾸스토(J.-Y. Cousteau) 일행이 캘립소호(*Calyso*)로 이 곳을 다시 방문하였다.

a) 안티키테라와 서부 지중해.　　　　　　　　　　b) 남자 청동상 (약 2m).

b) 2,000년 간 지중해 바닥에 시간을 초월한 채 있었던 남자(젊은이) 청동상. 조각들을 맞춰 복원하였다. 공을 막 던진 운동 선수로 추정하였다.

c) 청동제 머리. 청동 머리상에 흰색 돌로 눈을 만들었다. 무엇인가를 응시하는 철학자를 표현(BC 3~4 세기).

<그림 11> 안티키테라 출수 유물 (Throckmorton 1987).

d) 기구의 전시 상태.

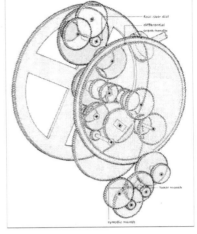

f) 내부 구성도.
다양한 톱니바퀴들이 놀라우리만큼 복잡하지만,
정확히 계산된 축, 톱니 수와 크기에 따라 작동
되었을 것이다.

경이로운 기구의 출수 상태, X-선 투시 사진과 내부 구성도. 처
음에는 단순한 항해 기구라고 추정하였지만, 조사 결과 훨씬 더
정교하고 천체의 운동 주기에 맞춰 작동되는 고대 그리스의 컴
퓨터라고까지 표현하였다.

e) X-선 투시 사진.

<그림 12> 안티키테라의 경이로움 (Throckmorton 1987).

1907년, 튀니지(Tunisia) 마디아(Mahdia) 반도로부터 3마일 떨어
진 곳에서 그리스 해면채취 잠수부가 약 39m 해저에서 기원전 1세
기 경의 또 다른 로마 상선을 발견하였다. 석주, 기둥머리, 60개의
원주와 암포라(Amphorae) 등 200여 톤의 화물이 있었다. 잠수부들
은 인양된 조상(彫像)들을 팔려고 내 놓았다. 튀니지 시장에서 갑작

스런 고대 조상들의 등장으로, 관련 기관의 관심을 끌게 되었다. 1908~1913년 사이에 2~3개월씩 5차례에 걸쳐, 튀니지 유물관리청의 멀린(M. A. Merlin)[105]의 지휘 아래, 그리스 해면채취 잠수부들이 많은 유물들을 인양하였다. 하지만 작업 조건이 열악하여 효율적인 발굴 작업이 어려웠다.

1948년 툴롱(Toulon)의 수중 연구 및 조사 협회[106] 주관 아래, 꾸스토와 타일리에즈(P. Tailliez)[107]가 이끄는 프랑스 다이버들이, 처음으로 수중 발굴에 스쿠버를 매우 효율적으로 사용하였으며, 난파선을 덮고 있는 퇴적물을 제거하는데 고압 물 분사기(high-pressure water-jet)를 사용하였다. 1954, 1955년에는 마디아의 튀니지 수중연구클럽[108] 다이버들이 다시 발굴을 하였지만, 많은 작업량이 남아있었다. 본(Bonn)에서의 마디아 전시회를 앞둔 1993년에, 독일 수중고고학회,[109] 튀니지 국립유물국[110]과 옥스퍼드 대학[111] 들의 합동 재조사가 이루어졌으며, 1990년대 후반에 대규모의 새로운 조사가 실시되었다.

---

105) The Director of Antiquities, at that time M. A. Merlin.

106) The Underwater Study and Research Organization; G.E.R.S.

107) Throckmorton 1987, p.8.

108) Tunisian Club of Underwater Studies

109) German Society for Underwater Archaeology; DEGUWA

110) Tunisian National Institute for the Patrimony; INP

111) Oxford University
    MARE; Maritime Archaeological Research and Excavation

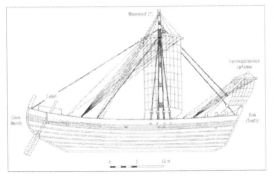

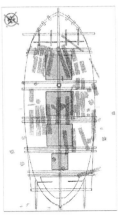

a) 가상 복원도 (Tentative reconstruction, Delgado 1997).
   주 돛대(mast)와 돛은 확실하지 않다. 데릭(derrick) 역할도 하는
   선수 구조물(artemo)은 1톤 이상의 닻을 취급하는데도 사용되었을
   것이다.

b) 범선으로 복원한 평면도.
   열은 표시 : 원주 등과 석조물.
   진한 부분 : (화물칸) 해치
   (hatch). (Easterbrook et al.
   2003).

g) 아리아드네 배내기
   (Ariadne cornice).
e) 탬버린(tambourine)을
   든 마이나스.
f) 춤추는 마이나스.

e) & f) 대리석 마이나스(Maenad) 조상 (Marble craters).

<그림 13> 마디아 고선과 출수 유물 (Taylor 1966).

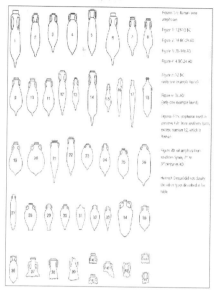

a) 마디아 출수 암포라(amphorae).
b) 기형에 따른 암포라 분류도.
　1~6 : 로마 포도주 암포라.
　　1 : 129~13 BC
　　2 : 16 BC~29 AD
　　3 : 28~146 AD
　　4 : 4 BC~24 AD
　　5 : 12 BC (1점만 발견)
　　6 : 36 AD (1점만 발견)
　7~15 : 남스페인 물고기 저장용.
　　12만 로마산
　　20 : 남스페인 기름 보관용.
　　AD 2~3세기
※ 드레셀(H. Dressel)은 위 번호
　외의 기형은 분류치 않았다.

b) 기형에 따른 암포라 분류도(The Dressel Table,
　Easterbrook et al. 2003).

<그림 14> 암포라(Amphorae, Taylor 1966; Easterbrook et al. 2003).

암포라는 (고대 그리스·로마의) 양손잡이가 달린 항아리로서, 편년 자료로 매우 중요하다. 고대 지중해 문화에서 음식물 등의 운반(때로는 보관 및 저장)에 사용되었다. 일용의 포도주, 올리브유, 절인 생선, 가룸(garum, 맵게 절인 생선)과 (설탕 대용의) 꿀 등을 담아두고 운반하였다. 음식물 산지에는, 생산품의 종류와 지역의 특성에 따라 기형과 크기를 달리한 암포라를 만드는 도기 제작소들(pottery workshops)이 있었다.

1899년 독일 과학자 드레셀(Heinrich Dressel)은 암포라의 기형과 내용물에 따른 분류를 처음으로 시도하였다. 그는 로마의 육상 발굴에 근거하여 알려진 암포라의 기형을 분류하였다. 드레셀의 분류도는 45가지의 그림이 있었다. 하지만 이후의 수중 발굴을 통하여, 드레셀 시대에는 알 수 없던 새로운 기형이 발견, 추가되었다.

여하튼 암포라에 대한 분석과 연구만으로는, 당시의 음식물 해상 교역 모두를 알 수는 없다는 점을 염두에 두어야 한다. 선박을 이용한 로마의 가장 큰 운송과 교역은 곡물류 수입이었다. 이러한 곡물류의 운반·포장 자루는 암포라와는 달리, 해수와 시간의 흐름에 따라 불행히도 쉽게 훼손·파손되기 때문이다.

a) 청동 포세이돈(또는 제우스)상 (기원전 450년   b) 어린 기수 청동상 (기원전 2세기경).
경). 아테네의 국립 고고학박물관 (National
Archaeological Museum, Athens) 소장.

<그림 15> 아르테미숀 출수 유물 (Cleator 1973; Dugan 1967).

1928년 아테네 북쪽 약 75마일 떨어진 아르테미숀(Cape Artemision)
의 수심 약 30미터 해저에서, 해면채취 잠수부들이 우연히 또 다른
발견을 하였다(**그림 15**). 예수 시대를 전후한 로마 난파선을 찾은 것
이다. 그리스 해군이 인양 작업을 하였으나, 감압병으로 잠수사 한
명이 사망하자 중도에서 그만두었다. 유물들 중에는 그리스의 유명
한 국제적 소장품인 바다의 신 포세이돈 청동상(복제품을 유엔본부
에 선물함), 헬레니즘 시대의 청동제 기수와 질주하는 말의 일부분
이 포함 돼 있었다.

다음의 체계적인 수중 발굴은 1952년부터 5년 간에 걸친 고고학
자 베누아(F. Benoit)가 참여한 꾸스토 팀의 발굴로서, 마르세유 근
처 그랑꽁루(Grand Congloue)섬 수심 45.7미터에 있던 난파선
(Amphora mound) 발굴이었다(**그림 16**). 이는 1948년 마르세유 하
수구 공사 때 잠수부에 의하여 발견된 것으로, 여러 척의 잔해로 이

루어졌으나, 두 척이 대표적이었다.

기원전 2세기 초반의 것은 약 400개의 그레꼬-이탈리아(Graeco-Italian) 포도주 항아리(amphorae)와 토기류를 탑재하였고, 기원전 2세기 말엽의 것은 약 1,500개 에트루리아(Etruria: 현재의 Tuscany) 포도주 항아리들을 운반하고 있었다. 이 발굴을 계기로 현재까지도 사용하는 에어리프트, 고압 물줄기, 수중 촬영 및 탐색, 도면 작성 등의 많은 새로운 기술과 장비가 사용되었다. 특히 에어리프트가 효율적으로 사용되었다. 하지만 꾸스토는 그의 명성과는 달리, 고고학자들은 수중발굴 작업에 큰 도움이 되지 않는다는 편견을 갖고 있었으며, 단지 발굴 작업에 스쿠버가 매우 유용한 도구임을 강조하게만 되었다. 많은 학자들이 장기간의 발굴에도 불구하고, 발굴 전 지표조사나, 기록(도면 작성 포함)이 기대에 못 미쳤고, 단지 인양 위주, 나아가 어떠한 고고학적 원칙이나 기본이 무시되었다는 아쉬움을 표하기도 하였다 (Throckmorton 1987). 더욱이 고고학자 베누아가 캘립소호에 승선하고 있었지만, 잠수를 하지 못하여 인양 전 유물들이 수중 환경에 어떻게 잔존·분포하였는지를 정확히 파악치 못하여, 유물들의 연대 구분, 차이에 대한 설명이나 해석 등 고고학적인 발굴이 제대로 이루어지지 않았다. 다시 한번 발굴 전의 지표조사나 구제 발굴의 중요성을 깨닫고, 한 번 훼손된 유적은 다시는 원상태로 돌아갈 수 없음을 상기해야 할 것이다.

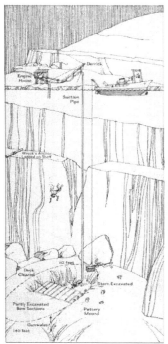

b) 에어리프트 데릭과 작업장.

a) 현장 개황도 (Dugan 1967).　　　c) 발굴 중 노출된 선적물과 선체 일부.

<그림 16> 1952년 그랑꽁루의 그리스 침몰
(Greek merchantman, Dugan 1967; Taylor 1966).

1952년의 내셔널 지오그래픽(National Geographic) / 캘립소호 수중고고학 탐사에서 3,000여 점의 암포라를 인양하였다.

이와는 달리 잘 알려지진 않았지만, 부께르 박사(Dr. R. Beaucaire)는 1946(1948)년부터 조사 발굴된 기원전 2세기경의 로마시대 항구 유적인 포스쉬르메(Fos-sur-Mer)를 발굴조사 하였다. 이는 육상 고고학 기법들이 선구적으로 적용된, 괄목할 만한 수중고고학적 발굴 중의 하나로 손꼽을 수 있겠다. 유적지에 대한 사전 조사를 통하여 세부적인 도면(지도)을 작성하여, 층서에 유의하면서 발굴 대상지역과 방법을 정하였다. 유물들의 위치를 정확히 기록한 뒤, 섬세하게 발굴 복원하여 효율적인 전시까지도 고려하였으며, 기록과 보고에도 많은 주의를 기울인 훌륭한 업적임에도 불구하고, 제대로 평가받지 못함은 매우 이례적이었다(Babits & Tilburg 1998).

1950년대 초부터 10여 년에 걸쳐, 스미스소니언 협회(Smithsonian Institution, M. L. Peterson)와 링크(E. A. Link)[112] 일행의, 플로리다 해협, 서인도 제도와 버뮤다 해역 - 신대륙 발견 이후의 난파선들(주로 스페인)과 1692년 6월 7일의 지진 때문에 물속으로 잠긴 자메이카의 포트로얄(Port Royal) - 등에 대한 탐사도 있었다.

카리브해에서 연구하는 해양고고학자들에게는 침몰된 난파선 외에도, 지진으로 가라앉은 소도시들도 주요한 연구대상 유적이다. 잘 알려진 곳들은, 1680년 4월 30일의 지진으로 가라앉은 네비스(Nevis) 섬의 제임스 타운(Jamestown, 수심 3~10미터), 세인트 유스타티우스(St. Eustatius)섬의 오렌지 타운(Orangetown, 수심 7~20미터), 1692년 6월 7일 정오 직전의 지진으로 가라앉은 자메이카(Jamaica)의 포트 로얄(Port Royal) 등이다. 이들 중 포트 로얄이 중요도와 규모에서 단연 앞선다. 카리브해에서의 해양고고학 연구는, 많으면서도 다양한 유적지가 존재하는 이외에도, 두 가지 용이한 면이 있다. 첫째로, 기존 자료 - 특히 스페인의 고기록 등이 많아 위치 확인과, 수집된 유물들이나 유적지에 대한 식별이 용이하다는 것이다. 둘째로, 작업 환경 조건이 비교적 좋다는 것이다. 수중 시야가 양호하여, 사진 촬영과 조사 기록 작성(Mapping)이 용이하다. 수심이 얕아 해

---

112) Peterson 1965, p.iii.
　　'inventor and underwater pioneer'
　　Dugan et al. 1967, p.137.
　　'the aviation pioneer and industrialist who turned underwater explorer'

저체류시간이 길어지며, 잠수병(질소마취나 감압병)에 걸릴 확률이 낮아지는 것이다. 또한 수온이 따뜻하고 기상 상태가 대체로 양호하여 지속적인 조사나 발굴 작업을 가능케 한다(Unesco 1972).

포트로얄은 1655년경 영국인들이 건설하였으며, 해적 모간(H. Morgan)이 근거지를 삼으면서 전성기를 맞았다. 신대륙의 길목인 카리브해의 중심지로서, 스페인 본토에서 오는 많은 선박들이 약탈당하였고, 약탈품들이 거래되는 등 당시 가장 사악한 도시 중의 하나로 묘사되었다. 물론 서인도제도의 가장 큰 교역 중심지로 발전하면서, 6,500명의 주민과 2,000동 이상의 건물이 있었으며, 여러 층으로 이루어진 건물도 있었다. 하지만 지진으로 인하여, 모래 반도 위에 건설된 이 도시의 약 ⅔가 물 속으로 가라앉고, 주민 2,000명 이상이 지진과 해일로 곧바로 사라졌으며, 후유 증세(부상, 질병 등)로 약 3,000명이 추가로 숨졌다고 추정되었다. 생존자들은 폐허에서 필요한 물건들을 낱낱이 긁어모았고, 수중에서 노획한 물건들도 수년간 거래되었다.

근래에 이르러, 가라앉은 포트 로얄은 세계에서 17세기 영국을 이해할 수 있는 주요한 고고학 유적으로 인식되었다. 심지어 화산재로 매몰된 폼페이와 헤르쿨라네움(Herculaneum)에 비교되면서, 세상에 모습을 드러내기 위하여 물속에 보존된 타임캡슐(Time capsule)로 여기게 된 것이다. 1859년 영국 해군 잠수사들이 옛 항구 북서쪽 포트 제임스(Fort James)에서 그 흔적을 발견하였다. 하지만 지속적인 발굴은 진행되지 않았다.

a) 1세기 후의 런던타임즈 기사. 집필자의 도덕적 시각으로 작성된 1세기 후의 런던타임즈(The London Times) 기사. 그림에서, 건물들이 무너져 물에 잠기고, 해안의 배들이 난파되고 있다. 사람들이 둥글게 모여, 무릎 꿇고 기도하고 있다. 이 그림은 인간의 탐욕스런 행위를 바로 잡으려고, 신이 벌줌을 시사하고 있다.

b) 해적의 도시 포트로얄의 붕괴·침몰. 해적의 도시 포트 로얄이 바다로 미끄러지듯 가라앉고, 벽들이 무너지고 갈라진 틈은 도망치는 남녀의 발목을 잡았다. 1692년 6월 7일 아침, 지진 발생 2분 내에 도시의 ⅔가 파괴되고 2,000명의 주민이 사라졌다.

<그림 17> 1692년의 포트로얄 지진 (Throckmorton 1987; Dugan et al. 1967).

약 100년 뒤 1959년 링크 일행은, 내셔널 지오그라픽 소사이어티 (National Geographic Society)의 일부 후원과 미 해군 잠수사들의 협조를 얻어, 항구와 왕의 창고(King's Warehouse)에서 유물들을 인양하였다. 링크는 탐사선 시다이버호(*Sea Diver*)와 장비 등을 동원하여, 포트 로얄에 대한 최초의 조직적인 탐사를 10주간에 걸쳐 수행하였다. 그 결과는 매우 인상적이었으며, 예비역 해군 대령 웜스(Capt. P.V.H. Weems)와 함께, 지진 피해 전의 포트 로얄에 대한 자료도를 작성하였다. 또한 중요한 발굴품들 중의 하나인 주머니 시계에 대한 X-ray 조사를 통해 11:43을 가리키고 있음을 확인하였다.

수중 탐사를 목적으로 처음 건조된 시다이버호가 1959년 포트 로얄 항구로 들어오고 있다. 29미터의 이 배는 다수의 전자 기기, 8명의 잠수사를 위한 잠수 장비와 생리 연구실을 갖추었다. 특수 장치로 운용과 현장 묘박을 수월케 한다. 선수의 물 분사기(water jet)는 164톤 선박의 조종을 수월케 한다. (Peterson 1965).
최신 전자·전기 기기들 - 자력계(magnetometer), 전기탐지기(electronic detector), 음파탐지기(sonar) 등을 갖추었고, 펌프 및 물 분사기로 침몰선을 덮고 있는 산호 부스러기, 모래 등의 퇴적물을 제거할 수 있다. (Peterson 1954).

<그림 18> 시다이버호 (*Sea Diver*, Peterson 1965).

a) 링크의 입수. 링크가 침몰선 조사를 위하여 하잠 준비를 하고 있다.

b) 링크 부부가 시다이버호 선미의 잠수 격실에서, 인양 유물을 확인. 포트 로얄에서 잠수사가 인양한 주석 쟁반, 적색 천장 타일을 확인하고 있다.

<그림 19> 링크 (Peterson 1954; Dugan et al. 1967).

1966년 1월부터 자메이카 정부는 장기적인 계획의 제대로 된 발굴을 시작하였다. 그 일환으로, 미국의 마르크스(R. Marx)에 의하여, 근대적인 조사와 발굴이 2년에 걸쳐 수행되었다. 4개월에 걸쳐 약 140,000m²를 조사하였다. 수천 점의 유물들이 인양되어, 카리브해 최초의 고고학 박물관이 생기는데 기여하였다. 그 이후 영국 고고학자 메이예스(P. Mayes)에 의하여, 세인트폴 교회(St. Paul's Church) 일부가 발견되었다.

1981년부터 INA[113)가 JNHT(Jamaica National Heritage Trust)와 협조하여 발굴을 계속하였으며, 1817년에 축조된 해군 병원이 박물관과 실험실로 사용되면서 발굴 본부의 역할을 하게 되었다. 해밀튼 박사(Dr. D. L. Hamilton)의 주관 아래 수중고고학도들을 위한 현장 실습 학교가 설립된 것이다. 가라앉은 도시 전체의 발굴은 수십 년이 걸리겠지만, 이러한 학교의 설립은 국제적 협력 연구의 기초가

---

113) INA: Institute of Nautical Archaeology (nauticalarch.org).

됨은 분명하다.

고고학자에 의하여 처음으로 고대 난파선을 완전히 수중 발굴한 것은, 펜실베이니아 대학 박물관 팀에 의한, 터키 겔리도니아(Cape Gelidonya)에 침몰해 있던 기원전 1,200년경의 청동기시대 난파선 발굴일 것이다. 1959년에 발견, 트로크머르턴(P. Throckmorton)이 확인한 뒤, 1960년 바스(G. F. Bass), 뒤마(F. Dumas) 등(**그림 20**) 각계 전문가들이 참가하여 지중해에서의 새로운 수중 고고학 연구의 장을 열었고, 수중 발굴의 가치를 깨닫게 한 중요한 업적이었다.

a) & b) 바스 (NGM 1987).　　　　　　c) 트로크머르턴.　　　d) 뒤마(1913~1991).

<그림 20> 바스, **트로크머르턴**과 뒤마 (NGM 1987; Runestone 1994; Wikipedia).

바스는, 1932년에 태어난 고고학자. 1961년 내셔널 지오그래픽 소사이어티(NGS)의 터키 케이프젤리도니아(Cape Gelydonya) 수중발굴(a)과 25년이 지난 울루부룬 수중발굴(b) 때의 사진.
1973년 INA를 설립하였으며, 수중고고학의 아버지(Father of underwater archaeology)라고도 불리운다.
텍사스에이앤엠 대학(Texas A&M University)의 명예 교수이며, 이와 함께 많은 수중고고학 발굴조사를 수행하고 있다.

이를 계기로 터키 해안에서 또 다른 발굴이 계속되었다. 즉 1961
년부터 본격적으로 발굴을 시작한 보드룸(Bodrum) 근처 야시아다
(Yassi Ada)에 있던 비잔틴 시대 난파선{Byzantine wine carrier, 7세
기경: 625/626년 또는 직후, 해면 채취 잠수부 아라스(K. Aras) 발견,
수심 32~39미터} 발굴로서, 훌륭한 기록 도면 작성과 수중 촬영 등
이 특기할만한 발전이었으며, 4세기경(Roman ship)과 16세기경의
선박도 발견되었다(**그림 21**). 7세기(1961~1964년) 및 4세기(1967,
69, 74년)의 난파선들은 바스와 그 일행들에 의하여 발굴되었고, 16
세기 후기 오스만(Ottoman) 난파선은 풀락(C. Pulak and an all-
Turkish team)에 의하여 1980년대에 발굴되었다. 동일 지역에서 시
대가 다른 난파선이 발견되는 것은 그리 흔한 경우는 아니었다.

a) 척박한 환경의 야시아다.

b) 야시아다와 주변 (Bass 1968).

c) 세 척의 침몰선 위치 (Throckmorton 1987).

<그림 21> 야시아다(Yassi Ada).

a) 척박한 무인도에 탐험대(Expedition colony)가 자리잡았다. 흰색 천막은 기혼자들 것이다. 왼쪽에 검은
색의 잠수 바지(Barge)와 터키 트롤선(*Kardesler*)이 있다.
c) 시대가 다른 세 척의 침몰선들은 각기 다른 과거의 역사를 엿보게 한다.

7세기경 난파선이 가장 얕은 곳에 있었고, 보통의 경사면이지만, 비교적 일정한 기울기의 해저에 보존 상태가 양호해 보였으며, 수중 시야도 괜찮은 편이었다. 여러 가지 가능한 도면 작성 및 기록 방법을 시도하였으되, 전체 6m×2m의 층계별 구획틀(Step frame, angle-iron frame)을 3개로 구분 지어 2m×2m를 기본 단위로 구성하였다. 층계별 구획틀은 6개의 수직 파이프로 지탱되어, 수평을 유지하면서 해저 면에 가장 가깝게 위치할 수 있으며, 다른 구획틀과 함께 안정성을 기할 수 있었다. 이는 입체사진기술과 함께 선체의 상태를 3차원적으로 매우 정확하게 파악할 수 있게 하였고, 복원에도 많은 도움을 주었다. (**그림** 22, 24).

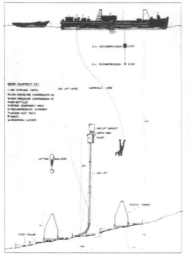 

a) 발굴과 조사·기록(mapping) 방법, 1962년.　　b) 발굴조사 진행도 (Bass 1972).

<그림 22> 야시아다 7세기선 발굴 (Bass and van Doorninck 1982; INA).

7세기 암포라 운반선(Byzantine amphora-carrying ship, 길이 약 21미터) 발굴. 다양한 수중 발굴조사 기법의 적용은 수중고고학 발달에 많은 기여를 하였다.

a) 잠수지원선 역할을 한 바지선(Harbor barge).

b) & c) 바지선 - 모든 잠수는 이 곳에서 수행되었다.

c) 바지선에서의 잠수 준비. 3,533회의 잠수. 더블 호스 호흡조절기(Double-hose regulator)에 유의. 현재는 싱글 호스 (Single-hose)로 대체되었다.

d) 발굴조사 시의 바지선상 모습. 격실 하나인 일인 용 간이 재압실(One-man recompression chamber) 이 보인다.

e) 격실 두 개의 재압실 (Bass 1975). 1969년 공기색전증(Embolism) 치료 중. 바스 발굴조사단은 1967년(4세기선 발굴조사)부터 2 실 챔버(Double-lock chamber)를 사용하였다. 인용 1격실은 특수한 경우를 제외하고는, 현장 서 사용치 않는다. 감압 중 챔버 내 잠수사가 옴을 필요로 하더라도, 보조원의 출입이 불가 하다. 물론 비좁고 불편하다.

<그림 23> 야시아다 7세기선 발굴조사 바지선과 잠수 (INA).

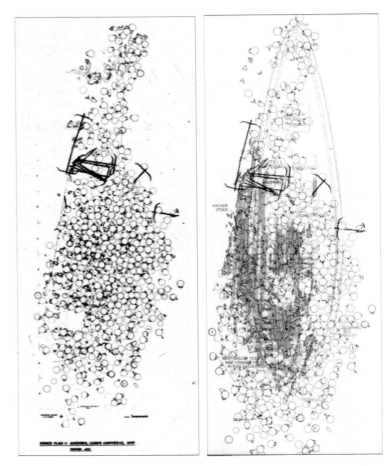

a) 닻, 암포라 화물과 물 항아리 등이 표시 된   b) 선체 복원도(푸른색). 조사 자료(붉은 색,
　　현장 평면도　　　　　　　　　　　　　　　　　　 선체의 약 10%)를 수년 간 연구한 결과.

　　　　<그림 24> 잔존 화물과 선체 (Bass and van Doorninck 1982; Bass 1975).

1,000개에 달하는 원형의 포도주 항아리 아래, 약 10%만의 선체가 남아 있었다. 이러한 선체 조각
에 대한, 수년에 걸친 주의 깊은 연구를 통하여, 정확하다고 판단되는 선체의 추정 복원도(푸른색)를
만들 수 있었다.

4세기 후반 또는 5세기 초로 추정되는 후기 로마시대 선박은, 야
시아다 섬 남쪽 약 100m 떨어진 수심 36~42m에서 발견되어,
1967, 1969, 1974년에 바스 일행에 의하여 발굴되었다. 1974년 INA
의 후원으로 발굴이 진행되던 중, 키프로스 정변으로 중단되었다.
선체 길이 약 19m였고, 전장과 폭의 비는 3:1이었다. 선체는 다른
대부분의 키프로스 선박과 마찬가지로 외판을 먼저 제작하는 그리
스·로마식(Shell-first Greco-Roman) 형태로 건조되었다. 용골의 재
질은 흰 떡갈나무였다. 발굴 작업은 앞서 발굴한 7세기의 비잔틴 선
박과 유사한 방법으로 진행되었지만, 수심이 깊어짐에 따라 진보된
장비와 기법의 적용을 알 수 있다 (**그림 25**). 특히 하나의 격실로 된
재압실에서, 두 격실(Double-lock) 재압실로 사용하여 안전하고도 효
율적인 잠수 작업이 이루어질 수 있었다(**그림 23**, d) 와 e)).[114]

이후 바스는 우연에 의존하는 초보적 수중고고학 조사나 발굴에
서 탈피하고자하였다. 우선 터키 연안의 난파선들 자료를 취합·정
리하여 목록을 작성한 뒤, 중요도나 목적에 따라 순차적으로 체계적
인 발굴을 시도하였다. 1973년 텍사스 에이앤앰 대학에 항해고고학
연구소(INA)를 설립하여 활발한 연구를 하여 왔으며, 터키에서 발굴
된 귀중한 문화유산들의 자국 내 보존에 큰 이바지를 하였다.

---

114) '감압실', '기압조절실'이라고 번역하고 있다. 외국에서는 재압실(recompression chamber), 감압실
(decompression chamber) 혹은 단순히 챔버(chamber)라고도 한다. 잠수 현장에 되도록 가깝게 있
어야 되므로, 잠수 지원선박의 갑판(deck) 상에 주로 위치하는 경우가 많고, 감압(decompression)
을 주로 한 장비로 인식되어, DDC(Deck Decompression Chamber)라는 약자를 많이 사용하여
왔다.
산업안전보건법 산업보건규칙(제213조-제256조) 제8편 고기압에 의한 건강장해예방(1994년 3월
29일 최종개정) 내용이 2003년 7월 12일 전문 개정되어, 산업보건기준에관한규칙 제6장 이상기
압에 의한 건강장해의 예방에 수록되면서, '기갑실', '재압실'이라는 용어가 '기압조절실'로 바뀌어
사용되고 있다. 이는 잠수작업과 고압작업(잠함공법 또는 그 외의 압기공법)을 함께 다루었기 때
문인 것으로 사료된다. 2009년, 2011년 3월에 보완 등이 있었지만, '기압조절실'과 '고압작업'이라
는 용어는 그대로이다. 외국과 국내의 사용 사례들과 기능 등을 고려할 때, '재압실'로 쓰기를 권
하고 싶다. 물론 그 기능이나 목적이 다른 경우에는, 별도의 용어를 사용할 수 있을 것이다.

<그림 25> 4세기 로마 침몰선 발굴 (Bass 1975).

"해저 도시를 세웠다! (You've built a city down there!)"라고, 수심 42m 수중 발굴조사 현장을 처음으로 본 잠수사는 탄성을 내뱉었다. 일반적으로 4명보다 많은 잠수사들이, 동시에 수중 작업에 임하진 않았지만, 멜처(artist D. Meltzer)는 한 화면에 수중 작업 상황 전체를 나타냈다. 유인잠수정 아쉐라호(Asherah)가 불빛을 비추며, 입체 사진(Stereophotography)을 찍고 있다. 기획 발굴을 위한 철제 틀(Scaffolding of angle iron), 전자금속탐지기, 수중 통화소, 리프트백(Lifting baloon)과 와이어 바구니(Wire basket)에 담긴 암포라와 유물 등을 운반하는 4명의 잠수사들, 대·소형 에어리프트(Air-lift)와 궤도, 구형 수중 감압실 등을 나타내고 있다.

1982년 울루부룬(Uluburun)에서 조사 발굴된 청동기시대 난파선의 연대는 기원전 1,300년으로 추정되었으며, 당시의 교역상 등을 규명할 수 있는 값진 성과를 거두었다고 평가되었다.

1965년{1967년, 카트체프(Katzev)가 현장 답사} 그리스 키프로스 섬의 잠수부 카리오루(Greek-Cypriot diver A. Kariolou)가 키레니아

(Kyrenia) 근처에서 기원전 4세기 후반의 것으로 추정되는 그리스 목선 (Greek mer- chant ship)을 발견한 뒤, 1970년대 초반까지 발굴하였다(**그림** 61 a). 선체의 약 75%가 잘 보존되어 있어, 육상에서 복원하였으며, 이에 대한 실험고고학(Experimental archaeology)적 연구로 고대 목선의 건조기술을 밝히는데 중요한 단서가 되었다.

신대륙에서, 미 독립전쟁 당시 요크타운(Yorktown)의 요크 강에 많은 영국 전함들이 침몰하였다(1781). 1852년 애쉬(T. Ashe)의 진정에 의하여 작은 유물들이 건져졌고, 그 이후 이 곳에서 작업하던 굴 채취자들(oystermen)에 의하여 장애물이나 흔적의 존재가 알려지곤 했으며, 그들의 불만 또한 많게 되었다. 1933년 가을, 이들과 국립식민지역사공원(Colonial National Historical Park) 및 선원박물관 (The Mariners' Museum)간에 강바닥의 장애물을 제거하기 위한 공동 조사를 실시하기로 합의하였다. 1934년 여름에 강바닥을 긁으면서 장애물들의 위치를 파악하여 기록하였다. 이 해 겨울동안 작업을 중단하고 1935년 5월에 다시 재개하였다. 목재 바지선(Wooden barge, 길이 23미터, 폭 6.7미터, **그림** 26 a) 와 b))을 비롯하여 필요한 장비, 자재 및 인원 등이 동원되었다. 해군 잠수사들이 강한 물줄기를 사용하여 뻘을 제거하였으나, 인양하기엔 선체 보존 상태가 좋지 않았다. 준설기(Grab bucket, **그림** 26 c))가 사용되었으며, 18세기 무기류와 장비 - 대포, 닻, 소형 무기, 연장, 병, 도자기류, 백랍제품, 그릇 등 많은 유물들을 발굴하였다. 선원박물관장 페르구슨(H. L. Ferguson)은 이러한 작업을 해난구조(Salvage)의 한 형태로 표현하였다 (Ferguson 1939). 근래의 구제발굴(Salvage excavation) 개념이 아닌 침몰선에서 필요한 잔해나 가치 있는 물품의 인양 행위로 본 것이다. 이는 그 당시 수중고고학 분야가 제대로 정립되지 않았기 때

a) & b) 바지선(선원박물관). c) 준설기(Clam-shell, 국립공원관리소;
National Park Service).

<그림 26> 요크타운의 인양 작업 (Salvage operation, Ferguson 1939).

문인 것으로 생각된다. 1980년대에 이 곳에서 물막이('wet' cofferdam)
공법을 이용한 발굴도 있었다.

20세기 중·후반 수중 발굴의 큰 결실 - 16, 17세기에 침몰한 대
형 범선을 통째로 인양 - 을 유럽, 스웨덴과 영국에서 맺었다.

1961년 스웨덴 스톡홀름(Stockholm)항에서 수중 발굴 기술의 발
전에 따른 값진 결과가 빛을 보게 되었다. 1628년 처녀항해 때 침몰
한 전함 바사호 인양이 바로 그것이다. 원형의 약 95%가 잘 보존되
어 있어, 침몰선 자체의 부력과 조석으로 인한 수면 상승도 이용하
였다. 물론 물리적 인양력도 사용되었다. 이러한 복합적 인양은 고
도의 전문화된 기술을 필요로 하였다. 수습 유물들의 기록, 보존처
리, 전시 및 보존을 위한 특수 구조물 설계·제작 등 많은 발전을 가
져왔으며, 이후 영국의 메리로즈호 발굴{본문 Ⅳ. 1. 2)}에 많은 영향

과 도움을 주었다. 50여 년 전에 인양되어 보존 처리, 복원·전시되어 오고 있는 바, 전시 공간의 환경, 복원재 등의 문제로 인한 훼손이 나타났다. 이에 대한 지속적 연구가 이루어져 왔으며, 새로운 기술과 재질을 적용한 보존 처리가 진행되고 있다.

1982년 영국 포츠머스 솔런트 해협(Solent channel, Portsmouth)에서, 1545년 많은 인명 피해를 낸 채 침몰한 헨리 8세의 전함 메리로즈호를 인양하였다. 바사호보다 원형 훼손이 심하여(원형의 약 40%만 잔존), 자체 부력 복원은 불가능하였으며, 인양 시의 2차적 훼손에 대비하여야 했다. 침몰 현장 상황과 잔존 선체에 맞춰 인양틀과 받침틀을 설계·제작하고, 선체의 구조와 강도를 고려하여 지정된 선체 부위들에 구멍을 뚫어 철선(Wire)으로 인양틀과 연결하여, 수중에서 인양틀과 선체를 받침틀 위에 정확히 올려놓은 뒤, 이들 - 인양틀, 선체, 받침틀 모두를 한꺼번에 운반선(Bareg)으로 들어올렸다. 미리 정해진 선거(船渠, Dry dock)로 이송하여, 보존처리를 하면서 바로 세우고(우현으로 약 60°기울어진 채 인양) 임시 박물관을 선거에 세웠다. 보존처리, 복원을 하면서 전시를 하였다. 새로운(증축된) 박물관은 2013년 5월 31일 개관하였다.

a) 바사호 침몰 상상도 (J. Donahue, Google).

b) 바사 박물관의 침몰 상황 모형.

c) 침몰 상황을 선수 좌현에서 본 모형 {b) 와 c) 김도현 촬영}.

<그림 27> 바사호(총길이 69미터, 폭 11.7미터, 1,210 배수톤수)의 침몰.

바사호는 위가 무겁고(2층의 64문 대포 갑판), 바닥짐(Ballast)이 충분치 못하였다. 당시의 정황 때문에 화력과 선체를 늘리는 등, 처음의 계획보다 무게 중심이 높아졌다. 또한 갑자기 강해진 바람에 배가 기울고, 열려진 포문으로 침수가 빨리 진행되어 침몰한 것으로 추정되었다.

a) 바시르(J. Basire, 1730~1803)의 1545년 7월 19일 솔랑 해전 (1788년 작).
　원쪽에 프랑스 함대가 자리잡고, 중앙에서부터 오른쪽으로 영국 배들이 있다. 위로 와이트(Wight)섬이
　보이며, 아래로는 포츠머스의 남쪽 해안이다.

b) 위 판화 a)의 중앙부 - 침몰한 메리로즈호. 선수와 주 돛대, 물에 빠진 사람과 부유물 등이 보이고, 위로는 해전을 벌이고 있다.

<그림 28> 메리로즈호(폭 12미터, 700~800 적하톤수)의 침몰.

1510년 건조 시작하여 1512년 500 적하톤수로 완공하였고, 1536년 700여 톤으로 증건하였다.

a) 메리로즈호 조사를 위하여 잠수한 후, 휴식을 취하는 찰스(Charles) 왕세자 (Lampton 1988).

b) 룰(M. Rule) 여사의 안내를 받으며, 인양된 메리로즈호(아래)를 살펴보는 다이애나 왕세자비(Princess of Wales). 룰 여사는 당시로는 드물게 여성 고고학자로서 직접 잠수도 하면서, 고고학자와 자원봉사자들을 이끌고 발굴조사를 하였다.

<그림 29> 메리로즈호 인양.

메리로즈호 인양은 범국가적인 관심과 지원으로 수행되었다. 찰스 황태자가 발굴단의 위원장을 맡기도 하였으며, 인양 후 선거에 도착하자, 다이애나 왕세자비가 즉시 방문할 정도였다.

알렉산드리아(Alexandria)에 대한 고고학적 연구는 1세기가 넘는다. 1892년 그리스·로마 박물관(Greco-Roman Museum)이 설립되고 1895년 이전·확장된다. 1911년 요넷(G. Yonet)이 서항구(Western Harbor) 물 속에서 광범위한 구조물을 발견하였다.[115] 1960년대 초에는 동항구(Eastern Harbor)수중에서 프톨레마이오스 시대 조상들(Ptolemaic statues)과 거대한 이시스(Isis) 여신상을 인양하였다.

근자에 이르러 알렉산드리아에 대한 조사와 발굴을 통하여, 헬레니즘 시대 이집트의 고대 수도에서 지성적인 생활상의 놀랄만한 단서를 찾아내고, 이 도시의 몰락에 지질학적인 요소도 크게 작용하였음을 알게 되었다.

알렉산드리아는 334 BC경에 건설되어 8세기경에 쇠퇴 몰락한 고대 항구이다. 이곳에는 알렉산더 대왕의 무덤이 있으며, 클레오파트라가 사망한 곳이고, 상업과 철학이 꽃피었던 곳으로, 최근 많은 학자들에 의하여 재조명되고 있다. 새로이 개발된 수중지형탐사기법의 적용과 구제고고학(Rescue salvage)적인 접근으로, 급속한 중심지의 팽창에 따른 이 고대 도시의 역할과 역사에 대하여 새로운 통찰을 하게 되었다. 고고학자들은 새로운 단서들을 찾아내면서, 일반적으로 생각하였던 것보다 역동적인 지적 생활이 훨씬 이전부터, 오래 동안 지속되었음을 알게 되었다. 또한 새로운 자료들로써, 이 도시의 몰락에 환경적 재난(Environmental disaster)이 중요한 이유였다고 제시하였다. 이 전까지는 종교와 정치적 이유가 우선적인 것으로 받아들여져 왔다. 따라서 현재 전 세계 여러 델타 지역에 위치하여 급속히 커지고 있는 도시들에 대한 경고로 받아들여질 수도 있다는 것이다.

---

115) Williams K. 2004, p.193.

1990년대에 들어서, 이집트 정부가 수중고고학에 관심을 기울이고, 도시 확장에 따른 육상의 구제발굴 작업등을 통하여 새로운 자료들이 수집되었다. 약 12개에 달하는 발굴단들이 도시와 항구에서 고대 흔적들을 수집하고 있다. 파리 과학연구센터 고고학자 엥뻬레(Empereur)116)는 고대 도시 위의 새로운 확장에 따른 고대 흔적들의 구제 작업을 신속하게 수행하였다. 현대 도시의 10~12미터 아래에 오래된 고대 도시가 잘 보존되어 있으며, 주택, 도로와 모자이크 등의 겨우 1%만이 구제 발굴(Rescue)될 수 있을 것이라고 하였다. 비록 이 적은 자료가 고대 도시의 역사를 새롭게 쓰는데 이용될 수도 있겠지만, 많은 역사학자들은 도서관의 파괴와 기독교의 번창에 따라 이 고대 도시의 지성적 삶이 쇠퇴하였다고 가정하여왔다.

현재의 항구를 구분 짓는 방파제 근처에서부터 200~300미터밖에 떨어지지 않은 곳에 고대 알렉산드리아의 중요한 부분이 물 속에 잘 보존되어 있었다. 1990년대에 엥뻬레는 조상(彫像)과 파로스(Pharos) 등대의 축조에 사용된 것으로 추정되는 블록들을 발견하였다. 고디오(F. Goddio)117)는 가라앉은 프톨레마이오스 시대의 궁전을 발견하였으며, 클레오파트라의 유산으로 추정하는 조상과 유물들을 인용하였다. 이 또한 정확한 파로스 등대의 위치와 함께 논쟁거리이다.

---

116) Archaeologist Jean-Yeves Empereur of the Center for Scientific Research in Paris

117) Wikipedia; franckgoddio.org
'Franck Goddio (born 1947 in Casablanca, Morocco), French underwater archaeologist, modern mariner and former businessman leads spectacular underwater digs, who has worked for 20 years on more than 50 underwater sites...... In 2000 discovered the city of Herakleion-Thonis 7 km off the Egyptian shore in Aboukir Bay. He leads the excavation of the submerged site of Eastern Canopus and in the ancient harbour of Alexandria (Portus Magnus)...... In the early 1980s he decided to focus entirely on underwater archaeology and founded in 1987 the Institut Europeen d'archeologie Sous-Marine (IEASM) in Paris...... In 2003, in co-operation with Oxford University, the Oxford Centre for Maritime Archaeology (OCMA) was founded...... Franck Goddio's research projects have been financed by the Hilti Foundation since 1996.'

근자에는, 알렉산드리아의 중심이라 할 수 있는 고대 항구의 발전 상에 대한 중요한 단서를 제공할 수 있다는 발견들이 제시되었다. 예를 들어, 고디오 일행은 알렉산더 시대보다 앞선 400 B.C.E.경으로 추정되는 선거(船渠, Dock)의 증거를 발견하였고, 나아가 현재 수심 7.5미터에 프톨레마이오스 이전 시기의 것으로 확신되는 구조물이 존재한다는 것이다. 일행 중 스탠리(Stanley)[118]는 그 곳의 거주자가 2000 B.C.E.경에 납을 제련한 것으로 추정되는 단서를 찾았다고 하였다. 하지만, 이러한 발견들은 고디오의 야심 찬 노력의 일부이다. 전체 조사 해역 2.5 × 15 km를 설정하고, 25 cm 간격을 기준으로 해저 지형 자료를 취득하고, 잠수사가 건져 올린 판재와 말뚝들(planks and pilings)에 대한 탄소 동위원소 연대 측정을 하는 것이다.

스탠리는 항구에서 수십 개의 시료를 채취·분석함으로써, 단·장기간의 침하에 대하여 고대 기술자들이 수세기 동안 극복하고자 싸워왔던 방법과 증거를 밝히려 하고 있다. 이러한 침하는 지진이나 해일의 복합적인 치명적 결과일 수 있고, 불안정한 토질 위에 무거운 기초를 세움으로써, 비록 천천히 진행될 수도 있었지만, 궁극적으로는 무너질 수 있었으며, 로마 기술자들의 능력 한계를 넘어서 발생하였다. 몇몇 부두는 수세기를 지나며, 보수·재건되었지만, 무거운 석재 기초나 건물들을 오랜 기간 지탱할 수 있을 정도의 말뚝 기초는 충분하지 않았다고 그는 말하며, 추가적으로 발생되는 파력에도 견디지 못하고, 알렉산드리아 해안의 침식도 동반되었을 것으로 추정하였다. 또한 역사적 기록에도 4~6세기에 지진과 해일이 발생하였고, 이는 퇴적층이 물과 희석되어 묽어지는 현상을 초래하였

---

118) Jean-Daniel Stanley, geologist and team member, of Washington D.C.'s Smithsonian Institution

다. 서항구에서 채취한 65개의 시료는 이를 대변하고 있으며, 항구에서 자생하지 않았던 홍산호의 많은 부스러기들은, 해일로 인한 유입을 시사한다는 것이다. 충분한 복구와 재건이 이루어지기 전에 또다른 피해가 잇달아 발생할 수 있었으며, 어느 구조물을 언제, 어떻게 복구하였는지를 알려면, 항구의 하층(下層)에 대한 보다 나은 입체적(3D) 자료가 필요하다고 말하였다.

이러한 지질학적 힘은 알렉산드리아뿐만이 아닌 다른 곳에도 상상이상으로 영향을 미쳤다. 스탠리와 고디오는 아부키르만(Aboukir Bay) 근처의 가라앉은 세 도시들: 헤라클라이온(Herakleion), 카노푸스(Canopus)와 메노우티스(Menouthis)에서의 발굴도 진행하고 있다. 헤라클라이온은 나일강 어귀의 중요한 입구이고, 나머지 두 도시는 잘 알려진 순례지이다. 세계적인 해수면의 점진적 상승으로, 기원전 6세기에서 기원 후 7세기 사이에, 이 곳은 최소한 2미터 이상의 수면이 상승하였다. 아랍 자료에 의하면, 741년과 742년에 나일강의 대 범람과, 같은 시대 8세기경에 알렉산드리아도 가라앉으면서, 이 곳들은 역사의 기록에서 사라지게 되었다. 스탠리의 연구는 비극적인 자연 재해인 지진·해일과 더불어 점진적 침강으로 인하여 사라졌다는 이론을 뒷받침하여 준다. 단순한 침강만으로는 현재 6미터의 수심에 잠겨 있는 상황을 설명할 수 없는 것이다. 스탠리는 지진으로 인하여 발생할 수 있는 나일 델타 지류들의 갑작스러운 흐름 변화가 급격한 지형적 변화를 가속시켰다고 단정하였다. 불안정한 퇴적층의 수평적 치환에 의해 갑작스런 변화를 가져오고 나일강의 새로운 하상을 형성하게 되었다. 고디오 일행은 언급한 세 도시의 무너진 층 밑에서 사람의 흔적에 대한 증거를 찾았으며, 이는 이러한 이론을 뒷받침하여 줄 수 있을 것이다.

이상과 같은 연구 결과는, 해안을 따라 중심지가 빠르게 발전하고 기후의 변화라는 관점에서, 오늘날에도 적용될 수 있음을 시사하는 것이다. 스탠리는 지적하기를 현재의 베니스, 방콕, 뉴올리언스와 같은 도시들은 불안정한 퇴적층 위에 세워져 문제점이 발생할 수 있을 것이며, 침강의 위협에 대한 이해는, 언급한 세 도시들로 하여금 알렉산드리아 항구에 일어났던 비극적 결과의 재발을 막을 수 있을 것이라고 하였다.

해저지형 탐사기법의 발달과 더불어 구제고고학(Rescue salvage)적인 접근으로, 이 고대 도시의 급속한 중심지 팽창, 역할과 역사에 대하여 새로운 통찰을 하게 되었고, 많은 학자들에 의하여 재조명되고 있다. 고고학자들은 새로운 단서들을 찾아내면서, 일반적으로 생각하였던 것보다 역동적인 지적 생활이 훨씬 이전부터, 오래 동안 지속되었음을 알게 되었다. 또한 새로운 자료들로써, 이 도시의 몰락에 환경적인 재난(Environmental disaster: 연약 지반의 침하 등, 지질학적인 요소)이 중요한 역할을 하였다고 제시하여, 현재 세계 여러 곳의 델타 지역에 위치하여 급속히 커지고 있는 도시들에 대한 경고로까지 확대 해석하기도 한다. 이 전까지는 이 도시의 몰락이 종교와 정치적 요인에 우선적으로 기인한 것으로 받아들여져 왔다.

이 같은 환경적 재난 요소에 병행하여, 중요한 고고학적 유산인 알렉산드리아의 수중 발굴조사와 더불어, 수중 환경 변화 – 오염 등을 함께 연구해야 될 것이다.[119]

2009년에는 EU-TEMPUS Ⅲ 프로그램에 따라 알렉산드리아 대학에 '해양고고학과 수중문화유산 알렉산드리아 센터'가 설립되었다.[120]

---

119) UNESCO 2000. *Underwater Archaeology and Coastal Management - Focus on Alexandria.* UNESCO Publishing.

이상과 같이 외국의 수중고고학 발전 과정을, 시대 흐름에 따른 주요 사례들과, 유구·유적의 특성을 고려한 사례들을 중심으로 알아보았다. 최근의 두드러진 기술적 발전과 동향은, 심해고고학의 시도를 들 수 있으며, EU를 중심으로 ─ 물론 미국, 호주 등도 포함되지만, 선체의 발굴·인양도 중요하지만, 현장 보존과 모니터링을 함께 또는 우선시 하게 된다는 인식과 경향이다. 즉, 공기잠수의 한계를 넘어선 심해에서, 장비와 수중기술의 발달에 따라, 해저 조사·탐사 장비, 원격조정 무인 잠수장치(ROV),[121] 잠수정(함), 특수 제작 장비 등을 이용하여 탐사 및 부분적 발굴 작업을 수행하고 있다 (본문 Ⅱ. 4.). EU의 모스(MoSS, 2001년 7월~2004년 6월), 마츄(MACHU, 2006년 9월~2009년 8월), 난파·침몰선 보호(WreckProtect, 2009년 5월~2011년 4월) 프로젝트들은 그들의 최근 경향을 잘 나타내고 있다.[122]

---

120) arts.alexu.edu.eg; cma.soton.ac.uk; eacea.ec.europa.eu/tempus/
   TEMPUS: Trans-European Mobility Scheme for University Studies
   'In 2009 the Alexandria Centre for Maritime Archaeology & Underwater Cultural Heritage was established as a European Union project under the EU-Tempus III Programme. The Alexandria Centre was created through collaboration between eight(8) consortium institutions from the EU and Egypt who among them provided the necessary academic, technical and administrative expertise.'

121) ROV: Remotely Operated Vehicle, 원격조정 무인 잠수장치로 번역한다. - 이후 ROV로 표기. rov.org 참고.

122) 김도현, 2012. 『유럽연합(EU)의 수중고고학 탐사 및 발굴 기법에 대한 연구』, (주)한국해양기술. pp.317~512 참고.

■■■ 제4부

해양세계와 해양문화(해양문화와 해양산업)

해양민속의 상징성과 신성성

김정하(한국해양대)

1. 물과 배, 해양영토

(1) 물

물은 삶의 원형질이다.

시대 변화에 따라 삶의 외형은 달라져도 그 원초적 동질성은 인간의 생리와 무의식의 바탕이다. 과연 우리네 여성들은 태몽으로 '물꿈'을 꾸고, 산위에서 오줌으로 도읍을 뒤덮는 꿈을 사서 왕후가 되곤 했다. 인간은 어머니 자궁 속 양수에 떠서 10개월을 보낸 후에야 세상으로 나오고, 바다에서 인간이 생겨나 진화를 거듭하며 뭍으로 올라온 흔적을 몸의 이곳저곳에 남겨놓았다.

다시 죽음 이후의 세계로 넘어가려면 반드시 강이나 바다를 건너야 한다. 기독교인들은 흔히 "며칠 후 며칠 후 요단강 건너서 만나리"를 노래하거니와 제주설화 <이공본풀이>에서 할락궁이가 서천꽃밭 가기 위해 건너는 강도 그와 동질의 물이다.

과연 돌아가시기 얼마 전의 우리네 할머니들은 늘 그렇게 뇌까리곤 했다.

> 어젯밤 꿈에 하얀 강아지가 다리 위에 나를 따라오라는 듯 서 있었지. 아마 그 강아지를 따라 다리를 건넜으면 나는 저승으로 갔을 거야.

그런즉 구태여 정신분석학을 들먹이지 않더라도 물은 우리의 집단무의식에 침전돼있는 원형상징이다.

이제는 우리 기억에 까마득한 태초의 상황 역시 "오로지 물(alch : 최초의 물질) 밖에 없었다"로 그려진다. 원수(原水)를 그린 그런 구전서사는 수메르와 바빌론, 시베리아 알타이족을 비롯해 일본과 한국에서도 입이라도 맞춘 듯 똑같다.

> 태초에는 세상에 물 밖에 없었다. 천신이 인간을 내려 보내 살게 하고 싶었지만 도무지 땅덩이가 없던 차에, 어느 한 곳에 이르자 악마가 작은 방석만한 땅을 타고 놀고 있었다. 옳거니, 하고 뺏으려 했지만 악마는 내놓으려 하질 않았다. 신과 악마는 그 땅을 빼앗으려 서로 힘껏 잡아당겼고, 그러다보니 어느새 넓은 대지가 만들어졌다.

다시 한참이 지나 오만방자하고 사악해진 인간세상을 보고 노여움에 가득 찬 신은 세상 온갖 사물과 동물, 인간을 말끔히 쓸어버리고자 대홍수를 일으킨다. 그런 홍수 이야기는 『구약』뿐 아니라 중동지방에 전해오는 전설, 제주도 신화 <물 부끈(부푼) 이와기(이야

기)>에서도 흡사하다.

그러나 그 홍수는 단지 이변과 위기만은 아니었다. 위기마다에 어김없이 등장하는 극소수의 착한 인간과 그 가족을 살려준 배로 세계는 전면적 재창조의 계기를 얻는다. 도술로 큰 비를 퍼부어 이웃나라 비류국을 정복하고 자신이 원하는 새 질서를 심은 <동명왕 전승> 그대로다.

그러면 과연 '물'이란 무엇인가.

애드 드 브리스는 바다(물, 강)이 '집단무의식 ; 성적 욕구', '시험과 모험에 대한 열망', '시간', '영원성', '정화(淨化)', '삶의 특별한 체험으로서의 죽음과 비통함', '조화' 등의 의미를 지녔다고 보았다.[1] 아지자와 올리비에리, 스크트릭도 그 설명을 거들어 '세대 : 시간', 혹은 '죽음'이거나 '죽음과의 삼각관계'라 했다. 특히 아지자 등은 한계 지워진 삶에서의 '시간의 흐름'의 끝에 닥쳐올 '죽음'과 함께 '영원성', '신화적 황홀에 가까운 열광', '성적 환희', '질적으로 다른 삶으로의 이행' 등 1 대 다(多)의 의미를 지닌 상징이라 파악했다.[2]

물이라는 하나의 자연물은 이처럼 다양하고 때로 상반된 의미까지를 동시에 거느린다. 그러므로 이 글에서 다루어질 갖가지 제의나 서사에서의 변화무쌍한 의미의 전개 역시 허용되어 마땅하다.

(2) 배

배 역시 물과 의미를 공유하는 상징이다. 인간이 강과 바다 사이를 건너느라 머무는 '제3의 공간'이며, 인간의 신분을 바꿔주고 영혼

---

1) AD de Vries, 『Dictionary of Symbols and Imagery』, NORTH PUBLISHING COMPANY, 1976, AMSTERDAM & LONDON, p.406.

2) 아지자·올리비에리·스크트릭 공저, 장영수 역, 『문학의 상징 주제사전』, 청하, 1989, 147~158쪽.

을 차안에서 피안으로 실어 날라 이계로 인도해주는 도구다. 필시
그렇기 때문에 이시스인들은 이를 생식의 표상으로 보았고 그리스
도교인들은 교회의 상징으로 보았을 테다.

그렇지 않다면 경주박물관 부장품 중에 하필 토기로 만들어진 배
가 끼어있을 까닭이 없다. 다리 위에서 강이나 바다로 몸을 던지는
사람이 유독 신발만은 그토록 단정하게 모셔놓고 죽을 이유도 없다.
기원전 4천년 경으로 축조연대를 헤아리는 이집트 캐옵스왕의 피라
미드 벽에 배의 그림이 남아있을 이유 또한 없다. 일본 어부들 사이
에 배를 두고 "판자 한 장 아래가 지옥(板子(いたご 一枚の下は地獄)"
이라는 말이 전해질 이유는 더더욱 없다.

신라시대에 석탈해가 타고 온 궤나, 혹은 모세가 탔던 요람이나 불
교 『천수경』에서의 반야선(般若船)도 상징으로서의 배다. 그 역시 영
혼을 실어 나르고 인간의 몸을 이계로 건너게 해 석탈해를 종당에 왕
의 자리에까지 데려다주고, 모세를 왕자의 지위에 이르게 해주며, 불
교도를 생사(生死)의 대해(大海) 저편 깨달음의 영역에 닿게 해준다.

그런 배에는 당연히 신성성이 부여된다. 배에는 그 운명을 관장하
는 선신(船神)이 있으니 그 이름인즉 '배서낭(배선왕, 배성주, 지왕님,
선령, 배선령)'이다. 배를 건조한 선주는 배 안에서 3일 밤을 자며
현몽으로 배서낭을 점지받으려 애쓴다. 그래도 배서낭이 꿈에 나타
나지 않으면 무당이나 보살(흔히 점치는 여무(女巫))을 찾아가 굿을
하거나 점괘를 얻어 배서낭을 확인한다.

배서낭에게는 남자 아니면 여자의 성(性)이 있다. 배의 이름이 남
자이면 여자서낭, 그 반대면 남자서낭인데, 성비(性比) 전체를 따져
보면 압도적으로 여자가 많다. 여자서낭의 신체(神體)로는 색동옷이
나 삼색 천, 오색 천, 색실, 바늘, 비녀, 쌀, 지환, 백분, 돈, 인형, 옷,

먹으로 쓴 신위(神位), 남자서낭이면 흰 한지나 흰 실, 흰 천, 왼새끼, 돈, 먹으로 쓴 신위 등을 모신다.

우리네 어로민속에서 구태여 여자를 배에 태우지 않으려 하는 것도 배서낭을 의식해서다. 배서낭이 여자면 여자의 승선을 질투하고 반대로 남자서낭이면 해꼬지를 할까 두려워해서다. 특히 서해안에서는 여자를 승선시키면 그물이 찢어지고 고기가 잡히지 않는다고 믿는다. 어쩔 수 없이 여자가 타야 하는 경우에는 두 사람을 태우는데, 둘 중 누구라도 달거리를 하면 즉시 하선시킨다. 배서낭이 특히 산부정(産不淨)을 꺼린다고 믿기 때문이다.

배서낭의 정체는 실로 각양각색이다. 조상서낭이 있고 애기서낭이 있으며, 제석(지석)서낭, 성주서낭, 명태서낭, 밤서낭, 돌서낭, 개서낭, 똥서낭, 피서낭, 소서낭, 돼지서낭, 뱀서낭, 용서낭, 쥐서낭에 소리 나는 징서낭, 부적서낭도 있고, 근래에는 불상서낭이나 염주서낭, 십자가서낭까지 나타났다.

그래서 배가 얼추 완성될 즈음이면 도목수는 정성들여 배서낭 모실 자리를 배 안에 만든다. 조타실이나 선장실, 또는 서원들 침실 좌측 벽 위에 선반을 달거나 이물 밑에 궤나 감실을 만드는 것이다. 배서낭은 늘 그 자리에 모시는 게 일반적이지만 서해의 가거도나 낙월도에서는 출어에서 돌아오는 즉시 당상주를 선주 댁으로 옮겨 모신다.

배서낭을 잘 모셔야한다는 생각은 선주뿐만 아니라 배 만드는 장인, 선원, 선원가족 모두가 당연시한다. 특히 선주나 선장은 배서낭 모시기를 선박 운영의 철칙으로 여긴다. 그래서 배가 난파위기에 처했을 때도 먼저 널빤지에 배서낭을 실어 바다 위로 내려 보내야 남은 선원들도 살 수 있다고 믿는다.

위험이 따르는 어로작업에서는 운전이나 광업, 건축업 못지않게 금기를 엄수한다. 출항을 앞둔 시점에 선장이나 선주 중 누군가 "배서낭 우는 소리를 들었다"고 하면 즉각 출항을 연기한다. 그리곤 배서낭 우는 소리를 들은 장본인이 그 소리가 앞에서 들렸는지, 혹은 좌, 우, 뒤에서 들렸는지를 분간해 그에 담긴 경고메시지를 판변해야 한다. 쥐 우는 소리를 들었으면 사고가 날 징조고, 뱀 우는 소리를 들었으면 배가 파손되거나 고기가 잡히지 않을 징조, 새가 울거나 물 흐르는 소리, 바람 부는 소리를 들었으면 필시 일기가 불순해질 징조다.

우리의 배서낭에 해당하는 예는 서양에도 있다. '배의 정령' 클라보테르만은 평소 배 안 어딘가에 숨어 부지런한 선원을 돕거나 게으름뱅이를 매질하는 일에 열중한다. 하지만 배가 파손될 위기에 처하면 노란 옷에 남근(男根) 모양의 원추형 나이트캡을 쓰고 파이프를 피워 문 모습을 드러낸다.

배서낭 외에도 배 안에 성주신(城主神)과 조상신을 모시거나, 어로신(漁撈神)이라 믿는 명태와 돈을 이물기둥에 달아둔다. 여기서의 명태는 후에 배에서 내리게 해 바다로 떠내려 보내거나 땅에 묻거나 당산목(堂山木)에 옮겨 모신다.

배에 어울린다고 여기는 길조(吉兆)나 상징도 있다. 돛대에 나비나 새가 날아와 앉으면 길조로 여겨 전체적으로 배의 형상을 지닌 섬이나 마을에서는 한복판에 돛대(짐대)를 세우고 그 위에 새를 올려놓아 번영과 풍어를 빈다. 그런 길조(吉鳥)를 몽고에서는 '가라', 일본에서는 '카라수'라 부르거니와, 이는 고구려 고분벽화에 그려진 '태양의 수호조' 까마귀와 같은 상징이다. 태양으로부터 번영과 풍요의 기운을 받는다는 의미가 같기 때문이다. 특히 알타이지방에서 그런 새에 '천둥 새(thunder bird)'란 멋진 이름을 붙여 부른다. 필경 그래선지 조선조 회화에서도 바다와 새가 어우러진 그림으로 '권위' 아니면 '최고의 권력'을 표현하곤 했다. 바다를 배경으로 한 정홍래의 「욱일취(旭日鷲」에서의 독수리나 심사정의 「해암백구(海巖白鷗)」에 그려진 매가 그런 새다.

(3) 해양영토

바다에 관한 신화에는 인간의 조상들이 떠나온 고향의 기억이 아스라이 남아있다. 『삼국유사』에서만 해도 우리네 조상들의 영지는 거듭하여 바다 저편으로 멀어지고 넓어진다.

수로왕의 배필 허황옥은 뱃길을 따라 인도 아유타국에서 왔다고 했으므로 학자들은 가야국 문장인 고기[魚] 문양을 근거로 그곳이 인도의 아요디아라 추정한다. 또, 신라를 찾아와 왕위에 오른 석탈해는 자신을 왜로부터 동북방 1천리에 있는 용성국(정명국, 완하국, 다파라국)에서 왔으며 자신의 어머니는 적녀국(여인국)의 왕녀라 소개한다. 개운포에 나타나 헌강왕을 보필한 처용은 동해용왕의 아들이니 바다 속 어딘가의 용궁에서 왔을 터이다.

그런 해양영토에 대해 조선조 영조조에 씌어진 『표해록』의 저자 장한철은 "인적이 통하지 않는 별계(別界)로 동해의 벽랑국과 거인도, 한라산 동남쪽의 여인국이 있다"고 했다. 또 탐라에 삼성시조(三姓始祖)가 탄생하자 벽랑국(일본)이 세 여인을 보내와 혼인케 했다고 한다. 이미 신라시대에 연오랑과 세오녀가 바위를 타고 건너가 왜의 왕과 왕비가 되었으니 벽랑국과 여인국도 엄연한 우리 조상 일부의 영지였다.

우리만 그런 기억을 지닌 것은 아니다. 일본인들은 바다 한가운데

라이가나이(혹은 니라이가나이, 미루야가나이, 니루야(혹은 네리야, 니라)라는 용궁이 있으며, 그곳에서 온 해신이 자신들에게 불과 볍씨 등을 전해주었다고 믿는다. 그래서 학자들은 동남아시아 계통인 이를 밝힌 미나미큐슈[南九州] 해인족(海人族) 신화에서 일본인의 원류를 찾곤 한다.

천상계 관념이 뚜렷한 중국에서는 해양의 이미지를 찾기 어렵지만, 그들 역시 『회남자(淮南子)』와 『산해경(山海經)』, 『해외경(海外經)』 등 수다한 저서에 대국(大國)이나 흑치국(黑齒國), 여자국(女子民), 일목민(一目民), 옥민(沃民) 등의 해상영토의 명칭을 열거해 놓았다. 또, 해가 떠오르는 부상국(扶桑國) 동쪽 1천리에는 용모 단정한 여인들만이 사는 여인국이 있고, 발해 동쪽 몇 억만 리 바다 위에는 봉래(蓬萊), 지구의 끝머리에는 삼신산(三神山)이 있다고 믿었다. 대륙인만이 아니라 대만의 고사족(高砂族)도 자신들의 시조는 바다 건너 먼 곳에서 건너왔다고 믿는다.

2. 해양민속의 원리

(1) 꿈과 이상의 전개

바다는 꿈의 공간이다.

꿈에 우리는 어딘가 이계로 가서 현실에 없는 것을 꾸어온다. 그래서 '꾸어오는 대상', 곧 '꿈'이다. 그 꿈에서의 이계 중 가장 멀고 신비한 공간이 바다다. 그것은 혹독한 현실을 벗어나고 싶다는 소망, 혹은 이상향을 그리는 염원이 그려낸 공간이다.

필시 척박하고 거친 토질과 기후를 지닌 탓인지, 제주도 신화에는 '너무 많이 먹는 신'을 비롯해 현세적이고 물질적인 욕구를 지닌 신이 자주 등장한다. 더불어 바다의 꿈을 담은 민요 <이어도>가 그려 낸 해양신국(海洋神國)이 바로 그들의 이상향이다. 오곡과 비단, 각종 금은보화가 풍성한 그곳엘 가면 칠보궁전(七寶宮殿)에서 아름다운 음식과 향을 즐기며 갖가지 주구(呪具)로 병을 고치니 아무 근심과 걱정 없이 살 수 있다. 마찬가지로 제주도 당신화(堂神話)의 주인공들 역시 바다 밑 세계를 찾아가 누구도 고치지 못하는 천연두를 치료할 꽃, 혹은 날씨를 마음대로 바꾸는 주구 등을 얻어온다.

그와 흡사한 일화는 『삼국유사』 곳곳에서 엿보인다. 용에게 납치돼 용궁으로 나들이를 다녀온 수로부인은 그곳에 인간세상에서 볼 수 없는 온갖 보배와 맛난 음식이 가득 하더라 전한다.

바다를 이상적 공간으로 보기는 왕도 마찬가지였다. 문무왕은 신라를 다스린 지 21년 만에 세상을 떠나며 죽더라도 바다 한가운데 머무는 호국대룡(護國大龍)으로 나라를 지키겠노라 유언했다. 과연 왕은 죽어 해중릉(海中陵)의 용이 되더니, 아들 신문왕에게 용으로 마디가 이루어진 죽간(竹竿)을 보내 피리를 만들게 했다. 과연 그 피리를 불면 적병이 물러가고 병이 낫고 가뭄이 가시고 날이 개며 바람이 멎고 물결이 잦아들었다.

바다는 이승을 이상향으로 만드는 힘을 보내오는 발원지였다.

『삼국유사』 진성여왕조에 나오는 거타지의 일화는 일개 궁수가 서해의 용왕을 구하고 당나라 황제에게 칙사 대접을 받는다는 웅장한 줄거리다.

> 왕의 막내아들이 당나라 사신으로 가면서 해적들의 습격을 막고자 궁수 50명을 거느리고 떠난다. 서해에서 풍랑을 만나 섬에 발이 묶이자 일행은 점을 치고 제사를 지낸다. '활 잘 쏘는

사람을 남기면 순풍을 얻으리라'는 현몽에 따라 제비뽑기를 하고, 그 결과 선발된 거타지는 섬에 남아 닥쳐오는 운명을 맞이한다.

난데없이 연못 속에서 나온 노인은 자신이 서해용왕인데 하늘에서 내려오는 중이 식구들의 간을 빼먹으니 처치해달라고 부탁한다. 이튿날 나타난 중을 거타지가 활로 쏘니, 과연 중은 늙은 여우로 변해 죽는다.

그러자 서해용왕은 거타지를 치하하며 딸을 꽃으로 만들어 거타지의 품에 넣어주고, 용들로 하여금 거타지의 배를 호위하게 한다. 그 배를 본 당나라 사람들이 황제에게 고하자, 황제는 '신라의 사신은 분명 비상한 사람일 것'이라며 잔치를 베풀어 윗자리에 앉히고 금과 비단을 후하게 준다. 본국으로 돌아온 거타지는 꽃을 여자로 변하게 해 함께 살았다.

그처럼 바다 한가운데서 천지를 압도한 거타지의 행적은 훗날 고려 태조 왕건의 3대조 작제건의 무용담으로 차용돼, 태조의 시조할머니는 서해용궁에서 온 용녀로 윤색된다. 왕국의 번영과 힘의 원천을 바다에서 구하려는 그 발상은 내쳐 조선조로 이어진다. 태조 이성계는 자신의 여섯 조상을 해동육룡(海東六龍)이라며 "해동(海東) 육룡(六龍)이 날으시어 일마다 천복(天福)이시니"란 <용비어천가>를 짓게 했다. 왕가의 내력뿐이 아니다. 먼 훗날 씌어진 『홍길동전』에서의 '율도국', 『허생전』의 '공도(空島)' 모두 상상이 그려낸 바다 너머 이상향이다.

배연신굿이나 별신굿 등 큰굿에서의 꿈과 소망이라고 다르지는 않다. 굿의 성격은 각기 달라도 무당이 읊는 사설은 언제나 「바리공주풀이」(「칠 공주 풀이」)이고, 이를 통해 전하는 주제 역시 개인을 희생해 공동체를 구하라는 가르침으로 똑같다. 그 풀이를 암송하는 무당들은 자신들이 무조(巫祖)의 후손이고, 무조는 제정일치시대의 왕이었으니, 자신들이야말로 진정한 왕손(王孫)이라 주장한다. 자신들은 한낱 마을의 요구가 아니라 무조신을 본받아 우주 삼라만상을 위한 굿을 한다는 것이다.

> 딸만 일곱을 낳은 업비대왕은 막내도 여자인 바리공주가 마음에 차지 않았다. 그래서 '서해용왕께 진상이나 보내리라' 하면서 옥함을 짜서 바리공주를 함 속에 넣고 자물쇠까지 채워 애옥여울 피바다에 던진다.
> 하늘이 뜻한 바 있어 바리공주는 금거북이가 받아 살려내게 한다. 과연 훗날 중병에 걸린 업비대왕 부부는 월직사자, 일직사자가 지키고 날짐승, 길짐승도 못 들어가는 곳을 찾아가 공주를 데려온다.
> 그러자 바리공주는 약수 삼천리를 지나 선약(仙藥), 혹은 생명수를 얻어 황천강, 유사강, 피여울, 피바다에 거북이 받들고 청룡, 황룡 끌어오는 배를 타고 건너와 마침내 부모를 살려낸다.

여기서 바리공주가 펼치는 영웅적 행위의 배경도 강 아니면 바다다. 어느 겨를엔가 찾아가는 세계가 불교식으로 '서천서역국(西天西域國)'이라 불리게 됐지만 강과 바다 건너 저편의 이계라는 점만은 변하지 않는다. 그렇게 서사무가에 그려진 원수(原水), 바다가 '재생'과 '부활'의 의미를 지녔으므로 굿은 항용 인간과 신의 소통을 도모하고자 바다의 상징적 이미지에 의지하곤 한다.

그런즉 큰무당은 언제나 바다처럼 크고 넓은 명분을 지니고 있다. 큰굿을 주관하는 그들은 마을마다 '너름'과 '당맞이', '당산맞이'로 각각 다르게 부르는 마을제사를 너그럽게 포괄해 들이고, 현지 당산의 당산할매, 당산할배를 모시는 '골매기청좌굿'이나 제석을 위한 제만굿, 골맥이 신령을 섬기는 메구와 박수굿, 우물굿을 가리지 않고 포용한다. 통영시 일원에서 치르는 남해안별신굿 역시 "장군 모신다"
는 말 한 마디에 동태부(洞胎父)로부터 최영장군, 서릉장군, 적덕·
적귀 등을 모두 품어 섬긴다.

과연 경남에서는 개인적 배서낭 모시기부터 마을마다 매년 치르
는 당산굿이나 배연신굿, 별신굿에서 "우리 동네 펜쿠로 해주이소"
란 기원 하나로 온갖 소원을 수렴한다. 세속적, 현실적인 개인의 소
원부터 마을의 안녕과 복락, 질서, 풍어, 마을공동체의 단합, 우주,
자연과의 합일까지를 축원에 포함시킨다. 그 넉넉함이 여지없이 바
다를 닮았거니와 그것은 무조신(巫祖神) 바리공주가 바다를 무대로
삶과 죽음을 넘나들며 자신을 희생해 부모를 살리고 세상을 구하는
그 모습 그대로다.

『심청전』에서 인당수에 뛰어든 "황해도 해주 가난한 소경의 딸"
심청이 중국의 황후로 거듭나는 '부활'과 '신분상승' 역시 '자기희생'
을 통한 '재생'이었고 그 재생은 바다가 무대였기에 가능했다.

그 『심청전』에서 절대 놓치지 말아야 할 대목이 심청이 용궁에서
용왕을 알현하는 한 장면이다.

> 용왕이 심청을 부른다.
> "규성아!"
> 심청은 용왕의 말을 알아듣지 못한다.
> "용왕님, 소녀 규성이 아니라 해주 땅에 살던 청이라 하옵
> 니다."
> 그러자 용왕이 미소를 머금고 설명을 한다.
> "규성아! 네가 규성인 줄 어찌 네 자신이 모르느냐? 너는 일
> 찍이 하늘나라 옥황상제의 선녀로 규성이란 별을 관리하던 터
> 에, 하늘의 법도를 어기고 노군성을 관리하는 선관과 사사로운
> 정분을 맺었기에 상제의 노여움을 사서 땅으로 쫓겨나, 심봉사

로 태어난 노군성의 딸로 나이 열여섯까지 온갖 고초를 겪다가, 이제 이처럼 팔린 몸으로 용궁을 거쳐 다시 태어나게 운명이 정해져 있었느니라. 알겠느냐, 규성아?"

스스로의 존재가치를 알라야 비로소 인간답다는 존재론적 자아정체성을 이처럼 명징하게 설파한 서사도 드물다. 서구의 실존철학도 이르진 못한 휴머니즘의 극치다.

그러니 생사의 한계에 허덕이는 인간이 무병장수의 소원을 바다에서 찾는다 해도 전혀 이상한 게 아니다. 진시황이 장생불사(長生不死)의 땅을 찾아 불로초(不老草)를 얻으려고 동남동녀 3천명을 동해 바다 속 삼신산(三神山)으로 보낸 것도 착각이 아니었다. 오늘날 경남 거제도 일운면에 1백세를 넘긴 노인들이 많은 까닭이 마을 앞 바다에 남극노인성이 비추기 때문이라 해도 결코 허풍이 아니다.

그처럼 현세적 사고를 남해안 별신굿은 무가 몇 마디에 담아내거니와, 이보다 멋진 실존적 명제는 어느 철학책에서도 찾아보기 어렵다.

먼 날은 후려치고 앞날은 당겨서, 노다 가자 오늘이야!

(2) 문명과 문화의 전파

어째서 서구인들이 해양과학에서 앞서가고, 특히 항해술을 발전시켰는지를 알려면 그들이 숭상해온 해신(海神)을 떠올려 보면 된다.

'바다의 여신' 테티우스와 그 후손인 '바다의 귀신' 타우마스, '바다의 괴물'인 여신 케토와 '바다의 장로'라 불리는 네레우스와 포르퀴스, '바다 그 자체'인 폰토스의 아들이 낳은 '광대한 힘' 위리피아 등의 이름은 서구인들이 쌓은 해양과학이었다. 또, 호메로스가 '바다의 노인들'이라 부른 신 중에는 '흐름'을 의미하는 카리오레와 암피로가 있고, '돌풍'인 가라크사우레와 프레크사우레가 있으며, '물살의 민첩함'을 의미하는 토에와 오퀴로와 오케아노스 등 자매의 이름은 각각 '물', '바람', '파도의 빠르기와 강약, 방향을 조절하는 능력'을 의미한다. 그처럼 해양을 관찰한 안목이 신의 이름이 되고, 다시 그것이 자연스레 항해술을 발전시켰을 것이다.

바다의 재난을 극복하겠다는 서구인들의 의지도 자못 늠연하다. 바다귀신을 물리친 샤먼영웅 스탈로를 비롯해, 바다괴물에게 먹히고도 3일 간이나 출구를 찾으려 싸운 태양왕, 고래뱃속에서 다시 살아나온 요나, 바다를 주름잡던 영웅 헤라클레스가 그런 영웅들이다.

그런즉 14, 5세기 서구인의 대항해는 어쩌다 우연히 일어난 사건이 절대 아니었다. 아테네와 카르타고, 베니스에 전해지던 해양민속으로 싹틔운 과학과 문명이 있었기에 가능한 사건이었다.

옆 나라인 해양국가 일본은 또 어떤가? 신세칠대(神世七代)에 남매신 이자나기와 이자나미는 첫아이 히루꼬를 버리면서 띠배를 이용한 후 '바다의 신' 와다쓰미와 '항구의 신' 미나토를 줄줄이 낳고, 아마테라스오호미가미의 세 딸은 '바닷길을 인도하는 신'이 된다. 또, 아마테라스오호미가미의 증손자로 바다 운을 지닌 형 호노스소리는 산의 운을 지닌 아우 히코호호데미와 서로의 운을 바꾼다. 낚시도구 문제로 형과 다툰 동생은 늙은 신의 인도로 해궁을 찾아가 해신의 딸과 혼인하곤 밀물구슬, 썰물구슬을 얻고 돌아와 형을 물리친다. 산과의 대결에서 바다가 승리했으니 그 후손이 바다의 주역이 된 것은 당연하다. 그런가하면 이즈모신화에서 먼 바다에서 나방이 옷을 입고 배를 타고 온 스꾸나비꼬나는 가축을 치료하고 새와 짐승의 재해를 막는 주법(呪法)을 일본인들에게 가르친다.

하지만 우리에게도 신라시대 이래 국가가 나서 제사를 바치던 동해와 서해, 남해, 북해, 네 바다[四海]의 신이 있었다. 고려시대까지만 해도 팔관회에는 반드시 용신(龍神)을 포함시키기도 했다. 그들, 네 방위에 더해 중앙까지를 관장하는 사해용(四海龍)과 오방지신(五方之神)의 변화무쌍한 변신능력과 권능은 그야말로 위대했다. 용은 음양의 조화와 오행(五行)의 원리를 꿰차고 우주와 자연의 합치를 주관하며 인간에게 풍요와 생명력을 안겨주었으니 그것이야말로 바다의 능력이자 속성에 다름 아니었다.

그런데 고려 말을 지나며 그 용의 기상과 기백이 사라지더니 급기야 조선조에 이르러선 명의 정책을 붙좇은 해금정책(海禁政策)으로 스스로의 발목을 묶어버렸다. '눈에 보이는 수평선 밖으로 나가면 안 된다'는 그 정책에 따르자면 고작 40킬로미터 이내에 머물러야 하니, 바다의 생태를 알 길이 없고, 조선술 또한 발달할리 없으며, 잡는 어종이라고 다양할리 없었다.

그리곤 어마 무시한 서구적 근대문명이 밀려왔다. 우회적으로 일본을 거쳐 받아들인 그 충격은 최남선이 노래했듯 "때린다, 부순다, 무너(뜨려)버린다"는 바다의 파괴력을 지닌 것이었다. 그렇게 '햐쿠라이[舶來(品)]'로 들어온 물품, 예컨대 광목을 비롯해 석유, 마포, 소금, 석탄과 차량, 선박, 학술기기, 항만, 철도는 전래의 생활을 바꾸어 놓았다. 유치원을 비롯한 교육과 의술, 형법 등 제도와 온천과 우동, 신사와 유곽, 다다미와 후즈마, 이로리, 활동사진, 신파극, 게이샤의 작품발표회, 오뎅, 사시미, 그리고 화양절충형(和洋折衝型) 문화주택(이층집)은 천지개벽을 주도했다. 게다가 어업전진기지, 해상공출 거점이던 통영시 욕지도에 자신들의 해상수호신 곤삐라(金比羅)의 신사가 들어섰다. 어로나 항해기술만이 아니라 이민족의 신까지 동원돼 우리의 무의식을 억압해가며 피식민지의 바다를 삼켰다.

그로부터 백여 년이 지난 후, '아시아의 용'이란 호칭을 얻고 나서야 우리는 잃어버린 용과 용신, 용왕을 떠올린다. 위대한 권능으로 사해바다를 주름잡던 조상들의 기억과 역사, 그 바다의 내력을 버려두고 살아온 자신을 돌아다본다.

3. 해양민속의 상징성

(1) 주눅과 움츠림의 장(場)

바다라면 우리는 먼저 한(恨)과 원(怨)부터 떠올린다.

작가 천승세와 이청준, 한승원 소설만이 아니다. 유행가 가사마저 "저 바다가 없었다면" 투로 '이별' 아니면 '한'이다. 조선조 문인 이중환이 『택리지』에 써 갈긴 폄하의 글이 아니더라도 바닷가는 '뱃놈', '갯놈'들의 천지(賤地)였다.

부산에서 동해안을 따라 올라가노라면 대게로 유명한 영덕 못 미쳐 강구란 마을이 있다. 바닷가를 따라 올망졸망 늘어선 주택 상당수가 바다로 창을 내지 않았다. 호텔에서도 바다가 보이는 방이면 금값인 시대에 해괴한 일이다.

하지만 객지사람이 멋모르고 이유를 물었다간, 급기야 마을아낙 입에서 가슴 시린 사연을 듣게 된다.

> "당신 같으면 아비 죽고, 남편 죽고, 자식마저 빠져 죽은 그 바다, 창을 내고 태연히 바라보며 살겠소?"

과연 바다는 '한'과 '원'의 장(場)이다.

흔히 바닷가 해신당에는 한을 안고 죽은 고려조의 최영장군이나 임경업장군, 혹은 전설 속의 설운장군을 모신다. 그들을 섬기는 제사마다는 사뭇 비통하고 침울한 분위기로 가득하다.

남해의 바닷가 어민들이 들려주는 <설운장군 전설>만 해도 그렇다.

> 욕지 섬에서 태어난 설운은 부모의 간절한 기도 끝에 태어난 인물답게 어려서부터 비범했다. 돌이 지나자 헤엄을 쳤고 아가미가 있어 오랜 시간을 물에서 지낼 수 있으며 엄청난 괴력으로 이 섬 저 섬을 건너 뛰어다닌다.
>
> 설운은 장성하자 우리 해안을 노략질하는 왜구의 배를 부채바람으로 가라앉힌다.
>
> 그러나 조정에는 설운이 모반을 꾀한다는 소문이 돌고, 그를 죽이고자 토벌대가 내려온다. 설운은 토벌대장의 부인을 빼앗아 데리고 살며 아이를 낳지만, 그 부인의 배신으로 결국 죽고 만다.
>
> 그가 죽자 다시 왜구의 노략질이 시작되었고 마을사람들은 그를 추모하는 제사를 지내기 시작해 오늘까지 전하고 있다.

이처럼 설운장군이 목숨 걸고 한 일이라곤 왜구를 물리치고 어민을 보호한 것뿐이다. 그런데도 종당에는 아군의 모함과 아내의 배신으로 비극적인 최후를 맞는다. 충무공 일대기와 너무도 흡사한 그 줄거리에는 왜적과 중앙관리에 대한 증오, 영웅을 선망하는 기층민의 의식이 담뿍 배어있다. 그래서 설운은 '서능'이나 '설릉'이 변한 말이고 설운인즉 '섧다'의 첫 음이나 연음강세가 낳은 '서러운', '설은'의 다른 발음일지 모른다. 이름 하여 '서러운 장군'인 셈이다.

바닷가 마을에서 모시는 신격(神格)에 투사된 원한은 육지에 비해 두텁고도 질기다. 필시 그것은 서러운 박해와 핍박 속에 삶을 영위해온 바닷가 사람들의 원과 한이 그러한 까닭일 테다. 과연 처녀를

농락해 아이까지 낳게 하고도 다시 돌아오지 않는 통영의 <서울장군 전설>이나, 고려시대 왕씨의 귀양살이를 그린 거제도 수운마을의 <왕씨 전설> 모두가 절대 권력을 지닌 중앙정부의 횡포와 압제를 원망하는 내용이다.

그러다보니 바다를 대하는 우리네 어민들의 '움츠림'은 육지지향 관념으로 기울기 일쑤다.

출어에 나서는 어부에게 흔히 던지는 "도장원(都壯元)하라"는 축원에서의 '도장원'인즉 서울 중심적, 출세 중심적, 육지 중심적 사고가 낳은 표현이다. 의당 그래야 할 것처럼 해안가나 섬에서의 갯제는 언제나 산신령에게 바치는 산제에 우선순위를 양보한다. 전남 완도군 금당면 비견리에서는 개펄에서 갯제를 올리면서도 산을 향해 제사상을 차리고 산을 보고 절을 한다.

바다에 살며 육지를 동경하니 영락없는 자기분열이다.

자기분열을 일으킨 마음은 걸핏하면 헛배나 물도깨비 따위 헛것에 사로잡힌다.

날씨가 불순할 때면 소리도 없이 그림자만으로 나타난다는 헛배(혹은 허깨비배, 도깨비배, 유령선)는 누구도 본 적 없는 형상이다. 헛배가 나타나면 어부들은 볶아놓은 오곡을 뿌리면서 "이 곡식에서 움이 나고 싹이 나면 오너라"고 외치곤, 술을 뿌린 다음, 침을 세 번 뱉는다. 또 '용왕의 아들'이라 일컫는 거북이 나타나면 좋던 날씨도 나빠지고 예상치 못한 사고와 이변이 일어난다. 그래서 거북이 보이면 즉시 술이나 밥으로 간단한 제상을 차려 배 위에서 고사를 지내야 한다. 만약 죽은 거북이가 그물에 걸리기라도 하면 바닷가에 묻어주고 술 한 잔을 올려야 한다. 어부를 괴롭히는 건 그뿐이 아니다. '터럭손'이라 불리는 물도깨비는 사나운 물굽이 속에서 나타나 털투성이 손으로 뱃전을 잡고 흔들다 마침내 전복시킨다.

그처럼 어부들에게 불행을 안겨주는 바다귀신은 다른 나라에도 있다. 트로브리안 여러 섬에 사는 여성악령 요요바는 알몸으로 파도를 타고 날아다니며 난파한 배에서 떨어지는 남자선원들을 집어삼킨다. 북유럽 일대 바다에 출몰해 어부들을 괴롭히는 바다귀신 드라우그, 그리스신화에서의 아름다운 목소리로 뱃사람을 유혹하여 조난시키는 반인반조(半人半鳥)의 사이렌도 두렵기는 마찬가지다. 하지만 서구인들에게는 바다에 맞서 싸운 스탈로와 태양왕, 요나, 헤라클레스가 있었다.

하지만 일단 물귀신이 파놓은 물구덩이에 빠진 우리네 어부들의 심리는 바닥없는 심연(深淵)으로 가라앉는다. 어로민속에 얼비친 부정적 인식이 그렇다. 산고(産故)가 들면 세이레 동안 배를 멀리하고, 여자가 한창 손질 중인 그물만 넘어가도 대경실색을 하며, 출어에 나섰다가도 여자가 앞을 가로질러 가면 즉시 되돌아온다. 배가 풍랑을 만나면 산부정(産不淨) 때문이라며 배에 있는 임산부를 찾아내어 바다에 던지던 적도 있었다. 조선 세조조 신숙주의 『보한재집(保閑齋集)』과 인조조 정도응의 『소대수언(昭代粹言)』이 그 일화를 또렷이 기록해놓았다.

(2) 생산과 생식의 장(場)

바다는 생산과 생식(生殖)의 장(場)이다.

아득한 옛적, 가야가 탄생하던 때 하늘에서 온 김수로왕과 바다를 건너온 허황후가 벌인 선마(船馬)경주가 이를 상징하는 사건이다. 그것은 땅과 바다, 하늘 왕자와 바다 공주, 배와 말이 벌인 한바탕 신명 넘치는 교구(交媾), 남과 여의 희락사모지사(戱樂思慕之事)였다. 훗날의 별신굿, 배선굿, 위민굿, 선창굿, 뱃고사 등의 풍어제는 모두 그 신나고 힘찬 격동을 본받은 풍어제다.

특히 서해안에서는 남편 기력이 약해지거나 가정에 우환이 들었을 때, 혹은 어장에 흉어가 계속될 때면, 유독 남근을 확대한 도깨비 신체를 만들어 도깨비굿을 올린다. 한적하고 깨끗한 갯가에 짚으로 움막을 지어놓고 '진생영감', 혹은 '허생원'이라 부르는 도깨비를 모셔놓고 생산과 생식을 비는 것이다.[3] 평소 도깨비가 좋아하는 메밀묵이나 출어에서 첫 번째로 잡은 고기를 차려놓고 도깨비 남근을 조몰락거리며 사설을 늘어놓는 사람은 다름 아닌 선주의 처다.

> 허 생원, 허 생원. 메진지 해가지고 와서 이렇게 비나이다. 우리 집 대주 힘이 없어 어장일도 못하니 힘이 나게 해 주시고, 우리 가정 아무 탈 없이 지내게 해주시고, 고기잡이 나가면 바다 장원, 도장원 하게 해주시고, 먹고 쓰고 차고 남으면 이웃에 나눠 먹고 부모에 효도하게 해주시오.

바닷가 마을에서 올리는 제의는 흔히 돌싸움, 줄다리기, 불 싸움을 수반한다. 편을 나누어 짐짓 싸움을 벌이는 그 행위 역시 암수가 벌이는 유사성행위다. 그런 놀이는 유희본능을 충족시킬 뿐 아니라 어로의 보람을 확인시켜 어부 간에 동질성과 연대감을 나누게 돕고, 나아가 인간과 신, 산 자와 죽은 자의 결연과 화해를 촉구하며 인간과 자연을 합일시켜 생생력(生生力, vitality)을 고양시킨다.

서해안 위도 대리에서는 굿판이 벌어진 날 저녁, 기혼남자가 한 편이 되고 여자와 총각, 아이들이 다른 편이 되어 줄다리기를 벌인

---

3) 최덕원, 『남도의 민속문화』, 밀알, 1995, 36쪽.

다. 밀고 당기기를 거듭하던 놀이의 끝은 기혼남자들이 슬그머니 져 주는 게 관행이거니와, 여자편이 이겨야 풍어가 든다는 생각에서다. 한편 놀이에 사용했던 줄은 단지 바다를 지배하는 용의 상징으로 여겨 배에 얹기만 해도 풍어가 든다고 믿었다.

생산과 생식을 중시하는 바닷가 마을의 설화에는 도덕의 위험수위를 넘나드는 근친상간(近親相姦) 줄거리가 서슴없이 등장한다. 남해안 통영시 사량도와 매물도만 해도 근친상간을 그린 설화와 전설이 세 가지나 전해온다. 사량도에 전해지는 <옥녀봉 설화>에서는 아비와 딸 사이, 매물도의 <남매바위 전설>에서는 남매 사이, 당나라에서 전해진 <적덕귀 전설>에서는 남매 사이의 근친상간이 주요줄거리다.

하지만 <옥녀봉 설화>가 전해지는 사량도 촌로들은 그런 전설은 들어본 적도 없노라고 시치미를 뗀다. 자신들의 마을은 유교의 가르침에 철저하다는 강조도 잊지 않는다. 하지만 그런 태도와는 달리 행여 옥녀의 노여움을 탈까 마을 안에서는 대례(大禮)를 올리지 못하게 한다니, 오갈 데 없는 <옥녀봉 설화>의 신봉자들이다.

또 하나, 소매물도에 전하는 <남매바위 전설>의 메시지도 중의적이다. 줄거리 어느 대목까지는 남매간의 결합을 철저히 부정하다가 이야기가 끝날 무렵엔 반전(反轉)이 벌어지는 것이다.

　　대매물도에 살던 늙은 부부가 어렵게 남매 쌍둥이를 얻었다. 그러나 둘 중 하나가 죽거나 상피를 붙을 것이란 이웃의 염려가 두려워 어린 딸을 무인도인 소매물도에 버린다.
　　장성한 아들은 어느 날 건너편 소매물도에서 오르는 연기를 보곤 부모의 만류를 무릅써가며 몰래 그리로 건너가 자신의 동생과 부부의 연을 맺으려 한다. 그러자 패륜을 허락하지 두고 보지 않으려는 하늘은 천둥과 벼락, 폭우를 내려 두 사람을 바위로 만들어버리고 만다.

그럼에도 불구하고 두 바위는 3년, 6년, 12년, 24년, 48년마다 한 번씩 만나 사랑을 나누고는 제자리로 돌아가곤 한다. 그 시간에는 폭우가 내리고 번개가 쳐 하늘이 두 바위의 사랑을 눈치 채지 못하도록 가려준다고 한다.

그것은 엄연한 패륜(悖倫)이다. 패륜인 줄 알면서도 사랑을 용인하는 줄거리를 이끄는 건 구술전승자의 무의식이다. 그 어떤 도덕보다 생산과 생식, 풍요가 중요하다는 무의식이 떠받치는 생명존중 사고다. 그리고 이 경우의 성(性)은 남의 눈을 피해 즐기는 쾌락과는 다른, 밝고 건강하게 생명력을 추구하는 생산과 생식의 방법이다. 디오니소스적 욕망과 충동으로 생생력(生生力)을 고양하고 기운을 돋우며, 에너지와 생명력을 부추기는 주술이다.

그러므로 근친상간 설화가 전해진다는 사실만으로 바닷가를 "원죄와 소외의 범역", "저주받아 마땅한 땅", "상놈의 땅"으로 멸시해도 좋을 당위는 성립되지 않는다. 제주도에 전해지는 홍수신화 <물부끈(부푼) 이와기(이야기)>에서 보더라도 하늘이 인간을 징치(懲治)하고자 홍수로 세상을 쓸어버린 후에 살아남은 인간은 하필 두 남매였다. 그들 남매가 하늘에 뜻을 물어 부부의 인연을 맺은 덕에 오늘의 우리도 살아 존재하는 것이다.

실제로 근친상간은 <장승설화>를 비롯한 <달래강 전설> 등 수많은 설화의 공통모티프다. 남근석이나 여근석은 육지고 섬이고를 가릴 것 없이 전국 어디나 흩어져 있다. 전남 진도군 하조도 앞 '방아섬'처럼 남근을 버젓이 섬의 이름으로 붙인 곳도 결코 드물지 않다. 그런즉 흔히 유교적 관념을 투사해 '촛대바위'나 '망부석(望夫石)'이라 불러온 성기 모양의 해암은 예로부터 불려온 그대로 '좆바위'라 부르는 게 맞다.

그처럼 거리낌 없이 육두문자(肉頭文字)를 쓰듯, 바닷가나 강가에는 남녀의 성적 결합을 비유한 음담패설도 적지 않다.

그 중 그나마 점잖은 예를 여기에 소개한다.

나룻배를 타고 가던 한량이 사공이 여자인 것을 보고 농담으로 "여보"라고 불렀다. 여사공이 이유를 묻자 "내가 자네 배를 탔으니 자네가 내 여보 아닌가?"라 답했다.

그런데 배가 뭍에 닿아 한량이 내리려는 참에, 이번엔 여사공이 "잘 가라, 내 아들놈아!"고 비웃듯이 일갈했다. 한량이 이유를 묻자 여사공이 답하기를 "자네가 내 배에서 나왔으니 내 자식 아니냐?"고 답했다.

그처럼 세대에서 세대로 전해지는 질척한 농담은 성(性)을 존중해 생산과 생식을 기원하는 언어주술이다.

마찬가지로 동해안별신굿에서도 외설스럽고 색정적인 농담과 음담패설이 일쑤 사설을 대신하곤 한다.

어부거리 : 어부가 장대를 비껴 잡고 노 젓는 시늉을 하다가, "날씨가 시원잖데이. 이런 지기미, 가만 있그라. 세상이 왜 이리 깜깜해지노. 이기 무신 바람이고. 야 이게 무신 물이고"라고 말하면서 노를 바닥에 꽂으며 엎어지고 넘어지고 한다.

과거거리 : "신명이 꾹 바쳐노니, 엄머이! 젊을 때 다 쏟아버리고 뭐 물이 있드냐? 고 밑에 꽁알찌그러미 좀 있던 게 신명이 꾹 바쳐노니 쬐매 남아있던 것까지 다 싸버리니, 엄머이! 옆에 누웠던 영감이 동동 떠내려가 버렸데이" 하며 너스레를 떤다.

봉사거리 : 성적 표현이 훨씬 더 노골적이다. "각득 아지메 다리는 가마채나 다를까? 이 사람도 미고 능청 능청, 저 놈도 미

고 능청 능청, 각득 아지매 또 그거는 방아확이나 다를까? 이 봉
사는 이거는 방아공이나 다를까? 찌거라, 찌거라 - - - -.”

남해안별신굿이나 옹진 배연신굿에서 중과 소무, 영산 할맘과 하
라밤이 벌이는 수작에서도 마찬가지로, 노골적인 언사에 전혀 거리
낌이 없다.

조선조 말 포구에 떠돌던 사설시조의 내용 역시 그런 남녀상열지
사(男女相悅之詞)를 읊고 있다.

　　각도 각선이 다 올라올 제 상가사공이 다 올라왔네. 조강 석
　골 막창들이 배마다 찾을 제 사내놈에 먼 정리와 용산 감개 당
　도라며 평안도 독대선에 강진 해남 죽선들과 영산 삼가 지상선
　과 미역 실은 제주배와 소금 실은 옹진배들이 스르르 올라들 갈
　제, 어디서 각진 몸의 나룻배야 쬐어나 볼 줄 있으랴

입으로 내뱉는 언사만이 아니다. 흑산도를 비롯한 서해안 도서지
방에서 동네 아낙들이 외지에서 온 남자손님의 몸을 더듬는 ‘산다위’
는 행동으로 보여주는 성희롱이다. 동제 뒤풀이는 항용 색정적 언행
이 난무하는 난장(亂場)으로 마무리되는데, 적어도 그 자리에서만은
부녀자들이 술에 취해 어지럽게 굴어도 누구도 트집을 잡지 않는다.

동해안에서 드물지 않게 마주치는 해낭당(海娘堂)에도 마을의 총
각처녀가 이루지 못한 사랑의 비극적 후일담이 얽혀 있다.

　　마을에는 준수한 용모의 청년과 그를 짝사랑하던 한 처녀가
　살고 있었다.
　　어느 해 태풍 치는 날 배를 타고 나간 청년이 돌아오지 않자,
　청년을 사모하던 처녀는 몸겨누웠고 시름시름 앓다 종내 숨을

거두고 말았다. 이후 7년간 마을에는 가뭄이 들고 전염병이 돌아 많은 사람이 희생되는 사태가 벌어졌다.

　그러던 어느 날 밤 마을 촌장의 꿈에 산신령이 나타나 "이 우환은 처녀가 한을 안고 죽었기 때문에 발생한 일이니, 처녀의 원혼을 위로하기 위해 그 시신을 남정네들이 지나다니는 길 가운데 묻고 해낭당을 지은 후 남근모양의 목각을 깎아 걸라"고 일러준다.

　촌장이 그 말대로 했더니 과연 마을에 우환이 사라지고 좋은 일이 연이어 찾아오며 고기도 잘 잡히기 시작했다. 그로부터 해낭당에 남근을 깎아 걸고 제사를 모시는 일이 전통이 되어 마을에 전해지게 되었다.

과연 그 해낭당마다 예외 없이 남근 모양의 목각이 줄줄이 걸려있거니와, 얼마 전까지도 삼척 죽서루에서 거행되던 '남근 깎기 대회'도 필시 그런 남근숭배 풍습이 확대된 행사다.

그렇게 보면 바다의 생산과 생식을 주관하는 여성성은 배척이 아니라 숭배의 대상이어야 한다. 여자라면 무조건 꺼린다던 앞서의 어로민속과 딴판으로 여성성을 숭배한다니 모순도 이만저만한 모순이 아니지만, 실은 그런 이원적 대립(binary opposition) 또한 민속의 법칙이다.

과연 이집트에서는 '달의 여신' 이시스는 나일 삼각주와 결혼해 '물의 귀인', '바다의 별'이 되었고, 바빌로니아의 이슈타르(이쉬타, 이스터)는 '금성의 여신'인 동시에 '물의 귀부인'이자 '사랑과 성(性)의 여신'이다. 우라노스의 잘려진 남근이 만든 바다거품에서 태어난 아프로디테(비너스)는 '바다에서 떠오른 여자'란 별칭으로도 불렸다.

그와 마찬가지로 여자서낭을 섬기는 우리네 어부들은 배 안의 궤나 감실에 신위(神位), 혹은 신체를 모신다. 그것은 색동옷이기도 하

고 오색 천과 색실, 바늘, 비녀, 쌀, 반지, 돈, 인형, 여자 옷이기도
하며, 요즘엔 현대식 신체라며 매니큐어나 스타킹 따위로도 모셔진
다. 게다가 모양만이 아니라 가격과 질까지 따지다보니 어부에 따라
선 루이비통이나 샤넬, 구찌 따위 외제명품을 사놓고 모시기도 한다.

어부들이 여성성을 숭배하는 주술에는 더 적극적인 예도 있다. 배
바닥에 물이 새면 처녀가 초경을 치르느라 사용한 개짐을 구해두었
다 틀어막는다. 또, 황파가 일 때 배를 대피시키는 방식은 뱃머리를
파도가 밀려오는 바다 쪽이 아닌 육지 쪽, 여자가 다리를 벌린 형국
의 여근곡(女根谷) 안쪽을 향하게 해야 안전하다고 믿는다. 더욱 기
이한 예로, 50여 년 전 서대문 구치소에서는 여자사형수의 음모(陰
毛)로 앙증맞은 짚신을 만들어 엄청나게 비싼 가격에 선원에게 팔았
다. 그 짚신인즉 여성성에 의지해 바다에서의 안전과 풍어를 기원하
는 일종의 주구(呪具)였다.

그밖에도 바닷가에서 주운 둥근 돌을 배에 싣기도 하는데, 이는
태양처럼 둥글게 생긴 돌이 마치 태양이 만물을 기르듯 다산(多産)과
풍요를 가져다준다는 믿음에서 행하는 민속일 테다.

4. 해양민속의 신성성

(1) 기원의 대상

가. 용신

서구 해신들끼리는 수직적 위계를 나누어갖고 있다.

'바다의 여신' 테티우스 아래 '바다의 귀신' 타우마스와 '바다의 괴
물' 여신 케토, '바다의 장로' 네레우스와 포르퀴스가 태어나고, 다시
그 아래에 가이아의 남편이자 '광대한 힘'인 위리피아의 아버지로

'바다 그 자체'인 폰토스가 자리 잡는다. 올림포스의 신들마저 'Ocean'의 어원을 남긴 오케아노스의 아래인 층층시하인지라 해신 포세이돈마저 그의 까마득한 후손의 자리에 만족해야 한다.4)

하지만 우리에게선 그들처럼 위계질서를 갖춘 해신의 반열을 확인하기 어렵다. 대신에 활동영역이 사통팔달이고 권능의 행사가 종횡무진인 용이나 용신, 용왕의 존재는 너무도 뚜렷하다. 그들은 기층민이 믿고 기원하며 의지하는 곳 어디나, 바다나 강이나 물이 순환하는 곳이면 어디나 존재한다. 서구의 오케아노스가 '지구를 둘러싼 거대한 강물'이듯 우리에게서도 용이 사는 거처는 바다와 강을 구분하지 않는다.

흔히 반농반어(半農半漁) 어촌의 동제에서 상당과 중당에 이어 해안가나 개펄의 하당에서 제사상을 받는 존재도 용이다. 그래서 바닷가 마을에서 치르는 동제는 동신제라 부르든, 동구제, 산제, 산신제, 서낭굿, 서낭제, 당굿이라 부르든, 그 모두를 용신제로 본다. 그렇듯 용이 엄존하기에 무당들은 걸핏하면 바닷가에서 용왕을 먹이고, 특히 제주도에선 익사자를 위로하고 풍어를 빌 때 8천 용신을 청해 용왕맞이(요왕맞이)를 한다. 무가사설에 등장하는 '동의 청제용왕', '서의 백제용왕', '남의 적제용왕', '북의 흑제용왕', '중앙의 황제용왕'은 각자 방위에서 소임을 맡았거니와, 오구새남굿(씻김굿)에서 망자의 혼백을 돌려달라는 하소연에 응답하는 신은 동도 서도 남도 북도 아닌 중앙의 용왕이다.

과연 역사에서도 신라를 찾아온 석탈해는 자신을 용성국(龍城國)의 왕자라 소개했고, 헌강왕의 정사를 보필하며 역신(疫神)을 물리친

---

4) 김열규, 「바다의 시학과 신화학」, 『해양과 인간』, 한국해양연구소, 1994, 11쪽.

처용 또한 용왕의 아들이었으며, 성덕왕 시절 강릉태수 부인 유화를
납치해 용궁(龍宮)을 보여준 존재 역시 해룡이었다.

그들 못잖게 드라마틱한 정체성을 지닌 용이 속초시 만천동 '나룻
배싸움놀이' 전설의 주역이다. 전설에 따르면 이 마을에 빼어난 경
치를 안겨준 청초호에는 숫룡이 살고 그에 못지않게 경치가 좋은 영
랑호에는 암룡이 살며 땅 밑 물길을 오가며 어울렸다. 그러던 어느
날 한 어부의 실화(失火)로 청초호 주변 솔밭이 타는 바람에 그만 불
과 연기에 숫룡이 죽고 말았다. 이에 격노한 암룡이 벌을 내려 마을
에 가뭄이 들고 고기가 도통 잡히질 않았다. 이후 어민들은 매년 정
월 대보름마다 무당을 불러 정성껏 용신제를 지내며 암룡을 달래고
숫룡의 혼을 위로했다.[5]

나. 기타 제신(諸神)

'바다에 어떤 신이 있느냐?'는 물음에 한두 신격만 들먹일 한국인
은 아마 없을 터이다. 실제로 당산굿 뿐 아니라 갯제, 제만굿, 위민
굿, 도제, 대동굿 등에서 섬기는 신은 워낙 많고도 다양하다. 바닷가
마을에는 동네를 만든 동태부(洞胎父)부터 붓을 팔다 죽은 객신(客
神), 자식 없이 죽은 이웃, 상사병에 걸린 처녀, 나무나 바위의 정령
에 이르기까지 조상과 피붙이, 자연에서 연유한 온갖 제신(諸神)이
존재한다.

특히 별신굿으로 섬기는 신은 더 많고 다양하다. 동신과 무신 외
에도 부산 구포에서는 산신과 장승을, 경북 안동에서는 국사당신과
삼신당신을 섬긴다. 또, 거제시와 통영시 일원에서는 마을에 따라

---

5) 해양수산부, 『한국의 해양문화』, 해양수산부, 2002, 454~455쪽.

당산할배, 당산할매, 최영장군(사량도), 설운장군(욕지도), 적덕·적귀남매(소매물도)를 모신다. 남해군 미조면 미조리에선 5백여 년 전 앞바다에 떠내려 온 상자 속 최영장군 영정을 사당('장군당')에 모셔 놓았듯 규모 큰 포구에선 임경업 장군과 최영 장군이 섬겨진다.

어디 그뿐인가. 동해안에서는 음력 2월 1일 영등날 천계에서 지상으로 내려오는 '풍신할머니'를 영등제로 섬긴다. 이 때 딸을 데리고 오면 바람결에 딸의 분홍치마가 예쁘게 휘날리라고 바람을 보내주고, 며느리를 동반하면 며느리의 분홍치마에 얼룩이 지라고 비를 내린다. 그래서 당일 날씨에 따라 '불영등', '물영등'에 '바람영등'으로 구분되는데, 다행히 비가 오면 풍년이 들지만 바람이 불면 흉년이 든다고 믿는다.[6]

그밖의 신으로 어민들에게 흉어와 풍어를 일러주는 바다도깨비가 있다. 어부들은 섣달 그믐날 밤이나 대보름날 밤바다에서 날뛰는 바다도깨비의 불을 보고 그 크기와 방향으로 한해의 운세를 짐작한다.

이들 모두는 용의 아랫자리에 서는 신이다. 하지만 그렇다고 어부들이 그들을 '잡신(雜神)'으로 몰아 소홀히 대하는 경우는 결코 없다. 해신을 대하는 기층민의 태도에는 언제나 외경(畏敬)과 정성이 어려 있으니, 그게 바로 바다를 대하는 어민들의 몸가짐이자 마음가짐이다.

(2) 기원의 방식

가. 동제

바다를 대하는 어민들의 태도는 바닷가 마을의 동제와 풍어제(동해안별신굿, 남해안별신굿)에서 잘 드러난다.

---

6) 이승철, 「동해 <영등제>의 존재양상 분석」, 『강원민속학』 21집, 강원민속학회, 2007년, 63쪽.

바닷가 마을 어촌계원과 비어촌계원, 상인, 농민 사이에는 걸핏하면 감정의 골이 패이곤 한다. 공유어장에서 거둔 소득의 분배부터 해수오염에 대한 보상금 지급까지 줄줄이 시빗거리다. 그러나 평소 그런저런 문제로 한껏 증폭되었던 주민 간의 갈등도 동제를 앞두고는 언제 그랬냐는 듯 잦아들게 마련이다. 일테면 그게 동제가 지닌 위력이다.

동제는 치르려면 한 해 전 마을사람들이 모여 생기복덕(生氣福德) 갖추고 부정 타지 않은 사람을 제관으로 선발한다. 그 제주(당주, 당산주)나 집사(축관), 유사는 우선 나이가 많아야 하고, 인격과 덕망을 갖추어야 하며, 지난해에 집안에 우환이나 상사(喪事), 출산이 없어야 하며, 심지어는 단 한 차례의 싸움도 하지 않았어야 한다.

일단 제관으로 선출된 사람이 이듬해 동제까지 지켜야 하는 금기 역시 많고도 까다롭다. 초상집 문상이나 병문안을 가도 안 되고, 생선이나 육류를 먹어서도 안 되며, 평소 즐기던 담배도 끊어야 한다. 특히 동제 직전엔 고성방가는 물론, 부부생활이나 싸움, 불구경, 싸움구경을 하지 말아야 하며, 발톱, 손톱을 깎느라 몸에 흠집을 내도 안 된다.

게다가 제관의 집 대문 앞에는 세 무더기의 황토를 간 다음 꽂은 대나무에 왼새끼로 꼰 금줄을 걸어 잡인의 출입을 막고, 문에도 역시 왼새끼를 창호지에 꽂아 건다. 그처럼 제관의 집에서 쓰는 금줄과 마찬가지로 당산에 치는 새끼도 반드시 왼손으로 꼬아야 한다. 재래시장 상인들은 첫 물건을 팔아 '마수 거리'로 받는 돈을 반드시 왼손으로 받듯 출산을 알리는 금줄이나 줄다리기에서 쓰는 줄도 반드시 왼새끼다.

당제를 앞두면 제관은 도가(都家)나 당주(堂主)가 되어 제수(祭需)

를 손수 장만한다. 시장에 가서 물건을 살 때는 말을 하지 않기 위해 종이에 물목(物目)을 적어 돌아다니고, 물건 값은 절대 깎지 말아야 한다. 동제 당일에는 새벽에 일어나 깨끗한 물로 목욕을 하고 당산으로 올라간다. 가다가 사람을 만나면 결코 말을 걸지 말고 집으로 돌아와, 다시 목욕을 하고 올라가야만 한다.

그처럼 언행과 몸가짐을 조심한 제관의 노력이 효험을 보려면 마을주민 전체가 도와줘야 한다. 동제 모시는 날에는 산기(産氣) 있는 임산부를 다른 마을로 옮긴다. 개나 닭 따위 짐승의 소리가 들리지 않게 주의해야 하는데, 만약 제의 도중 개 짖는 소리가 들리면 처음부터 다시 절차를 치러야 한다.

남해안 마을에서 치르는 동제 대개는 상당(윗당)과 중당, 하당(아랫당) 중 두 군데나 세 군데서 치른다. 그 중 상당에서의 제의는 제관이 고축문(告祝文)을 낭독을 비롯해 유교적 의례와 격식을 모방한 절차와 형식이 자못 엄숙하다. 유교적 격식으로 원초적 욕망을 억압하고 통제한다. 그러나 바닷가나 개펄에 차린 하당에서의 제의는 그와 전혀 다르게 개방적이고 활달하다.[7)

이처럼 이중적인 해안가 마을의 동제지만 제관과 어른들 일부만 참석하는 상당에서의 제의만으로는 다산(多産)과 풍요를 기원하기가 어렵다. 그래서 상당에서의 제의보다 더 주목해야 할 게 마을주민 전체가 참여하는 하당에서의 제의, 곧 갯제다.

갯제는 비록 격식도 엉성하고 기원내용도 중구난방이며, 모시는 신의 권위도 약해보이지만 마을사람들 모두가 참여한다는 데 큰 의미가 있다. 풍악을 치는 걸립패가 동네를 돌며 하는 걸립으로 시작

7) 강남주, 『남해의 민속문화』, 둥지, 1992, 56~57쪽.

된 갯제는 제의 중간 중간에 풍악이 끼어들어 흥을 돋우고, 제의가 끝나면 주민전체가 음복을 하고 음식을 나누어먹으며 춤과 노래로 뒤풀이를 벌인다.

특히 전남 완도군 완도읍 장좌리 장도섬에서는 매년 정월대보름에 부녀자들이 갯가에 상을 차려놓고 완도 특산물 김이나 미역이 잘 되라고 축원하는 갯제를 치른다. 제주에서도 매년 음력 3월 8일 치르는 요왕맞이에서 잠녀들이 바다에 좁씨를 뿌리고 다른 잠수들이 응원하는 갯제의 주관은 어디까지나 잠수회의 몫이다.[8]

경남 방언으로는 바다를 '개'라 하고, 바다를 섬기는 갯제를 '개 먹인다'('개 미긴다')'고 한다. 그렇듯 제수를 바치고 빌면 복락(福樂)을 약속하는 바다는 인간과 더불어 먹고 먹이며 부르고 응답하여 주고받는 관계다. 그렇게 인간중심적이고 기복적이며 현실 중심적이고 원시적인 갯제야말로 바다와 더불어 살아가는 기층민의 동제답다.

이밖에도 남해에는 동제와 함께 밥구덕을 모시는 특수한 풍습이 전해온다.

> 유사가 제사 이레 전에 밥구덕(밥무덤) 주위에 대나무를 3개씩 세우고 왼새끼를 꼬아 고추, 숯 한지를 3개씩 꽂은 금줄을 대나무에 둘러 묶어둔다. 제사를 모신 후 차기 유사와 함께 밥구덕으로 가서 넓적한 판돌을 들고 한지에 곱게 싼 햇밥을 놓은 다음에 깨끗한 새 황토로 덮어준다. 이후 판돌을 원래대로 놓고 돌 위에 막걸리를 붓고 소금도 뿌린다.

밥구덕을 모시는 이유에 대해 남해사람들은 "예로부터 쌀이 귀하던 곳이기 때문에 특별히 밥을 신성시 한다"고 설명한다. 마을에 따

---

8) 최성두·우양호·안미정, 『해양문화와 해양 거버넌스』, 선인, 2013, 111~112쪽, 116쪽.

라 그 밥구덕에 목화씨, 콩, 팥, 수수 등을 뿌려주거나 판돌을 도끼로 두드리는 까닭은 농사와 마찬가지로 어로작업에서의 풍요를 기원하기 위해서다.

이렇듯 동제는 바다를 섬기는 목적 외에도 정치, 경제, 사회, 예술, 윤리 등에 두루 걸친 행사다. 동제로 기회삼아 온 마을사람이 단합을 이루고 정을 나누며, 고향을 떠나 객지로 나갔던 사람들도 돌아와 함께 어울린다.

하지만 이렇게 정겹고 신성한 동제가 점차 사라져 가는데, 그 이유가 싱겁도록 단순하다. 무엇보다 제관을 맡겠다는 이가 드물고, 젊은 층이 반대를 하는데다, 기성종교와의 마찰도 있고, '미신 퇴치'를 독려하는 관의 간섭도 문제다. 게다가 마을사람들은 제의를 위해 내는 호당 1만원의 비용을 아까워한다. 그러는 사이 돈푼깨나 쥔 선주는 무당을 불러 개인을 위한 용왕제를 치르느라 동제의 몇 배나 되는 돈을 써댄다. 공동체의 전통은 가뭇없이 사라지고 개인적 기복행위만이 위세를 떨치는 것이다.

특히 마을에 제관을 원하는 사람이 없다는 게 문제다. 마지못해 최근엔 이장이나 어촌계장이 이를 도맡다 그마저 여의치 않으면 인근 사찰 스님에게 맡긴다. 거제시 일운면 수산마을과 부산시 사하구 홍치마을도 그런 마을이다.

스님이 제관을 맡으니 축문이나 절차가 불교식이 변하는 건 어쩔 수 없다. 하지만 <처용 설화>에서의 망해사나 <문무왕 전승>과 감은사가 용신신앙으로 민속과 연결되듯, 실제로 불교는 오래전부터 해수관음을 매개로 동제와 연결돼왔다. 그런 터라 바닷가 마을 동제를 절에서 주관해도 하등 이상할 게 없다는 주장도 제법 그럴싸하다.

나. 별신굿과 배연신굿

별신굿이 농촌의 풍농제와 어촌(섬)의 풍어제, 시장 난장굿이 확대된 형태라는 견해에는 설득력이 있다.[9]

그런데 중부 이북지방의 당굿이나 도당굿, 대동굿 모두가 구조적으로 일치하면서도 지역마다의 그 명칭과 의미는 천차만별이다. 동해안에선 벨신, 벨순, 배생이, 별손, 뱃선, 충남 은산에선 별신굿, 남해안에선 배선굿, 별신굿, 별손, 벨순, 벨신이라 불린다. '특별히 신을 모신다' 하여 별신(別神)이라 부른다고도 하고, 평야나 들을 의미하는 '벌'에 '신'을 붙인 '벌신'이 어원이란 주장도 있다. 그런가하면 해안가에서 올리는 별신굿에서의 '별신'은 '뱃신[船神]'에서 '뱃선'으로 와전된 음이라 보는데, 이때의 '별'은 '밝다'의 '밝', 혹은 '붉'에서 온 음으로도 여긴다.

어쨌거나 내밀하고 권위적인 동제에 비해 별신굿은 개방적이고 참여적이다. 그래서 굿 전체가 한바탕의 흐드러진 잔치고 축제로, 유머 넘치는 재담과 가슴 졸이게 하는 작두놀이, 흥겨운 어깨춤과 뱃노래에 화려한 무복까지가 오갈 데 없는 종합예술이다. 무당을 비롯한 대잡이와 악사 등 참가 인원부터 절차와 비용, 일반인의 관심이 많고 크고 화려하고 복잡한데다, 마을농악대까지 가세하면 더욱 분위기가 들뜬다. 그래서 별신굿은 벽촌이나 도회지를 가리지 않고 바닷가 마을 주민들의 큰 구경거리다.

그 뿐이 아니다. 수사자(水死者)의 혼을 비롯한 온갖 잡귀까지 불러다 넉넉히 풀어먹이는 별신굿은 죽은 자와 산 자, 높은 자와 낮은 자, 가진 자와 덜 가진 자, 헤어져 있던 사람까지를 한 자리에 모아

---

9) 조정현·김난주, 「별신굿의 물적 기반과 지역경제」, 『비교민속학』 27집, 비교민속학회, 2004, 201쪽.

소통과 화해, 단합을 유도한다.

그 절차는 동해안별신굿만 보더라도 결코 간단치 않다. 제당에서 마을수호신을 굿당에 모신 다음으로 부정굿부터 조상굿, 성주굿, 용왕굿, 산신굿, 지신굿, 거리굿이 쉴새없이 진행된다. 그 중 특히 용왕굿만은 만선을 기원하는 선왕기가 꽂힌 배에서 선주들과 함께 선상에서의 기원제로 치르기도 한다.

이에 비해 배연신굿에서의 '연신'은 배의 수호신이나 배의 영을 뜻하는 '령신(靈神)'에서 온 말로 본다. 출어를 나가거나 흉어가 계속될 때, 해를 걸러 열리는 별신굿을 기다리지 않고 단숨에 효험을 보려는 단순하고 손쉬운 제의가 배연신굿이다.

배연신굿의 절차는 두 명의 선원이 짚단이나 고추나무 섶, 쑥대, 참깨다발 등에 불을 붙여 들고 배의 이물 좌우를 문지르는 부정쓸기(부정치기, 부정가시기, 부정씻가시기, 부정풀기, 부정물리기)가 전부다. 그 불전 중에서도 특히 참깨다발은 불이 잘 붙는데다 냄새도 좋고, 이삭 터지는 소리가 귀신을 쫓을 정도로 커서, 깨가 쏟아지듯 고기도 잘 잡힐 것이라 믿는다. 더러는 소금이나 연기, 솜에 묻힌 물을 사용하거나 통영시 매물도에서처럼 선장이나 선주에게 물을 뒤집어씌우기도 하는데, 도구야 무엇이든 부정만 물리치면 그만이라는 생각이 지배적이다.

이와 달리 뱃고사는 선주가 개별적으로 어신(漁神)이나 수신(水神), 선신(船神)에게 안전과 풍어를 비는 제의다. 명절이나 당제를 지내는 날, 혹은 흉어가 계속되거나 자주 사고가 날 때, 배를 진수했거나 왠지 선주의 마음이 불안할 때 뱃고사를 올린다. 대개는 선주 스스로 제관이 되어 제사음식을 차려놓고 고사를 지내지만, 집에 따라 무당을 불러 사흘을 두고 굿을 하는 경우도 있다.

다. 기타 제의와 주술, 금기

그밖에도 바닷가 마을에는 소원을 빌고 부정을 물리치며 액을 막는 다양한 제의와 주술, 금기가 있다.

서해 위도에서는 정월 초사흗날, 두어 자쯤 되는 판자에 가마니로 돛을 달고 유독 남근을 크게 만든 허수아비를 태워 바다로 떠나보낸다. 이 띠뱃굿으로 마을의 모든 재앙과 액을 실어 보낸다고 믿는다.

또, 남해에서는 섣날 그믐날 '명일제사'란 제의를 올린다. 남해군 창선면 신흥리에서 그 절차를 살펴보자. 우선 제사 며칠 전 메밥의 쌀을 담아 수건으로 덮어두었다 얼마 후 그 표면을 살펴 뭔가 기어간 흔적을 살피는데 이를 '새때죽(발대죽) 남는다', 혹은 '야음 든다'고 한다. 이어 섣달 그믐날 저녁 8시경에는 밥과 나물국을 네 번 올리고, 술 한 잔을 따른 다음 절을 한 번 하는 것으로 제의를 마친다.

이와 달리, 섣달 그믐날 도깨비에게 제의를 올리는 바닷가 마을도 있다. 이때의 도깨비란 인간의 체액이 묻은 빗자루나 부엌에서 쓰는 작대기 등으로, 그 앞에 메밀떡을 만들어 흩뿌리며 "잘 먹고 잘 가라", "식구들 건강하고 객지에 나간 아이들 건강하게 해 달라"고 빈다.

그런가하면, 바다에서 죽은 자의 시신을 만났을 때 풍어를 비는 제의는 제법 진지하고 엄숙하다. 배를 타고 가다가 바다에 떠있는 시신을 보면 선장은 즉시 그 주위로 배를 몰아보아 만약 시신 머리가 계속 이물을 따라오면 반드시 건져 양지바른 땅에 묻어주어야 한다. 이를 이행하지 않으면 죽은 자의 원한 때문에 사고나 흉어 등 반드시 후환이 닥친다고 믿는다. 시신을 건져 올릴 때는 "마른 데로 모셔드릴 테니 만선하게 해주시오"라 빌며 고사를 지낸다. 그렇게 해주면 시신을 감았던 밧줄만 이물 살대에 감아도 풍어가 든다고 한다.[10]

실제 바다에서 시신과 넋을 건져본 무녀는 그 순간 바다에 전혀 파도가 없는데도 배가 요동을 치더라 한다. 그처럼 죽은 자의 넋조차 힘을 지녔으니 후환도 두려워하고 그 도움으로 풍어를 이루려는 소원도 빈다. 그래서 초상집에 다녀온 사람을 일부러 배에 태우거나 상복을 싣고, 관을 메던 줄을 어망에 매어 쓰거나, 묘제에 차렸던 제찬을 어장에 뿌리거나, 수사자를 위해 새 옷을 지어 태워준다.

그런 기원의 방법으로, 서해에서는 배를 타고 섬 사이를 지나다 조상의 묘나 영험한 당산, 용신당, 혹은 달비를 묶어놓은 당산목 앞을 지날 때는 고사밥을 던지며 풍어를 빈다. 그밖에 고기 잘 잡는 배의 이물을 깎아와 자신의 배 안 배서낭 곁에 놓아두고 비는 방법도 있다.

그러나 어부들의 민속 가운데는 역시 부정을 물리치고 액을 막으려는 금기(Taboo)가 수없이 전해진다.

> 어장을 하거나 배로 사업을 하는 집에서는 개를 기르지 않으며, 개고기를 즐겨 먹어서도 안 된다.
> 산고(産故)가 든 남편은 세이레, 즉 21일 동안 배를 탈 수 없으며, 출어 중에 산고가 들어도 세이레 동안 집에 들어가지 않고 배에서 쓰는 물건을 집으로 가져가지 않는다.
> 임산부, 혹은 해산 후 세이레가 넘지 않은 여자는 출어에 나선 남자를 만나면 길을 피해가야 하고 출어한 후에라도 임산부는 선주 집에 가지 말아야 한다.
> 출어하기 3일 전부터는 부부행위를 금하고, 손톱, 발톱을 깎지 않으며, 출어 당일에 여자가 어부의 앞을 가로질러 가면 다시 되돌아온다.
> 손질 중인 그물을 여자가 넘어가서는 안 된다.
> 배가 바다로 나갈 때는 휘파람을 불지 않고, 잘 다녀오라는

---

10) 김효경, 「수사 水死 신앙의례의 종류와 의미」, 이경엽 외, 『바다·삶·무속』, 민속원, 2015, 94~95쪽.

인사말도 하지 않으며, 손도 흔들지 말아야 한다.

뿐만 아니라 배에서 지키는 금기도 적지 않은데, 모름지기 어로작업은 그처럼 삼가고 조심하고 정성들여야만 한다고 믿는다.

바다에 나간 배에서 신발을 잃어버리는 일을 대단히 불길한 일로, 그럴 경우 나머지 한 짝마저 바다에 던져야 안전하다.
용신은 쇠를 꺼리므로 쇠못이나 쇠로 만든 연장을 바다에 빠뜨리면 재앙이 온다. 만약 바다에 쇠를 빠뜨렸을 때나 풍랑을 만났을 때, 상어 떼가 나타나거나, 흉몽을 얻었을 때는 멧밥을 던지거나 쌀, 소금, 오곡, 미영 씨, 파, 마늘, 고춧가루, 재, 진흙 등을 뿌려 해신을 달래야 한다.
재주를 잘 넘는 원숭이나 뱀, 날개를 터는 닭은 배에 태우지 말아야 한다. 쥐도 불길한 동물로, 난데없이 쥐가 도망칠 길을 찾으면 머잖아 배가 깨진다.
달걀이나 바가지처럼 깨지는 물건은 배에 올리지 않는데, 달걀이나 바가지가 깨지듯 배가 깨질 수도 있다.

이런 금기를 한낱 원시적이고 미개한 사고라고만 보긴 어렵다. 현대식이고 과학적인 장비를 갖춘 오늘날의 배에도 지켜야 할 엄연한 금기가 지켜지고 있기 때문이다.

배 안에서 식사를 할 때는 생선을 뒤집어 먹지 말아야 한다. 생선이 뒤집히듯 배가 뒤집힐 염려가 있다.
배에서는 휘파람을 불지 말아야 한다. 휘파람 소리를 닮은 태풍이 몰아칠 가능성이 있다.
선장이 앉는 자리는 아무리 높은 지위의 내방객이 와도 내주지 말아야 한다. 배를 지키는 힘이 줄어든다.
배를 전송할 때 손을 흔들며 "잘 가라"고 말해선 안 된다. 그말과 행위처럼 돌아오지 못할 수 있다.

5. 해양민속에서 삶으로

해양민속의 상징성과 신성성은 시공을 뛰어넘어 이처럼 역연(亦然)하다.

하지만 우리에겐 바다와 관련된 삶을 천시해온 유교적 전통과 왜곡된 천민의식, 바다에 대한 편견 역시 의구하다. 바다는 언제부턴가 가난과 궁핍, 소외의 공간으로 인식되어왔다. 백정에 버금가는 '뱃놈'이나 '갯놈', '고기 배 따 먹는 놈'이나 사는 귀양의 낙지(落地)요, '아래의 또 아래', '천지(賤地)' 중의 천지다.

그것은 해상왕국 백제와 신라 이래 고려조까지의 찬란한 해양강국의 기억을 말끔히 잊어버린 탓에 떠올리는 생각이다. 석탈해와 허황후, 거타지, 장보고의 일화를 『삼국유사』에서 읽고도 믿지 못하는 못난 후손의 편견과 왜곡이다.

그러는 동안 세상을 지배한 건 바다를 제패한 서구인들이었고, 일본을 통해 우리에게 전해진 서구근대문명도 바다를 통해서였다.

드디어 196,70년대가 되자 왕년의 '갯놈'도 굴과 김 등을 양식하는 '해전(海田)'이란 '부(富)'의 경작지 덕에 대학생자식의 학비를 댔다. 수출과 원양해운이 국민소득 100만 불 시대를 열자, 컨테이너선이 오가는 그 '비단길'을 바라보는 눈길에는 선망(羨望)이 넘쳤다.

그런데 오늘날엔 다시 반전에 이은 재반전(再反轉), 이제 바다는 사막 아닌 '해막(海漠)'이 돼가는 판이다. '수전(水田)'은 육지오염의 막장이 되어 쓰레기 부이조각이 떠다니고 중금속의 오염으로 '녹스는 바다', '신음하는 바다'가 속출하면서 입수가 금지된 해수욕장마저 생겼다.

하지만 이처럼 고정되지 않은 해양관념을 언제까지나 '상전벽해

(桑田碧海)'의 교훈으로만 해석할 수는 없다. 그런 변화의 추이에 피동적으로만 반응할 게 아니고, 바다에 대한 경시와 폄하, 선망과 찬탄 사이에서 널뛰기할 것만도 아니다. 이제라도 바다와 연관된 생활문화와 생활양식, 지역문화를 유기적으로 연결하고 삶의 바탕과 원형질을 이루는 바다의 가치를 해양민속에서 찾아내야 한다. 바다에서 일하는 사람을 '뱃놈', '갯놈'으로 폄하하는 잘못을 고치고, 성(城)을 쌓고 벽을 두르는 육지중심 사고에서 물길을 열어 서로의 문화가 혼융되는 해양중심 사고로의 전환을 이루어야 한다. 한편으론 바다야말로 '웰빙시대'에 적합한 안정과 치유의 공간이며 바다(sea)와 모래(sand), 태양(sun)의 3s만으로도 '탈라소테라피(thalassotherapie)' 효과를 거둘 수 있음을 알아야 한다. 자라나는 아이들의 인성발달과 감성지수 제고에 바다보다 좋은 교육재료가 없음도 깨달아야 한다.

하지만 아직 우리에겐 해양만 떼어내어 그 바다처럼 폭과 넓이를 넓히느라 심혈을 기울인 연구 성과가 일천하다. 해양사상이 정립되지 못한 가운데 분류 기준조차 애매한 데이터와 자료조사에만 매달리고 있다. 그 와중에 해양민속 연구 역시 인문학의 틈바구니에서 제자리를 찾지 못한 채 의례에 치우친 연구 성과만을 얼마간 축적한 정도다. 그 결핍이 바다의 가치에 대한 몰이해, 바다의 활용이라는 전망의 부재로 귀착된다는 건 아쉽고도 두려운 일이다.

더 늦기 전에 이제라도, 어업이나 해운, 해양과학, 해군 등의 분야에서 직접 바다와 연관을 맺고 사는 종사자뿐 아니라, 온 국민이 바다에 대한 이해, 바다 이미지의 개선에 나서야 한다. 그게 바다도 살리고 우리도 사는 길이다.(*)

해양세계의 문화적 의의와 특성:
해양민과 해항도시를 중심으로*

안미정**

I. 머리말

이 글의 목적은 바다를 하나의 생태적 공간에서 나아가 사회적 공간으로 접근하고, 그 사회문화적 성격을 문화변동의 관점에서 살펴보는 데 있다. 바다를 사회적 공간으로 접근한다는 것의 의미는 사회적 생산의 공간으로서 조명해 본다는 것을 말한다. 바다가 문물교류의 중요한 수송로/통로 역할을 하였다는 역사적 사실을 재강조하거나, 해항도시의 문화가 생태적 조건에 적응한 결과 그만의 독특한 문화가 형성되었다는 것을 주장하기 위해서가 아니다. 바다의 물리적, 기능적 시각을 넘어서 해양 사회가 형성되는 생산의 토대로서 접근해보고자 하는 것이다. 바꿔 말하여, 바다가 육상에서 부족한 것을 보충하거나 대체하기보다는 다양한 사람들이 만나고 교역하며 관계를 형성하고 문화를 창조하여 온 토대로서 바라보고자 하는 것이다.

한국 인류학에서 '바다'가 본격적으로 다뤄지기 시작한 것은 1970년대부터라고 할 수 있다. 농경과 대비된 어로의 사회생태학적 특성, 어로사회의 조직과 기술, 남녀의 성별 노동분업, 자원 이용, 가족과

---

* 이 논문은 2008년 정부(교육과학기술부)의 재원으로 한국연구재단의 지원을 받아 수행된 연구이다 (KRF-2008-361-B00001).

** 한국해양대학교 국제해양문제연구소 교수(gasirian@komu.ac.kr).

친족 등에 초점을 둔 연구들이 이어져 왔다(한상복 1976; 조혜정 1982; 이기욱 1992, 2003; 전경수 편 1992; 한상복·전경수 1992; Han 1976; Cho 1979). 그럼에도 불구하고, 바다의 어로문화에 대한 한국사회에서의 시각은 지역에 한정된 특정의 관심과 자원개발이라는 실리적 목적에서 부각될 뿐, '바다'에 대한 인문학이 자리하였다고 하기에는 미흡한 실정이다. 이런 가운데 근대에 대한 성찰적 담론을 불러일으킨 포스트모더니즘의 등장은 다양한 논의들을 불러일으켰으며 바다에 대한 학문적 관심도 그 한 부분을 차지하고 있다. 최근 해양세계를 통해 근대의 산물인 국민국가와 글로벌리제이션의 현상을 새롭게 해석하려는 시도들이 그 한 예이다.[13] 이는 지금까지 중앙중심의 단일한 관점에서 벗어나 (민족)국가에 의해 주변화된 것들로부터 접근함으로써 새로운 관점을 해양세계로부터 도출하려는 학문적 목적을 배경으로 하고 있다.

이처럼 해양세계에 대한 새로운 접근이 보여주는 특징은 해로를 통해 다양한 지역들이 서로 연계되어 문물이 교류하였음을 '입증'하는 교류사에서 근거하여 국민국가의 틀을 넘어 지역들 간의 새로운 연대와 네트워크의 형성이라는 가치지향성을 담고 있으며, 그 대표적인 예로서 해항도시(海港都市)가 상정되는 것을 볼 수 있다(홍석준 2005, 2007; 정문수 2008; 현재열 2009; 左々木衛 2005). 현재열(2009)은 해항도시를 "도시 중에서도 바다를 인접한 항만이 담당하는 기능에 크게 의존하고 있는 교역도시"로 정의하며, 해항도시의

---

13) 2008년과 2009년 한국해양대학교와 코베대학의 주최로 열렸던 국제학술대회가 그 대표적인 예이다. 이외에도 해항(海港)보다 도시에 보다 초점을 두고 있기는 하나 인천학연구원의 국제학술대회(2009)도 글로벌리제이션과 도시의 관계에 주안점을 두고 있다. 이러한 최근 동향에 앞서 바다와 지역사회의 관계를 조망하는 작업은 지역대학을 중심으로 전개되어오기도 하였으나 한국 인문사회과학이 근대담론의 성찰적 의미로 해양세계를 다시보기 하는 것은 비교적 최근의 동향이다.

성격을 바다, 항구도시, 그리고 네트워크성에 두고 있다. 특히 네트워크성은 해항도시가 '일정 범위 내지 권역(주로 해양의)에 걸쳐있는 네트워크 상의 한 결절점으로 기능해야'함을 해항도시의 필요충분조건으로 본다. '해항도시'를 재해석고자 하는 이유는 교역의 네트워크성, 초국가적 영역성으로서의 개방성, 이문화의 접촉 경험 등의 도시가 가진 역사적 배경에 있다(홍석준 2007; 현재열 2009; 左々木衛 2005), 따라서 해항도시는 오늘날 글로벌리제이션과 도시의 크로스보더성을 해명할 수 있는 또 하나의 전략적 위치에 있다고 보는 것이다(左々木衛 2005: 141). 필자가 보기에 기존의 해양어로 문화에 대한 연구와 바다·도시·역사의 문화에 주목하는 해항도시의 연구는 두 가지 공통점이 있다고 생각한다. 그것은 해양세계에 대해 이해하려 한다는 것과 그것이 현실사회에서 어떠한 사회문화적 의의가 있는 것인지를 밝히고자 한다는 것이다.

해양세계의 연구는 기본적으로 지역적이며 또한 세계적인 성격을 동시에 가지고 있다.[14] '해안-바다/대양-해안'으로 이어지는 지리적 공간을 떠올려보면 두 지역 간에는 바다를 매개로 하여 생태적/물리적 상호관련성을 가지고 있음을 알 수 있다. 또한 해류와 조류의 비경계적 속성은 생활세계에 영향을 미쳐 각 사회마다의 보편적이고 특수한 문화를 만들어내기도 한다. 예를 들어, 바다의 흐름을 따라 회유하는 물고기들을 따라 그리고 바람을 따라 이곳과 저곳을 오가

---

[14] 이 글에서 상정하는 해양세계란 바다의 사회생태적, 문화적으로 직간접적 관계 속에 있는 생활세계를 지칭하는 의미로 한정한다. 물리적 범주로 말하자면 조수간만의 영향을 직접 받는 해안 지역과 섬들, 그리고 어로를 통해 사회적 생산공간으로 존재하는 조간대와 얕은 바다 속, 원격지 교역을 이루었던 대양을 말할 수 있다. 중국의 해양인문학자 양궈젠(楊國楨, 2010)은 수면의 바다뿐만 아니라 해저의 토지, 그리고 바다 위의 창공까지도 해양세계의 범주로 다뤄야 한다고 주장하기도 한다. 이러한 해양의 물리적 영향의 직간접적 조건에 기반하여 필자는 사회적 생산의 주요 토대를 해양에 두고 있는 사회 및 이러한 사회와 정치경제적 관계를 맺는 사회를 포괄하여 해양세계의 범주에서 다뤄질 수 있다고 생각한다.

는 해양민들의 생활은 정주한 삶을 전제로 하는 사회에서 볼 때 떠도는 방랑자의 생활로 상대화 된다. 그러나 자주 이동하는 사람들의 시각에서 정주사회의 삶은 어떻게 이해될까. 세계체제에 포섭되지 않은 해양민들의 생활에서 국경을 넘나드는 행위는 어장을 찾아 이동하고 계절에 따른 이동의 생활이자, 잡은 고기를 큰 시장에 가서 생필품과 교환하는 사회경제적 행위로서의 의미가 있다. 따라서 국경을 넘는다는 것은 지극히 특정사회에서의 경계의식이며, 사회와 문화에 따라 경계는 다른 양상으로 나타날 수 있는 것이다. 이처럼 해양의 물리적 비경계성은 사회적 경계성의 논의에 중요한 인문학적 담론을 생산될 수 있는 토대임이 분명하다.

그동안 (농)어촌의 어로와 민속, 혹은 사회적 이슈가 되고 있는 환경재난과 생태변동 등에 관한 관심이 해양문화 연구의 주를 이루어 왔으나, 해항도시 또한 '해안에 위치한 도시'로서 해양문화의 범주에서 다룰 수 있다. 전통적으로 다루어져 온 해양세계의 교환관계와 공유지의 이용과 분배, 그리고 해안과 바다를 둘러싼 제도, 조직, 규범 등을 내용으로 할 수 있다. 일반적으로 도시 연구 속에서 해항도시는 바다가 있는 도시로서 이때의 바다는 도시의 사회적 '배경'으로서만 언급될 뿐 도시문화 형성에 영향력 있는 변인으로 간주되지는 않는다. (혹은 바다를 도시 산업의 기능적 부분으로 간주할 뿐이다.) 대도시의 부두노동자로 살아가는 사람들의 생활문화는 해항도시의 문화를 형성하고 있는 부분임에도 특정 산업 부문의 양상으로 축소되어 도시문화에 미치는 해양의 사회생태학적 요소는 묻히고 가려져 왔다.

기본적으로 해안 지역(마을과 도시)의 역사와 경제, 사회문화는 그 지역의 생태적 조건과 무관히 형성되어 온 것이 아님은 두 말할 필요도 없을 것이다.15) 게다가 근세 국가 간 교역을 통해 번영을 누렸던 해안의 도시들도 원거리에서 온 선단들이 머물 수 있는 입지적 조건이 있었기에 해안의 작은 어촌에서 도시로 발달하였다(주경철 2009; 현재열·김나영 2010; 岡本哲志·日本の港町硏究會 2008; 崔鳳 2009). 도시로의 질적 변화과정에서도 해양생태의 사회적 영향은 정치경제적 요소에 비해 약하다고 할 수 있으나, 그렇다고 하여 해안의 생태적 조건과 무관히 도시 설계와 공간구성이 이루어진 것도 아니다. 오히려 해항도시 자체가 바다를 존재 기반으로 삼고 있었다고 하겠다. 이처럼 해항도시의 사회적 특성을 살펴봄에 있어서 바다라는 생태적 조건은 간과할 수 없으며, 그것은 도시의 역사적 형성과정에서 주택과 산업단지의 형성, 도로망, 시장, 가공공장, 창고, 도심과 부도심의 위치 등에 부정할 수 없는 한 요소로 자리하고 있었다.

이러한 맥락에서 필자는 세 가지 측면을 염두에 두고 해양세계의 문화에 대해 논의해보려고 한다. 그것은 첫째 해안에 위치한 도시 문화의 생태적·사회적 상호연관성, 둘째 해항도시와 그 주변 지역 간의 상호연관성, 셋째 바다를 사이에 둔 지역들(곧 해안 지역) 간의 상호연관성이다. 내용에 있어서는 크게 해양민들의 생활세계와 해안에 위치하는 또 하나의 사회생태적 공간으로서 해항도시를 다룬다. 그동안 전자와 후자의 내용은 별개로 다뤄져 왔다. 전자는 통념상 어촌과 해안가 지대의 전통적, 혹은 진부한 생활 민속에 대한 연구로 간주되는 되곤 하였으며, 후자는 산업화된 현대사회의 문제와 모더니티의 구현체인 '도시'로서 주목되어 왔다. 이 양자 사이의 인식적 거리는 쉽게 '전통과 현대'의 차이쯤인 것으로 비춰질지 모르나,

---

15) 이와 관련해서는 목포대학 도서문화연구소의 『도서문화』시리즈와 한상복(1976), 전경수 편(1992), 이기욱(2003)의 연구를 통해 잘 알 수 있다.

필자는 이를 근대적인 것과 아닌 것을 구별하는 것, 곧 근대성을 바라보는(상상하는) 시각에 기인한다고 생각한다. 앞서 언급한 것과 같이 해양세계란 물리적으로 해양/바다를 생활공간으로 삼으며 살아가는 사람들의 생활세계를 염두에 두는 것일 뿐만 아니라, 관념적으로는 다양한 경계들이 교차하며 그들 각각을 별개의 것이 아니라 상호관련성 속에서 파악해 볼 수 있는 하나의 틀로서 설정하는 것이다. 그리하여 해양세계 안에 기존의 어로사회뿐만 아니라 현대 산업도시로 성장해 온 해항도시를 포함하여 살펴보고자 한다.

II. 해양세계의 문화적 변동

인류에게 있어 해양문화의 형성은 조간대와 수심 얕은 연안에서 전개되는 어로 활동에서 출발하였다고 하겠다. 모건(Morgan, L. H.)은 『고대사회』라는 저작에서 인류사회의 진화를 야만·미개·문명시대로 나누고, 어로활동을 통해 인류는 야만시대에서 미개시대로 진화하기까지 불안정한 식량공급과 이동의 제약을 극복할 수 있었다고 주장하였다. 그는 물고기 요리를 '최초의 인공적인' 음식물로 보고 인간의 창조적 문화였음을 강조하였다. 또 식량이 공급되는 해안가의 어로활동은 토지에 매어 있지 않아도 되는 이동의 자유를 보장해 주었으며 인류가 보다 다양한 곳으로 나아가는 것을 가능케 하였다고 지적하였다(모건 2005[1877]: 39). 이러한 주장은 오늘날 해양세계의 이동적·유동적 특성을 설명하는 중요한 단초를 제공해준다. 아울러 계속 발굴되고 있는 고고학적 유물들은 해안지역이 고대인의 식량획득과 생활무대였을 뿐만 아니라 문화전파의 가교역할을 하였던 공간이었음을 밝혀주고 있다(동아시아고대학회 편 2007). 이러한 고대 인류사 속에 해안지역은 자연환경 속에 적응하며 살아온 고대인들의 생활무대였을 뿐만 아니라 문화가 형성되고 창출되어 온 공간으로서 조명될 수 있으며, 특히 모건의 지적처럼 어로활동에 의해 기후와 지역적 난관을 극복하여 여러 곳으로 이동이 가능하였다는 것은 오늘날 해양세계의 이동성, 유동성에도 시사하는 바가 크다. 즉 해양세계를 특정 지역으로 한정하여 고정된 공간으로 설정하기보다는 상호 관련된 지역들의 유동적 공간으로 접근해 볼 필요가 있는 것이다.

1. 부(富)의 집적과 해상 네트워크

세계사 속에서 해안 지역이 차지하는 역사적 의의는 무엇이라 할 수 있을까? 16세기 이후 서구사회는 원양항해를 통해 이국(異國)의 자원을 사회발전의 '자본'으로 삼았으며, 초기 상업 자본에 의한 부(富)는 해안의 항구도시로 집적되었다. 그리고 그것은 국가의 부(富)를 창출하는 근간이 되었다(커틴 2007[1984]; 킹 1999[1990]; 문젤로 2009[2005]; 주경철 2009[2008]). 식민지에서 벗어난 후발 산업국가들의 경우에는 중계무역(中繼貿易)이 국가 경제발전의 주요한 전략으로 채택되었으며, 여기에 원자재의 수입과 수출상품이 오가던 거점으로서 해안의 항구도시들이 성장하게 되었다. 국민국가의 형성 과정에서도 주요한 국가적 자산은 해항도시를 거점으로 형성되었으며, 해항도시는 수출입과 물류 이동의 거점으로서 국가의 산업기지 역할을 담당하였다. 이처럼 부가 창출되었던 주요 동력은 바로 교역에서 찾을 수 있을 것이다. 그리고 교역은 서구세력이 '대항해'를 하기 훨씬 이전부터 다양한 형태로 진행되어 왔다.

좀 더 시대를 거슬러 올라가 해안 지역을 무대로 전개된 교역 사례들을 살펴보자. 세계경제를 비교사적 관점에서 서술한 경제인류학자 커틴은 아프리카에서 전개된 다양한 교역을 상인집단을 중심으로 기술하였는데, 아래의 글은 아프리카에서 내륙과 해안 지역 간의 교역을 보여주는 사례이다.

> (동아프리카에) 배를 타고 인도양을 건너온 상인들은 주로 아랍과 페르시아 사람이었는데 이들은 내륙으로 교역하러 들어가지 않았으며 그렇다고 해안가에 살고 있던 아프리카 사람들이 그 일을 하지도 않았다. 소말리아에서는 낙타와 대추야자로 무역을 시작한 오아시스 지역의 상인들이 아래로 내려와서 해안까지 길을 열었다. - 그 반대가 아니다. 지금의 케냐와 탄자니아 지역인 스와힐리 북쪽 해안에서는 18세기가 될 때까지 사하라 사막 쪽에서든 해안 쪽에서든 내륙으로 가는 정기적인 원거리 무역이 전혀 개발되지 않았다. 그 후 이 교역로를 처음 개척한 사람은 해안에 사는 상인들이 아니라 내륙에 있는 상인들 - 케냐 중심부에 사는 캄바족과 탄자니아 중심부에 사는 니암웨지족이었다. 초기에는 바다거북 등딱지나 가까운 내륙에서 가져온 상아처럼 해안에서 생산된 상품과 건조한 페르시아 만 해변에 집을 지을 때 필요한 맹그로브 목재처럼 실용품에 한정해서 교역이 이루어졌다. 훨씬 더 남쪽으로 내려가서 짐바브웨의 금광지대에서 소팔라 항구까지 이르는 지역은 16세기 이전에 아랍 해상 상인이 아니라 내륙에 사는 아프리카 사람들에 의해 교역이 이루어졌다. (중략) 내륙 지역에 서식하는 체체파리 때문에 무역 상품을 사람이 직접 지고 날라야 했는데 18세기와 19세기에 많은 양의 상품이 이렇게 운송되었다(커틴 2007[1984]: 59~60).

해안 보다 내륙 상인에 의해 무역이 전개된 이유에 대해서 커틴은 아마도 해상무역을 하는 상인들이 내륙 무역에 관심이 없었거나 능력이 없을 수도 있었으며, 또는 운송비를 부담하고도 남는 이익이 적었거나 인도양을 건너온 상품들이 내륙에서 경쟁력을 가지지 못했을 수도 있다고 지적한다. 그러나 이러한 해안과 내륙간의 교역도 예외적인 곳이 있었는데, 짐바브웨의 금광 교역이었다. 이곳에는 16세기 초부터 아랍상인들이 먼 내륙 지역으로 들어갔고, 이후 포르투갈 상인들이 진출하면서 내륙에서 해안으로 가 다시 해안에서 내륙으로 들어가는 복합적인 무역형태가 등장하였다(커틴 2007[1984]: 60). 포르투갈 상인들의 등장으로 말미암아 기존 교역은 파괴되고 교역지들은 무역 식민지로 바뀌었으며, 이들 지역을 관리 통제하는 시스템으로서 중계무역 도시들 간의 계층구조가 만들어졌다. 이것은 교역의 형태만이 아니라 그 질(質)이 전폭적으로 바뀌었다는 것을 의미한다.

> 1505년 포르투갈 사람들이 함대를 이끌고 인도양을 따라 항해온 것이다. 이들의 군사력은 당시 인도양에서 대적할 상대가 없었다. 이들은 소팔라를 점령하였고 킬와를 파괴했으며 모잠비크의 내륙 지역에 강력한 무역 식민지를 건설했다. 약 400년 동안 이들은 소팔라와 아라비아 사이로 난 해상 교역로의 남쪽 끝까지 지배했다. (중략) 포르투갈 사람들은 군사적 힘을 과시하느라 아라비아 사람들만큼 많은 금을 사지 못했지만 중계 무역 도시들의 계층 구조를 완전히 바꾸어 버렸다. - 먼저 남쪽 도시들을 아라비아 대도시와의 관계에서 떼어 내고, 둘째로 리스본을 선두로 해서 단번에 정치적, 경제적 지배력으로 고아를 두 번째 계층에 두고, 그 다음에 모잠비크, 그리고 잠베지에 있는 정부 교역소들을 그 아래 계층에 두는 새로운 계층구조를 만들었다. 전체 운영은 맨 위에 있는 계층이 중앙에서 통제하는 구조이지만 실제로는 개별 도시를 관할하는 포르투갈 지휘관이 이웃 나라들과 자기 관할 도시의 무역활동을 관리했다(커틴 2007[1984]: 72).

중계 무역 도시들의 계층구조 형성은 교역 헤게모니 등장, 이제 교역은 경제적 교환행위을 너머 정치적 지배의 성격을 가지게 되었다. 그리고 도시들 간의 계층 구조와 더불어 도시 안에서 경제적 계층분화도 함께 진행되었음을 유추 할 수 있다.16) 즉 유럽이 아프리카 여러 해안도시에 진출함으로써 증폭된 도시의 외형적 성장(인구 증가와 도시 면적 확대, 대도로 건설과 주택 증가 등)은 해안 도시들이 성장하게 된 계기라고 말할 수도 있으나, 그와 함께 도시로 모여든 사람들 사이의 계급 계층의 분화도 형성되어 갔다는 것도 동시에 고려되어야 한다. 이처럼 교역에 의한 해안 도시들의 번영에는 부의 집적에 따른 불평등의 문제가 함께 등장하였다는 것을 말한다.

한편, 유럽인들이 진출하기 이전부터 아시아에서도 바다를 넘어 지중해 세계와 교역이 진행되고 있었다. 토코로(床呂 1999)는 7세기 말 이후의 이슬람 세계의 확대에 의해 인도양 해역세계는 지중해세계와도 유기적으로 연결하여 하나의 광대한 대해역세계(大海域世界)를 형성하고 있었다고 한다.17) 곧 동서로 횡단하는 인도양 해역세계와 지중해 세계 두 개가 서로 별개로 기능하는 것이 아니라, 국제무역 네트워크에 의해 연결된 사람과 물자, 정보가 유기적으로 상호의존의 형태로 서로 만나고 하나의 해역세계를 형성했던 것이다(床呂 1999: 25). 그는 술루해역의 사례를 통해, 바다는 항상 그 경계에 움직임을 포함한 유체(流體)의 공간으로 보았다. 술루해역에서 바다와 육지는 고정된 경계선에 의해 엄격히 구분된 것이 아니라 두 개의 영역이 서로 침투하고 종종 어느 쪽으로도 나누기 어려운 중간적인

---

16) 일본 근세 항구들의 경우에도 면적이 확대되고 항구의 배후에 상인과 직인의 거주지역이 배열되는 것도 그 한 예가 된다(岡本哲志・日本の港町研究會 2008: 14~15).

17) 여기서 말하는 해역세계는 하나의 해양문화권이자 '열린 사회'로서 해역세계를 상정하는 것이다.

공간을 만드는데, 이러한 바다와 육지의 경계가 늘 미세하게 진동하고 흔들리는 공간이 바다사람들의 생활공간으로 이어져 왔다고 주장한다(床呂 1999: 19). 이러한 의미에서 그의 주장처럼 글로벌리제이션의 현상은 자본주의 시대의 새로운 현상인 것만은 아닌 것이다.

한 예로써, 동남아시아에서 이슬람 공동체(움마)의 확산은 단지 이념상의 존재로서가 아니라 실제로 교역·상업 등을 통해 완만하게 통합된 광역적인 통합으로서 기능하고 있었다. 이때 네트워크의 결절점으로서 기능하였던 것이 해역세계의 각지에서 발달한 항구도시였다. 네트워크의 거점으로서 항구도시에는 시장, 상관, 신앙의 공간(모스크나 교회, 사원) 등이 생겨나고, 각지로부터 들어온 이방인과 물건들, 그리고 정보가 집적하는 등 공간적 변모와 함께 이질적 문화의 접변과 융합 현상이 전개되었다. 적어도 동남아시아의 발달한 항구도시들의 역사 속에서 해항도시는 교역에 의해 성장하고, 이 도시들은 여러 곳의 교역 도시들과의 네트워크 속에서 부를 축적해 갈 수 있었다. 분명한 것은 이러한 해역세계가 유럽인들이 아시아로 진출하기 이전부터 동남아 해양세계에서 널리 전개되어 왔다는 점이다. 그 대표적인 예가 15세기 번영을 누렸던 말라카 왕국이다. 말라카 왕국은 1511년 포루투갈에 점령되기 전까지 해상교역의 중심지였으며, 당시 말라카왕국에서 거래하였던 사람들의 출신지를 보면 중국과 류큐 등 동아시아, 중동, 발칸 지역까지 이른다. 그러므로 전근대 동남아시아의 해역세계를 '아시아적 정체(停滯)'라고 말할 만큼 이 지역이 고립되고 폐쇄적인 공동체였던 것은 아니며, 오히려 대단히 넓은 광역 교역 네트워크와 합쳐져 다양성과 이질성으로 가득한 도시적인 사회였다고 하겠다(床呂 1999: 22~23).

유럽인들의 아시아 진출의 거점도 아니며 해양국가라고 말할 수도 없는 한국의 경우 해양세계란 세계사에서 완전히 배제된 공간이었을까? 일반적으로 조선시대의 쇄국정책으로 말미암아 조선은 외부세계와 교역을 거부하였던 '닫힌 시대'의 왕조로 간주되곤 한다. 고려시대에 비하여 해상활동이 위축되었을 뿐만 아니라 섬 지역의 주민들을 육지로 이주시키기도 하여[18] 조선시대의 해양세계는 배제된/소외된 공간으로 인식되기도 한다. 그렇지만 해안지대와 해산물 등에 대한 조선정부의 정책과 관심이 전혀 없었다고는 말할 수는 없다. 당시에도 국가의 자산을 축적할 수 있는 곳으로서 해안지역은 중요하게 고려되었음을 아래의 사례를 통해 알 수 있기 때문이다.

> 諸道의 어염과 목축의 번식은 국가에서 없어서는 안 될 것입니다. 우리 태조(왕건)께서 아직 신라와 백제를 평정하지 못했을 때 먼저 수군을 다스려 친히 樓船을 타고 금성을 쳐서 장악함으로써 여러 섬의 이권이 모두 국가에 소속되었습니다. 그 재력에 힘입어 드디어 삼한을 통일할 수 있었습니다. 압록강 이남은 거의가 모두 산이고 비옥한 토지는 바다에 인접한 곳에 있습니다. 그런데 비옥한 들판에 있는 수 천리의 논밭이 왜구에게 함락되어 황폐해져서 갈대숲이 하늘에 닿았습니다. 이에 국가에서는 어염과 목축의 이익을 잃었고 또 기름진 들판에 있는 좋은 논밭의 수입을 잃어버렸습니다.[19]

위 글에서와 같이, 해안 지역은 국토의 한 영역으로서, 국부(國富)를 창출한 세금의 원천지로서 중앙정부가 간과할 수 없는 공간이었다. 위 주장이 제도적으로 정착했는지는 또 다른 검토가 이뤄져야

---

18) 이를 흔히 공도(空島)정책이라 하는데, 이에 대한 비판적 견해로서 해도(海島)정책이라고 주장되기도 한다. 왜구의 노략질에 따른 조선왕조의 대응을 섬 지방에 대한 '정책'으로 볼 수도 없고, 조선왕조가 섬과 연안에 대한 중요성을 간과하고 있었던 것만은 아니기 때문이라는 것이다(신명호, 2008 참조).

19) 『고려사절요』 권 33, 신우 14년(1388년) 8월, 대사헌 조준이 건의한 시무책 일부에서(신명호, 2008, pp.15~16에서 재인용).

하는 것이지만, 중요한 것은 이미 한반도의 지형적 특성과 더불어 해안의 경제적 가치가 지적되고 있었다는 사실이다. 그러므로 한국사와 한국인의 생활문화 속에서 해양세계에 대한 체계적이고 다양한 접근이 시작될 여지는 충분하다. 법과 제도에서 소외되었던 해양세계를 일국사의 관점이 아닌 비교사적 관점에서 바다를 통한 대외관계사를 조명해 볼 수도 있고, 문헌자료만이 아니라 현장연구에 의해 생활 속의 해양 지식과 관습, 문화적 규범들을 연구함으로써 실질적인 한국의 해양문화의 지평을 넓혀 갈 수 있을 것이다.

2. 어촌에서 개항 도시로

가까운 연안에서 먼 바다로 뻗어나간 항해기술은 문화적 측면에서 다른 문화와의 접촉과 교류를 증폭시켰다. 그리고 그에 따른 공간적 변화 및 문화 변동이 해항도시를 중심으로 전개되었다. 외국 상선이 머무는 항구도시의 이국적 풍경과 생활양식의 전파는 '식민지적 근대성'이라는 역사적 특수성을 도출시켰다.[20] 흔히 '개항장(開港場)'이라 불리는 동북아의 여러 도시들이 바로 식민지주의와 근대성의 접점에 위치하고 있는 예이다. 홍순권(2010)은 "근대성이 제국주의 열강의 식민지 지배를 통해 식민지 사회로 이식되어, 새로운 지역문화 공간을 창출"하였다고 하며, 그 예를 동아시아 각지의 개항장 도시라고 지적한다. "개항장은 서구문화와 전통문화가 융합된 근대적 도시공간으로서 지역문화의 지역성과 근대성을 가장 잘 드러낸다."고 하면서 개항장 도시문화를 "식민지 도시문화의 근대적

---

20) 앤서니 킹(Anthony D. King)은 제국주의 정책이 근현대적 혁신을 소개하는 데 영향을 미친 방식으로서 식민지의 근현대성을 지적한다. 현지인들이 많이 거주하는 지역과 달리 유럽인들의 지역에만 도시개발계획이 도입되는 이중도시(dual city)를 그 예로 말한다(킹 2009: 17).

원형"이라 보았다. 즉 동아시아에 있어서 '개항'은 근대로 진입하게 된 역사적 계기이며 이를 구현하는 공간으로서 개항장 도시의 문화적 위상을 지적하고 있는 것이다.

그런데 '개항(開港)'이라는 용어에는 복합적 의미가 있다. 이 말에는 서구세력이 동아시아 각국에 상륙하여 타국에 '진출'하게 되었다는 입장과 그 역으로 아시아 각국이 자국의 영토 일부에 있는 항구를 열어 외국 함선(상선을 포함)을 '받아들여야' 했던 입장이 동시에 투영되어 있다. 개항으로 말미암아 외형상 대개 작은 어촌이었던 곳은 질적으로 다른 공간으로 탈바꿈되었다. 이러한 초기 도시의 '등장'에 대해서는 근대 산업경제의 발달과 서구의 팽창에 기인한 것이라고 보는 시각과 유럽의 팽창이라기보다는 자본주의 생산양식의 팽창에 기인한 것으로 보는 시각도 있다(킹 1999: 40~41). 아울러 도시 성장의 원인에 대한 분석은 동아시아의 여러 해항도시들이 '식민도시(colonial city)'로서 식민지 모국과의 관계에 주목하게 한다. 그러나 이러한 도시의 등장과 성장이 주변 사회와 어떠한 영향 관계 속에 진행되어 왔는가를 고려하지 않으면 안 된다. 킹(Anthony D. King, 1999)은 "식민주의와 식민도시는 자본주의 세계적 팽창의 단계로 보이지만 그 과정은 단일한 방향성을 지니는 것도, 방향이 예정되어 있는 것도 아니며, 그 자체로 이데올로기적 문화적 과정이며, 경제 이전의 문화적 저항에 직면하는 과정"이라고 하였다(킹 1999: 42). 적어도 두 가지 의미에서[21] 그는 모든 도시들이 식민적이라고 보면서 식민도시를 식민지모국과 식민지 과계가 아닌 도시와 시골

---

21) 두 가지 의미란 도시를 형성시키는 힘들이 배후지를 조성하고, 도시는 비도시지역에서 제공하는 잉여에 의존하여 살아간다는 점이다. 문화적 인공물인 도시는 '지배 권력에 종속되고 그들과 격리되어 있는 외지인들에 대한 장기간의 지배의 창출 및 유지 수단', 즉 식민화의 도구이다.

의 관계에서 도시가 갖는 식민성을 발견할 수 있다고 한다. 또한 식민도시라는 개념적 유용성에도 의문을 던지며, 오히려 식민화된 사회, 지역 내의 도시로 바라보고자 한다(킹 1999: 42~43). 이러한 지적을 감안해 볼 때, 해항도시의 성장을 둘러싸고 식민모국에 의한 식민성과 그 식민성에 의한 도시성(혹은 근대성)이 서로 교차하고 있다. 킹의 결론은 결국 식민도시의 특징들이 다른 비식민도시에서도 나타나고 있다며, 식민도시를 구분 짓는 것은 개개의 도시에서 이러한 특징들이 갖는 규모의 정도와 도시에서 그것이 조합되어 나타나는 방식에 달려 있다고 하였다. 따라서 이질적 공간으로 탈바꿈한 개항장 도시들의 식민성과 근대성에 관해서는 식민모국과 식민지, 서구와 비서구, 도시와 시골, 근대와 전통의 이분법적 도식을 뛰어 넘어서는 것이 요청되고 있다.

3. 문화의 접변과 융합, 그리고 점이지대

동북아시아의 주요 도시들의 역사 속에서 개항은 정치·경제·사회문화적 현상으로 새롭게 조명될 필요가 있다. '항구를 연다'는 것은 정치적 지배관계와 경제적 교역 관계의 변화만이 아니라 서로 다른 문화의 접변과 동화, 융합함으로써 항구도시의 문화적 중층성(重層性)을 이해할 수 있는 시발점이 되기 때문이다. 한때 개항장이라 불렸던 많은 동아시아의 해항도시들의 식민지 역사는 '도시화'라는 말로 암시하듯 근대를 '맞이하게 된' 것으로 이미지화 된다. 화물선에 오르내리는 화물들과 함께 언어와 모습이 다른 이국의 사람과 이들이 거주하는 공간이 할양되어 한편을 차지하고, 새로운 건축양식이 우월한 문화의식을 대변하듯 주요 거리가 이국적인 풍경으로 바꿰어 갔다. 공간의 외연적 변화와 함께 개항장 도시에서 들어온 이문화와 토착문화 사이에서 일어난 여러 형태의 문화변동을 가정해 볼 수 있다. 물건을 가지고 온 상인들에 의해 변화가 일어날 수도 있고, 지배세력의 정치에 의해 강제되거나 혹은 경제적 계층 분화에 따라 새로운 문화가 나타날 수도 있다. 이러한 문화변동은 직접적 접촉을 하지 않아도 문화요소가 전파되어 변동이 일어나는 경우도 있으나, 서로 다른 사람들이 직접적이고 장기적인 접촉이 일어났던 개항장은 그 자체로 문화변동의 공간이었다고 할 수 있다.

한 집단이 강력한 지배력을 가진 사회와 거의 전면적인 접촉관계에 있을 때 종속적인 위치에 있는 집단은 광범한 문화변동을 경험하게 되는 경우가 많다. 정복과 식민지 현상에서 흔히 나타나는 문화접변은 지배집단의 문화요소들을 받아들이기도 하지만 혹은 저항하기도 하고, 받아들인다 하더라도 생활조건에 맞는 선택적 과정이 있다. 서로 다른 두 지역의 문화를 넘나들었던 상인 집단의 경우에는 그 자신이 한 도시 사회의 구성원일 뿐만 아니라 두 가지 이상의 문화가 나란히 공존하는 복수 사회의 일원이 되기도 한다. 고향을 등지고 외국으로 장사를 떠난 상인들은 현지의 문화에 빠르게 적응하는 경우도 많았다. 18세기 자바의 중국 상인들과 지역 여성들의 국제결혼은 페라나칸(peranakan, 후손들이라는 의미)라고 부르는 자바의 문화와 서중국의 호키니즈(Hokkienese 타이완과 말레이시아에 사는 중국인들) 문화가 섞인 새로운 혼합 문화를 만들어 내었고, 이후 지역 문화로 자리 잡게 되었다. 이와 반대로 현지의 문화에 동화되는 것을 막기 위한 새로운 시스템이 나타나기도 한다. 남 알제리 상인들은 알제리 북부 지방의 도시들과 몇 세기 동안 교역을 했지만 그들 자신의 문화와 언어가 '그 지역에 동화되는 것'을 막기 위한 사회 통제체계(미자비mizabi라는 종교 무역 공동체의 통제 체계)를 만들어내었다(커틴 2007[1984]).

　이와 같이 공식적・비공식적 교환은 도시문화에 대한 이해를 넓히고, 더불어 다른 지역과의 사회관계 양상, 그리고 어촌・항구・도시의 문화가 어떠한 사회경제적 메커니즘 속에서 형성, 변화해 가는지를 보여준다. 지금까지 지적되어 온 해항도시의 역사적 문화적 특성에 대한 지적들은 다양하다. '문화적'으로는 서로 다른 두 문화를 연결하였던 역사에 비추어 문화의 가교 역할과 결절점, 개방성, 네트워크성, 관계성(홍석준 2007; 정문수 2008; 현재열 2009)과 서로 이질적인 요소들이 섞인 혼성성과 크로스보더성에 방점을 두는 지적이 있다(킹 1999, 2010; 左々木衛 2005). 전자는 주로 교역사에서 나타나는 매개적 위치를 강조하는 것이고, 후자는 복합적 문화요소들의 혼재함을 개항 도시(식민도시)의 성격으로 파악하는 데 초점을 두고 있다. 최근에는 베네치아의 주택 연구에서 해항도시의 특징을 복합성・다원성에 두는 연구들도 나오고 있다(현재열・김나영 2010).

　이 외에도, 해항도시의 물리적 입지조건이 육지와 바다를 연결하는 중계점이자 또한 상호작용이 일어나는 생태적 공간이라는 사실에 주목하여 탈경계성을 고려해볼만 하다. 해항도시는 해양세계의 한 문화로서 해양민들의 유동적 생활세계로부터 다양한 시사점을 찾아갈 수 있을 것이다. 해양생태에 크게 의존하고 있는 해양민들의 생활세계는 이미 오래 전부터 이동과 네트워크를 통해 다른 세계와 연결되어 있었고, 교역 도시들 간에 네트워크를 형성하여 온 해항도시는 국경을 넘어 글로벌하게 전개되어 왔다. 일단 전자와 후자의 차이는 해양생태의 물리적 특성이 얼마나 사회적으로 영향을 미치는지 정도 차의 문제로 구분해 볼 수 있다. 전자가 후자에 비해 해양

생태의 물리적 영향을 전폭적으로 받는다고 할 때, 후자는 해양의 물리적 영향보다 정치경제적 영향력이 보다 강하게 도시문화에 작용한다. 이런 측면에서 해항도시의 문화 연구는 '도시' 공간으로서만이 아니라 '해양세계의 도시'로서 생태, 역사, 사회문화, 정치경제 등이 여러 형태의 조합을 이루고 다양한 층위를 만들어 복합적인 문화현상을 해석할 수 있는 더 큰 여지를 안고 있다.

Ⅲ. 해양세계의 주요 담론들

해양세계의 역사와 생활문화와 다르게 또 한편에서는 해양세계를 둘러싼 여러 담론들과 사회적 재현물들로 구성된 또 하나의 해양(세계)가 있다. 시인과 예술가들의 작품에서 바다는 삶과 죽음을 다루는 소재가 되기도 하고, 낚시꾼과 스쿠버다이버, 요트 마니아들의 레저 공간이 되기도 하며, '현대인'의 휴식처와 낭만을 꿈꾸는 동경의 대상으로 다양하게 상상되고 있다. 이를 단지 관념적인 사유나 추상에 불과하다고 치부하기보다는 오히려 이러한 관념적 인식으로부터 복잡한 현상을 이해할 수 있는 단초를 발견할 수도 있다. 각 사회나 문화마다 해양세계에 대한 인식과 지식, 해양세계관이 다르고 결국 제도와 법, 사회조직에 미친 결과가 다르므로 우리는 해양세계를 복합적으로 이해하지 않으면 안 된다. 이제 또 하나의 해양세계에 대한 접근으로 '해양세계를 둘러싼 담론에 대해 살펴보자.

1. 물의 속성: 이상향과 고립의 양면

일반적으로 바다가 어떻게 인식되며 형상화되는 지는 문학작품을 통해 잘 알 수 있다. 한국 시사(詩史)의 대표적 모더니스트라 일컬어 지는 김춘수의 시에서 바다는 태고의 원형을 간직한 원시의 세계, 정신적 요람, 생명탄생의 장이자, 불안을 반영하는 장(場)으로 묘사 되고 있다. 한 비평가의 말을 인용해 보면 아래와 같다.

> 그 중에서 「처용단장」의 연구는 『三國遺事』 「처용랑망해사조」 의 배경설화를 수용하고 있다. 그 설화의 원형상징이 '바다'인 데, 바다는 김춘수의 시적 세계를 표현하는 원형심상이며 문학 의 원천으로 자리잡고 있다. 그곳은 태고의 원형을 간직한 원시 의 세계이고 현실의 공간에서 절망한 자들이 돌아가서 탈주를 꿈꾸는 장소이다. 시간의 화살이 정지되고 유년시절에 무엇이든 지 요구만 하면 받을 수 있는 곳이며 애정을 바탕으로 이심전심 으로 진실한 의사소통이 이루어지는 공간이다. 그래서 작가들은 상상력에 의해서 전의식에 해당하는 모체, 의식과 무의식의 경 계가 없었던 바다의 신화에 탐닉하게 된다. 이렇게 시공간을 넘 나드는 신화는 직선으로 흐르는 시간과 달리 자연의 시간을 반 복하는 물의 속성을 지니고 있다. 그래서 꼬리에 꼬리를 물고 있는 둥근 원 모양의 뱀인 '우로보로스(ouroboros)에 비유되기 도 한다(라기주 2006: 130).

위의 지적처럼, 시인 김춘수에게 바다는 "원형심상"이며, "태고의 원형을 간직한 원시의 세계", "절망한 자들이 돌아가서 탈주를 꿈꾸 는 장소", "진실한 의사소통의 공간"의 의미가 있다. 그리고 바다의 신화는 우로보로스처럼 시작도 끝도 없이, 의식과 무의식의 경계도 없는 "물의 속성"을 지니고 있다고 한다. 모더니티 시인이 태고의 신화적 시간으로 거슬러 올라가는 것은 역설적으로 보일 수도 있지만, 시인은 "현실의 공간"에서 절망한 자들이 탈주를 꿈꿀 수 있는 곳으로서 바다를 두고 있는 것이다. 시인 김춘수가 말하는 바다는 절망하는 자들이 꿈꿀 수 있는 이상향, 혹은 도피처로서 잃어버린 인간본성을 회복할 수 있는 공간으로 의미 부여하고 있는 것이다. 이때 영원으로 회귀할 수 있는 것은 우로보로스가 보여주는 대지를 감싸고 있는 큰 강(바다)처럼 "물의 속성"에 의해서이다.

이와 유사한 것은 해양문학을 주창하고 있는 구모룡(2004) 교수에게서도 발견할 수 있다. 해양문학의 가장 중요한 상징분석 대상으로서 바다를 꼽으며, 그때의 바다는 '원초적이고 생명 탄생의 근원으로서 바다', '삶의 근원이자 목적지', '모든 생의 어머니', '악에 대해 투쟁하는 인간성의 거울 혹은 투쟁의 장소'라는 의미들로 재현되고 있다. 이처럼 문학적 상상력에 의해 묘사되는 바다와 역사 속의 바다는 어떠한 의미 지점에서 서로 만날까?

바다와 불가분한 관계에 있는 것이 섬으로, 섬은 바다에 대한 또 하나의 이미지를 만들어내는데 그것은 역사를 통해서이다. 조선시대의 많은 '변방들' 가운데 섬은 대개 유배지와 목마장의 기능을 담보해내야만 했다. 그 중의 일부 섬들은 왜구에 의해 노략질 대상이 되어 육지로 이주해야 했으나 제주도에서는 역으로 섬주민의 이탈을 막기 위한 출륙의 금지가 2백년간 실행되었다. 이처럼 섬에서 어디론가 이동을 할 수 없는 자유는 유배자들만이 아니었으며, 바다로 둘러싸인 섬은 유배자를 감금하기 좋은 자연 감옥이며 동시에 주민들에게도 눈에 보이지 않는 감옥으로 강요되었다. 충분히 이해되다시피 변방의 섬들이 유배지가 된 데에는 이동의 자유를 금지하는 측면도 있으나 섬에 머물게 함으로써 중앙의 정치세력과 관계를 단절시키는 정치적 고립이 주목적이었다. 이러한 역사 속에 바다는 이동의 자유를 가로막는 장애물이며 섬은 곧 정치적, 사회적 관계망이 없이 고립된 곳으로 '만들어졌다.' 곧 조선의 유배 정치로 말미암아 오늘날 우리의 인식을 지배하는 장애물로서 바다, 폐쇄적이고 고립된 섬의 이미지가 고착화된 것으로 보인다. 때문에 바다가 이동의 장애물이거나 섬이 본질적으로 폐쇄적이라는 것으로 보는 것은 해양세계에 가해진 정치적 작용의 결과인 것이다. 흐르는 유동의 세계, 끊임없는 움직임이 존재하는 해양세계의 본질을 고려할 때 역사는 오히려 그 본질을 통제함으로써 정치적 지배력을 강화할 수 있었다.

소설가 현길언(1999)은 바다가 "삶을 제한하고 고통스럽게 만드는 '장애물'로서의 바다"로 묘사되는 것을 섬의 역사와 함께 조명하며, 또한 한국의 어느 섬도 육지의 주변 지역에 있으며 육지 사람들에게 섬은 멀리 있는 '이상한 나라', '외로운 나라'로 인식된다고 하였다. 곧 바다를 물리적 장애물로 보며 섬은 고립된 주변 지역으로 보는 중심과 주변의 논리가 투영되어 있음을 지적하는 것이다. 육지에서 보는 바다와 섬은, 섬에서 보는 바다와 육지의 관계와 같지 않으며, 다분히 육지 중심의 시각에서 바다와 섬의 이미지가 양산되어 왔다. 이를 외부적(etic) 시각이라할 때22) 내부적(emic) 시각은 한 공간에서(공간을 주체로 삼아서) 그 밖을 바라보는 것이라고 말 할 수 있다. 문학에서 제기되어 왔듯이, 바다를 더 이상 관조의 대상, 객체로서가 아닌 삶의 현장 그 자체로 인식해야 한다는 주장과 가깝다(현길언 1999; 구모룡 2004). 결국 바다는 삶과 분리된 객체가 아니며, 바다를 주체화하는 작업은 사회적 공간으로서 바다를 보는 것으

---

22) 제리 무어의 『인류학의 거장들』(2002[1997], p.285)을 참조.

로 이것이 곧 바다에 대한 내부적 관점이 아닐까 한다.

'바다 위에 떠 있는 외로운 섬'이라는 말은 바다와 섬을 묘사하는 가장 흔한 표현으로, 어쩌면 고독한 인간 본성을 발견할 수 있을 것만 같은 곳으로 섬을 관념화하지만 실은 그 수면아래에 깊이 박혀 있는 역사와 문화가 겹겹이 있어 그러한 상상력도 가능한 것이 아닌가 여겨지기도 한다. 결국 섬을 에워싼 바다가 장애물로 간주되는 것은 그것의 물질적 속성 때문이 아니라 정치적으로 만들어진 관념이 미친 영향이 크고, 유배지인 섬들의 역사와 달리 다른 해양세계에서 살아가는 여러 해양민들의 생활세계와 비교해 볼 때 그것은 여실히 드러난다.

2. 위험성과 불확실성

바다(해양)를 내부적 관점에서 접근하는 가장 유력한 방법으로서 해양 어로자들의 생활세계, 곧 어로문화에 대한 연구는 중요하다. 바다의 물리적으로 속성으로 말미암아 어로문화의 일반적 특성으로 지적되고 있는 것이 바로 위험성과 불확실성이다. 어로는 상대적으로 불명확한 물리적·사회적 상황에서 이뤄지며 이러한 이유로 예측할 수 없는 문제들로 압박을 받는다(Acheson 1981, 1989; Han 1976). 어로사회의 동료조직은 주로 유동적(가변적)이며, 구조적 원리 또는 친족의 의무에 의해서가 아니라 협력과 기술의 결합을 안전하게 보장하는 자발적인 관계에 근거하여 이루어진다. 한국의 농촌은 가족·친족 중심의 노동력 공급에 의존하는 반면 어촌은 분업이 명확하고, 어민의 협동노동조직의 형태와 기능은 농민과 다르며, 자원 배분의 사회적 체계도 농촌과 다르다(Han 1976: 15~16). 어민들은 바다에서 일어날 수 있는 불명확한 상황에 함께 대응하고, 그 물처럼 함께 사용해야하는 어로 도구가 있는 등 상호 협동의 필요성을 낳기도 한다(Fortes 1937: 140).

바다가 위험한 세계로 인식되는 것은 그 위험을 예측할 수 없는 데에서 증폭된다. 예측 불가능함을 야기하는 것은 바다의 날씨 때문이다. 해양세계의 기후변동이 육상보다 복합적으로 상호작용한다. 육상에 비해 상대적으로 바다는 바람과 조류, 기온이 유기적으로 작용하여 일기변화를 만들어 내며, 조류를 따라 가는 고기떼와 이를 좇아가는 어선의 이동도 여러 일기변화를 겪어야만 하는 이유가 된다. 이렇듯 해양세계는 해수면과 그 밑을 흐르는 조류와 해류, 해수면 위의 상공이 유기적으로 결합된 세계이며, 이러한 공간 속에서 행해지는 어로활동 역시 다양한 변화에 대응하고 적응할 수 있는 해양 (민속)지식과 기술들이 축적되어 왔다고 하겠다(아키미치 2005). 한 어로자에게 있어서 고려해야하는 자연환경은 대지와 바다, 대기를 아우르며 따라서 그 지식과 기술은 복합적이고 총체적이어야 한다. 때문에 현대식 장비를 갖춘 어선들이라 하더라도 일기변화에 민감하지 않을 수 없는 것이다. 기계기술의 선진화에도 불구하고 연안과 원양의 항해자들에게 가장 요구되는 것은 안전성이라고 볼 수 있다. 이점은 어느 어로사회를 막론하고 나타나는 보편적 특성이다.

어민들의 신앙에서 흔히 보이는 안전에 대한 기원은 곧 '바다가 위험하기 때문'이며, 어선의 안쪽 깊숙이 신을 모셔 안전항해와 만선을 기원하는 것이나 해안마을의 풍어제도 바다가 위험하기 때문에 위험과 공포로부터 벗어나기 위해 치르는 의식(儀式)으로 보는 것이 일반적이다. 한편, 이 신들은 그 신을 모시는 신앙집단에 의해 '조상'으로 관념되거나(김헌선·현용준·강정식 2006; 표인주 2007)

신들 간의 친족 관계를 가지고 있기도 하다(안미정 2006). 이는 바다가 위험한 곳으로 관념되지만 이를 표현하는 방식은 위험 담론을 넘어서고 있다. 또 "바다에는 내일이 없다"라는 말처럼 바다의 불확실성은 신에게 의탁함으로써 풍요를 기대하는 면이 있지만 그렇다 하여 현대사회의 다양한 해양 의례들이 단지 위험과 불확실함에 대한 공포와 외경심에서 행해진다고 보기에는 그 의례들이 가지고 있는 기능과 의미들을 파악하는 데 한계가 있다. 바다를 조상신의 세계로 관념하는 것은 위험한 공간에서 그치지 않고 풍요의 세계로 나아가는 문화적 장치이다. 조상 숭배의 관념으로 바다는 성스러운 공간이기도 하다. '위험한 바다'의 담론은 서구산업사회의 영화와 소설 속에서 쉽게 파악된다. 이 때 바다는 대개 탐험과 도전 정신을 가진 인간이 자신의 의지로 자연의 위험을 극복하거나 혹은 몰락시키는 대상일 뿐이다. 위험한 바다 담론은 어느 문화에서나 나타나는 보편성을 띠나 위험성에 대한 인식은 문화마다 다르다.

해양 인식은 해양세계에 대한 이해방식에 주요한 틀을 제공하고 영향력을 발휘하기 때문에 중요하다. 바다에서 일하는 어부가 농부에 비하여 더 많은 자연의 요소들에 압박을 받는 것은 분명하다. 어촌사회에서 나타나는 다양한 규약과 문화적 규범, 집단적 협동도 우선은 바다의 변화무쌍함에 대한 '압박'에 대응하여 나타나는 것이라 하겠으며 게다가 바다가 공유지(commons)인 까닭에 서로 협력하고 분배하는 관습이 형성되어 온 것이다(안미정 2007).

3. "우리 바다"와 "자유의 바다"

서구사회에서 바다는 자유로운 공간이며 어로영역은 개방적/무제한적 접근(open-access)이 가능한 곳으로 보는 관점이 지배적이다. 또한 어로사회는 자원이 소진되지 않는 사회로 여겨지고, 어로는 육상환경에서 부족한 것을 변상/대체하는 것이거나 혹은 목가적이며, 재미있는 대상으로 보는 경향이 있다(Pálsson 1991: 23). 바다가 누구에게나 열려 있는 '자유의 바다(freedom of the seas)'라고 바라보게 된 데에는 16~17세기 동안 전개된 유럽 식민지 건설과정과 무관하지 않다(Pálsson 1991: 23~53). 즉 누구에게나 열려 있는 개방적 공간으로서 바다는 무제한적 접근이 가능하다고 보는 것은 유럽 식민지 확장과 깊은 관련이 있다는 지적이다.

바다는 육상과 달리 물리적으로 경계 지워지지 않는다. 흐르는 유동체의 공간으로 사람들은 물길을 따라 이동하기도 하고, 바다의 자원에 대해서는 거주자와 비거주자 사이에 권리를 구분하는 사회제도들이 파생되기도 한다. 해양자원의 이용을 둘러싼 사회제도는 바다의 비경계성을 사회적으로 경계화 시키는 것이다. 개인 혹은 특정 집단에 의해 점유되는 어로공간의 경우처럼 일정한 해역의 영역권(territoriality)에는 단지 사람과 자원간의 관계만이 아니라, 다른 개인과 집단과의 사회적 관계도 포함되어 있다.

즉, 누가 바다를 이용할 수 있는가는 바다에 대한 사회적 권리를 의미한다. 일반적으로 바다는 누구나 이용할 수 있는 공유지로서 열려 있는 곳이라는 관점이 있으나, 반면에 특정 지역 혹은 집단에 의해 점유(占有)되고 있기도 하다(아키미치 2005; 朴九秉 1991; Pálsson 1991). 팔슨은 어로공간에 대한 접근 형태 - 곧 권리를 실현하는 형태 - 를 3가지로 구분하였다. 어로공간이 누구에게나 열려 있는 무제한적인 개방(open)과 외부자에 대해 배타적 권리를 가지는 폐쇄(closure), 그리고 폐쇄에 비하여 보다 사회적 점유라는 의미에서의 보유(tenure)가 그것이다. 폐쇄에서 보유로 전환한다는 것은 사회관계의 변형을 의미한다(Pálsson, 1991: 49~50). 이처럼 특정 공간/자원에 대한 점유는 곧 누군가에게는 권리의 제한이 따른다는 의미로, 어로공간에 접근하지 못하는 자, 곧 '소유하지 못한 자에게는 닫힌 세계'로서 폐쇄성을 갖는다 하겠다. 또한 사회적 권리가 투영되어 접근의 제한이 있다는 것은 자원을 이용할 수 있는 사회관계가 형성되어 있다는 것을 의미하는 것으로, 접근 형태가 바뀐다는 것은 곧 사회관계의 변화를 의미한다.

해양의 어로공간에 대한 사회적 접근이 제한되고 있는 것은 여러 연구들을 통해 잘 알 수 있다(이기욱 1992; 한규설 1993; 김수희 2006; Kalland 1995; 秋道 2004). 그리고 연안의 해양 자원에 대한 사회적 접근 권리를 마을 거주민에게 우선적으로 부여하고 있는 것은 사회정치제체와 무관한 보편적인 현상임을 보여준다(한국해양수산개발원 2004).23) 한국의 연안바다도 역사적으로 사유와 공유(촌유)의 형태로 지배되어 왔으며, 어촌 주민들에게는 '우리 바다'라는 소유 관념이 이어져 오고 있다. 이처럼 개방적이고 배타적인 바다(어로공간)의 복합적 성격을 해양인류학자 아키미치는 세 가지의 공유지(commons) 성격으로 구분한다(秋道 2004: 12~24).24) 그의 주장을 바탕으로 할 때, 해안의 공유지(어로공간/바다)는 마을주민들

---

23) 러시아 연방법령에 따르면 "생활방식, 고용, 경제가 전통적으로 생물자원의 어업에 근거하고 있는 러시아 연방 북부 및 극동지역의 소수 민족 및 인종 사회의 대표자", 또는 "해안 연안에 속하는 영토 내 장소에 거주하고 있는 국민"을 생물자원 이용 권리의 우선권자로 규정하고 있다(<러시아 연방 배타적 경제수역에 관한 연방법> 제2장 제9조 ①, ②항, 한국해양수산개발원 2004: 36)

24) 그는 해안에서 원양을 향해 나간 바다(공유지)의 성격을 local-commons, public-commons, global-commons로 분류하였다(秋道 2004: 12~24). 커먼즈에 대해 영향력을 미치는 범주(자원의 접근, 이용의 권리)를 기준으로 분류하였으며, 마을어장과 같은 연안바다는 지역주민이 촌유하고 있는 local-commons라 할 수 있다. 이것은 마을 주민이 공유하는 재산으로서의 성격을 가지는 것이기도 하지만 국가와 지방자치단체의 관리감독과 무관한 영역이 아니다.

에 의해 운영되는 공유재산이고 지방자치단체의 관할지이며 국가의 영해인 공공지이지만 또한 지구의 바다라는 의미이다. 이처럼 복합적인 바다의 성격은 실제 연안개발이나 해수면 매립과 같은 공공사업에서 집단적 갈등양상으로 표출되는 이유도 그러한 맥락에서 이해할 수 있을 것이다.

이처럼 바다가 무주물(無主物)의 공간, 자유의 바다라는 것은 선언적 모토로서 '열린 바다'라는 말과 묘하게 어우러지고 있다. 그것은 역사적으로 바다를 무주물의 바다, 곧 열린(open) 바다로 보고 선점자의 지배적 권리를 지지하고, 따라서 경쟁적 선점이 이뤄지는 홉스적 만인의 자유에 다름 아니게 된다. 하지만 이러한 자유의 바다, 열린 바다는 실제 세계적으로 많은 연안에서 나타나는 거주자의 우선적 이용권과 같은 배타적 권리와 부딪혀 왔다. 배타적 권리는 자원에 대한 독점을 용인하는 것은 자원에 대한 접근이 누구에게나 열려 있는 것을 제한하는 것으로 이로 인해 생태적으로는 자원의 남획과 생태계 파괴를 막는 기능을 한다. '공유지의 비극'을 초래되지 않는 것이 바로 이로부터 비롯되는 것이다(아키미치 2005; Chou 2005).[25] 결국 일부 바다를 집단적으로 공유/점유함에도 공유지의 비극이 나타나지 않는 것은 위험성과 불확실성이라는 몇 가지 특성만으로 설명되지 않으며, 공유하는 그 자체가 문제가 되지 않는다. 오히려 사회제도와 문화적 장치들을 동시에 고려할 필요가 있고, 공유자원을 누구와 어떻게 나눌 것인가에 대한 공식적·비공식적 제도와 관습에 대한 이해가 선행될 필요가 있다.

---

25) 공유지의 비극(The Tragedy of the Commons)'이란 공유지에서의 자유가 부른 비극이라고 말할 수 있다. 하딘(G. Hardin)은 이러한 비극의 본질을 자원의 공유(共有)에 있음을 지적하였다(1968: 1244~1245).

Ⅳ. 해양세계의 네트워크와 사회관계

1. 해양민들의 네트워크와 바다

바다가 여러 지역을 연결하는 역사의 주 무대로 등장하였다는 것
은 유럽의 해양세력이 아시아로 진출하였던 '대항해'시대에 관심을
집중시키지만, 사실 그 이전에도 이미 바다는 연안주민들과 지역사
회에 존재하고 있던 생활공간이었음을 고고학적 유물들이 말해주고
있다. 태평양과 동남아시아, 그리고 우리나라의 남해는 제주도와 규
슈를 거쳐 오키나와와 교역을 입증하는 조개팔찌의 루트이기도 하
다. 근대이전 바다를 건너 소통한 세계들은 물물교환과 같은 경제적
동기 외에도 종교적 목적의 왕래와 네트워크가 있었음이 추정되고
있는 것이다.

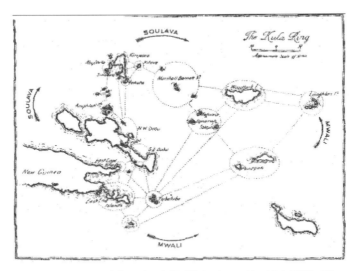

<그림 1> 트로브리안드 제도의 쿨라환((Malinowski 1961[1922]): 82)

말리놉스키(Malinowski 1961[1922])의 유명한 쿨라환(Kula Ring)
은 해양세계의 네트워크를 보여주는 전형적인 예라고 하겠다. 그의
저작 『서태평양의 원양항해자들Argonauts of the Western Pacific』은
1920년대 멜라네시아 트로브리안드 제도(Trobriand Islands) 여러 부
족의 신화와 생활을 기술하고 있으며 인류학의 대표적 민족지(民族
誌)로 손꼽힌다. 여기에 기술된 쿨라환은 카누를 타고 섬들 사이의
길고 짧은 여정을 다니는 해양부족의 교환체계를 보여주는 것이다.

위 그림에서처럼, 여러 섬사람들은 조개팔찌(mwali)와 붉은 조개
목걸이(soulava)를 서로 반대방향으로 주고받기를 연속적으로 이어
가며 교역과 의례를 행한다. 섬사람들은 다른 섬으로 이동하는 여정
을 펼치고 이로써 각각의 섬들은 서로가 연속적인 교환의 사이클 속
에 있게 된다. 한 섬은 다른 섬을 매개로 또 다른 섬과 이어지고, 서
로의 산물이 상호의 사회적 요구를 충족시켜가는 등 호혜적 사회관
계를 형성해 나가는 것이다. 따라서 이 세계에서 바다는 섬을 고립
시키거나 장애물이 아니라 각각의 섬들이 따로 존재하면서 또한 상
호 주고받기하는 교환관계를 성립시키는 사회적 공간이 되고 있다
고 말할 수 있다.

또 다른 예로서, 동남아시아의 바자우(Bajau)족26)의 가선(家船)은
해양세계에 대한 주요한 시사점을 제공한다. 보르네오 섬 북부해안
에서 필리핀의 술루제도에 걸쳐 볼 수 있는 이들에게 배는 곧 집이
다. 동남아시아는 해양 전통이 오래전부터 형성되어 온 지역이며,
바다의 유목 현상은 수세기 동안 흔한 일이었다. 오늘날까지도 수많
은 바다 유목민 또는 수상민 공동체들은 이 지역에서 흔히 볼 수 있

---

26) 바자우(Bajau)라는 이름은 말레이어나 브루나이 말레이어에서 나온 듯하고, 유랑집단과 이전에 유
  랑한 집단들을 일반적으로 바자 라우트(Baja Laut)라고 부른다(Chou 2005: 243).

으며, 그 가운데에서도 바조우 라우트(Bajau Laut)는 가장 넓게 분포하고 있다.[27]

집이자 곧 생산의 장이기도 한 배를 가진 선상민들에게 지역을 가리키는 말로써 '동남아시아'라는 말은 존재하지 않는다. 그들이 인식하는 사회적 공간은 바다에 의해 어디든지 이를 수 있는 영속적인 이동성이라는 용어로 구성되는데, 한 지역은 사람들의 이동성의 범위에 의해 형성된 사회적 관계의 네트워크로 구성되는 것이다. 그들의 지역은 삶과 생활공간에 기초를 두며, 경계들과 국가에 의해 규정된 국경에 구속되지 않는다. 선상민들은 경계를 시간에 따라 바뀌는 서로 다른 정치적 실체들의 흥망성쇠와 관련된 임시적 표시로 본다(Chou, 2005; 236).

<그림 2> 바자우(Bajau)족의 家船
(오사카: 국립민족학박물관 2008)

이동하는 바다 유목민들은 어떤 규칙 없이 방랑하고 있는 것이 아니다. 모켄(Moken)족은 1년 내내 그들의 친족으로 연결된 섬들을 이주 순회한다. 여러 그룹들이 바다와 육지를 향해 난 루트를 따라 이동하는데, 각각의 영역을 가진 그룹들은 대략 40척의 배들로 이뤄지며, 그 구성원들은 축연과 의례활동 시기 동안 해마다 재결합하여 함께 참가한다고 한다(Chou 2005:

---

27) 바다 유목민은 크게 세 개의 문화적 언어적으로 다른 종족언어학적 집단들로 구성되는데, (1) 버마의 메르구이 군도와 타이 남서족의 섬들에 사는 모켄(Moken)족과, (2) 리아우 링가(Riau-lingga) 군도, 바탐(Batam), 수마트라 동쪽해 연안과 조호르(Johor) 남부에 살고 있는 오랑 수쿠 라우트(Orang Suku Laut, 문자 그대로 해양민족이라는 의미, 간단히 오랑 라우트라고 불림), (3) 필리핀의 술루군도와 보르네오 동편, 술라웨시와 인도네시아 동쪽 섬들에 분포하고 있는 바자우 라우트(Bajau Laut)가 있다(Chou 2005: 234).

244). 이들은 배를 타고 바다를 빈 공간처럼 방랑하고 있는 것이 아니라 친족의 유대로 관계된 섬들 사이를 돌고 있는 것이며, 또한 계절적으로 이주 하는 과정에서 여러 채집지를 들른다. 바다의 유목민/선상민들의 이동은 그들의 생계 경제를 실행하고 있는 것이며, 그것은 문화경제적 영역들의 친족적 유대를 기반으로 한 이동인 것이다. 모켄족처럼 오랑 라우트(Orang Laut)도 동남아시아 공간을 상호 연관된 그리고 집단적으로 소유한 문화경제적 영역들을 친족에 기반하여 조직해 왔다(Chou 2005: 244). <그림 3>은 친족임을 통해 상호간에 영역적 소유의식을 형성하고 있는 오랑 라우트의 네트워크를 나타낸 것이다. 지도상의 같은 숫자들이 친족 네트워크를 형성하고 있는 지역들이다.

동남아시아를 이루고 있는 선상민들의 상호 연결된 친족 영토들의 망은 문화경제적 단위들의 모체이며, 이와 같은 네트워크는 일상적 필요에 직면한 하나의 '생계권'을 나타낸다고 하겠다. 게다가 서로 다른 집단들은 친족으로 연결된 영역들 사이에서 선택적 어로를 행할 수 있고, 각 집단에서 조정하여 자원을 배분하고,

<그림 3> 오랑 라우트의 네트워크
(Cynthia Chou 2005: 244)
지도상의 같은 숫자들이 친족 네트워크(필자의 강조)

또한 과잉 채집을 방지하여 자원의 장기적인 지속가능성을 확보하고 있다(Chou 2005: 243). 이처럼 바다는 섬들 사이의 호혜적 교환 관계를 형성하는 공간으로 자리하고 있기도 하다. 배가 곧 집인 선

상민들에게 바다는 생활터전이며, 친족 네트워크를 형성하고 있는 생계권의 의미가 있다. 이러한 맥락에서 볼 때, 해양민들의 세계에서 바다는 '바닷길' 이상의 의미를 가지고 있다. 이들에게 바다는 이동을 통해 복합적이고 상호 관련된 망을 구축하여 순회하며 생산, 교환, 분배가 실현되는 생산과 생활의 공간으로 자리하고 있다고 하겠다.

2. 해양세계의 사회관계

해양민들의 생활세계는 물질적 풍요를 이룬 현대 산업사회와는 너무나 거기가 먼 세계처럼 보인다. 그러나 과연 그렇게 먼 곳에 있는 이야기일까? 그리고 무엇이 그렇게 멀고 다른 것 같은 경계의식을 갖게 하는 것일까? 해양민의 생활세계는 대도시 생활자가 구가하는 물질적 풍요, 즉 산업화와 기계화, 도시화로 대변되는 이른바 '근대문명'이 없으며, 따라서 현대사회와는 동떨어진 별개의 세계처럼 인식된다. 하지만 이들이 잡은 고기와 해산물은 대도시로 유통되어 호텔과 레스토랑의 음식으로 바뀌며, 이들은 잡은 물고기를 주고 대신 생필품을 구입한다. 또한 이들의 이동생활은 국경을 넘어서는 월경(越境)으로 간주되기도 하는데 이는 곧 이들의 생활이 국가와 지방의 정치로부터 완전히 무관하지 않다는 것을 말한다. 그렇다면 해양민들의 문화는 해양세계의 또 하나 범주로서 해항도시와 비교하여 어떠한 시사점을 가지는가? 다시 바다로 돌아가, 해양세계의 사회관계에 초점을 두어 살펴보기로 하겠다.

1) 호혜적 교환 관계

앞에서 본 것과 같이, 해양민들의 생활세계에서 나타나는 특성 중의 하나는 그 이동이 순환적이라는 것을 알 수 있다. 일정한 주기를 패턴으로 하여 사람과 물자가 이동한다. 왜 그들은 정착하지 않고 계속 이동해 가는 것인가? 해양민들의 생산 시스템과 관련이 깊다고 생각한다. 섬이라는 생태적으로 한정된 지역에서의 생산성에 의존하지 않고 순환체계를 통해 사회적 생산을 공유하고 분배할 수 있는 체계를 만들어 가는 것이다. <그림 1>에서와 같이 조개팔찌와 조개목걸이처럼 물질적 소비는 불가능한 하지만 그것은 중요한 사회적 가치재로서 교환되고 있다. 즉 물질적인 것만이 아니라 교역 당사자에게 명예와 위신, 권위를 보여주는 것도 교환품인 것이다.

이는 대항해시대의 교역과 비교해 볼 때, 교역품만이 아니라 교역하는 당사자들간의 사회관계에서도 질적 차이를 알 수 있다. 원료의 공급지로서 식민지를 개척하고 필요한 노동력을 노예무역으로 공급하였던 유럽 식민주의와 비교할 때 해양민들의 교환관계는 호혜적이다. 생활에 필요한 것을 주고받고, 또는 돌아가며 이용하는 것은 물질적 풍요를 보다는 자원의 낭비를 최소화하고 상호간 지속적으로 이용할 수 있는 시스템을 만들고 있는 것이다.

비서구사회의 해항도시 역사에는 서구 열강에 의한 식민지 지배 역사가 자리하고 있는 반면, 서구사회의 해항도시는 식민지 지배를 통해 축적된 부의 역사가 자리하고 있다. 이렇게 서로 다른 역사적 경험을 만들어 온 세계의 해항도시들은 국가의 경계를 넘어 - 그러나 그것은 국가의 이익을 목적으로 한 - 다국적 상품들의 대소비시장이 되기도 하면서 각종 상품을 중계하는 역할을 하고 있다. 각국의 라벨을 붙인 다종다양한 상품들이 해항도시로 집적되고 또 유통되고 있다. 이처럼 상품유통의 거점으로서 해항도시를 거론하는 것은 해항도시의 기능적 측면이며, 상품들이 들고나는 '길목', '출입구'의 의미만을 부각시킨다. 하지만 상품이 오간다는 것은 상품의 원산지의 생산자(혹은 노동자), 교역회사, 교역당사국, 관세기관, 상인, 선박회사, 소비자 등 다양한 매개자와 쌍방의 계약 관계 속에 이루어지는 것이다. 기본적으로 비교우위의 상품이 교역된다고 하더라도 거기에는 문화와 전통에 의해 선호되고 소비되는 상품이 달라진다. 또 최근 공정무역과 같이 사회적 분배에 가치를 두는 상품이 교역되기도 한다. 따라서 해항도시를 물류의 거점과 중계지로서 본 위상은 상품의 매개적 기능을 중심으로 보는 것이며, 이 공간에서 형성되는 다양한 사회관계를 봄으로써 보다 생산적 공간으로서 해항도시의 위상을 재발견할 수 있지 않을까 생각한다.

2) 경계성과 다원성

해항도시의 형성과정은 크게 두 개의 측면에서 설명해 볼 수도 있다. 하나는 바다를 건너온 이질적 문화와의 접촉, 또 다른 하나는 도시로 성장하면서 주변으로 그 외연을 확장해 가는 과정이다. 전자는 바다, 국가, 지역, 사회문화적 경계들을 넘어 교역 혹은 개항/개방을 통해 이문화간 접촉이 진행되어 온 부분을 의미하여, 후자는 주변의 작은 농어촌과 도시들을 포섭해가며 확장되어 그 안의 중심과 주변이 형성되어 왔다는 것을 의미한다. 이러한 점에서, 해항도시는 서로 다른 이질적인 개인, 집단, 문화와 만났을 때 사회적 경계성이 형성되는 과정, 양상을 살펴볼 수 있는 공간이 된다.

비교문화의 관점에서 동남아시아 선상민들의 생활세계는 경계에 대해 의미있는 시사점을 제공한다. 계절적으로 이동하며 살아가는 이들이 사회관계와 공동체를 형성한다는 것은 불가능한 것처럼 보인다. 그러나 바다의 유목생활은 '자유로이' 이동해 가는 것처럼 보이지만, 그렇다하여 이들의 어로가 아무 곳에서나 무작정 이루어지는 것은 아니다.

> 일반적으로 같은 지역의 무리들은 같은 어장에서 고기를 잡으며, 때때로 이웃 무리에서 온 가족들과 함께 고기를 잡기도 한다. 바자우족의 경우, 이들은 전통적으로 어장을 "소유되지 않는 자원"으로 보며, 어떤 무리도 다른 집단의 접근을 제한하지 않는다. 그러나 가족들은 자신들의 고향 정박 장소에 가장 근접한 지역들에서 가장 집중적으로 고기를 잡는 경향이 있으며, 그래서 정박 장소는 무리 구성원들의 분산과 어로 여정에 부분적으로 영토/영역적 정의(定義)를 보여주는 곳이다. 서로 다른 집단들이 이용하는 지역들은 광범위하게 중첩되며, 어업 여정 동안에는 다른 무리 출신의 가족들이 바다에서 빈번하게 서로 마주친다. 어장에서 만남이 이루어지면 이들 가족들은 종종 자신의 자원들을 합치고 단기 선단(fleets)을 구성한다. 같은 지역에서 살고 있는 가족들은 서로에게 결코 완전히 이방인이 아니며, 안면과 협력이라는 보다 넓은 유대가 무리 경계들을 가로질러 유지된다(Chou 2005: 245).

이처럼 이들의 바다는 완전히 무주물의 공간으로서 누구에게나 열려 있는 자유의 바다가 아니며 경계성이 전혀 없다고는 말할 수 없다. 이들은 그 사회의 생산토대인 어장을 이용할 수 있는 사용권을 가질 뿐, 본질적으로 개인과 집단이 소유할 수 있는 것으로 관념하지 않는다. 이러한 맥락에서 이들의 사회가 경계가 없는 비경계적 사회가 아니라, 경계에 '묶여 있지 않다'는 의미에서 탈경계적인 사회라고 말할 수 있다. 이러한 탈경계적인 성격은 생산토대가 되는 어장의 생태적 조건 및 사회적 성격과 관련지어 생각해 볼 수 있다. 여러 곳을 순회하며 식량을 얻는 이들의 어로방식은 그 소비단위가 부부중심의 가족단위이다. 작은 가선의 생활은 식량부족의 압박을 피하며 어로를 통해 얻을 수 있는 자원생산성과 적정한 인구규모가 결합되어 나타난 양식이라고 하겠다. 그리고 한 곳에 정주하여 한정된 어장에 매여 있기보다는(의존하기 보다는) 이동하면서 식량을 공급한다. 때문에 이동은 이들의 생계경계를 뒷받침하고 있는 가장 중요한 요소이다. 여러 개의 다른 어장을 찾아가는 이동은 하나의 특정 어장에 집중하지 않게 됨으로써 자원 남획을 방지할 뿐만 아니라, 특정 어장에 의존함에 따라 초래될 수도 있는 식량공급의 불안정성을 극복할 수 있게 해준다. 어장을 소유하는 것보다 순회할 수 있는 여러 어장이 있는가라는 점이 더 중요한 것이다.

이들의 이동을 통해 이 사회가 지향하는 가치를 유추해 볼 수 있다. 앞에서와 같이, 이동을 통해 여러 곳을 방문하며 친족적, 문화경제적 유대를 형성하는 다원적 네트워크가 해양민들의 생활세계에 있음을 지적하였다. 만약 이들이 각각의 어장에 영토의식을 부여한다면 여러 선상민들의 생계는 곧 위험에 직면하거나 분쟁이 일어나고 말 것이다. 바다 유목민들은 특정 공간을 영토로 확보하여 소유권을 차지하기보다는 순환적 이동을 통해 모두가 이용하면서 또한 각각이 중심이 되는 다원성을 지향하고 있다. 이처럼 바다의 이동/유목 생활에는 작은 규모의 집단들이 공생하는 선택의 결과로서 나타나는 것이라 하겠으며 그들이 지향하는 가치가 어디에 있는가를 보여주고 있다.

3) 문화경제적 유대

해항도시의 역사에서 주시할 수 있는 한 가지 사실은 도시 성장의 주요한 한 요소가 외부세계와의 교역에 있었다는 점이다. 다시 말해 외부세계와 관계없이 독립적으로 존재하지 않는다는 것이다. 연안을 매립하여 부두 항만시설을 확충해 나가며, 내륙과 연결하는 철도가 만들어지는 것 등도 외부와 내부가 '연결'되도록 하는 수단인 것이었다. 여기에 교역품 외에도 다른 사회로부터 이문화가 들어와 음식, 주택, 복식, 언어 등 다양한 분야에서의 문화적 변동이 일어나게 된다. 만약 교역이 정치경제적 불평등한 강제성을 가질 때 유입된 문화와 기존의 토착문화 사이에도 문화적 저항과 갈등이 발생하고, 유입된 문화가 토착문화를 대체하거나 말살하려 할 경우 더 큰 문화적 반동을 불러일으키기도 한다. 따라서 네트워크를 형성한다는 의미에는 교역 주체의 문화 경제적 동등함도 전제되어야 하는 것이다.

앞서 본 모켄족과 오랑라우트족이 '친족의 땅'을 방문하는 것과 같이 문화경제적 유대는 교역관계에서 중요한 요소이다. 해항도시들 간의 문화적 유대를 형성하는 것이 반드시 친족이어야 한다는 것이 아니라, 상호 동등한 관계의 동맹을 형성하는 것이라고 해석해볼 수 있다. 관계의 동등성은 각각의 개별성과 상호 공동성이라는 두 수레바퀴와 같다. 상호관계에서 개별성은 교역의 필요성을 낳으며, 공동성은 관계의 질에 영향을 준다. 국경을 넘어 지역 간, 도시 간의 다양한 사회경제적 결연이 확산되고 있는 시점에서 경제적 교역을 통한 이익의 분배가 상호 충족될 수 있는 개별성과 공동성을 찾아가는 모색은 향후 해항도시 네트워크의 형성뿐만 아니라 그 네트워크의 질에 있어서도 중요하다고 하겠다.

V. 맺음말

이 글에서 해양을 사회적 공간으로 보고자 한 것은 '자연상태'로
서 바다가 아니라 사회적 생산의 장으로서 조명해보고자 함이었다.
지금까지 해양세계라는 틀 속에서 세 가지의 내용을 다루었다. 우선,
해안 지역의 중요성과 서구열강에 의한 식민지 건설로 해안에 부가
집적되어 왔음을 언급하였다. 이러한 역사적 배경이 오늘날 대도시
로 성장한 동아시아의 여러 해항도시들을 어떻게 재해석 할 수 있는
가에 대한 분석을 요구하는 출발점이 되고 있기도 하다. 특히 도시
의 성장과정에서 내포하고 있는 식민성과 근대성은 해항도시의 연
구에서 간과할 수 없는 부분이다. 다음으로, 해양/바다에 대한 주요
담론들을 통해 해양 인식은 해양세계에 대한 이해에 있어 중요한 부
분임을 강조하였다. 바다를 위험하고 장애물로 보거나 섬을 고립적
으로 보는 것은 바다의 본질적 속성이 아니라 만들어진 인식임을 주
장하였다. 해양 인식의 사회적 영향력은 결코 작지 않으며 따라서
해양 담론에 대한 분석은 해양세계의 이해에 있어 중요하다.

필자는 해항도시를 해양세계의 한 범주로서 설정하였고, 해양민
들의 생활세계로부터 도출되는 사회문화적 특성을 해항도시와 연관
지어 살펴보았다. 해항도시는 식민지와 제국주의 확장 과정에서 복
잡한 네트워크와 사회관계가 도시 공간 안에 형성되어 왔고, 근대국
가의 발전 과정에서 부를 창출한 산업기지의 역할을 수행하는 등 다
른 도시들과 공통적이면서 또한 그만의 문화적 지층을 가지고 있다.
여러 연구자들이 지적한 바와 같이, 해항도시의 역사적 배경을 바탕
으로 특별히 강조되고 있는 것은 네트워크이다. 이를 해양세계의 사

회관계 측면에 견주어 고찰을 시도하였다. 여러 섬의 해양부족과 선상민처럼 바다에서 살아가는 사람들 사이에서 사회관계는 호혜적 교환과 탈경계적이며 다원적인 네트워크, 그리고 문화경제적 단위의 유대가 나타나는 것을 보았다.

앞으로 정치경제적으로 불평등한 교역과 지배관계가 아니라 다양한 사회문화적 유대를 바탕으로 한 호혜적 네트워크는 더욱 중요해지리라 본다. 여기에 해양세계로부터 본 호혜성은 다양한 지역, 다양한 문화가 함께 공존할 수 있는 사회관계의 기초가 아닌가 생각한다.

참고문헌

구모룡, 2004, 『해양문학이란 무엇인가』, 부산: 전망.

김수희, 2006, "일제시대 제주 해녀의 해조류 채취와 입어," <제주해녀: 항일운동, 문화유산, 해양문명>, 제주해녀항일운동기념사업위원회, 세계섬학회 국제학술회의 자료집, pp.71~88.

데이비드 문젤로(D.E. Mungello), 2009[2005], 김성규 역, 『동양과 서양의 위대한 만남 1500~1800』, 서울: 휴머니스트.

라기주, 2006, "김춘수 시의 신화적 상상력 연구- '바다' 이미지를 중심으로," 『한국문예비평연구』제20호, 한국현대문예비평학회, pp.129~147.

루이스 핸리 모건(Morgan, L. H.), 2005(1877), 최달곤·정동호 역, 『고대사회』, 서울: 문화문고.

신명호, 2008, "조선 초기 중앙정부의 경상도 해도정책(海島政策)을 통한 공도정책(空島政策) 재검토," 『역사와 경계』, 제 66집, pp.1~27.

아키미치 토모야(秋道 智彌), 2005, 이선애 역, 『해양인류학』, 서울: 민속원.

안미정, 2006, "바다밭(海田)을 둘러싼 사회적 갈등과 전통의 정치," 『한국문화인류학』39(2): 307~347.

_____, 2007, "해안마을 여성의 공동어로와 자원에 대한 권리: 제주도 잠수의 사례에서," 『지방사와 지방문화』10(2): 151~197.

앤서니 D. 킹(Anthony D. King), 1999[1990], 이무용 역, 『도시문화와 세계체제』, 서울: 시각과 언어

_____, 2009, "근현대성에 대한 탐구: 근현대 도시의 특징은 무엇인가?", <International Conference For Urban Humanities: Humanistic Reflection for the Humane City<(인천세계도시인문학대회 자료집, 2009.10.19~21, 인천학연구원), pp.15~32.

楊國楨, 2010, 최낙민 역, "해양인문사회과학 되돌아보기"(한국해양대학교 국제해양문제연구소 콜로키움 자료[2010.8.27], 프린트).

이기욱, 1992, "마라도 주민의 적응적략", 『한국어촌의 저발전과 적응』, 서울: 집문당, pp.15~60.

_____, 2003, 『제주 농촌경제의 변화』, 서울: 집문당.

전경수 편, 1992, 『韓國漁村의 低發展과 適應』, 집문당.

정문수, 2008, 해항도시 네트워크가 구성하는 '발트해 지역', <동아세아해항도시의 공생논리와 문화교류1>(제4회 국제학술대회 자료집, 2008.11.26~

28., 한국해양대학교 한바다호),한국해양대학교 국제해양문제연구소 HK해항도시문화교섭학연구단, pp.15～22.

제리 무어(Jerry D. Moore), 2002[1997], 김우영 역,『인류학의 거장들』, 서울: 한길사.

조혜정, 1982, "제주도 해녀사회 연구: 성별분업에 근거한 남녀 평등에 관하여,"『한국인과 한국문화』, 서울: 심설당, pp.143～168.

주경철, 2009[2008]),『대항해시대』, 서울: 서울대학교출판문화원.

필립 D. 커틴(Philip D. Curtin), 2007[1984], 김병순 역,『경제인류학으로 본 세계무역의 역사』, 서울: 모티브북.

한국사회사학회・제주대학교 인문과학연구소, 2000, <바다와 섬의 사회사> (학술대회 자료집, 2000.11.3～4. 제주대학교 서귀포연수원).

한국해양수산개발원, 2004, <러시아 해양수산법령집: 법률과 해설>(정책연구 2004-1).

한규설, 1993,『공동어장과 어촌』, 서울: 참한.

한상복, 1976, "농촌과 어촌의 생태적 비교,"『한국문화인류학』8: 87～90.

한상복・전경수, 1992,『한국의 낙도민속지』, 서울: 집문당.

현길언 1999, "바다와 섬의 문학성과 문학의 본질성-제주의 주변성과 그 문학적 의미,"『바다와 섬, 문학과 인간』, 제주국제협의회・제주시 편, 제주: 오름, pp.13～32.

현재열, 2009, "12・13세기 해항도시 베네치아의 역사적 형성: 해항도시의 역사적 개념화를 위해,"『해항도시문화교섭학』창간호, pp.1～42, 부산: 한국해양대학교 국제해양문제연구소.

현재열・김나영, 2010. "바다 위에 도시를 건설하다: 12・13세기 해상도시 베네치아의 성립,"『코기토』68집, pp.387～422.

홍석준, 2005, "인류학적 관점에서 본 해양문화의 특징과 의미: '해양문화의 지역체계 만들기'의 사례를 중심으로",『海洋文化學』창간호, 한국해양문화학회 편, pp.45～66.

_____, 2007, "동아시아의 해양세계와 항구도시의 역사와 문화",『도서문화』29집, 목포대학교 도서문화연구소 편, pp.403～439.

홍순권, 2010, "글로컬리즘과 지역문화연구",『石堂論叢』, 제46집, 동아대학교 석당학술원, pp.1～17.

Acheson, James M., 1981, "Anthropology of Fishing," *Annual Review of Anthropology*, Vol. 10: 275～316.

Acheson, James M., 1989, "Management of common-property resources," In *Economic anthropology*, S. Plattner(ed.), Stanford: Stanford University Press, pp.351-78.

Cho, Haejoang, 1979, 'An Ethnographic Study of a Female Diver's Village in Korea: Focused on the Sexual Division of Labor', Ph. D. thesis, University of California, Los Angeles.

Chou, Cynthia, 2005, "Southeast Asia through an Inverted Telescope: Maritime Perspectives on a Borderless Region," in Paul H. Kratoska, Remco Raben and Henk Schulte Nordholt(eds.), *Locating Southeast Asia: Geographies of Knowledge and Politics of space*, Singapore: Singapore Univ. Press.

Fortes, M., 1937, "Communal Fishing and Fishing magic in the Northern Territories of the Gold Coast," *The Journal of the Royal Anthropological Institute of Great Britain and Ireland*, Vol. 67(Jan. - Jun.), pp.131~142.

Han, Sang-Bok, 1976, *Korean Fisherman*, Seoul: Seoul National University Press.

Hardin, Garrett, 1968, "The Tragedy of the Commons," Science, New Series, Vol. 162. No. 3859.(Dec. 13), pp.1243~1248.

Pálsson, Gisli, 1991, *Coastal Economies Cultural Accounts*, Manchester: Manchester University Press.

岡本哲志·日本の港町研究會, 2008, 『港町の近代』, p.14~15. 東京: 學藝出版社.

朴九秉, 1991, "漁業權制度と沿岸漁場所有利用形態," 『日韓漁村の比較研究』, 京都: 行路社, pp.223~264.

床呂郁哉, 1999, 『越境』, 東京: 岩波書店.

左々木衛, "海港都市文化學の創成-新しい東アジア論の構築に向けて(해항도시문화학의 창성: 새로운 동아시아론의 구축을 향해서)," 류교열 역, 『海洋文化學』창간호, 한국해양문화학회 편, pp.125~144.

秋道智彌, 2004, 『コモンズの人類學: 文化·歷史·生態』, 京都: 內外印刷柱式會社.

부산 신항 활성화 방안에 대한 소고

하명신(부경대학교 국제통상학부 교수)
최성광(부경대학교 국제통상학부 강사)

1. 머리말

세계경제는 장기 침체 속에서도 동북아시아를 중심으로 한 무역 경제활동 의존도는 더욱 증가 되고 있으며, 경쟁이 가속화되고 있다. 이러한 상황에서 우리나라 국제물류 중심지 역할을 수행해 온 부산항은 우리나라의 대표적인 컨테이너항만으로서 경쟁력을 갖추고 발전해 왔다. 부산항은 환적화물 비중이 53%를 넘는 환적중심 항만으로 발전하였으며, 세계 2위의 환적 컨테이너 항만, 동북아 중심항만으로 부상하였다. 2006년 신항이 개장함으로 인해 항만의 중심축이 북항에서 신항으로 이전하였으며, 신항의 컨테이너 화물처리 비중이 북항을 훨씬 상회하는 상황에 이르렀다. 신항의 개발은 동북아 중심항만(Hub Port) 건설을 추구함과 동시에 항만과 도시기능이 조화되고 비즈니스 정보공간이 결합된 펜타형 항만을 건설한다는 계획하에 2020년 완공을 목표로 추진되고 있다.

그러나 최근에는 신항 컨테이너 부두 장치장 점유율이 최고 86.2%, 2014년 이후 평균 65.5%로 운영의 어려움이 가중되고 있다. 신항 운영사가 5개로 과다하고 분리된 터미널 운영으로 인해 타부두 환적 물동량을 지속적으로 증가시킴으로써 기항 선사의 부담을 가중시키고 있다. 또한 얼라이언스 재편에 따른 항로별 항로 수 및 기항지 변화 등으로 부산항의 환적 물동량 감소 가능성, 신항의 접안공간 부족에 따른 중소형 선박의 대기 및 체선 급증, 토도로 인한 안전성 문제, 부산항의 피더 네트워크 활용에 한계가 있음을 보여주고 있을 뿐만 아니라 동북아 경쟁항만의 치열한 부가서비스 공급 및 생산성 향상에 대한 도전을 심각하게 받고 있는 실정이다.

우리나라의 항만물류 산업은 안으로는 성장과 부가가치 활동의 한계, 밖으로는 글로벌 기업의 독주 등으로 상당한 어려움을 겪고 있으며, 현 상황을 극복하기 위해서는 항만물류 산업을 중요한 국가 기간산업으로 인식하고 적극적인 국가 정책 발굴과 지원이 필요하다. 또한 국내외 경쟁력을 높이고, 지역경제에도 기여할 수 있도록 부산항의 개발 및 운영을 추진해 나가야 한다. 지역경제 발전을 선도할 수 있도록 고부가가치화 및 일자리를 창출하는 사업을 확대하고, 중국의 일대일로와 마찬가지로 국가의 세계 경영을 위한 항만물류산업의 역할을 제고할 필요가 있다.

이에 본 논고에서는 부산항 중 신항을 선정하여 신항의 현황 및 문제점을 살펴보고 해결방안 및 활성화방안에 대해 고찰해보고자 한다.

2. 글로벌 해운항만 환경 변화 및 부산신항의 현황

2.1 글로벌 해운항만 환경 변화

2.1.1 글로벌 해운항만산업의 성장 가능성

글로벌 경제의 성장률 저하로 세계 항만 물동량 증가율이 둔화되었으나 최근 글로벌 경제의 회복에 힘입어 세계 해운항만물류 시장은 안정적 증가세로 돌아서고 있다. 세계 컨테이너 물동량은 '20년 783백만TEU, 연평균('15~'20년) 2.7% 성장이 예상되고 있다(Drewry,

2016). 세계 물류시장도 '23년 15조 5천억 달러로 전망되고 있으며, '15년 이후 연평균 7.5% 성장 예상되고 있다(Transparency Marker Research, 2016). 그러나 10대 글로벌 터미널 운영사가 66.3%를 처리 ('15년)하고 있으며, 주요 5대 운영사 투자수익율이 39%('15년)에 달하는 등 물동량 편중현상은 가중될 것으로 보인다.

<표 1> 컨테이너선 대형화 추이 주요 GTO 및 민간 컨테이너 운영사의 시장 점유율 (2014년 기준)

Operators Volume & Ranking				Equity-Based Volume & Ranking		
Ratio	Ranking	Volume (M teu)	Company	Volume(M teu)	Ranking	Ratio
11.8%	1	80.2	HPH	45.9	2	6.8%
10.6%	2	71.7	APM	37	3	5.5%
9.6%	3	65.2	PSA	55.1	1	8.1%
9.5%	4	64.3	DPW	35.8	4	5.3%
8.6%	5	58.6	CMHI	25.8	5	3.8%
4.9%	6	32.9	Cosco	20.2	6	3.0%
3.8%	7	25.6	TIL	16.8	7	2.5%
3.1%	8	20.9	China shipping	8.1	8	1.2%
2.1%	9	14.5	Evergreen	7.8	9	1.1%
2.1%	10	14.4	Hanjin	7.1	10	1.0%
1.7%	11	11.4	Eurogate	7	11	1.0%
1.5%	12	10.1	ICTSI	6.8	12	1.0%
1.5%	13	10	SSA Marine	6.4	13	0.9%
1.2%	14	7.8	APL	4.3	14	0.6%
1.1%	15	7.4	NYK	3.9	15	0.6%
1.0%	16	7.1	CMA CGM	3.4	16	0.5%
1.0%	17	6.6	OOCL	3.2	17	0.5%
1.0%	18	6.6	K Line	3.1	18	0.5%
0.8%	19	5.4	Hyundai	2.8	19	0.4%
0.7%	20	4.5	Yang Ming	2.6	20	0.4%
0.6%	21	4	MOL	2.4	21	0.4%
0.5%	22	3.7	Bollore	2.2	22	0.3%
0.4%	23	2.5	TCB Group	2	23	0.3%
79.1%		599.2	Major GTO Total	309.7		45.7%

나아가 글로벌 터미널운영업체들은 업체 간 인수합병과 전략적 제휴를 통해 수평적 통합을 추진하는 한편, 철도 등 내륙운송업체들과 전략적 제휴를 통해 수직적 통합을 추진함으로서 선사와의 협상력 증대 및 서비스를 강화해 나가고 있다. 특히, 상위 3개사(HPH, APM, PSA Terminals)는 세계적인 항만 민영화 추세를 배경으로 성장잠재력이 높은 지역의 항만운영에 적극 진출하여 독자적인 항만 네트워크를 구축함으로써 자사의 항만 네트워크를 구축하려는 노력을 활발하게 진행하고 있다. 이러한 기조에 맞추어 우리는 글로벌 터미널 운영업체들이 지속적인 글로벌 경쟁력 향상을 위해 Global Port Network을 어떻게 구축해 나갈 것인가에 대한 분석 및 예측 필요한 시점이라 할 수 있다.

2.1.2 글로벌 얼라이언스 재편

2017년 4월 2M을 중심으로 한 글로벌 얼라이언스가 기존 4개에서 3개로 재편되었으며 이에 따라 선사간 제휴 확대 및 구조 재편은 심화되고 있다. 세계 7위의 글로벌 선사였던 한진해운의 몰락은 물동량을 차지하기 위한 글로벌 선사들과 한진해운의 공백을 메우기 위한 국내 국적선사들의 전략과 구조변화의 다각화를 불러일으키고 있다.

특히, 글로벌 선사들의 구조 재편은 대형선 중심으로 이루어지며, 신항에 기항 가능한 대형선 증가, 파나마 운하 확장에 따라 신항 기항 선박이 증가할 가능성이 있다는 긍정적 측면과 최근 중국 경제의 저성장으로 환적 물동량 유치에도 관심을 가지면서, 신항의 환적 물동량이 급격히 감소할 수도 있는 부정적 측면도 동시에 내포하고 있다.

<표 2> 글로벌 얼라이언스 재편

구분	변경전	변경후
신항1 부두(PNIT)	G6(APL, HAPAG-LLOYD, HMM, MOL, NYK, OOCL)	2M(MAERSK, MSC)+APL
신항2 부두(PNC)	2M(MAERSK, MSC)	THE Alliance(HAPAG-LLOYD, K-LINE, MOL, NYK, YANG MING)
신항3 부두(HJNC)	CKYH+E(COSCO, K-LINE YANG MING, HANJIN EVER GREEN)	2M(MAERSK, MSC)
신항4 부두(HPNT)	G6(APL, HAPAG-LLOYD, HMM, MOL, NYK, OOCL)	HMM+PARTIAL OCEAN
신항5 부두(BNCT)	O3(CM A-CGM, CSCL, UASC)	OCEAN(CMA-CGM, CHINA COSCO, EVERGREEN, OOCL)

2.1.3 컨테이너 선박의 대형화 및 Eco화

얼라이언스 재편은 항로별 항로 수 및 기항지 변화를 야기하게 되는데 이러한 변화는 초대형선을 기반으로 한 규모의 경제 실현에 따른 것이다. 이에 따라 얼라이언스들의 18,000TEU급 이상 초대형 선박 수요가 크게 증가할 것으로 예상된다. 18,000TEU급 초대형 컨선은 2013년 출현 이후 2016년까지 연평균 127% 증가하였으며, 15,000TEU급 이하 컨선의 증가율은 감소하고 있다(Alphanliner, 2016). 대형선 유치를 위해서 접안시설 및 하역시설의 대형화에 대한 준비가 필요할 것으로 예상된다.

<표 3> 컨테이너선 대형화 추이

(단위: 척)

연도	합계	15,000TEU이하	15000-18,000TEU	18,000TEU 이상
2011년	3,716	3,708	8	0
2012년	3,845	3,836 (3.5)	9 (12.5)	0
2013년	3,971	3,956 (3.1)	11 (22.2)	4
2014년	4,084	4,054 (2.5)	13 (18.2)	17 (425)
2015년	4,194	4,137 (2.0)	22 (69.2)	35 (105.9)
2016년	4,262	4,192 (1.3)	23 (4.5)	47 (34.3)

자료: Clarkson Research, 2017. 4.

가속화 되고 있는 지구온난화로 전세계적으로 평균기온이 상승하고 있으며, 대기 중의 온실효과를 일으키는 이산화탄소는 지구온난화를 일으키는 가장 큰 원인으로 알려져 있다.

<표 4> 국제해양환경 규제

자료: 녹색해운 전망과 대응전략, 한국해양수산개발원, 2010

특히 선박에 의한 온실가스 배출은 전 세계 온실가스 배출량의 3%를 차지하고 있는 것으로 나타나 Eco선박의 등장 및 각종 규제의 확산은 가속화 될 것으로 예상된다. IMO는 선박평형수(Ballast water)에 대한 규제를 대폭 강화시켜 나가고 있으며, 2030년까지 선박배출 이산화탄소량의 30% 감축을 목표로 EEDI(에너지 효율 설계 지수), MBM(온실가스 배출량 부담금 부과제도) 등을 시행하고 있다(IMO, 2016). 선사 입장에서도 선박의 고효율화를 통해 환경 보호는 물론, 경제성 향상을 도모할 수 있어 추진할 필요성이 존재하고 있으며, 우리 정부도 2016년 9월 29일 확정·고시한 제3차 전국 항만기본계획수정계획에서 친환경 항만 정책 추진 의지를 표명한 바 있어 이에 대한 준비가 필요하다.

2.2 부산신항의 현황 및 문제점

2.2.1 운영체제의 신항 vs 북항 이원화

신항 개장 후 북항은 화물유치 및 신항과의 생존경쟁에서 살아남기 위해 각종 노력을 경주하고 있으나, 당분간 북항은 신항과의 서비스, 비용경쟁과 이로 인한 위기가 이어질 수 밖에 없는 상황이다. 북항은 신항에 비해 낙후된 항만시설, 과도한 경쟁체제, 규모의 비경제 효과 등으로 인해 성장동력이 상대적으로 위축되어 있으며 항만시설의 공동화 및 적자 운영 현상이 지속되고 있다.

신항의 컨테이너 처리량은 2012년부터 50%를 상회하였고, 2016년에는 66.1%를 점유하고 있어 이미 물류중심축이 북항에서 신항으로 이동한 상태이다. 특히, 신항의 환적 컨테이너 처리 비중은 2006

년 2.5%에서 2016년 74.6%로 크게 증가하였다.

<표 5> 신항과 북항의 물동량 비중

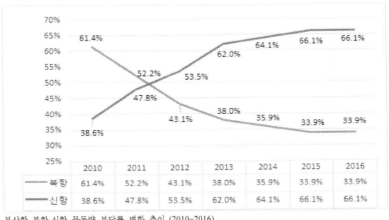

	2010	2011	2012	2013	2014	2015	2016
북항	61.4%	52.2%	43.1%	38.0%	35.9%	33.9%	33.9%
신항	38.6%	47.8%	53.5%	62.0%	64.1%	66.1%	66.1%

부산항 북항-신항 물동량 분담률 변화 추이 (2010~2016)

북항의 위기는 부산항의 미래나 경쟁력 등 모든 면에서 결코 바람직 하지 않은 만큼 이른 시일 안에 합리적 자구책 및 활로가 모색되어야 할 것으로 생각된다.

부산항 북항 터미널 현황 및 지분 구성을 살펴보면, 컨테이너부두 기능을 이미 상실한 우암부두를 제외하고 현재 북항에는 총 4개 터미널(부두)이 3개의 서로 다른 운영사에 의해 운영되고 있다.

북항에는 고려해운, 장금상선, 흥아해운, 남성해운 등 국적 연근해 (IA) 선사와 일부 대만, 중국, 일본계 아시아 선사들이 기항하고 있으나, 터미널별 취항 선사가 중복·분산되어 효율적인 운영에 어려움이 발생하고 있는 상황이다. 신항 개장(2006년) 이후 물동량 이전에 따른 영업환경 악화로 몇 차례 북항 운영사의 통합이 이루어졌으나, Hutchison이 단독으로 운영 중인 자성대 부두를 제외한 나머지 터미널은 지분 구조가 복잡하여 통합 운영에 장애가 되고 있으며, 원도심 지역에 둘러싸인 북항의 입지 특성상 지자체(부산시)의 항만 지역 재개발 시도와 북항 부두(기능)의 외곽 이전을 요구하는 민원 (압력)이 큰 실정이다. 부산항 신항 터미널 현황 및 지분 구성을 살펴보면, 5개 터미널(부두)이 5개의 서로 다른 운영사에 의해 운영되고 있다.

<표 6> 부산항 북항 부두(터미널) 현황

부두명	선석규모	하역능력	운영회사	운영회사 지분 구조	취항 선사
자성대	5만톤급 4 1만톤급 1	172만 TEU	한국허치슨 (HBCT)	HPH 100%	고려해운 흥아해운 장금상선
신선대	5만톤급 5	223만 TEU	부산항 터미널 (BPT)	장금상선 43.0%, KX홀딩스 42.41%, CSPD 5.50%, KCTC 3.57%, 국보 3.3%, ㈜한진 1.63%, 동부익스프레스 0.59%	흥아해운 남성해운 고려해운
감만	5만톤급 4	160만 TEU			장금상선 CMA-CGM 고래해운
신감만	5만톤급 2 1만톤급 1	81만 TEU	동부부산 컨테이너 터미널 (DPCT)	동부익스프레스 65%, 신영기 업 5%, PEONY Investment 15%, Evergreen 15%	장금상선 EAS Evergreen
우암	2만톤급 1 5천톤급 2	-	-	신선대부두와 통합('14.1월)	-

신항에는 Maersk, MSC, CMA-CGM 유럽계 선사와 COSCO, Yang Ming, K-Line 아시아계 선사 등 기간 항로를 운항하는 글로벌 대형 선사가 주로 취항하고 있으나, 북항과 마찬가지로 터미널이 독립적으로 운영되고 터미널별 취항 선사가 중복·분산되어 대량의

ITT가 발생하는 등 운영상 비효율이 존재하고 있다. 특히 최근 (2017년 상반기)에 급격한 선사 간 얼라이언스 재편에 따른 터미널 간 기항 선사 재배치가 이루어짐에 따라 신항 내부에서 터미널 간 셔틀 운송(ITT)이 더욱 복잡하게 발생하고 있다. 일부 터미널을 제외하면 PSA, DP World, Terminal Link(CMA-CGM) 등의 GTO와 외부 금융/투자사의 터미널 지분율이 높아 부산항 관리당국(BPA)의 통제력이 제한되고 있으며, 나아가 부산항에서 창출되는 항만 부가가치의 국외 유출에 대한 비판 또한 상존하는 실정이다.

<표 7> 부산항 신항 부두(터미널) 현황

부두명	선석규모	하역능력	운영회사	운영회사 지분 구조	주요 취항 선사
신항1부두 (1-1)	5만톤급 3	209만 TEU	부산신항 국제터미널 (PNIT)	PSA 60%, ㈜한진 40%	APL, 머스크, Hapag-Lloyd
신항2부두 (1-1,1-2)	5만톤급 6	367만 TEU	부산신항만 (PNC)	DP WORLD 66.03%, 부산신항만투자㈜ 33.97%	머스크, MSC, Hapag-Lloyd
신항3부두 (2-1)	5만톤급 2 2만톤급 2	231만 TEU	한진해운 신항만 (HJNC)	㈜한진 50%+1주, 펠리샤(유) 50%-1주 (매각 중)	한 진 해 운 , Yang Ming, K-Line
신항4부두 (2-2)	5만톤급 2 2만톤급 2	193만 TEU	PSA-현대부 산신항만 (PSA-HPNT)	PSA 40%+1주 현대상선 10%, 와스카	현 대 상 선 , Hapag –Lloyd, NYK
신항5부두 (2-3단계)	5만톤급 4	244만 TEU	㈜비엔씨티 (BNCT)	맥쿼리 30%, Terminal Link (CMA) 18.5% BPA 9%, 기타 42.5% 등	CMA-CGM, UASC, 고려해운

2.2.3 얼라이언스 재편에 따른 선대운영 전략 및 물동량 추이

2017년 4월을 기해 얼라이언스의 수는 줄어들었으나, 새로 재편된 3개 얼라이언스는 메가톤급이라 할 만큼 규모와 영향력이 커졌다. 거대해진 얼라이언스의 막강한 영향력은 그 자체로 허브항만에 위협이 될 수 있으며, 이러한 상황에서 컨테이너 선박마저 초대형화 추세가 가속화됨으로써 허브항만의 위상은 미래를 기약하기 어려운 새로운 국면으로 진입하고 있다. 이처럼 외부 환경이 가히 전례 없는 변혁 상황인데 부산항의 운영업체 수는 동북아 허브 항만 중 가장 많은 상황이니 규모의 비경제가 심각한 문제로 대두되고 있다.

환적화물의 행방은 누가 뭐래도 얼라이언스의 선대운영 방침에 달려 있다. 얼라이언스의 새로운 재편 가운데 특별히 관심이 가는 부문은 소위 동북아 주요 선사의 동맹 소속 문제인데, 일본 선사들은(현재 통합 추진 중) 모두 The Alliance 소속인 반면 홍콩, 대만을 포함한 중국계열 선사들은 모두 Ocean Alliance에 속해 있다. 선박 대형화 및 초대형 얼라이언스의 등장도 항만운영업체에게는 커다란 장애요인이 될 것으로 예상되고 있으며, 선박 대형화 역시 물동량 지향형 항만산업에 대한 강력한 경고요인이 되고 있다. 선박 대형화와 이로 인한 항만비용의 증대, 그리고 전반적인 글로벌 물동량의 성장세 둔화가 주요 도전 요인임을 부정할 수 없다. 2011년 이후 약화된 컨테이너 물동량의 증가폭은 볼륨(물량) 중심의 우리나라 항만, 하역시장, GTO 수익구조에 대한 가장 심각한 위기요인이 될 것으로 생각된다.

선사들은 아무래도 자국 항만에 무게 중심을 두는 탓에 상기 양국 선사들의 자국기반 물류전략을 펼칠 가능성이 크다. 만일 상기 양대 얼라이언스가 각각 일본과 중국 쪽으로 물류의 기반을 유지하려 한다면 부산항의 환적화물이 크게 위협받을 것이다. 만일 이대로 해운 항만 산업이 진행될 경우 거대화된 얼라이언스가 항만의 비용절감 및 신규 서비스 증대를 요구해 기존 허브항만 체제가 커다란 위기에 처할 가능성이 있다는 우려가 제기되고 있다.

경쟁항만의 T/S 화물 하역료 및 신항 내 자부두 T/S 대비 신항 ITT 처리 비용이 높아 선사의 물류비 부담 증가는 향후 해결해야 할 주요 과제중의 하나이다. 특히 부산항 기항선사의 얼라이언스 체제가 변경되면 기존의 기항체제가 대폭적으로 변경될 가능성이 있으며, 이로 인해 타부두 환적물량이 현저히 증가될 수 있다. 이런 식의 ITT물량 증대는 환적항 부산항의 대외 이미지를 크게 흐려 놓을 수 있다는 점에서 문제의 심각성이 대두되고 있다.

<표 8> 신항 내 자부두 및 타부두 환적 처리 현황

(단위: 천 TEU)

| 구분 | 2006 | 2010 | 2011 | 2012 | 2013 | 2014 | 2015 | 2016 | 연평균 증가율 | | |
									06-16	06-11	11-16
자부두	78 (100%)	1,661 (82.3%)	2,598 (81.6%)	3,272 (76.3%)	4,096 (73.8%)	4,651 (74.0%)	5,336 (75.3%)	5,343 (77.8%)	52.6%	101.6%	15.5%
타부두	0 (0.0%)	358 (17.7%)	586 (18.4%)	1,018 (23.7%)	1,458 (26.2%)	1,637 (26.0%)	1,750 (24.7%)	1,529 (22.2%)	-	-	21.1%
합계	78 (100%)	2,018 (100%)	3,184 (100%)	4,291 (100%)	5,554 (100%)	6,289 (100%)	7,086 (100%)	6,871 (100%)	56.5%	110.0%	16.6%

출처: PORT MIS 원자료를 바탕으로 KMI 작성.

<표 9> 북항 내 자부두 및 타부두 환적 처리 현황

(단위: 천 TEU)

| 구분 | 2006 | 2010 | 2011 | 2012 | 2013 | 2014 | 2015 | 2016 | 연평균 증가율 | | |
									06-16	06-11	11-16
자부두	1,901 (60.6%)	1,476 (52.0%)	1,243 (46.7%)	1,423 (59.1%)	1,093 (54.8%)	1,062 (53.9%)	953 (49.2%)	986 (49.0%)	-6.4%	-8.1%	-4.5%
타부두	1,239 (39.4%)	1,365 (48.0%)	1,419 (53.3%)	984 (40.9%)	902 (45.2%)	907 (46.1%)	983 (50.8%)	1,027 (51.0%)	-1.9%	2.8%	-6.3%
합계	3,140 (100%)	2,841 (100%)	2,662 (100%)	2,407 (100%)	1,995 (100%)	1,969 (100%)	1,936 (100%)	2,013 (100%)	-4.3%	-3.2%	-5.4%

출처: PORT MIS 원자료를 바탕으로 KMI 작성.

2.2.4 부산항의 하역생산성 향성 요구 증대

대형선사는 운영비 절감 및 정시성 확보를 위해 항만 내 재항시간 단축이 가능한 하역생산성 향상을 요구하고 있다. 향후 대형선사들은 1일 선박당 6,000box(시간당 280box)의 하역생산성을 요구할 가능성도 지속적으로 제기된다(Port Technology Edition 68, 2015).

현재 부산항 기상 선사들은 시간당 117box(크레인 4기 기준) 수준의 하역생산성을 보이고 있는데, 매년 3%씩 지속적인 향상을 요구하고 있다. 2014년 기준 부산신항의 선석생산성은 8,000TEU급 컨테이너선을 대상으로 요코하마항의 201box/hr 대비 118box/hr 수준이다. 부산신항의 생산성이 낮은 수준은 아니지만 요코하마와 같은 생산성이 높은 터미널과의 생산성 차이는 큰 편이다(JOC, 2015).

부산항에 기항하는 컨선의 사이즈가 15,000TEU급 이상의 초대형 선박이 증가하면서 처리되는 평균 물동량도 지속적으로 증가하여 생산성 증대 요구는 더욱 커질 것으로 보인다.

2.2.5 환적 물동량 유치를 위한 주변 경쟁항만의 부산항 견제 심화

최근, 중국과 일본 항만들이 환적화물 유치에 상당한 노력을 기울이고 있다. 중국은 환적 물동량 유치를 위해 다양한 인센티브 제공하고 있는데 상해항에서는 수출입 하역료 평균 50% 할인, 구항-신항 셔틀비 무료, 외국적 선사의 내항운항 금지 등의 다양한 정책을 펼치고 있으며, 청도항에서는 선사별 목표물량 달성 시 하역료 15% 감면, 터미널 셔틀비 무료와 같은 인센티브를 제공하고 있다.

일본의 경우 서안지역에서는 부산항 환적화물의 50%를 감축하고,

게이힌항 및 한신항을 허브항으로 육성하기 위해 다양한 인센티브를 제공하고 있다. 특히 부산항 견제를 위해 2014년에는 일본 정부가 최대주주(34%)인 한신국제항만(주)를 설립하여 운영하고 있어 부산항을 중심으로 한 인근 항만 간 경쟁은 더욱 치열해질 전망이다.

3. 부산 신항 경쟁력 강화방안

3.1 글로벌 환경규제 및 Eco화에 대한 대응

IMO 산하 해양환경보호 위원회(MEOPC)는 "선박배출가스 규제 대기오염 저감 협약(MARPOL Annex VI)"을 제정하여 ECA(Emission Control Areas)를 지정하여 시행하고 있으며, 중국도 양쯔강(상하이), 주강(홍콩, 마카오), 보하이만 등 3개 지역을 ECA로 지정하여 선박 배출가스 규제를 단계적으로 확대하고 있다. 이러한 국제환경 규제 기조에 맞추어 우리나라도 제3차 전국 항만기본계획수정계획(2016. 9. 26)에서 친환경 항만 정책 추진을 준비하고 있다.

IMO 및 국제환경 규제에 따라 2019년 9월부터 국제 항해에 나서는 모든 선박은 배의 균형을 맞추기 위해 채우는 평형수를 깨끗하게 처리하는 장치를 달아야 한며, 2020년부터는 대기오염을 막기 위해 선박연료기름에 든 황산화물(SOx) 함유량을 0.5% 이하로 줄여야 한다. 지금껏 써오던 값싼 벙커C유 대신 액화천연가스(LNG)를 쓰거나, scrubber(저감장치)를 달아 오염물질을 걸러내야 한다(KMI, 동향분석 3월)

평형수 처리장치나 친환경 기름, scrubber 모두 배 한 척당 수십억 원의 비용이 드는 고비용 문제이다. 따라서 규모가 큰 외국 선사일

수록 더 많은 리스크를 쥐는 구조라 상대적으로 규모가 작은 우리에게는 기회가 될 수 있다. 다행히 문재인 정부도 '해운산업 경쟁력 강화방안'을 100대 국정과제 중 80호로 선정하고 '친환경 선박 건조기술 개발', '폐선보조금 지급', '100만 TEU 이상 원양 컨테이너선사 육성' 등을 목표로 내걸었다. 하지만 정부 지원 이전에 기업의 체질 개선 등 자구노력이 우선되어야만 그 효과가 극대화될 수 있다. 또한 환경규제 시대를 앞두고 정부가 기업이 어려울 때 선박을 사주고 업황이 좋아지면 선사에 되파는 선박대여회사(토니지뱅크) 등을 운영하여 친환경 대형선이 필요한 선사를 지원하는 방법도 강구하여 해운사들도 컨테이너·벌크·자동차운반선 등 사업 구조를 다양화해 경기 리스크를 줄이고 서비스를 높여 시장점유율을 높일 수 있는 방안을 마련하여야 한다. 또한 Maersk, CMA CGM 등 글로벌 해운선사들은 신조 선박 발주시 LNG 추진선박을 적극 검토하고 있으며, 싱가포르, 로테르담, 닝보-저우산, 요코하마항 등 세계 주요 항만 역시 IMO 규제 시기 확정에 따라 LNG 벙커링 인프라 구축에 속도를 내고 있는 반면 우리는 답보상태에 놓여져 있다. 정부를 중심으로 부산시, 부산항만공사, 민간사업자 등의 효율적 연계를 통해 벙커링 기지 구축이 더 이상 지연되지 않도록 적극적인 정책 추진이 필요하다.

3.2 컨테이너 선박의 초대형화에 대한 대응

글로벌 해운 공룡들은 합종연횡에 나서며 해운업 경기 반등에 대비하고 있다. 규모의 경쟁을 벌여 경쟁사들을 고사시키겠다는 전략에서다.

한진해운 파산 이후 세계 해운업 상황을 보면 외국 선사들은 인

수·합병(M&A)을 통해 빠르게 몸집 불리기에 나서고 있는데, 덴마크 머스크, 중국 코스코, 일본 NYK와 K라인, MOL 등 3사도 통합해 144만TEU에 이르는 선복을 운영하고 있다. 이에 따라 우리도 해외 대형 선사와 경쟁할 수 있는 선복량 100만~200만TEU 규모의 메가캐리어를 육성해야 한다. 원양 컨테이너 항로에서 규모의 경제 실현을 위해 1만5000TEU 이상의 초대형 선박을 확보해야만 경쟁력을 가질 수 있다. 또한 3국간 신규항로를 개척 등의 노력을 통해 지속적인 물량 확보도 필요하다. 이를 위해 '친환경 선박 건조기술 개발', '폐선보조금 지급', '100만 TEU 이상 원양 컨테이너선사 육성', '토니지뱅크' 등 정부차원의 지원 및 개별 선자들의 자구 노력이 필요한 것으로 생각된다.

3.3 북항 '컨' 기능 신항으로 조기 일원화 추진

부산항과 교역하는 각 국가의 물동량이 중국(23.3%), 일본(16.0%), 미국(15.7%) 3개국에 체의 55%가, 그리고 환적물량의 63.7%가 편중되어 있어, 이들 3개국과의 교역 환경 변화에 지나치게 큰 영향을 받고 있다. 더구나 부산항의 물동량과 환적 물동량이 항만의 성장과 국내 항만들 간 과다 경쟁 등의 영향을 받아 증가율이 감소 추세를 보이고 있다. 최근 상하이, 심천, 닝보, 두바이 등 주변 경쟁항만들의 지속인 성장으로 부산항의 물동량 증가율이 감소세를 보이고 있다. 한 북국 항만, 즉 칭다오, 다롄, 톈진 항만 등의 개발이 가속화되고 있고, 2007년 8월에는 부산항에 기항하던 MSC가 닝보항으로 기항지를 바꾸는 등의 요인으로 환적물량이 많이 감소하였다. 따라서 부산항이 세계 5위 항만을 유지하는 것이 위태로워지고 있으며, 물동량 감소는 부산 북항과 신항을 상생할 수 없게 하여 경쟁에 따르는 많은 부작용을 낳고 있다.

또한 부산항 신항의 개발이 가속화되면서 2005년 이후 물동량 처리능력이 2배가 되어 부산항에 공급과잉 상태가 일어나고 있다. 즉 2005~2010년 5년 사이 부산항의 선석수는 2배 증가하였으며, 개발이 계속된다면 2019년도에는 48개 선석에 이를 것으로 추정된다. 결과적으로 충분한 물동량 확보가 어려운 현실 속에서 항만시설 수 불균형으로 인한 북항과 신항 간의 과열경쟁이 지속되고 있다. 신항의 I-1단계 3선석, II-1단계 4선석, II-2단계 4선석 등 추가 선석개발 운영이 본격화되면서 부산 북항 물동량이 신항으로 이동되고 있다. 실제로 북항 기항형 얼라이언스인 TNWA 등이 약 250만 TEU 가량의 북항물량을 신항으로 이전하여 북항의 공동화를 가속화하고 있다.

이러한 문제를 해결하기 위해 '부산항 세계 2대 환전거점항 육성 및 특화 발전 전략(2015. 7. 14)'이 마련된 바 있으며, 이에 따라 부산항의 '컨' 기능을 신항으로 단계적 일원화시켜야 한다. 물론 '컨' 기능의 완전 이전에는 터미널 운영사 및 기항선사를 비롯하여 항만공사, 부산시 등 유관기업 및 기관이 복잡하게 얽혀 있으므로 신항 '컨' 기능 일원화는 대내외 여건을 고려하여 추진 할 필요가 있으며, 일원화 후 북항 '컨' 부두 활용 방안 마련도 같이 마련되어야 할 것이다.

3.4 부산 신항 운영방식에 대한 획기적 개선 검토 필요

현재 부산항 신항에서 발생하는 환적화물 처리의 비효율은 5개 터미널의 분리 운영과 터미널별로 얼라이언스의 전용 터미널이 분리·운영되고 있는 근본적인 문제에 기인하고 있다. 이는 얼라이언스 재편과 선박 대형화에 대응하는 항만의 핵심 전략으로써 분리된 터미널의 통합운영에 대한 필요성에 대한 주장과 실제 해외 주요 환적항만들이 운영사 또는 선석을 대규모로 통합 운영하거나 그것을 계획하는 것과 비교되는 상황이다.

따라서, 현재 얼라이언스별 전용터미널 형태로 운영되고 있는 방식(liner dedicated)을 개별 운영사의 처리능력 기준으로 통합·운영하는 방식(dedicated capacity)으로 전환하는 방안을 검토해 볼 필요가 있다. 처리능력 기준의 통합운영은 타 터미널의 여유 선석을 자유롭게 이용할 수 있고, 부산 신항의 타부두 환적 문제를 해소하고, 운영사 전반의 수익 증대 등이 가능하나, 개별 선사와 차별적인 요율협상 필요 등 해결해야 할 문제도 상존하고 있다. 특히, 2016년 12월 체결된 신항 운영사 간 선석공동운영협약은 개념적으로 매우 초기적인 통합운영 방식으로써 이를 토대로 운영방식 전환에 대한 논의를 발전·확대시켜 나갈 수 있을 것으로 생각된다.

또한 부산항 신항의 신규 공급되는 부두는 타부두 환적문제가 재현되지 않도록 운영을 필요가 있다. 향후 신규로 공급되는 부두는 기존 부두에서 발생하는 타부두 환적 문제를 완전히 해소할 수 있는 운영방식을 도입하고, 대규모 단위의 터미널 운영을 통해 규모의 경제 실현과 얼라이언스 요구 수준에 부합할 수 있도록 해야 한다. 신규 부두 공급과 부산항 신항 운영사 통합에 대한 검토와 더불어 반드시 더 이상 운영사 수가 증가하여 터미널 운영 및 화물처리의 효율성이 저하되지 않도록 해야 할 것이다. 신규 부두 개발 시 기존 터미널운영사와 긴밀한 협력을 통해 부산항 타부두 환적을 최소화 시킬 수 있는 '터미널 스왑'도 좋은 방법이 될 수 있다.

3.5 선석생산성 향상

선사는 운영비 절감 및 정시성 확보를 위해 항만 내 재항시간 단축 및 높은 수준의 하역생산성을 필요로 한다.

현재 부산 신항은 크레인당 30box/hr 정도의 생산성을 보이고 있어 선석생산성이 나쁜 편은 아니지만 경쟁항만인 요코하마의 경우 50box/hr에 비해 크게 뒤처지고 있다. 갈수록 15,000TEU급 이상 대형선의 기항이 증가하는 추세를 감안하면 처리해야 할 물동량도 지속적으로 증가하여 선석생산성 증대 요구는 갈수록 커질 것으로 보이며 해당 터미널의 경쟁력과 직결된다고 할 수 있다. 부산 신항이 세계 제2의 환적거점항으로 도약하기 위해서는 선석생산성을 시간당·크레인당 35box 이상으로 향상할 필요성이 있다.

부산 신항에 입항 후 제때 접안하지 못하고 장시간 대기하는 선박이 해마다 늘고 있다. 2012년까지만 해도 신항에 입항한 선박이 12시간 이상 기다리는 체선 현상이 전혀 발생하지 않았으나, 2013년에 처음으로 13척의 체선 선박이 발생했고 2014년에는 34척, 2015년에는 86척, 2016년에는 100척으로 늘었다. 2017년은 상반기에 이미 68척에 달해 지난해 수준을 훨씬 넘어설 것으로 예상되고 있다.

체선 선박 가운데 3분의 1가량은 48시간 이상 대기하는 것으로 나타났다. 주로 동남아시아, 일본, 중국 등지의 중소 항만을 오가며 부산항에 기항하는 대형 선박에 연결하는 역할을 하는 3만t급 미만 피더선이 대부분을 차지하고 있다. 체선 선박이 늘어나는 것은 전체 선석이 21개인 신항에 터미널 운영사가 5개나 있는 데다 서로 칸막이를 치는 바람에 한 터미널에 배가 몰려 장시간 대기하는 일이 생겨도 여유가 있는 다른 터미널로 옮겨 화물을 처리하는 것이 쉽지 않기 때문이다.

항만공사를 중심으로 여러 터미널운영사들이 이 문제를 해결하고 자 2016년 말 선석 공동운영제도를 도입했지만 별 효과가 없는 것 으로 나타나고 있다. 선석 공동운영제도는 특정 터미널의 선석이나 장치장이 혼잡할 때 장시간 대기가 예상되는 선박을 다른 터미널에 서 하역하도록 함으로써 신항 전체 운영효율을 높일 수 있을 것으로 기대되었으나, 해운동맹 재편으로 선사들의 이용 터미널이 바뀌는 과정에서 일시적으로 선박이 몰린 2017년 4월에 34척이 선석 공동 운영제도에 따라 다른 부두로 옮겨 하역했을 뿐 이 제도를 이용하여 타 부두를 이용한 선박이 거의 없었다.

선석 공동운영제도가 효과를 내지 못하는 것은 터미널 운영사들 이 비용 때문에 꺼리기 때문이다. 운영사가 터미널 혼잡 등 자체 사 정 때문에 계약한 선박을 다른 터미널로 보내 화물을 처리해 버리면 하역료 등 각종 수익의 대부분을 옮겨간 터미널 운영사에 넘겨줘야 한다. 대신 다른 터미널에 내린 환적 컨테이너를 자기 터미널로 실 어오는 비용을 부담해야 한다.

따라서 선석 공동운영 결과를 분석하고 선사와 운영사들의 의견 을 들어 야드의 효율적 활용 및 전문화된 인력 양성, 선사와 터미널 간 협력 프로그램 개발 등을 통한 선박 재항시간 최소화 방안을 모 색하여야만 한다.

3.6 피더선 전용부두 필요성 검토

앞서 부산 신항의 중소형 피더선 입항척수가 지속적으로 증가하고 있으며 이에 따라 접안 공간 부족으로 체선 및 대기 급증하고 있음을 언급하였다. 신항의 원양선사와 인트라아시아 선사 간 환적 물동량 지속적으로 증가할 것이며, 피더선박의 기항 역시 더욱 증가할 것으로 예상되고 있다. 따라서 현재 신항의 운영구조에 따른 중소형 피더선박의 접안공간 부족을 해결하기 위한 피더선박 전용부두 확보가 필요할 것으로 생각된다.

3.7 부산신항 다목적부두(BNMT) 활용 방안 검토

신항 ITT 환적 효율화를 위한 다목적부두(BNMT)의 기능재배치를 통해 환적 연계처리 효율성을 높이는 방안을 강구하여야만 한다. 이를 위해, 기존 신항 다목적부두 공간을 분리하여 신항 ITT 환적 화물을 처리할 수 있도록 부두 공간의 재배치를 고려해 볼 필요가 있다. 또한 공동배차시스템을 도입하여 ITT를 한곳에서 관리, 공차 운행 감소 및 복화율 증대를 기하는 것도 방법이 될 수 있으며, 부산 신항 다목적부두 및 연결잔교와 ITT 환적 지원 공간을 분리하여 기능을 효율화시키는 것도 고려해 볼 필요가 있다. 특히, 신규로 공급되는 부두(서컨 및 3단계)는 통합 운영을 통해 다부두 환적 '제로' 터미널로 구축하는 것이 바람직하다고 생각된다.

3.8 환적화물 운임 현실화

부산항 신항에서 연간 처리하는 환적화물(20피트 기준)은 1000만 개 정도다. 이 중 신항 부두 간 환적화물은 130만개 가량이며 이를 트레일러 250대 정도가 운송하고 있다. 부두 간 환적화물은 대형 운송업체가 각 선사와 운송 계약을 맺은 뒤 부두 간 환적화물 운송업체에 하청을 맡기게 된다. 부두 간 환적화물 운송업체가 컨테이너 하나를 운송하고 받는 운임은 대체로 평균 1만 7000원 정도다. 문제는 지난 4년 동안 환적화물 운임이 한 번도 오르지 않아 운전기사 임금을 인상하지 못하니 기사들이 하나둘씩 빠져나가고 있는 실정이다. 80명에 달하던 운전기사 수가 현재 50명 정도로 줄었고 차량 가동률도 50% 정도 밖에 되지 않아 환적화물 운임 현실화가 필요하다. 운송업체, 신항 터미널 운영사, 선사 등 관계자들 간 협의체를 통한 운임현실화에 대한 논의가 필요하다.

3.9 부산 신항과 BJFEZ 연계개발 모델 정립

항만과 배후부지를 성공으로 개발·운영하는 대표적인 사례로는 로테르담항만의 Distripark, 싱가포르항만의 배후단지, 상해항만의 루차오강 배후물류단지 등이 있다. 이를 모델로 삼아 부산항 신항과 BJFEZ도 연계개발 모델을 정립하여 효율인 개발전략을 구사하여야 한다. 즉 부산항 신항은 초대형선(ULCC) 위주로 특화하여 세계적인 글로벌 컨테이너항만으로 발전을 도모하고, BJFEZ은 부산 신항의 세계적인 네트워킹을 이용하여 부가가치 창출형 배후산업단지로 육성하여야 한다. 이를 위해서는 BJFEZ의 항만과의 연계성을 부각시키고, 조립가공 무역지구 조성을 통한 항만연계 수출입 용이성을 부각시켜야 하며, 글로벌 수평 분업 생산체제에 부응한 조립가공 진지기지화를 도모할 뿐만 아니라 지역경제 발전을 전제로 한 개발전략을 구사하여야 한다.

항만을 발전시키고 유지하는 가장 기본적인 요건은 물동량의 확보이다. 그런데 차세대 효율적이고 이상적인 항만은 배후부지를 효율적으로 개발·운영함으로써 자체 수요 물동량을 창출하는 형태이다. 그러므로 신항 배후물류단지인 BJFEZ은 부산항의 글로벌 네트워킹을 이용해 부가가치가 높은 물동량 창출형 배후산업단지 등 종합물류기지로 개발하여야 한다. 항만과 연계하는 것은 기본이고, 글로벌 스탠다드 기준에 적합한 기업환경 조성을 통해 외국기업 유치노력을 기하여야 하며, 항만과 경제자유구역이 연계하여 시너지 효과를 부각시킨 기업 유치전략 및 통합 생산 물류거점으로서 최적지임을 부각시킨 기업 유치전략이 필요하다. 한편 부가가치 창출형, 화물 물동량 창출형 배후물류단지의 개발을 통해 자체 수요 물동량 창출을 기하여야 하며, 첨단화된 거대 항만과 배후물류단지를 연계시켜 개발하여 항만복합물류 클러스터를 조성함으로써 물동량 확보에 시너지 효과를 창출해야 한다.

효율인 항만- BJFEZ 거버넌스(Governance)의 구축은 각종 계층지배구조에서 오는 경직성과 비효율성을 해결하고자 공공부문의 새로운 운영방식으로 도입되었다. 정부의 역할인 공공서비스의 제공과 관련하여 정부, 지방정부, 정치 사회단체, 비영리단체, 민간조직 등 다양한 구성원들로 이루어진 네트워크(연계, 상호작용)를 강조하는 개념이다. 현재 부산항과 관련된 주체들은 너무나 많다. 화주업체, 선사, 복합운송주선업자, 터미널운영사, 부산광역시, 창원시, 부산지방해양항만청, 부산항만공사, 시민단체 등이다. 이러한 많은 주체들의 기능 및 역할, 관계를 공고히 묶어 SCM 체제를 구축하고, 효율인 거버너스체제를 구축한다면 시너지 효과가 매우 크게 나타날 것이다. 그러므로 부산시와 창원시 간 협력 체제를 구축하는 것을 기본으로 하여, 시민과 함께하는 부산항과 BJFEZ의 개발모델을 개발하는 것이 필요하다.

3.10 토도 제거

부산신항만 바로 앞에 있는 토도(土島)는 길이가 400m에 이르는 대형 컨테이너선의 입항이 급증하고 물동량이 증가하면서 충돌 위험으로 안전 문제가 대두되어 제거하기로 결정되었었다. 부산해양수산청은 2016년 토도를 2020년까지 제거하기로 하고 사업비 3천428억원을 확정했다. 그러나 시공사를 선정하는 과정에서 소송이 제기돼 공사 일정이 늦어질 가능성이 제기되고 있다. 본안 소송으로 가면 실시설계 절차는 물론이고 2017년 7월까지 착공한 우선 시공분 공사도 모두 중단될 가능성이 있어 관련당사자 및 감독기관의 유연한 대처와 해결이 필요하다.

토도가 제거되면 신항 입구쪽 항로가 현재의 두 배쯤 넓어지고, 20피트 1만8천개 이상을 싣는 초대형 컨테이너선이 안전하게 드나들 수 있는 충분한 수심을 확보할 수 있어 부산신항의 위상 향상에 큰 도움이 될 수 있다.

3.11 배후부지에 입지한 주거지역

부산신항을 중심으로 강서지역은 물류 중심의 대규모 개발이 진행 중이다. 동쪽에는 명지녹산·신호·화전 산단, 동북쪽에는 에코델타시티, 서부산유통산업단지, 김해신공항, 북쪽에는 국제산업물류단지, 지사·생곡·미음산단 등이 들어서고 있다. 앞으로 부산신항과 김해신공항, 물류단지, 공단이 모두 들어서면 서부산은 24시간

가동되는 물류와 산업의 도시로 변모하게 된다.

그런데 부산신항 배후 물류단지 인근에 대규모 아파트 단지가 건립되었거나 건립되고 있다. 북컨 배후단지 인근에는 오는 2020년까지 아파트, 오피스텔 등 1만3000여 가구가 잇달아 입주할 예정이다. 하역은 말할 것도 없고 항공기, 차량 이동이 급증함으로써 소음 발생 역시 기하급수적으로 늘어날 수 있다. 그런 상황에서 소음 발생지에 대규모 아파트 단지가 들어서면 민원이 발생하는 것은 자명한 일이다. 실제로 하역 작업 시 발생하는 소음 등으로 인한 민원이 끊이질 않고 있으며, 이에 따라 물류업체의 작업이 중단되는 사례도 빈번하게 발생하고 있다.

이미 들어선 주거지역에 대해서는 아파트와 물류단지 사이에 방음막 등을 설치해 소음을 가능한 한 줄여야 하며, 웅동 2단계 2종 배후부지에는 항만과 주거지가 나란히 들어설 수 없도록 적극적으로 조처해야만 할 것이다.

4. 맺음말

부산의 해운항만산업은 우리나라 전체 해운항만산업 매출액 중 43.5%(14.7조 원)를 차지하고 있으며, 관련 종사자 7만 3천여명 중 60.7%(4만 4천여명)가 부산항 관련 업무에서 종사하고 있는 명실상부한 국가의 핵심 산업지이다. 그러나 우리의 해운항만산업은 한진해운의 몰락과 글로벌얼라이언스 재편 및 국제 환경규제 강화, 경쟁항만의 도전 등 대내외적으로 많은 어려움에 봉착해 있다. 이에 따라 본 논고에서는 부산항의 현황과 문제점을 살펴보고 그에 대안 및 대응방안을 제시해 보았다.

부산항은 세계 6위의 컨테이너 항만이지만 최근 컨테이너 선박의 대형화와 얼라이언스의 재편 소용돌이 속에 있다. 한진해운의 파산으로 한때 어려웠지만 차츰 그 영향에서 회복되고 있다. 신항 3단계의 차질 없는 개발과 함께 메가포트 전략을 위한 항만개발계획이 절실하다. 북항과 신항의 관리체계의 효율화, 과다한 운영사에 대한 효율적 관리, 유휴부두의 효율적 개발, 물동량 처리 효율성, 항만을 통한 일자리 창출 및 지역경제 활성화에 도움이 되도록 개발·운영이 필요하다. 북항 컨테이너 전용 부두는 가능한 오랫동안 운용할 수 있도록 하며, 항만개발은 환경변화 및 지역사회와 연계하여 효율성 및 합리성을 강화할 수 있도록 하여야 한다.

해운의 환경규제 강화에 대비해 친환경 선박의 건조를 확대하고, 부산항 배출통제지역 지정, LNG 벙커링기지 구축, 수리조선소 건설도 추진해야 한다.

부산항의 경쟁력 향상을 위한 전략의 세부 내용과 실천과제의 많은 부분이 새 정부의 100대 국정과제에 포함되어 있는 것은 참 다행스러운 일이다. 100대 국정과제 중 해양수산부 주관과제는 3개이며, 협조과제는 9개이다. 새 정부는 해양수산 국정과제를 충실히 이행하여 부산이 명실상부한 해양수도로 자리매김할 수 있도록 해야 할 것이다. 부산항이 없는 해양수도 부산은 있을 수 없다. 해양수도 전략의 출발점도 부산항이며, 마지막 화룡점정도 부산항이다. 부산항이 해양수도를 만들어야 한다.

부경대학교 인문역량강화(CORE)사업단

대학 인문역량강화사업(이하 CORE사업)은 2016년부터 2018년까지 3년 간 대학 인문분야 교육프로그램을 지원하는 최초의 재정지원 사업으로, 기초학문인 인문학의 보호·육성과 사회수요에 부합하는 융·복합 인재 양성을 목적으로 교육부와 한국연구재단에서 추진하는 사업이다. 부경대학교 CORE 사업단은 해양수산 교육·연구의 메카인 부경대학교의 전통과 해양수도 부산의 지역 인프라를 바탕으로, 바다를 중심으로 하는 인간 삶의 총체적 연구인 "해양인문학"을 특성화하여 부산의 미래를 개척할 융합형 글로벌 인재를 양성하는 것을 목표로 한다.

〈해양인문학이란 무엇인가?〉
제1권

초판인쇄 2018년 9월 14일
초판발행 2018년 9월 14일

지은이 부경대학교 인문역량강화(CORE)사업단
펴낸이 채종준
펴낸곳 한국학술정보㈜
주소 경기도 파주시 회동길 230(문발동)
전화 031) 908-3181(대표)
팩스 031) 908-3189
홈페이지 http://ebook.kstudy.com
전자우편 출판사업부 publish@kstudy.com
등록 제일산-115호(2000. 6. 19)

ISBN 978-89-268-8559-8 93330